于漪全集

于漪全集（修订版）

第五卷

课堂教学

上海教育出版社

20 世纪 80 年代初，暑假赴大庆支教

20 世纪 80 年代中期，应香港“中国语文学会”邀请，
参加大会并作学术报告

20 世纪 80 年代后期，赴沈阳参加“中学语文教学改革会议”，
会后欣赏雪落辽宫的美景

1989 年，应澳门“中国语文学会”邀请作学术报告

亲授 60 年从教经验

“学霸”最喜欢提问题

绿化校园，汗水浇灌，享受美丽

春节期间，66 届（1）班学生来访，拍“全家福”

出版说明

《于漪全集》是基础教育领域首部特级教师的全集，也是上海教育出版社为特级教师出版的第一部全集。自 2018 年 8 月第一版出版以来，在传承、弘扬和建设新时代社会主义文化、以教育自信创建自信的教育等方面发挥了重要作用，深受广大读者特别是第一线教育工作者的好评。

《于漪全集》收录了于漪在不同时期出版的专著以及发表于全国各类报刊的论文、讲话、序跋等作品。编辑过程中，虽尽力搜集，仍难免挂一漏万。部分文章的写作时间和出处未予注明，留待日后修订逐步完善。在此，也对原发报刊编辑部、图书出版单位一并致谢。

《于漪全集》第一版由上海市教师学研究会组织有关教师、专家编辑。于漪的教育思想植根于教学实践，是理论与实践有机融合的生动阐述。有时一材多用，是为了从不同角度阐释相关问题，为读者呈现丰富的不同历史阶段的思考成果。

《于漪全集》第一版以“一辈子学做教师”为线索，根据文章内容，分为二十一卷，从基础教育、语文教育、课堂教学、阅读教学、写作教学、教师成长、序言书信、教育人生八个方面多维度展现于漪来自教育第一线的理论研究成果，基本体现了当代教育家的典型形象。

于漪自 2019 年 9 月被中共中央授予“人民教

育家”国家荣誉称号以来，担当新的历史使命，坚持思想创新，特别是在中国特色教育学、教师学等重大理论建设上奋力探索，笔耕不辍，不断形成新的思想成果。鉴于此，上海市教师学研究会及时组织学术力量，对《于漪全集》第一版作了全面修订：一是补充了于漪教育新论述；二是增加了于漪教育活动年表；三是在版式、装帧上作了调整，从第一版的较小开本八类二十一卷改为较大开本的八类十二卷；四是对文字和内容错漏加以改正。

我们希望，《于漪全集》修订版能够继续为广大教育工作者学习于漪教育教学思想，探索中国特色教育学、教师学，为国育才，为党育才，发挥应有的作用。

目录

涌动生命的课堂

知识短文教学 3

《形声字》课堂实录 3

说话教学 26

“口头表达训练”活动课实录 26

阅读教学 57

《驿路梨花》课堂实录 57

《荔枝蜜》课堂实录 64

《花儿为什么这样红》课堂实录 86

《少年中国说》课堂实录 112

《唐雎不辱使命》课堂实录 145

《春夜喜雨》《忆江南》《渔歌子》课堂实录 181

写作教学 199

“‘一件工艺品’作文讲评”课堂实录 199

“《0 与 32 之比》作文讲评”课堂实录 213

教学实录八篇

《拿来主义》教学实录 229

《事事关心》教学实录（节选） 253

《卖油翁》教学实录 261

《七根火柴》教学实录 289

"'课余'作文讲评"教学实录 313
《聪明人和傻子和奴才》教学实录 332
《晋祠》教学实录 344
《春》教学实录 372

中学语文备课手册

第四单元教学设计（初中语文教材第一册） 403
《香山红叶》 405
《济南的冬天》 415
《春》 432
《海滨仲夏夜》 443
第三单元教学设计（初中语文教材第四册） 454
诗三首 454
第五单元教学设计（初中语文教材第六册） 467
《地质之光》 468
《二六七号牢房》 477
知识短文教学设计（初中语文教材第六册） 487
《句与句之间》 487
第一单元教学设计（高中语文教材第三册） 492
《风景谈》 492

涌动生命的课堂

知识短文教学

《形声字》课堂实录

时间：1983 年 6 月 8 日下午第一节课

执教：杨浦中学　于　漪

班级：初一（4）班

师：有个同学曾经对我说，他是郑重其事地说的，因为他常写错别字：“老师，汉字这么多，要把这些汉字都读正确、写正确实在是很难的，你有什么好方法教教我？”我听了他这番话之后，觉得确实是这样，我们的汉字数量是很多的，有好几万个。不知道同学们知不知道，有这么一部非常有名的字典，就是在清朝康熙年间编的一本字典《康熙字典》，里面收的字有多少呢？有 47 035 个（板书：47 035）。而中国字又是方块字，每个字都有它的形、音、义，确实容易写错。我们平时常用的字有多少？

生：几百个。

师：几百个？

生：几千个。

师：对！几千个，所以要学好我们的汉字。学习汉字确实是一件很不容易的事情，但是不是一筹莫展呢？倒也不是这样。其实，汉字有些构造的方法是有规律可循的。今天学的知识短文《形声字》，就是讲汉字的构造方法。我们把书翻到第 5 页。这篇知识短文介绍汉字的几种构字方法，形声字是其中之一。为什么这篇知识短文要以

“形声字”为标题？我们暂且不说，学习后你们就清楚了。现在请同学们读一读“汉字的构造”这部分，一共三段，读了以后思考回答两个问题：汉字主要的构造方法有哪几种？最重要的是什么？自己边读边在书上做记号。举的例子要一一看清楚。（巡回）现在请同学讲，汉字的造字方法主要有几种？

生 1：汉字的构造方法主要有三种，是象形、会意、形声，其中最重要的是形声。

师：对不对？（部分学生点头）对了，那么什么叫象形呢？好，请同学们看（出示“⊙”“☽”“⛰”）这些象形字，刚才我们看了书，现在请你们来讲：这是什么字啊？（指“⊙”）

生（多数）**：**日。

生（个别）**：**这像个圆。

师：这是个圆？象形，什么叫象形？你们看，请一个同学站起来讲。好，×××，这三个是什么？是什么图形？

生 2：这第一个是“日”吧，（师指“☽”）是“月”，（师指“⛰”）是“山”。

师：对不对？

（生部分点头）

师：那么为什么说它是象形呢？

生 2：因为这三个字都是根据实物的形状绘制出来的。

师：书上怎么说？

生 2：是用描画实物形状的方法来造字。

师：对不对？这些字是怎么造的？是按照实物的形状来描画的，对吧？开始的时候是象形文字。这个像什么？（指“⊙”）就像太阳。这个像月亮（指“☽”）。这个像山（指“⛰”）。所以，先弄清楚什么叫象形字，这种造字的方法是按照实物的形状来加以描画的。接下来，我们再请同学们看（出示“牧”“采”“莫”），这三个是什么字？

生 3：第一个是“牧”。

师：牧。

生 3: 第二个是“采”。

师: 采。

生 3: 第三个是“莫”。

生（议论）**:**“暮”。

师: 到底是“莫”还是“暮”待会儿看。这些字是会意的，是用会意的方法来造字的。为什么说是会意？说说看。

生 3: 因为它们每一个字都是由几个具体的形体合起来组成的，表示一个比较抽象的意思。

师: 一个字由几个具体的形体合起来，表示一个比较抽象的意思，会意的造字方法解释得对不对？请你们一一来讲怎么会意，什么是形体，说说看，谁来说？

生 4: 第一个字“牧”，它左边像有两个角，有了两个角——

师: 有两个角。

生 4: 就像一头牛。

师: 像一头牛。

生 4: 右边就像个树杈，枝枝丫丫的树杈，用树杈赶着牛就是“牧”。

师: 就是“牧”，用树杈赶着牛就是“牧”。（生议论纷纷）有不同意见，你们等一下再说。第二个——

生 4: 第二个是“采”，上面就像一只“手”。

师: 上面像一只“手”。

生 4: 下面是根木头。

师: 树木的木。

生 4: 用手去接触这个就是“采”。

师: 就是“采”，采摘。

生 4: 第三个，上面部分和下面部分就像一根根杂草在丛生。

师: 一根根杂草在丛生。（笑）

生 4: 当中就像一个太阳，太阳落在草丛里，就是太阳落山了，这就是“暮”。

师:“莫”，现在我们的写法下面还有一个什么字啊？

生（议论）：还有“日”。

师：还有“日”，对，现在我们的写法是——（板书：暮），是不是这样？（生点头）好，请坐。刚才有不同意见，说这个讲法不完全对（指“牧”）。嗯，××，你说，什么地方不对啊？（该生说不出）（他生举手）×××。

生5：里面还有一只手拿着木。

师：手在什么地方？

生（议论）：右边。

师：右边什么地方？

生（议论）：下面。

师：对！右边的下边像手握着树杈来放牧，所以叫“牧”。这会意字的造字方法清楚了没有？我们一起说一遍会意字的造字方法是怎样的。

生（齐讲）：一个字由几个具体的形体合起来组成，表示一种比较抽象的意思。

师：对，表示一种比较抽象的意思。但这个字是由几个什么具体的形体组成的，表示一种抽象的意思？书上给我们举了这么几个例子，帮助我们来认识。现在请同学们辨别一下（出示“人”“众”“目”“男”“车”“信”）。这里一共有六个字，请辨别一下哪些是象形字，哪些是会意字。看清楚，要说出道理。（生议论纷纷）好，我们现在请××讲哪几个是象形字？

生6：人。

师：人。

生6：目。

师：目。

生6：车。

师：车。

生6：是象形的。

师：是象形的，像不像人？

生（部分）：像。

师：“目”，眼睛。这个呢？车子有横的，有竖的。刚才讲过了，象形是什么？

生（部分）**：**按照实物的形状来——

师、生：用描画实物形状的方法来造字。

师：另外呢？这是什么字？（指“众”）

生（部分）**：**会意字。

师：为什么是会意字？

生（议论）**：**三个人。

师：那么多，××，一个人讲。

生6：“众”是三人为“众”，就写了三个人。

师：三人为众，人是一个具体的形体，几个具体的形体合起来，表示一种抽象的意思。三人为众，两个人呢？

生：为“从”。

师：对，这个呢？（指“男”）

生6：“男”是田里的劳动力。

师：田里的劳动力，看看还可以讲得确切一点吧？为什么叫“男”呢？种田要怎么样？要用力气，因此它是会意，对吧？这个呢？（指“信”）

生6：“人”是……（说不出了）

生（议论）**：**人之言。

师：人之言要怎么样？

生7：“信”就是人说的话，人应该言之有信。

师：应该是言之有信，它是由“人”“言”两个部分组成的，所以叫“信”。人要言之有信。我们对会意跟象形这两个概念有所理解了，也辨别了一下。造字方法是不是只有书上说的三种呢？还有谁知道，我们曾经提过的？

生8：有假借和指事。

师：有假借和指事。

生8：还有转注。

师：通常我们讲造字方法有哪几种呢？（出示“象形”“指事”

“会意”“假借”“形声”“转注”）书上给我们介绍了三种，但是在古书上往往是说六种，是（边指板书边讲）“象形、会意、形声、指事、假借、转注”，不知道的可以记一记，我们通称它们是“六书”（板书：六书）。“六书”通常说的就是这六种造字的方法，其中假借、转注比较难理解，对“指事”同学们还是比较容易理解的。比如“上”，它就是一个东西在上面（板书：上），后来就造一个字是什么？就是“下”呢，在下面，这是比较容易理解的（板书：下）。又比如“一”（板书：一）、“二”（在板书的“一”上加一横成为“二”）、“三”（在板书的“二”上再加一横成为“三”），“四”把它搬过来了（手腕示意转动一下）。还比如两个字，我们同学老是要搞错的，“木”（板书：木），这树木的下面根部应该是什么啊？

生（议论）：横。

师：这一横应该加在什么地方啊？

生（议论）：下面。

师：对，在下面（在板书的“木”下加一横成为“本”），树梢呢？（板书：木）树梢应该在哪里？

生（部分）：上面。

师：噢！上面（在板书的“木”上加一横成为“末”）。

生（议论）：“未”。

师：“末”也可以，这是作为树梢，就是指事。在这些造字方法当中，最多的就是刚才××同学（指生1）讲的形声字，因为汉字的发展趋势是表形，先是象形，对吧？趋向意，再趋向音，表形、表意、表音。到了汉代的时候，形声字已经在汉字里占了很重要的位置。请同学们看一看形声字在汉字中的比例就一目了然了。[出示：形声字：甲骨文里占 20%，《说文解字》（许慎著）里占 80% 多，现代汉语里达 90% 以上] 在甲骨文里，形声字只占约 20%。《说文解字》是专门讲文字的书籍，作者是东汉的许慎。在这部专门讲文字的书里，形声字要占 80% 多，就是说 9 000 多个字里面，形声字有多少？7 000 多个。在现代汉语里，形声字要达多少？90% 以上。所以，有人说我们这个汉字系统主要是以形声字为主的系统。现代汉语里，我们用的形声字要占 90% 以上，把这个数据记下来。

（生集体记录）

师：因此，我们对形声字的结构必须有正确的认识。它既然在汉字里占 90% 以上，我们认识它、了解它、掌握它，就可以方便我们认字、读字、写字。形声字究竟是怎么构造出来的？我们就要分析它的结构。现在请同学们把“形声字”这部分第 1、2 两段读一读，读了以后回答以下的问题：什么叫形声字？形声字是由几个部分组成的？形旁和声旁排列的位置是多种多样的，有哪几种？自己把它画出来。

（生集体边阅读，边在书上画）

师：现在请同学讲讲看，什么叫形声字？（学生举手）就××一个知道？怎么讲（学生举手）？好，××讲。

生 9：形声字是由两部分组成的，表示这个字的意义的一部分叫作形旁，表示这个字的读音的一部分叫作声旁。

师：举例说明。

生 9：像“纲”“模”“理”这些字，都是由声旁和形旁组成的。

师：对不对？

生（部分）**：**对。

师：好，请坐。现在请你们再看这里。

（出示）

	奇	椅
	凳	櫈
木	加	架
（形旁）	厨	橱
	艹	芳
	阝	防
方	女	妨
（声旁）	土	坊

师：这些都是什么字？

生（齐）**：**形声字。

师：都是形声字。形声字是由两个部分组成的，那么请××先说第一个字。

生（摇头）**：**看不出。

（师指定学生）

生 10：奇

师、生：椅。

师：形旁是什么？

生 10：形旁是“木”。

师：形旁是“木”，对不对？

生（多数）**：**对。

师：声旁呢？

生 10：声旁是“奇”。

师：“椅”，形旁的“木”和声旁的“奇”就组成了椅子的“椅”，对吧？“椅”是由形旁和声旁组成的，请坐。形旁表什么？

生（集体）**：**意。

师：声旁？

生（集体）**：**声音。

师：嗯，表读音。形旁表字的意思，声旁表字的——（师、生：读音）。好，现在我们再来看第二个字。

生 11：“凳”是声旁，“木”是形旁。

师：那么形旁这个“木”和声旁这个——

生 11：声旁的“凳”。

师：组成了这个什么字？

生 11：“櫈”，櫈子的“櫈”。

师：好，××说。

生 12：由形旁的“木”、声旁的“加”组成了形声字“架”。

师：架子的“架”。

生 13：形旁的“木”和声旁的“厨”组成了“橱”。

师：什么“橱”？

生 13：橱柜。

师： 橱柜。好，再来，××。

生 14： 由声旁的“方”、形旁的“艹”组成了——

师： 什么字？

生 14： 芬芳的“芳”。

师： 芬芳的“芳”，好，请坐。刚才形旁都一样，现在呢，声旁都一样。

生 15： 由“方”作声旁，“阝”偏旁做形旁，构成了一个防护的“防”。

师： 好，请坐。

生 16： 声旁“方”与形旁“女”组成的是妨碍的“妨”。

师： 对不对？

（生部分点头）

师： 妨碍的“妨”。好，第二组×××。

生 17： 声旁的“方”和形旁的“土”构成了“场”。

师： 构成了“场”（生大笑），这是什么？作坊的“坊”。我们看这八个字，有一个共同的规律，每一个字都是由形旁和声旁两个部分组成的。接下来请回答第二个问题，就是尽管每个字都是由形旁和声旁组成的，但是形旁和声旁排列的位置是多种多样的。你们说说看，排列的位置有几种？

（出示：形左声右　形右声左　形上声下　形下声上　形内声外　形外声内）

生（多数）**：** 六种。

师： 有六种，好，××说。

生 18： 第一种是形旁在左，声旁在右；第二种是形旁在右，声旁在左；第三种是形旁在上，声旁在下；第四种是形旁在下，声旁在上；第五种是形旁在内，声旁在外；第六种是形旁在外，声旁在上。

生 19： 他最后一个字说错了，声旁在内。

师： 应该是这么说，对吧？

生（多数）**：** 对。

师： 记的时候要记规律，否则会杂乱，杂乱是永远记不住的。你们看，这样是不是好记一点？这是什么？前面全是形，后面全是声，那就好记了，这是形旁在左声旁在右，它是左右、上下、内外或外内。好，这个我们知道了，因为都看得懂。现在我说一种，你们马上举一个例子来讲。形上声下，××。

生 20：管，形上声下。

师：噢，讲书上的不行。是什么？

生 21：芳草的"芳"。

师："芳"，对不对？是的，"雪"对不对？

生（多数）：不对。

师：不对，再来。形外声内，动脑筋。

生 22：围墙的"围"。

师：围墙的"围"。

生 23：闷。

师：哪个"闷"？

生 23：就是气闷的"闷"。

师：对吧？声外形内。"闷"是什么声旁？

生（多数）："门"。

师："心"在里头表意，对不对？再来，形右声左，一个在右边，一个在左边。

生 24：杨，就是木字旁的白杨树的"杨"。

师：对不对？白杨树的"杨"，刚才讲的对不对啊？

生（多数）：不对。

师：形左了，不是形右，看看，想不出来？一下子想不出来，"歌"对不对？

生（多数）：对。

师：另外就想不出来了？还没扭过来吧？比如，欺侮的"欺"，功劳的"功"，鼓励的"励"。

生 25：调，言字旁的"调"，调解的"调"。

师：调解的"调"。

生（多数）：不对。

师： 不对了。

生 26： 瓢泼大雨的“瓢”。

师： 瓢泼大雨的“瓢”，对不对？

生 27： 揪。

师： 哪个“揪”？

生 27： 提手旁一个“秋”。

师： 提手旁一个“秋”对不对？不对！我们还不熟悉，请你们来辨别一下。我们检查一下看，到底辨不辨得出来？（出示：驶　晨　好　休　园　聋　再　明　彩　须　黑　闷）这里一共是十二个字，第一步首先是把形声字找出来。现在请一个同学上来找。好，××，哪些是形声字，请你在上面画出来。

（生 28 在“驶、晨、园、聋、彩、闷”旁边打“√”）

师： 对不对？再看看，先判断哪些是形声字，对吗？

生（部分）**：** 对。

（师逐一指“√”过的字，生逐一读）

师： 好，现在请个同学来说一说，这六个字的形旁和声旁各是什么？

生 29： 这是——

师： 不对，先把形旁和声旁说清楚。

生 29： 形旁是“马”，声旁是“史”。

师： 形旁是“马”，声旁是“史”，大家看对不对？

生 29： 这是形旁在外（学生议论：囗），声旁是“元”；（师指“彩”）声旁是“采”，形旁是“三撇”；（师生笑了）（师指“晨”）这个声旁是下面一个“辰”，形旁是“日”；（师指“聋”）声旁是“龙”，形旁是“耳”；（师指“闷”）声旁是“门”，形旁是“心”。

师： 请坐。对不对？这个（指“园”）不是一个“口”。（板书：囗）这个弄错了。有两个字要注意，这个是“围”，古时候国家写法就是这样（指“囗”），不能读“口”，哪有这么大的“口”啊！（生笑了）（师风趣地说）血盆大口啊，注意。还有说“采”是声，形旁是“三撇”，不对。（板书：彡）这个字读“shān”，“彡”在《康熙字典》里面可以查得到。这“彡”是指什么意思？它是表形吗？形旁就要怎么样？

生（部分）**：**表意。

师：要表意，就是指毛很长，所以你看“彡”不是读“三撇”，不能自己去乱猜。接下来第三步，请你们讲一讲形旁和声旁位置的排列，到底是怎么排列的？现在我们请××讲，这个排列是怎样排列的？（指“驶”）

生30：形左声右。

师：形在左边，声在右边，对不对？

生（多数）**：**对。

师：好。（指“园”）

生30：形外声内。

师：形外声内。（指“彩”）

生30：形右声左。

师：形右声左。（指“晨”）

生30：形上声下。

师：对。（指“聋”）

生（部分）**：**形下声上。

（师指“闷”）

生30：形内声外。

师：形内声外，对不对？基本上知道了形声字形旁和声旁的排列情况。它们是怎么组成的，我们已有所了解。接下来就说说，我们懂得这造字方法要干什么？

生（议论）**：**记字。

师：为了我们认字认得多，读音读得准。如果我们碰到一个生疏的字，不认识这个字，请你们从声旁推测试试看，举一个例子。（板书：鳖）

（生有的读 biē，有的读 biè）

师：这个字读不准，到底怎么读？声旁是什么？

生（多数）**：**敝。

师：形旁？

生（多数）**：**鱼。

师：我们有的同学读不准这个字。你们可以从声旁来推测，可以联想到本来读过的一些字。你们从这“鳖”字也是上下结构的字，可以想到哪一些？说说看。

生 31：憋，就是上面一个“敝”，下面一个“心”。

师：（板书：憋）这是什么？憋着劲，还有吗？

生 32：草字头隐蔽的“蔽”。

师：（板书：蔽）草字头隐蔽的“蔽”，声旁到下面了。还有什么？

生 33：下面是一个“升”少一撇，就是作弊的“弊”。

师：弊病的“弊”（板书：弊），还有吧？

生 34：还有下面是一个“足”，蹩脚的“蹩”。

师：蹩脚的“蹩”（板书：蹩），因此我们从这里可以看出——（学生举手）还有！

生 35：还有就是一撇的“撇”，提手旁，旁边是“敝”。

师：一撇的“撇”（板书：撇），好，请坐。从这里我们可以看出来，从一个字的声旁可以推测它的基本读音。这些字也是形声字（指以上板书），包含这么一个声旁（指“敝”）。因此，我们碰到生疏的字时可以用声旁加以推测，这个声旁等于给我们一个信号，我们原来自己掌握的，从这样一个信号可以推测下去。但是，有的时候，一个声旁有好几种读法，那怎么办呢？请你们看书上，声旁找到没有？

生 36：有个字是“该”。

师：该。（板书：该）

生 36：还有一个是“核”。

师：《核舟记》的“核”。（板书：核）

生 36：它们的声旁都是“亥”。

师：都是“亥”，但是呢——

生36：上面读“该”。

师：该。

生36：下面读“核”。

师：核，正音。

生36：g－āi→gāi。

师：（板书：gai）是这样的吗？

生36：对的，“该”。

师：第几声？

生36：第一声。

师：（板书：-）下面一个。

生36：h－é→hé。

师：第几声（板书：he）？

生36：第二声。

师：第二声。请大家看这个字怎么读？（板书：赅）

生36：赅，言简意赅。

师：言简意赅，用它（指“亥”）这个音。现在请同学们看，我们在用声旁推测的时候要注意，如果这个声旁只有一种读音，比如我们刚才讲的，那么它比较简单。有的时候，声旁是表几种音的，刚才讲的是两种音。

（出示）

（声旁）	可	kē	gě	hē	hé
		苛	舸	呵	何
		轲		诃	河
		柯			

师：你们看这个“可”表了几种音？四种音。这个作为声旁的字读什么？（指“可”）

生（集体）**：**可。

师：这个是？（指“苛”）

生（齐）**：**苛。

师：苛，苛刻的“苛”。这个？（指“轲”）

生（集体）：轲，荆轲。

师：荆轲刺秦王的“轲”，孟轲的“轲”。这个？（指“柯”）

生（部分）：枝柯的“柯”。

师：枝柯，枝茎，还有就是斧头的柄叫“柯”，因此它是用这个读音的（指“kē”）。我们再看第二个。（指“舸”）

生（集体）：舸。

师：舸，对！这个是？（指“舟”）

生（部分）：船。

师：船，对了。用舟吧，百舸争流，指大船。我们再看第三个是？（指“呵”）

生（集体）：呵。

师：呵，笑呵呵的“呵”，一气呵成的“呵”。这个？（指“诃”）

生（集体）：诃。

师：契诃夫的“诃”。这个？（指“何”）

师、生：何。

生（部分）：为何。

师：为何。（指“河”）江河的“河”。所以，我们在用声旁推测的时候要注意，声旁有几种读音不能够搞错，一错，我们就推错了。声旁可以帮助我们认字，形旁呢？

生（部分）：了解含义。

师：对。我们写别字时，多半是对字意不理解，不理解就写错了。我们把形旁弄清楚以后，就可以减少写错别字。现在请同学们看，在我们练习、作文里面经常会出现这样一类的字。（出示：梁 粱 壁 璧 槁 稿 枇杷 琵琶）我们看这个字的形旁是什么？（指“梁”）

生（多数）：木。

师：这个“梁”是指什么“梁”？

生（集体）：房梁。

师：房梁、屋梁。这个字的形旁是？（指“粱”）

生（集体）**：** 米。

师： 高粱庄稼。

生（部分）**：** 粮食。

师： 对吧？是粮食。这个是——（指“壁”）

生（多数）**：** 墙壁的“壁”。

师： 下面形旁？

生（集体）**：** 土。

师： 这个是——（指“璧”）

生（集体）**：** 玉。

师： 玉，玉璧，和氏璧，所以下面是“玉”。这个？（指“槁”）

生：（读法不一）gāo、gǎo。

师： 槁（gǎo），形旁是——

生（部分）**：** 木。

师： 是什么？

生（部分）**：** 农具。

师： 农具？

生（部分）**：** “钅”字旁。

师： “钅”字旁是“镐”，也是形声字。这个字是什么？查字典。

生 37： “槁”是枯干的意思。

师： 枯干的意思，因此是木字旁。这个呢？（指“稿”）

生 37： 就是“稿”，稿纸的“稿”。

师： 稿纸的“稿”，注意这个（指“槁”）是枯干，草木枯了，所以是木字旁。下面——

生（部分）**：** 枇杷。

师： 枇杷，是植物，是一种果实。这个呢？（指“琴”）

生（部分）**：** 是琴。

师： 是琴，上面呢？

生（个别）**：** 一丝一丝的。

师： 一丝一丝的琴弦，所以表意的形旁弄清楚，可以防止写错别字。因此，了解形声字的这种构造方法，可以帮助我们记字记得牢。

这形旁是什么，声旁是什么，比多少笔画记起来怎么样？

生（多数）：容易。

师：容易，就是学一个字可以怎么样？

生（部分）：举一反三。

师：举一反三，对了。掌握一个字可拉一串拉一批。我们可以辨认，还可以推测，帮助我们理解。特别是我们将来学到化学，很多字都是“钅”字旁的，化学元素很多都是用形声字的方法来造字的。这样说来，是不是遇到声旁就可以推测？遇到形旁就一定知道它们的意思呢？那倒不一定，我们书上有一句话非常重要。

生（部分）：古今语音变化了。

师：对了，古今语音变化了，因此这个声旁啊——

生（部分）：推不出。

师：对，推不出来。形旁本身的意义比较笼统，有的已经跟它原来造字时没有多大关系了，所以就不能够认字识半边。过去讲秀才识字读半边，我们就不能这样读。我们有时候读别字，也是因为我们简单地推测。

（出示）

（声旁）	gōng	shé
	工	舌
	江	敌
	扛	辞
	杠	适
	空	乱
	控	刮

师：比如这个是“工”（指“工”一组），这是江、扛、杠、空、控，都不是读“工”，对吧？“舌”（指“舌”一组），但是这里已经读——

生（集体）：敌、辞、适、乱、刮。

师：因此，不能仅仅用这个声旁去推。这是三点水（指“江”），就表示水，这个读“工”，“江”就读“工”，那不是滑天下之大稽吗？所以，不能不动脑筋随便地去推。声旁是如此，形旁呢？

生（集体）：一样的。

师：对！也是一样的。

（出示）

（形旁）　风　衣
　　　　　颩　褒
　　　　　刮　衷

师：比如这是两个形旁。（指“风”“衣”）风，这里颩风的“颩”本来是用它的形旁（指“风”）的，是指颩风，现在已经变成什么？（指“刮”）这是什么“刮”？

生（部分）：刀刮。

师：对，刀刮，跟它原来的意思已经不一样了。又比如这个“褒”和“衷”，本来都跟衣服有关，现在是什么意思？“褒”是什么意思呢？

生（多数）：好。

师：赞美。这个呢？（指“衷”）衷心、由衷，因此跟“衣”已经怎么样了？

生（多数）：没有关系了。

师：毫无关系了。因此，对形声字，我们既要看到它的功用，也要看到它的什么？

生（部分）：局限性。

师：为什么会有局限性？因为古今语音的变化很大，还有就是有的形旁已经不能够表意了，所以我们用的时候要掌握它的规律，不可以乱用。下面是我们经常容易读错的，而且我们听别人讲话的时候也经常讲错。（生笑）（出示：赤裸裸　酗酒　枢纽　歼灭）“赤”什么？

生（读法不一）：赤 luǒ luǒ，赤 guǒ guǒ。

师：这里就不能根据“果”去推，赤 guǒ guǒ。（生笑）应该怎么读？

生（多数）：赤裸裸（luǒ luǒ）。

师：赤裸裸。这个呢？（指“酗酒”）我们经常听人说这个人“xiōng”酒，是“xiōng”吗？有的就读“xiōng”了。查字典。

生38：酗酒。

师：x－ù→xù，酗酒，对吧？这是喝酒过度的意思。好，这个我们经常读错（指“枢纽”），读什么？枢纽不是“qū”纽。这个（指“歼灭”）有人读“qiān”灭，对吧？“qiān”灭，不是歼，所以这个字怎样才能读准呢？

生（多数）：查字典。

师：勤查字典，勤问老师，问老师是从老师语言当中去怎么样？去学活的，还有就是不说话的老师——字典。好，现在我们做一个练习，一个是用形旁组词，“艹”头，看谁找得快。形旁可查字典，一分钟。（巡回）谁来讲？

生39：芋，芋艿的“芋”。

师：芋艿的“芋”。

生39：节日的“节”，芍药的“芍”。

师：共和国的“共”是吗？

生（部分）：不是的。

师：噢，“共”不是“艹”头。

生40：芝麻的“芝”。

生（议论）：芦苇、芙蓉。

师：芙蓉。

生41：苹果的“苹”。

师：苹果的“苹”。

生42：芫荽，芸。

师：芸。

生（议论）：芽，绿豆芽的“芽”。

师：绿豆芽的“芽”。

生42：芬芳，茉莉花的“茉莉”。

师：茉莉花的“茉莉”。

生 43： 蕰。

师： 哪个“蕰”？

生 43： 就是蕰草的“蕰”。

师： 知道吧？

生（多数）**：** 知道。

师： 知道。我们现在都是查字典，下面不让查字典，你们自己组词，要写出来声旁是一个青草的“青”，青颜色的“青”，看谁组得快。

（生集体边想边写）

师：（巡回）八个，最多的是八个。

生 44： “氵”的“清”。

师： “氵”的“清”。

生 44： 晴。

师： 日字旁的“晴”。

生 44： 眼睛的“睛”。

师： 眼睛的“睛”。

生 44： 范菁的“菁”。（举学生的名字）

师： 范菁的“菁”怎么写？“艹”字头——

生（多数）**：** 青。

师： 对！

生 44： 安静的“静”。

师： 安静的“静”。

生 44： “亻”旁的“倩”。

师： 对！“亻”旁的“倩”。

生 44： 靛、靖。

师： 哪个“靖”？

生 44： “立”字旁的“靖”。

师： 噢，靖，平定的意思。还有？

生 44： 情。“忄”旁的“情”。

师： “讠”字旁的“请”漏掉了。好，还有补充吗？

生（议论）**：**蜻蜓的“蜻”。

师：蜻蜓的“蜻”，“虫”字旁。

生 45：还有一个就是一种化学物品，用“气”字头的。

师：“气”字头下面一个“青”，氰化钾的“氰”。

生 46：还有“禾”字偏旁，青稞的“青”。

师：哪个偏旁？

生 46：“禾”字偏旁。

师：对不对？有吗？

生（议论）**：**没有这个字。

师：有没有？查字典，“稞”字有“禾”字旁。（生查字典，师继续讲）还有吗？这边一个“青”（指左侧），这边一个见到的“见”（指右侧），有没有？

生（多数）**：**有。

师：有的。（学生举手）噢，还有什么？

生 47：还有鱼。

师：什么鱼？

生 47：就是一条鱼的“鱼”，旁边一个“青”。

师：鲭鱼对吧？对。有没有？我们速度还不是怎么快。

生（议论）**：**没有。

师：还有“艹”头的“青”，宝贝的“贝”字旁一个“青”，还有一个“口”里头的“青”。

生（多数）**：**对！

师：噢，对对，我们还有一些字不认识，要勤查字典。原来刚刚写的时候有同学说我只有三个字，再多写不出来，现在已讲了十几个了，所以要扩大自己认字的范围。最后，请你们把这里的别字捉一捉。看谁捉得快。

（出示）

1. 这间教室真宽敝。

2. 鹅毛般的大雪粉粉扬扬地从半空中降落下来。

3. 春汛涨水的波涛声高起来了，度口停止了摆度。

4. 锻期组织旅游，同学们高兴得手舞足蹈。

（生议论纷纷，学生举手，师示意学生讲）

生 48： 第一句宽敞的“敞”写错了。

师： 左边应该是什么的？

生（议论）**：** 口、尚。

师： “尚”是什么意思？

生（议论）**：** 宽、大。

师： 大。

生（议论）**：** 亮。

师： 亮，错误。（指“敞”）第二个？

生（议论）**：** 纷纷扬扬。

师：（指“纷”）偏旁是什么？

生： “纟”字偏旁。

师： 纷纷扬扬是什么意思？是形容什么？

生（议论）**：** 多。

师： 多、杂。这变成什么字了？（指“粉”）

生（议论）**：** 粉。

师： 粉，面粉。第三个？

生（议论）**：** 渡。

师： 这个应该加什么？

生（多数）**：** “氵”。

师： “摆度”对吗？渡船的地方，这个——（指“摆度”）

生（多数）**：** 不对。

（师指第四句）

生（议论）**：** 假若的“假”。

师： 假期的“假”，这里是什么？

生（议论）**：** 锻。

师： 这个字啊，“假”，“亻”字旁一个“叚”。（板书：假）这个是锻炼的“锻”，声旁是什么？

生（议论）**：** 段。

师：锻（板书：锻），锻炼、锤炼，所以这两个字要分清楚，“假”和“锻”。好，总起来说，这节课关于形声字的知识短文，我们学了这么几个问题：第一，汉字的构造方法，书上介绍的——

生（议论）**：**三种。

师：我们讲了六种，叫什么？

生（集体）**：**六书。

师：为什么形声字要单独作为知识短文的标题呢？因为在现代语中占多少？

生（集体）**：**90%以上。

师：90%以上，形声字是由什么组成的？

生（集体）**：**声旁、形旁。

师：排列的位置？

生（议论）**：**上下、左右、内外。（有的讲“前后”）

师：内外，怎么有个“前后”出来了？（师、生笑）上下、左右、内外六种排列。第三个问题，形声字的作用，可以怎么样？

生（部分）**：**认字，了解字意。

师：了解字意，推测读音。

生（部分）**：**防止写别字。

师：防止写别字，但是它有——

生（多数）**：**局限性。

师：局限性。因此，我们应该勤查——

生（集体）**：**字典。

师：勤问老师！好，课后把书上的作业——思考和练习做一做，下一节课校对。

下课！

说话教学

“口头表达训练”活动课实录

时间：1985 年

执教：杨浦中学　于　漪

班级：初三（4）班

师： 今天我们课外活动是进行第四轮的口头训练。这次口头训练的内容是：课外阅读情况交流与课外读物的介绍和推荐。我们先进行一下课外阅读交流。同学们的课外阅读情况与过去相比有所进步，现在请你们向大家说一说。第一，用简明的语言说明本月内自己课外阅读了多少书，因此要一个什么？

生（部分）：数字。

师： 数字。主要的书名或篇名，不报流水账。第二，在说明以后讲一讲自己这个月阅读有无进展。比如，我在阅读的速度方面、方法方面、理解方面等是不是有进展？如果没有的话，就实事求是地讲，我还是和原来一样。就是这么两个内容，动脑筋。说的人要说清楚，让人家听得到，不要把声音压在喉咙里。听的人要仔细认真。然后，我们评论一下大家的口头表达情况如何。动脑筋，马上组织语句。有哪些书在人家介绍的时候，你觉得不知道的，可以记一记。好，我们从后面讲到前面，好不好？

生 1：这个月我读的书有 15 本左右，主要分为三类，一是文艺性书籍，二是知识性书籍，三是科学性书籍。文艺性主要是一些杂志，就是《青年一代》《青年文摘》《台湾与海外文摘》等。

师：听到过吗，《台湾与海外文摘》？

生 1：知识性书籍主要是一些课外辅导书籍，比如物理、化学，初中的物理、化学辅导书；科学性书籍，就是看了《飞碟探索》杂志。

师：《飞碟探索》杂志。你觉得有没有进展？跟以前比。

生 1：比以前速度快了。

师：好，请坐。

生 2：这个月我主要看的是杂志，比如《艺术世界》，还看了五六本学习参考书，如《初中数学复习参考资料》《初中英语学习指导》，还有艺术性的是《世界美术》，科学性的主要是《科学画报》和《兵器知识》。

师：女孩子还看《兵器知识》，很好的，对不对？我也看过了，是很好。

生 2：我觉得现在看书速度比以前提高很多，而且看的方面也比较广泛了。

师：很好，你说。

生 3：我这个月主要看了杂志，比如《青年报刊文摘》和《青年一代》等。我觉得《青年报刊文摘》比较好，很适合我们这一代人看，它涉及的面很广，可以使我了解中国，还有世界。

师：有没有进展啊？在阅读方面。

生 3：在阅读方面，看的速度比较快了。

师：速度都快了，好。

生 4：我这个月看了近十本书，看了小说《东方快车上的谋杀案》，是推理小说。

师：噢，推理小说。

生 4：还有杂志《新创作》《青年文摘》，还有《苏联文艺》。

师：《苏联文艺》，同学们知道吗？

生（部分）**：**看到过的。

师：看到过的，好，××呢？

生 5：我这个月看了十本书，基本是娱乐性的。

师：娱乐性的。

生 5：《丰臣家的人们》《高中物理》《足球》《说明文精选》《中学文言文注释》《写作一百例》等。

师：《写作一百例》，还有什么？

生 5：进展不大，主要像娱乐一样。

师：进展不大，主要像娱乐，好。

生 6：我在考试前看的都是参考书之类的，在考试以后，有杂志，也有武侠小说之类的。现在有两本书还在看，一本是《宋词名篇赏析》，另外一本是《新评唐诗三百首》，这两本都是很好的书。

师：噢，很好的两本书。

生 7：这个月我看了二十多本书。（生发出惊叹声）

师：他是最喜欢看书的。

生 7：这主要分为几类，有辞书类的，也就是工具书之类的。

师：辞书类的，工具书类的，好的。

生 7：还有文学类的，还有就是化学、物理等。这个月查了几本工具书，有《英华大词典》《辞海》《现代汉语词典》等。文艺性的看了《诗经选注》，还有是《唐宋词一百首》，还有那个什么——

师：他要从《诗经》、骚辞读起。

生 7：还有关于怀素的书。

师：怀素，知道吗？

生 7：怀素是唐朝的一个书法家，写狂草的。

师：狂草，知道吗？

生（部分）**：**噢，与张旭齐名的。

师：你介绍一下那个怀素，有的同学不知道，请你说。

生 7：怀素是他的法名。

师：法名，怀就是——

生 7：胸怀的“怀”，素就是朴素的“素”。

师： 朴素的“素”，平素的“素”，好。

生7： 我看的是综合性的杂志，《科学画报》《青年文摘》《报刊文摘》等。还有就是《从元素到基本粒子》，是讲化学的。

师：《从元素到基本粒子》。

生7： 还有一篇有机化学的。

师： 还有一篇有机化学的。

生7： 我觉得这个月比起上个月读的书是面目全非。

师： 面目全非了。（笑）

生7： 因为五月份主要是迎考，主要精力都放在功课上，也没读什么书，这个月时间很多，就读了很多书。

师： 好的。

生8： 我这个月主要看了两类书，一类是杂志，还有一类就是小说。

师： 噢，小说一类。

生8： 杂志有《青年一代》《青年文摘》等，小说主要看了四本，比如杰克·伦敦写的《马丁·伊登》。

师： 记得《马丁·伊登》。

生8： 还有《子夜》。

师：《子夜》的作者是？

生（部分）**：** 茅盾。

师： 茅盾，讲得很好。

生8： 还有《基督山伯爵》。

师：《基督山伯爵》，谁写的？

生（部分）**：** 大仲马。

生8： 这个月的时间过得很快，因为这四本小说都是大部头的。

师： 对，长篇小说。

生8： 特别是《基督山伯爵》，是四卷本，看的速度快了，还有对作品的理解也深入了一点。

师： 因为故事情节很曲折，很吸引人，这个大概也有助于加快阅读的速度。

生 9: 近来我看的书不多，大概十本不到，其中有几本是我比较感兴趣的，包括一些人类在海上遇难时解决生存问题的书籍，如《自愿经受大海考验的人》。

师: 这个知道吗？你说得慢一些。

生（部分）**:** 是新出版的。

师: 新出版的。

生 9: 我所读的这些书都是科学性的，还有一本书讲目前地球人非常关心的外星人的一些事件，这本书收集了一些事实资料、目击资料，它叫作《外星人的足迹》。

师:《外星人的足迹》，大家听到过吗？（生摇头）没有听到过。

生 9: 还有就是我们地球人对宇宙开发方面的《神奇的设想》。

师:《神奇的设想》。

生 9: 就这些。

师: ×××说。

生 10: 我这个月看的主要是杂志，比较感兴趣的是《环球》，介绍了世界上各种各样的事情；还有《奥秘》，它是科学性的。

师:《奥秘》，应该知道的。

生 10: 还有文艺性的《萌芽》《青年文摘》《花城》，科学性的主要是《宇宙之谜》。

师: ××。

生 11: 我比较喜欢看小说，这段时间主要看了一些小说，其中一些是刘绍棠的乡土文学，《小荷才露尖尖角》就向我们展示了运河旁人民的生活。

师: 听清楚了没有？说话不要牙齿咬得太紧，《小荷才露尖尖角》。

生 11: 还有就是描写中国式的城市教育事业的《寻找回来的世界》。

师:《寻找回来的世界》，还有——

生 9: 对不起，我刚才还漏了一点。阅读这组书，我觉得我比以往——（生笑）

师：对的，你说。

生9：我比以往兴趣更加浓厚了。这方面的书是很符合我的胃口的，所以我读起来很带劲，往往手不释卷。

师：手不释卷，饭也不要吃。

生9：有这情况。（师生笑）

师：很好，还有什么？

生11：我看书时强迫自己看得慢一些，因为书看得太快，文章的意思就不能够理解了，看慢一点就能体会到作者写这本书的意图。

师：前面都是讲看的速度快了，尽量强迫自己看得慢一点，有没有道理？（生点头）

生12：这个月我看的书主要是三类，第一类是小说，第二类是参考书，第三类是我最喜欢看的杂志。在一个月里我看了文艺、体育、经济、教育、科技、生活等方面的二三十种杂志。我认为杂志里面的——

师：所以他能够海阔天空，一下课就数他的喉咙响。（师生笑）

生12：杂志是比较好的，里面的知识比较新鲜。我要向大家介绍一本《漫话美国青年》，是美籍华人赵浩生写的，他使我们比较全面了解当代美国青年，这是从一个美国青年的角度观察当今美国社会。（出示给同学看）

师：举得高一些，同学们看不见。

生12：在阅读方面，我感觉到自己阅读兴趣比较浓厚，看的书涉及面比较广泛。

师：好，你说。

生13：这个月我看的书可分两类，一类是杂志，还有一类是小说。杂志就看几本，比如《世界博览》《青年一代》《体育之春》。

师：《世界博览》《青年一代》《体育之春》。

生13：小说看了几本名著，像《续侠隐记》。

师：《续侠隐记》是什么？知道不知道？

生13：大仲马的名著"达特安三部曲"的第二部，第一部是《三个火枪手》。

师：《三个火枪手》，知道吗？（生摇头）不知道。

生 14：这个月我看了两本小说，还有两本诗集，另外是一些杂志。两本小说，一本是歌德的《少年维特之烦恼》，还有一本是泰戈尔的《饥饿的石头》。诗集中的一本是《勃朗宁夫人抒情十四行诗集》。

师：十四行诗，知道吗？（板书：十四行诗）

生 14：杂志主要是《世界博览》。

师：主要看的是什么？

生（部分）**：**诗。

师：诗，外国的诗。

生 14：杂志是《世界博览》和《小说月报》。我本来是不大喜欢外国人写的书的，但这个月看的大部分书是外国人写的。

师：你为什么要培养这方面的兴趣呢？本来不喜欢看的。

生 14：一开始是借了《饥饿的石头》，觉得很好看（师生笑），就继续借。

师：再借。好，你继续说吧。

生 14：还看了日本井上靖写的《敦煌》，还看了——

师：井上靖。

生 14：还看了两本外国历史书，一本是《美国独立战争》，还有一本是《雨果》，还看了《古文诗选》和《唐诗一百首》。

师：好，××说。

生 15：我最近看的书涉及面不是很广，这个月重看了一些关于自身成长的书，比如关于修养方面的书。这个月还看了一本书，我觉得很好，就是《1983 年全国短篇小说佳作集》，尤其是彭见明的那篇《那山　那人　那狗》给我很大的启发。我这个月读书的速度没有什么提高，区别是过去看文艺作品看了就忘了，现在是看了以后有时自己回味回味，就会有新的发现。

师：很好。

生 16：这个月看的主要是小说，有美国作家写的《三部曲》，还有西奥多·德莱塞写的《天才》。

师：知道《天才》？

生 16：还有《大屠杀》，还有笛福写的《鲁滨孙漂流记》。

师：《鲁滨孙漂流记》。

生 16：还看了介绍中国的《古代名将传》。

师：《古代名将传》，××书也读得比较多。

生 16：这个月我读书比以往仔细了。我发现笛福写的《鲁滨孙漂流记》对人物内心的刻画非常仔细。

师：××说。

生 17：这个月我就看了一本书。（师生笑）

师：好，实事求是。

生 17：就是一本《傅雷家书》，这是因为这一个月内所能看书的时间并不多。这本书确实好，每字每句都应该落实。（师生笑）要能够体会出它的含义。还有一点，我们欣赏的口味并不同，我对书并不求量的多，而是质的好。像小说什么的，与其说看小说，还不如说看小说梗概。（师生笑）另外，这些杂志并不耐看，因为它们仅仅是娱乐性的。（生议论纷纷，表示反对）尽管看书的速度下降了，看书的量也少了，但是我认为看了这本书，已经使我在人生观方面有重新的认识。

师：好，等一下请你介绍介绍对杂志的看法。刚才有同学有些不同意见，等会儿我们再说。好，××说。

生 18：确实，看杂志像××（指生 17）同学说的是娱乐性的，但是它也能够开阔一个人的视野。这个月我读的书并不多，一共才看了三本，一本是《世界博览》，一本是《世界知识画报》，还有一本就是和我们学习有关的《初中物理复习资料》。有名人曾说，读书应该以快为好，也有名人说读书应该以慢为好。这一次我是以慢为主。以前我看的速度是很快的，一目十行。

师：一目十行。

生 18：这一次我是认认真真去看了，而且看的速度很慢，一个月才看了两本杂志。但是，从这两本杂志里我看到了一个没有看到过的新的世界，待会儿向大家介绍我看《世界博览》的体会。

师：好，××说。

生 19：这个月我看的主要是杂志、散文、小说，还有一本是《普希金诗选》，小说是《朝花夕拾》，还有《茶花女》。

师：《朝花夕拾》是什么？

生（部分）**：**散文集。

师：散文集。

生 19：杂志就是《青年一代》，还有《旅伴》《萌芽》。

师：好，××你说。

生 20：这个月我只看了一套四部的书叫《静静的顿河》。

师：知道《静静的顿河》的作者吗？

生（部分）**：**肖洛霍夫。

生 20：肖洛霍夫。看了这本书以后，对俄国当时的历史，主要是十月革命以后的历史有了许多了解，而且有一个新的文学理论，马上就要介绍。

师：马上就要介绍，好，××。

生 21：这个月我看的书比较多，其中大部分是杂志，是科技方面的，陆、海、空都有。

师（笑）**：**陆、海、空都有。

生 21：关于陆地的，大多是科技知识；关于海上的，有《航船知识》；还有是关于飞机的，有《航空知识》《国际航空》；还有是工具书《成语词典》；还有一本《中国象棋大全》。

师：他是棋迷。

生 22：这个月我看的书分为两大类，一类是杂志，另一类是小说。小说方面有《1984 年中篇小说选》，还有《外国短篇小说》，还有名人轶事类；杂志方面就是《青年一代》，还有《体育博览》《读者文摘》《环球》等。这个月我感到在阅读能力方面好像进展不大。

师：进展不大。

（师示意另一学生讲）

生 23：考试后这段时间我主要看的是消遣性小说，比如看了四本武侠小说。还有一本中篇小说是克里斯蒂写的，我比较喜欢看克里斯蒂的小说。

师：知道吗？哪一国的？

生（部分）**：**英国最畅销的女作家。

师：最畅销的女作家？

（生多数大笑）

师：是，她的书最畅销，还有吗？

生 23：还有就是杂志。我看的这些书对有些同学来说是不屑一顾的，所以我觉得没有什么必要作介绍。

师：好。刚才我们交流了一下情况，请你们评论一下，主要评论口头表达的情况，其他的内容再讲，怎么样？可以综合评论，也可以说某个人。好，×××说。你听下来觉得都很好吗？你说。（生摇头说不出）大家都注意到了什么？

生（部分）**：**内容。

师：有没有注意到口头表达的情况？

生 24：我认为这次交流，大家都讲得非常流利，而且内容也充实了。

师：讲得流利，内容也充实了。有没有缺点？

生 25：我觉得××同学（指生 8）讲得比较流利，而且讲得比较清楚。

师：比较清楚，言下之意是什么？有些同学讲得不够清楚，是不是这个意思？还有两个毛病在好些同学身上都体现出来了，哪两个毛病？

生 25：许多同学都没有说阅读情况。

师：忘了谈自己的阅读情况，漏掉了一点，还有什么？

生 26：就是要求讲读了多少本书，有些同学讲了，后面就没有多少同学讲了。

师：口头训练的要求这部分忘了，是不是？

生 27：开始时是讲他们一共看了多少本书，接下来又说还看了多少本书。

师：请举例子，你说。

生 27： 我想还是不要举例子了。（生大笑）

师（笑）**：** 不好意思？还有吧？

生 28： 我觉得这一次也可以算是口头表达训练吧。有的同学讲得非常有条理，把自己读过的书分门别类地先来个总括，然后再一本本向大家介绍。我觉得他们只是“还有”用得太多了。

师：“还有”太多了，这个我们初步评了一下。刚才在介绍的时候，有几位同学认为自己读的书是很好的，那么请你们把刚才同学们介绍的书再回味一下。我们可以发现几个问题。一个问题是我们的阅读面怎么样？

生（部分）**：** 广。

师： 阅读面广了。从跟我们学科有关系的参考书一直到科技读物，到中外名著，这些我们过去是读得比较少的。有很多同学讲，开始读外国作品的时候很吃力。从题材方面来讲，除了小说、散文、知识性的文章，还有什么？诗歌，阅读的面是比较广的。培根曾经讲过这样一句话：“书籍是在时代波涛中的思想之船，它小心翼翼地把宝贵物品运送给一代又一代。”从我们刚才交流的情况来看，同学们就可以互相启发。书籍本身就是思想之船，这里有很多宝贵的东西。我们青少年成长是离不开书籍的。莎士比亚讲过书籍是什么啊？全世界的——

生（部分）**：** 营养品。

师： 全世界的营养品。所以，读书应该成为我们的一种嗜好，要成才一定要花时间读书，挤时间读书。从刚才讲的情况来看，我觉得大家在选择书的方面有进展了。我记得有一轮大家讲的时候讲了许多武侠小说，今天就比较少。我并不是说武侠小说不可以看，但是并非公认的文学的佳品，偶尔翻一翻了解了解是可以的，这一次我们读的就比较少。我还记得有一轮介绍最多的是推理小说，还有就是福尔摩斯破案，对吧？书可以广泛看一看，你不了解也有局限，但是有一个精读的问题，过多的精力放在那上面不行。我们为什么要读书呢？就是要从各方面吸收知识，从各方面吸取营养。读一本好书就好像是和高尚的人说话。因此，读书还有一个慎加选择的问题。当然，我也不完全同意××同学讲的杂志都没什么好看的。杂志还是有很好的价值的，看杂志要会选择，不一定从头看到尾，广泛地看一看就能开阔视野。我觉得今天大家有进步，我们有的同学不仅考虑到速度，而且感觉到要读得慢一点，慢一点的目的是深入理解，所以精读和博览应该结合起来，既要深入又要开阔。从阅读的面来讲，从阅读的方法来讲，我们是有所进步的。

刚才有同学讲他们读的几本书非常精彩，现在就请他们介绍，然后大家评论。介绍的方法你们自己创造，你们认为怎样介绍可以吸引听者，可以把同学的吸引力抓住，就怎样介绍。我们介绍的时候总希望介绍片段，因为时间有限，如果讲得长，那么介绍的东西就少了。在听的时候，我们可以适当地做记录，作为评论的依据。刚才××讲他书虽读得少，但是他对书好像理解得比较深。现在就请××先介绍。

生 29：等会儿。

师：没关系，你先介绍。你可以对着大家讲，到讲台上讲也可以。

生 29：我记得有一位大学毕业刚踏上工作岗位的女青年，在一次与其老师的交谈中，说了这么一句话：“老师，你教给了我知识，你没有教我生活。”是的，生活是严峻的，我们存在于一个既定的社会，只有从不同角度、方面去感受、了解它，才能正视这个社会。对社会的认识理想化，只会让你感到失望和迷茫，但是对社会绝对失望，也只会导致你自身被吞噬。我们这些学生，社会阅历较浅，也不可能通过各种社会实践使自己对社会有根本上的认识，这就决定了我们所能采用的最有效、最直接的办法就是求教于书籍。

这里有一本书，叫作《傅雷家书》，它能很好地帮助我们认识社会，生存于社会中。作者是我国已故的著名翻译家、文艺评论家傅雷。傅雷的艺术造诣深厚，涉猎古今中外的文学、绘画、音乐等各个领域。他在身处困境之际写给儿子的书信如今已经汇编成这本《傅雷家书》，实在是一桩快事。它告诉我们，一个纯洁、正直、真诚、高尚的灵魂，尽管有时会遭受到意想不到的磨难、污辱、迫害，陷入绝境，但最后真实的光不能永远被湮灭，还是要为大家所认识。它的光焰照彻人间，得到尊敬和爱。傅雷以充满感情的笔触写下的这本书，也是对我们的教诲。人的生命是有限的，而人的精神是永远无止境的。傅雷在对儿女的教诲中延续自己的生命，也延续与发展一个人为祖国、为社会、为人类所能尽的力量。这本书实在是很好的营养品，是高度概括了傅雷自己对生活认识的结晶，它可以使身在异国他乡的有志之士觉得父母就在他身边，时时给他指导、鼓励与鞭策，使自己有勇气和力量去战胜各式各样的魔障与阻力，踏上自己成长的道路。这里我读几段书中的话。傅雷对人生的见解："人一辈子都在高潮—低潮中浮沉，唯有庸碌的人，生活才如死水；或者要有极高的修养，方能廓然无累，真正的解脱。只要高潮不过分使你紧张，低潮不过分使你颓废，就好了。太阳太强烈，会把五谷晒焦；雨水太猛，也会淹死庄稼。我们只求心理相对平衡，不至于受伤而已。"他对青年人也有真灼的评论："现代青年头脑太单纯，说他纯洁固然不错，无奈遇到现实，纯洁没法作为斗争的武器，倒反因天真幼稚而多走不必要的弯路。玩世不恭、愤世嫉俗的态度当然为我们所排斥，但不懂得什么叫愤世嫉俗也反映入世太浅，眼睛只会朝一个方向看。周总理最近批评我们的教育，使青年只看见现实世界中没有的理想人物，将来到社会上去一定感到失望与苦闷。胸襟眼界狭小的人，即使老辈告诉他许多旧社会的风俗人情，也几乎会骇而却走。他们既不懂得人是从历史上发展出来的，经过几千年上万年的演变过程才有今日的所谓文明人，所谓社会主义制度下的人，也免不了管中窥豹之弊。这种人倘使学文学艺术，要求体会比较复杂的感情，光暗交错、善恶并列的现实人生，就难之又难了。要他们从理论到实践，从抽象到具体，样样结合起来，也极不容易。但若不能在理论—实践、实践—理论、具体—抽象、抽象—具体中不断来回，任何学问都难以入门。"除此之外，他对真理的态度有这么一段："坚持真理的时候必须注意讲话的方式、态度、语气、声调。要做到越有理由，态度越缓和，声音越柔和。坚持真理原是一件艰巨的斗争，也是教育工作，需要好的方法、方式、手段，还有是耐性。万万不能动火，令人误会。"

《傅雷家书》中的一段段话就是一篇篇情文并茂的小论文，其中包含着许多很好的句子，可以说是教益非凡。如：“人越有名，不骄傲别人也会有骄傲之感，这也是常情；故我们自己更要谦和有礼！”“人生做错了一件事，良心就永久不得安宁！”“有些罪过只能补赎，不能洗刷！”

傅雷的离世是文学界的一大损失，但能够完全体现其精华本质的这本《傅雷家书》，却是他的现实体现。它包含着无比能量，感化我们，启迪、教育我们。它有强大的冲击力，有温情，有慈爱，有严厉，更有人性，使得我们能在任何时候都保持着清醒、敏锐的头脑，像大海中的风帆乘风破浪，矢志不渝地驶向既定的目标。

师：因此，你向大家推荐。好，××，你来说，记得对刚才的内容进行综合评论。

生 30：刚才他说得很深奥。我想给大家介绍的是《智慧的较量》，就是刚才我给大家推荐的《世界博览》中的《智慧的较量》。我比较喜欢这篇文章。它介绍了美国加利福尼亚工学院的一件有趣的事，是说进宿舍的事。毕业班的学生要出宿舍，但是新生要入宿舍，怎么办呢？他们之间展开了一场智慧的较量。先是毕业班的学生出去了，他们想方设法立了一系列阻碍，当然不是像我们所想象的那样有高山，有峻岭。他们编制了一套套的程序，设置各种各样的阻碍，都是和智慧有关的。新生呢？他们千方百计地要进入这个毕业生的宿舍。他们怎么进入呢？有一件有趣的事，有一次，他们因为进不去，就用阅览室的起重机把房顶撬开，然后一起跳进去了。但是后果是不堪设想的，他们得重新修复这座房子，否则毕业班的学生就会大发雷霆。除此之外，我觉得杂志最后的漫画也挺好看。刚才有人问我借了，他们觉得这个也是很好看的（翻了漫画部分给大家看，生笑），就像这个我们熟悉的喜剧演员卓别林，粗看、远看看不见吧？

师：拿给大家看，你边走边说，不要老自己看啊。

生 30：就是这个（手指着第一幅漫画），远看是看不见的，但是近看，从他的眼睛、他的帽子和他那像裤子又像褂子的服装可以看出，确实是令人捧腹不已的。接着我想再给大家介绍一位物理学家爱因斯坦，我们都熟悉。特别明显的是，我看了他的脑袋，你看——

（手指给学生看）

生（部分）**：**鼻子。

生 30：对，他的鼻子也不错（生大笑，课堂气氛活跃），鼻子特别肥大。从这幅漫画中，我们可以看到他的眼睛在闪着光。

师：什么光？

生 30：智慧的光。我再向大家介绍一位美国的拳王阿里，他是一个世界重量级拳击冠军。他的嘴、他的脸、他的鼻子都是由三角形肌肉组成的（生大笑），他的整个脸型可以说是几何体的完美构造。

师：是几何图形的。

生 30：还有这位美国总统里根，在公共场合他可是风度翩翩，不是这样的，可是漫画家却把他画得丑了。但从这个丑中，我们仿佛可以看到他脑子里好像在想着那星球大战。这个是美国前总统尼克松，尼克松就是——

生（部分）**：**大鼻子。

生 30：也许你们会被他的鼻子所吸引，上面还插着一面美国国旗，这面美国国旗就象征着他是美国总统。好，我就介绍到这儿，希望大家喜欢这本书。

生：（纷纷抢着看）借给我看看，借给我看看。

师：再下面，你到前面来讲。

（生 31 带书与本子上讲台）

生：（议论）大学生。

师：这个很好。这是读书的笔记，简明扼要介绍，只要片段。

生 31：（出示书）我今天给大家介绍的书是《静静的顿河》。大家都读过《钢铁是怎样炼成的》这本书吧？你们肯定还记得书中那个为革命献身的战士保尔·柯察金，而我今天要向你们介绍的书中，没有像保尔那样为革命英勇献身的主人公，只有一个“英勇”的哥萨克，这部小说就是《静静的顿河》。

《静静的顿河》的作者是苏联现代作家肖洛霍夫。肖洛霍夫 1905 年生于顿河地区的维申斯克省，15 岁起就参加了顿河苏维埃政权的粮食征购队，以后当过教师，演过戏，参加过剿匪斗争，这些经历为他以后的创作积累了材料。战争结束后，在莫斯科他用了 14 年时间写成了这部小说。

《静静的顿河》共分四部，以第一次世界大战爆发前后到苏俄国内战争结束这段时期为历史背景，描写了主人公葛利高里·麦列霍夫——一个出生于中农家庭，青年时代参加过帝国主义战争，以后又在革命与反革命之间摇摆不定，最后自取灭亡的人物——的种种经历；描写了哥萨克的劳动生活、家庭生活，青年哥萨克的恋爱，以及各阶层的文化和矛盾；叙述了哥萨克的军营生活和哥萨克官兵之间的矛盾，共产党在哥萨克地区和军队中的生活和影响，以及共产党怎样领导人民走向胜利，并展示了哥萨克地区的社会风貌。1965 年，作者因这部小说获得诺贝尔文学奖。

为什么这本小说有如此高的价值呢？

首先，这部小说有它典型的社会意义，形象地表明任何人一旦脱离人民群众，必然要覆灭。

其次，这部小说画面广阔，不仅有战火纷飞、硝烟弥漫的战争场面，也有清新的大自然的美景，如：“温暖的南风已经刮了两昼夜。田野上的最后的雪已经消逝了。冒着泡沫的、春天的小水沟都淙淙响着流过去了，草原上的洼地和河沟都涨满了水。第三天的早晨，风势渐渐地平静下去，浓雾笼罩住了草原，湿润的、去年的羽茅草丛闪着银光，古代的守卫堡垒、山沟、市镇、钟楼的尖顶和高耸入云的金字塔形的杨树顶，都被笼罩在一片白茫茫的、伸手不见五指的雾气中了。蔚蓝色的春天来到广阔的顿河草原上。”作品情节生动，结构紧凑，语言清新，又有浓郁的生活气息，如：“秋天来到的时候，池塘差不多要干了，捕捉鲤鱼并不是特别困难的事，潘苔莱·普罗珂菲耶维奇找了一会儿，在邻近的一个小湖旁边找到了一只没有底的篮子，回到池塘边，脱了裤子，冷得缩着脖子，哼哼着，捉起鱼来。他把水弄浑以后，踏在没膝盖深的烂泥里，顺着池塘往前蹦去，把篮子放进水去，使篮子边紧贴着池塘底，随后把一只手伸进篮子去，希望立刻有一条力量很大的鱼把水迸溅起来，发出哗啦哗啦的声音。他的努力奏了功效，他扣住了三条十斤重的鲤鱼。”

再次，作者反映社会主义革命的伟大。他并不是采用平铺直叙的方法，而是采用侧面烘托的方法。如：“‘预备！来一支《上帝，保佑沙皇》’，这些乐师都沉默地你看看我，我看看你。谁也没开始吹奏，焦急的沉默持续了一会儿。后来有一个光着脚，但是裹腿打得整齐的红军，朝地上望着，说：‘我们谁也不会吹奏旧国歌。’……在花园上空飘荡的钟声沉默了一会儿，大尉拧了拧眉毛，悄悄地问道：‘我希望，你们吹一次《国际歌》好不好？来吧！既然是我的命令，你们就吹吧。’在一片寂静当中，在中午的暑热当中，就像是在号召进行战斗似的，吹奏出来的《国际歌》的愤怒的声调忽然和谐地和庄严地响起来了。大尉低着脑袋，叉开腿站着，就像公牛遇到了障碍物似的，他站在那里静听着。他的青筋迸起的脖子和眯缝起的眼睛的发蓝的白眼珠子上都涌上血来，‘停——止！……’他忍耐不住了，激怒地吼叫道。”

最后，这部小说有争论价值，作者对主人公最后的遭遇是抱有同情之心的，因此被有些文艺家认为是错误的，但作者这样也是符合人之常情的。不管怎么说，《静静的顿河》的确是一部不朽的小说，是一部世界名著，希望同学们去阅读一下，它能使你长知识，长能力。

师：好，你说。

生 32：刚才××同学已经讲过了，说我们对生活了解得不够深刻，阅历不是最深，了解的范围不是最广。我给大家介绍一部短篇小说，《那山　那人　那狗》。也许我们对于边远地区那些乡邮员的生活不熟悉。乡邮员就是在山间送信的人。书信是我们平时交流信息的一个主要途径。我们也知道在城市送信是很方便的，但是在边远山区就不容易了，因为乡邮员要翻山越岭，靠自己的两条腿送信。这本书的作者是彭见明，青年作家。这部小说没有扣人心弦的情节，不像惊险小说那样，但是它在一个非常简短的时间里面说了一个非常深刻的道理，就是作品反映乡邮员们处处为别人着想，勤勤恳恳工作。他们不是什么伟人，也许他们的名字不为人所知，但是他们的行为是叫人赞叹的。这部短篇小说很大的特点，就是对话描写很少，都是通过人物的心理描写，通过主人公内心的独白来表示人物性格的。下面我就为大家朗读一个片段：

儿子有一双粗实的有茧的脚，有着庄稼人稳重的步伐。他从容地涉过小溪，把担子放在溪那面干净的草地上，又过溪来背老子——他不让父亲脱鞋袜。该是父亲结束下冷水的时候了。

狗不肯先过河。它历来是伴着老乡邮员过河的。它用它的身子吃力地抵挡着水流，极力在减缓急流对老人日渐消瘦的腿杆子的冲力。

老人没脱鞋袜，狗在一旁感到惊讶。

狗看着陌生汉子把邮包放好以后，又涉水过来。粗壮但冻得通红的双脚稳稳地踩在岸边浅水里，略曲着背，把双手朝后抄过来……

就这样，父亲弯着腿，双手搂着儿子的颈根，前胸、腹部紧贴着儿子温热的厚实的背。儿子那粗大而有劲的双手则牢牢地托着老人的双膝。

狗高兴地“嗷嗷”叫着，游在水里的身子紧傍在儿子的脚上方，拼力抵挡着水流。

父亲有一瞬间的眩晕。他怀疑这不是现实。当他睁开眼，看见溪面在缩，水推着狗的“哗哗”声在变小——这显然是过河了，快靠岸了。而脚呢？确实是温暖的，没有半点历史留给的那种感觉。呵，竟然，对过去只留下了记忆。老人滴下了一滴眼泪。儿子的颈根一缩。儿子反过脑壳，嘟哝了句什么。

……在父亲的记忆里，他也背过一次独生儿子。

那一次，支局长命令他回家过三天。嘿，可以和小儿子痛痛快快地玩三天哩。他女人生下二女一男。儿子出生他不在家，老婆反而寄来红蛋，把丈夫当外客了。

满周岁，特别隆重。本家四代都是独生男孩，一线单传，视男儿为宝贝，据说办了不少桌酒席，而他呢，带着狗，在深山里跋涉。回所后，留所的同事说：家里寄来红烧肉、高粱酒。于是，和同事、和狗，一道在山脚下，在绿色的门坎里享用儿子做生日的佳肴。

这回啊，可以认真地亲亲儿子。他买了鞭炮，买了灯笼，在山上挖了一只竹蔸给儿子做了一把打火炮的枪——儿子会玩这些了。

没搭车，车要等。于是，和黄狗抄近路，爬山越岭往平川里老家里赶。

这年过年，他让儿子骑在他背上玩了一整天。儿子想下来也不让。他要弥补作为父亲的不足——他是背过儿子一次，作为父子情谊，能记起的，仅止于此啊。

现在，儿子背着他。背着他已经苍老的身躯。这背腰、已经负过生活重荷的背腰像一堵牢固的屏障、像山、像密密的林子，保护着他。有一种安全、温馨的感觉。父亲惊奇地发现：他已经理解到了“享受”的含义。他正在享受像所有做父亲的得到的那种享受。

师：好了？

生32：嗯。

师：我们再请×××讲。

生33：最近我看的一本杂志是《青年文摘》，这本杂志非常适合我们读，里面有很多种内容，有“社会与人生”“开拓者”“智慧树”等，而我认为最有趣的是“科学纵横”，它介绍了“外星动物”。随着飞碟在地球上的多次出现，科学家就着手研究其他星球是否存在外星人、外星动物。

（生议论纷纷）

师：等他说完了你们再发表意见。

生33：电视台在《国际瞭望》节目里曾经播出过外星人这一节目。科学家根据那些自称看见过外星人的人的讲述，画了一些外星人的图片。但是，这个节目里没有提到外星动物。最近英国动物学家约翰·麦克洛克林根据他本人丰富的动物学知识介绍了一些我们所不能想象的稀奇百怪的动物，在这里我为大家朗读其中的片段，介绍了一种动物，它的名字叫“钳齿四眼虎”。

（朗读）

> 在类地行星附近的“火星”上，已出现一种奇特的食肉兽——钳齿四眼虎。它的脸部有四只眼睛，成对地长在颌的上下，使之有双倍的视力。只不过眼睛上没有眼睑，像蛇眼一样。这种虎遇到猎物时，它的下颌便下垂，将钳齿伸出，像钳子似的把猎物抓住。
>
> “火星”的引力较小，大气十分稀薄，不利于声音的传播。好在钳齿四眼虎有着灵敏的声波感应器和电磁波传感器。它的羽状触角既是电磁波发射器，又是接收器，能跟踪同类动物和猎物，发出各种无线电信息。这种羽状触角是由中心脊骨和三组肋骨组成的，能接收四面八方的信息，以便随时调整自己的行动。
>
> 钳齿四眼虎的卵形足，是由角质一样硬的物质组成的。这种怪虎在奔跑时，能用足钩住地面。它的足底还有许多乳头，能感知由于动物运动而引起的地面震动——这是生活在大气稀薄环境中的动物特有的听觉。
>
> 像地球上的老虎一样，钳齿四眼虎身上有许

> 多条纹。这些条纹是紫色的，与周围的紫色植物色调相同。宇宙动物学家认为，钳齿四眼虎是一种行动敏捷的食肉兽。在追逐猎物时，每小时可奔跑64公里。它行动的方式与地球上的水蜘蛛差不多，是跳跃式、波浪形前进的。
>
> 钳齿四眼虎体高1.8公尺，是一种中等身材的食肉兽，常以一些与自己个子相似的或小一些的草食动物为食。

这篇文章还介绍了许多奇形怪状的动物，像“圆帆鱼”“标枪龙”“星际水母”，都是非常有趣的。虽然关于太阳系是否存在这些奇怪的动物，现在地球上人类还不能确定，但是我相信随着科学的日益发展，地球上的人们一定能够弄清楚这个有趣而深奥的问题。

师：好，由于时间关系，刚才有许多同学说了，自己读的读物很好，我们就不多介绍了。现在请同学们把刚才五位同学向大家介绍读物时候所组织的语言、内容思考一下，你们觉得这样推荐读物、介绍读物，能不能引起别人要读这本书或这本杂志的兴趣？请你们从内容到表达形式全面地评一评，思考一下。

生34：嗯，在这几个同学里给我印象最深的还是××同学（指生30），不过他讲的内容没有引起我多大兴趣。

师：讲的内容大概不太了解，叫什么？智慧的较量。

生34：但是最后介绍那个封底上的人物漫画，倒是引起我很大兴趣，想必同学们也有同感。我觉得他讲的时候语言比较幽默，也比较生动，适当地应用想象，但是又不是漫无边际，而且比较合理。

师：“但是”太多了。

生34：想象得比较合理，也比较有分寸。

师：比较有分寸，好。

生34：后面那个同学介绍的《静静的顿河》，我觉得他的准备是比较充分的，而且讲得也比较好，但是我觉得当中有自己的口头语，比如加上“嗯啊，嗯啊”。

师：×××听得很认真，他都有记录。

生 34：我希望这个同学以后多加强朗读，他的朗读并不能感动我。在朗读方面，×××同学是朗读得很好的，他介绍的时候感情也很真挚。不过，我觉得他和刚刚那个同学在朗读片段之前，最好对前后内容都有些介绍，使我们听的人更容易接受，可以和他——

生（部分）**：**引起共鸣。

生 34：对，引起共鸣，我就讲到这里。

师：如果不对前后内容作些介绍的话，就会变成什么？四个字，空穴来风，没头——

生（多数）**：**没脑。

师：听起来很吃力。好，再评。

生 35：这几位同学介绍自己比较喜欢的书给大家，我觉得××同学（指生 29）介绍得比较好，他把《傅雷家书》当中的名言警句介绍给大家，增加我们的知识。后面两位同学读的地方，我觉得×××同学（指生 32）读得太长了，还有××同学（生 31）口头语太多了。

师：口头语太多，就这些？

（生 35 点头）

师：好，请坐。

生 36：我觉得这几个同学讲的都是经过准备的，特别是像××（指生 29）同学是经过充分准备的，讲得比较好，可以看出他对这本书有比较深刻的了解。但是，由于他的表达不怎么清楚，就影响了效果。××同学（指生 30）介绍《青年文摘》，《青年文摘》是比较好看的。

生（议论纠正）**：**是《世界博览》。

师：《世界博览》。

生 36：噢，《世界博览》比较好看，但是在介绍《智慧的较量》之前，我认为他没有很好地读这篇文章。这篇文章其实是这样的，是那些加利福尼亚工学院的学生要应考，应考前神经非常紧张，为了放松一下，他们就想趁这个机会，考试前出去玩，然后把门锁上，并要低年级学生下午 5 点钟之前把那个门开开。他说只是利用智慧其实是不对的，把门锁上有三种方法，一种是设一道很难的题目，一种就是编制程序，还有一种就是利用障碍，就是把许多钢筋水泥什么乱七八糟的东西都堆在门口，新生用吊车把房顶推掉，就是因为堆的东西太多了。因为他没有介绍，所以事情的来龙去脉就不清楚了。

师：没有介绍清楚。其他还有吗？

生 36：××同学（指生 30）在介绍漫画的时候，他用的语言是经过加工的，比较风趣，但是总有生硬之感。

师：总有生硬之感，举例说明。

生 36：他说看了能使人捧腹不已，这句话听了使人有点肉麻。（生笑）看了使人觉得非常有趣就可以了。而且，他介绍人物没有把主要的东西介绍出来。

师：×××。

生 37：首先，我对××同学（指生 29）评价一下，就是他选的这篇书是很有意义的。

师：这篇书？

生 37：噢，这本书是很有意义的，而且他所举的例子是有针对性的。他讲了傅雷对青年人的一些看法。另外，××同学对整本书概括的语句是比较精辟的。但是，有一个不足之处，可能由于他上场神经过于紧张了（师生笑），语言方面欠缺一点。接下来一位就是××同学（指生 30），他最突出的特点就是神态非常自然，边讲边走，潇洒大方。（生大笑）但是，我觉得有一点，既然是介绍书籍，就应该把这本书总的内容作一下概括介绍，而他只着重于两个方面的内容，这好像不大好。××同学（指生 31）一上场，我们大家就发现他准备的态度是非常认真的，而且对四本作品能够抓住它的特点，全面加以介绍，包括写作特点。在朗读方面，刚才有同学讲了，我就不讲了。另外，补充一点，他的朗读太平淡了，作为小说，我觉得应该富于感情。如果像×××的文章，接近说明文，我想应该是平淡的，没必要加感情什么的，对于小说这样读就不太好了。下面×××同学（指生 32），我觉得他是五位同学当中最好的一位，首先他上场的神情是比较自然的。（师生笑）

师：你说。

生 37：最精彩的是他的朗读。他选择的段落我觉得比较精彩。他读这一段，是准备极为充分的，把自己的感情融于其中，所以读来是非常的感人。但是，×××同学的朗读和××同学（指生 31）的朗读存在着一个共同问题，就是他们在朗读之前没有说一下之所以要选这段朗读的原因，尤其像××（指生 31），这么长篇幅的文章，他选读这一段的原因何在？很难理解。×××同学（指生 33）介绍的内容，较前面四位同学是比较特殊的，是别具一格的，有科学的特点。其他我就不讲了。

师：（学生举手）×××。

生 38：我讲一下刚才进行口头训练的自我感觉。（师生笑）我认为自己刚才既有得又有失，“得”是说我自己非常高兴，开始那一段，我事先没有准备，就是把自己的感想讲出来；但是，我又感到自己有一个很大的不足，就是最后一段，读完了以后没有任何的说明，在这一点上我是不足的。

师：（学生举手）××。

生 39：我想评一下自己刚才的口头训练。

师：自评了。

生 39：刚才的发言谈不上有充分的准备，我说过我是临时发挥，有得有失。“得”就是训练了自己的思维，“失”就是没有做到面面俱到，不能说很多方面，只顾了两方面（笑），虎头蛇尾。不过，我想对刚才×××同学的发言作个更正。刚才他看错了，我并不潇洒自如，很紧张。（师生笑）

师：内心是紧张的。

生 39：我对×××同学的发言作一个更正。我是看过那本书的，那是毕业生的宿舍，新生要进入毕业生的宿舍，毕业生们到 5 点钟以后就进不去了，只有通过三个方式打开门。三个方式就是“笨拙式”“智慧式”和“名誉式”。刚才我很紧张，忘记介绍这三个方式了，其中发生了许多笑话，有的同学就是想把门撬开。因此，我在介绍过程中有个缺点，就是没有把这本书完整地介绍一下，只介绍了一个片面的。还有，我想对××同学（指生 29）的口头训练评述一下。

师：××，你听好，他要对你的口头训练进行评论。

生 39：我觉得向大家介绍一本书必须深入浅出。他刚才讲的道理很深奥，我并不能够完全弄懂他的道理，所以我觉得他的语言还应该通俗化一些。

师：语言还要通俗化一点。

生 40：我是针对××同学（指生 39）刚才的自评。他的自评还要更正一下，美国的大学跟中国的大学是差不多的，他们四年级就是大学要毕业了，四年级学生也就是大学毕业生，他们的考试训练就是准备毕业论文。新生实际上开始的时候是好奇，想去看看四年级学生宿舍里面有什么东西，并不是想进去住。

师：好，请坐。

生 41：刚才××同学（指生 39）讲××（指生 29）讲得太深奥了。我有一种想法，他不需要把傅雷的人生观等那么多的看法都讲出来，他可以择取里面的一个观点进行阐述。这样，通过一个方面，我们就可以看出这本书的优点。

师：你的意思就是说，介绍的内容应该集中一点，是不是这个意思？

（生 41 点头）

师：（学生举手）好，×××。

生 42：再总结一下他们说的。××同学（指生 29）介绍这本书主要是不够生动。听了半天，他到底为了说明什么，我还是听不明白。

师：你等一等，××在下面举手，他不服了，等×××（生 42）说完。

生 42：××同学（指生 30）介绍《世界博览》，我不明白他到底是介绍这种杂志，还是介绍这本书。他如果要介绍这本杂志，就应该把《世界博览》的第几期说清楚，再把这本书完整地介绍一下。

师：这个意见跟刚才×××的意见是一致的，就是说是介绍这本杂志，还是介绍这本杂志当中的一篇文章，是不是这个意思？

生 42：是介绍这种杂志，这五类杂志。

师：这五类杂志。

生 42：还有这本书，这一期。

师：这一期，应该说明介绍这一期。

生 42：××同学（指生 31），刚才大家已经评论了，他主要是朗读方面不是非常好。×××同学（指生 32）介绍这本书，总的来说还是可以的，朗读是比较有感情的，但是有的字读得不怎么准确，不该翘舌的他读翘舌了。

师：能举例吗？

生 42：比如，草地的“草”。

师：草地的“草”。

生 42：粗糙的“粗”。

师：粗糙的“粗”。

生 42：不翘舌读翘舌了。

师：粗糙的“粗”，不翘舌读翘舌了，好。

生 42：至于×××同学（指生 33），刚刚有同学说，读的好像没有感情。

师：平淡。

生 42：我认为这种文章也应该读得有高有低，抑扬顿挫一点。

师：应该读得抑扬顿挫一点。

生 42：他读起来没有句号，都是逗号，听起来没劲。

师：都是逗号（笑），听起来没劲。

生 42：都是并列的。

师：都是并列的，好。

生 42：总的来说，这次口头训练还是比较好的。

师：（学生举手）×××。

生 43：他们刚刚说××同学（生 29）讲得深奥了一点，实际上有必要这么做，因为这种理论性的话是很严谨的。另外，我感觉这样选出来并不是很重要的。

师：这样选出来？（纠正）这样说出来。

生 43：噢，这样说出来。每句话之间只不过逻辑关系比较强一点，但是每一句话还是可以理解的。另外，你们这方面能力不强，所以觉得不怎么样。

生（部分）**：**要谦虚一点。

师：（笑着讲）应该谦虚一点。

生 43：但是作为一个中学生来说，这种文章应该是看得懂的，并不是很深奥的，不能用自己的能力来估计别人的能力。

师：（学生举手）好，×××说。

生 44：这本《傅雷家书》我也看过。我认为它好是好，不过里面傅雷是有一种封建的什么，封建的意识，就是对儿子不是一种平等——

师：平等——

生 44：平等对待，而是一种上级对下级的口气。

师：因此，你对推荐这本书有看法。

生 44：不过，好是好的。

师：好是好的。（笑）

生 44：写作的时间和我们现在有一段距离，他说的青年人是太单纯了，是纯洁的，现在的青年可不是这样。

师：这是评了自己不自觉。傅雷的年代有没有错？他经受了什么？

生（部分）**：**不记得了。

师：不记得了，听的时候——（生举手，示意讲）

生 45：反右派是 1958 年，不是“文化大革命”时。

生（部分）**：**1957 年。

师：时间弄错了。还有其他的补充吗？

生 46：刚才说的对傅雷的见解有点片面，因为他书上有这么一句话，就是说：“孩子，我们现在已经成为朋友了。”这说明他们父子之间的关系是平等的，这点×××（生 44）可能没有看到。第二点，说傅雷有一种封建意识，因为他与儿子是中国式的父子关系。

师：中国式的父子关系。

生 46：这就是亲近。

师：亲近，行吗？

生 46：噢，这是开诚布公的。另外，傅雷对生活的实质解释得非常透彻，就是把那好的坏的全部看出来了，让他的儿子自己去理解。

师：（学生举手）好。××说。

生 47：虽然他前面说："儿子，让我们现在成为一个朋友吧。"这是前面的。他写到后面，那种观念越来越强了，下意识的，是不自觉的。

师：不自觉的，下意识的，还有什么意见？

生 48：关于前面××（指生 43）的狂言（师生笑），我有一点想法。毛泽东同志曾经说过："空谈理论的人应该要伸出一个指头，要刮他的脸皮。"（生笑）我觉得他就是在空谈理论，没有事实根据。

师：就这两句话？

生 48：光有理论，没有实践，这种理论是不存在的；而光有实践，没有理论，这种实践也是不存在的。就是这个。

师：好，看来我们对推荐的书本身是有争议的，这样好不好？由于时间关系，我们不可能无限制地把这次口头训练的活动延长，可以归纳这么几点：我们这次口头训练活动的第一个层次是人人讲，逐一介绍。我们评论过了，这是一个初步的。从介绍过程中我们认识到课外广泛阅读的重要性，也逐步学会了用简明的、有条理的语言说明一个事物，这是我们的进步。当然，我们在运用语言方面还有不足的地方。接下来就进入了第二个层次。平时同学们经常跟我说这本书非常好看，那本书非常好看，因此这次口头训练活动第二个层次的内容，就是请一部分同学来谈谈他们是怎么读这些书的。由于时间有限，不可能展开谈个人的体会，因此我们就把重点放在推荐和介绍上。今天五个同学对自己所喜欢的书作了推荐和介绍，当然这个推荐和介绍里面也有不少问题。一个就是你推荐介绍的时候要不要抓住要领，这是很主要的，是关键性的。你向同学们推荐一本书，推荐一本杂志，应该抓住要点。在推荐的过程当中，有同学（指生 30）对××所作推荐和介绍的评论是恰当的。你可以介绍《世界博览》里的这篇文章《智慧的较量》，也可以介绍那个漫画，但你为什么没把介绍说明白，对不对？××的很大优点是语言流畅，词语比较丰富。我觉得同学们在运用语言的时候可以适当地吸收书面语言，这个我与×××有不同意见。口头语言，往往我们听起来是大白话，因此不断地吸收一些恰当的书面语言，使得口头语言逐步规范化，用词比较丰富，这个是可以的，当然用的时候要注意不能够生硬。所以，在表达方面，××同学是比较强的。但是，他主要的问题是推荐什么没有讲明白，这个问题没有解决。××同学（指生29）是一本正经地推荐这本书，我觉得他推荐之前是经过思考的，语言不啰唆，也能够抓住要领。他讲的时候说读了大半本，主要感觉到对人生的认识有进展。他在推荐的时候主要讲了两个问题，一个是讲傅雷告诫他的儿子关于青年一代的认识，另一个是关于处事的认识，不是处（chù）事，第三声，处事的哲学，最后讲了几个名言警句，主旨是很明确的。但是，他在表达上确实有缺点，他的逻辑性非常强，没有什么废话，表达却很不流畅，因此就形成打电报式的效果，“答答答”停顿了，“答答答”“答答答”“答答答”（手势向下按，生笑），是不是这么一个情况？以后在这个方面要继续训练，语言的流畅与否不仅跟口头表达有关，跟什么也有关系？跟思维有关。思维很顺很流畅，思潮滚滚，表达起来就比较流畅。××同学能够在一个月里把四部《静静的顿河》看下来是不容易的，而且他确实是做了笔记。我刚才问他拿的什么书，他在课外阅读的时候还查资料《文艺小百科》，因为读这种外国的长篇文艺小说，对当时的时代背景、创作意图、主要人物并不是很清楚，读的时候要适当地借助工具书跟其他的评价文章，我觉得这很好。这是一种读书的方法，××用这种方法来读是很好的。那么，×××（指生32）呢？开始也讲得比较自然。至于×××（指生33），他是讲了科学方面的。三个人有共同之处，都选择了朗读，其实是不是都需要朗读？朗读方法的运用要为什么服务？要为推荐和介绍服务。因此，像《静静的顿河》这样一本大部头的著作，你要节选其中的一段是非常难的，若没有前因跟后果同学听起来就没头没脑，再加上××同学读得不大有感染力、吸引力，因此采取这样的方法是失败的。×××（指生33）的朗读，你们看有没有这个必要啊？

生（多数）：没有。

师：他应该用什么方法更好？

生（部分）：讲。

师：讲，他可以讲述，边讲边在黑板上怎么样？

生（部分）：画画。

师：可以画画讲讲，要比读好。所以，你别忘了你的目的是什么，你的目的是推荐和介绍，你采用怎样的手段要为你的这个目的服务。×××同学（指生 32）的这一段朗读可不可以呢？是可以的，因为小说里这一段写父子情深，抒情色彩非常浓，所以可以采用朗读的形式。但遗憾的就是，在介绍之前缺乏故事梗概的说明，作者写的是一个乡间邮递员，那山、那人、那狗，实际上是乡间邮递员全心全意为人民服务。人看起来平凡得很，可是寓意大于平凡，应该把故事梗概介绍一下。为什么后来儿子要背父亲呢？因为父亲走了几十年，老是要翻山涉水啊，到最后关节疼痛，他走不了了，要把这个事业让孩子来继承；儿子看到父亲几十年贡献自己的心血，包括自己的身体，因此后来背父亲过这条河。父亲不放心，儿子刚刚做邮递员啊，他要指路。那条狗也是很有情的。如果开始的时候把这个故事梗概介绍一下，然后选取其中十分精彩的段落读一读，最后再评析一下，我看这个推荐目的就达到了。

总的来说，从选材到表达上跟过去相比，我们已经有进步了。特别是即席发言，即席发表评论，跟过去比，那是大有进步。即席评论要反映自己听的能力，能不能抓住对方说话的要领，好的是什么，不足的是什么地方，要立刻组织语言把它们表达出来，这个能力跟过去比要强得多了。大家回顾一下第一轮口头训练的时候，同学们站起来评论，只会说态度大方、声音响亮、口齿清楚，四个字一顿，下面没有了。现在我们可以从内容到形式来进行评论。至于对《傅雷家书》这本书的评价，对傅雷这个人的评价，以及傅雷对傅聪的教育这个问题，恐怕还是比较深奥的。对傅雷这个人怎么看？傅聪学钢琴时四岁，是被关在房子里的，严父的特征在傅雷身上是体现得非常明显的。傅雷本身的人生道路也是很值得研究的。至于说是封建的，还是不封建的，这个我们课后再讨论。《傅雷家书》，我觉得是一本很好的书，这里傅雷对人生有很多独到的认识。对于这个，今天的课上就不讨论了，课后若有兴趣，可以再组织讨论，大家看好不好？今天我们的课就到这里为止。

阅读教学

《驿路梨花》课堂实录

时间：1983 年

执教：杨浦中学　于　漪

班级：初一（1）班

师： 我要你们判断一下我猜的一件事情对不对。我估计你们在拿到第一册语文教科书的时候，最早看的文章大概是小说、记叙文、散文。其中有一篇记叙文，我估计同学们都看过了，那就是《驿路梨花》。请同学们把书打开到第 98 页。

我猜得对不对？你们都看过了？有几个字你们在看的时候是不是读准了，真正认识它们？我写下来正正音。我们请一位同学上来注音，陡（dǒu）、寨（zhài）、陋（lòu）、篾（miè）。基本上都认识。我想请大家再注意一下，这篇记叙文最大的特点是什么？我们前面学了《人民的勤务员》，你们比较一下，这篇文章看了以后有什么印象？

生： 我认为这篇文章的特点是多处设悬念，非常引人入胜。

生： 我认为这篇文章的特点是清新曲折。

生： 我认为这篇文章的特点是整个情节都是倒叙的。

生： 就是“倒叙”，不要加“情节”。

生：我认为这篇文章非常的朴素，给人以亲切的感觉。

生：我认为这篇文章的文字优美流畅。

生：我认为这篇文章有诗情画意。

生：用了对话描写。

生：我认为这篇文章是开在散文花坛里的一朵鲜艳的花。

师：它是记叙文，同时具有散文的特点。刚才有同学讲这篇文章设置了许多悬念，因此它是引人入胜的，我们就在这些特点当中取其一点来学习。“引人入胜”，请同学们讲讲这个“胜”是什么意思？

生：“胜”就是“优美的”。

师：“引人入胜”就是引入佳境的意思。“胜境”就是“佳境”。那么究竟怎样“引人入胜”呢？我们在理解这个特点之前先要弄清楚一个问题，这篇文章是围绕什么来开展故事情节的？

生：我认为这篇文章是围绕小屋来开展故事情节的。

生：我认为这篇文章是围绕小屋的主人来开展故事情节的，解放军。

生：我认为这篇文章是围绕小屋的主人来开展故事情节的，作者一直想弄清小屋的主人到底是谁。

师：再请思考第二个问题，有一句话是贯串全文的，故事的整个情节围绕这句话，它是贯串全文的线索，是哪一句话？

生：这是什么人的房子呢？

师：这个小屋子究竟在什么地方呢？它的主人又是谁呢？我们弄清楚这两个问题后，同学们把这篇文章分分段落，可以分成几部分？它既然是故事，就应该有头有尾，分段之后概括一下主要讲的是什么内容，或者用小标题来说明。

生：我按照时间把文章划分为两部分，第 1—27 段，就是第一天里作者和老于遇到的和发生的事情；第 28—37 段，写第二天里他们遇到的事情和小屋的主人。

师：还可以分得细一点吧？

生：分成四部分，第 1—8 段，讲了作者和老于在前不着村后不着店的时候看到一座小屋；第 9—12 段，他们进入小屋；第 13—27

段，他们跟瑶族老人的谈话；第 28—37 段，讲了这间房的主人是解放军叔叔。

师：还有不同意见吗？

生：我分三部分：第 1—12 段，“我”和老于在发现小屋前的情况；第 13—27 段，“我”和老于在小屋中看到和听到的情况；第 28 段到结尾，第二天修理了小屋，了解到小屋的主人是解放军。

生：第一部分是第 1—8 段，第二部分是第 9—27 段。

师：第 8—12 段到底是分在上一部分好还是下一部分好？为什么？

生：分在上一部分好，因为第 8—12 段也是围绕猜测房子的主人。

生：这一部分写的都是深山投宿。

师：因此，第一部分应该到第 12 段。深山投宿用两个字概括应该是什么？如果给时间的话，应该是什么？

生：夜宿。

师：第 13—27 段是第二部分。把这篇文章按时间分成两大部分可以，但是从故事的发展来看，把故事的发展缘由、故事怎么发展的两部分放在一起，就更加清晰。至于第 27 段究竟放在哪里好，我们在学的时候再来解决。第三部分，第 28 段到最后。现在我们先来学第一个部分，第一部分分为好几个层次，请扣住“引人入胜”这个特点来分析如何写得引人入胜，什么段落有诗情画意，围绕这个小屋子来写，小屋子又是如何来写的，自己进行分析，畅所欲言。先请一位同学把第一部分读一读。读的时候注意字要读准。另外，“引人入胜”的特点就应该读得引人入胜。她读，别人做记号，思考。

（学生读课文）

师：读得怎么样？都读对了吗？

生：读错两个字，同行（xíng）读作同行（háng），少读了一个“声”字。

师：这里到底是同行（xíng）还是同行（háng）？用在这个地方应该是 xíng。同行（háng）是干一样的职业。还有一个字“撵”

(niǎn)。刚才读得还不够引人入胜。大家分析一下，一下笔就很引人入胜，你们自己讲。

生：××同学认为“夜宿”这部分制造了很多悬念，所以引人入胜。

生：一开始就引入了一个宽广的背景，让读者有身临其境的感觉，第1段——

（读课文）

生：是情节曲折而引人入胜，其中的诗意也非常引人入胜，这是作者发自肺腑的感叹，很有感染力，点出了故事发生的时间。

生：通过作者的感觉，我们仿佛也身临其境。

生：这里的“迷茫”和作者的心情也是有联系的。

生：写好大的山，为后面埋下伏笔。

师：记叙文要交代事情发生的时间、地点、人物、环境，可是这篇文章的交代非比寻常。“山，好大的山呵！”以惊叹的语气开头，不是直接说故事发生在什么地方，一开始给人的感觉是“奇峰突起”。打个比方，就好比电影一样，一开始银幕上是一个特写镜头——山，然后再拉开，告诉你故事发生在山里，把山势写出来了。“消逝在迷茫的暮色中”，点出了时间，这样就不平铺直叙了，一开始就渲染气氛，一下就把读者的目光吸引住了。交代了故事的时间、地点，缘由是什么呢？就在行路人一筹莫展的时候，希望来到了眼前，哪一个词用得非常好？“突然”，把希望展现在眼前的时候写得很有层次。怎么抓层次？一看梨花，二看人家。第6段，刚才有两个同学提到有诗情画意，写的是怎样的景色？先读课文。

（朗读）

师：最后一句写得好，写的是什么景色？

生：写的是山间梨树林里的夜景，淡淡的月光，忽明忽暗。为什么会忽明忽暗呢？因为梨花开得很茂盛，也表明了作者心情很愉快。

师：这里非常有诗情画意，因为梨花茂密，月光有的可以透过，有的透不过，所以忽明忽暗；写了边疆美丽的夜色，人在花中走，月伴人夜行。我们把第3—7段拿掉可不可以呢？为什么？

生：这是为后面的以花喻人做铺垫。

生：这样会显得很突然。

师：第一，有诗情画意；第二，不会显得很突然；第三，这篇文章叫《驿路梨花》，点题。接下来写小屋里外非比寻常，小屋的特点是什么？从外到内写得非常清楚，为什么写得如此清楚明白？

（朗读）

师：关于描写小屋的部分，请思考并回答两个问题：第一，为什么作者要把山间小屋描写得如此清楚明白？第二，这个小屋非比寻常，请紧扣词句来说说，这样的描写是怎样“引人入胜”的？

生：为了突出小屋的主人，为赞扬小屋的主人做铺垫。

生：这么简陋的小屋能给人以很大帮助，说明主人是很好的。

师：我们写文章，凡是和主题密切相关的材料要详写。一开始我们就讲了，这篇记叙文是围绕小屋来写的，寻找的是小屋的主人，因此必须把小屋写得清楚明白，和主人的什么有关？

生：说明主人非常细心。

生：乐于助人的精神。

生：小屋的主人很热情周到。

生：通过小屋里里外外的描绘，我们可以看到未出现的主人的影子。

师：借物思人。再请推敲一下，引人入胜在什么地方？

生：通过写在门板上和墙上的字来表明对过路人的欢迎，小屋内的物品准备很充足，装满了水，厚厚的稻草……

师：如果家里没人的话，会写吗？一般没人是不写的，从准备的东西来看是充足的，正是因为主人的周到，所以行路人很快把身上的疲劳、饥饿都撵走了，躺在软软的干草铺上的时候，心里油然而生一种感激之情。关于小屋的主人，老余说可能是一位守山护林的老人，为什么要用“可能”？猜测，主人究竟是谁呢？正在猜测的时候，说曹操，曹操就到，于是文章进入了第2部分，情节往前发展了。来了一个怎样的人呢？作者是怎样勾勒他的形象呢？用“须眉花白”来说明老。

生：作者用白描的方法来说明来的人是守山老人，简笔勾勒。

师：正在说的时候，门被推开了，“推”用得很好，好像听到了声音，先是推，再是站，手提肩扛，手提一杆明火枪，表明他的身份。肩上扛着一袋米做什么呢？这里写得引人入胜。这部分写了寻觅房子的主人，是不是瑶族老人呢？从第 13 段看，正当我们猜测是守山护林的老人的时候，门被推开了，似乎他就是小屋的主人。这部分是怎么引人入胜的？

生：“我和老余同时抓住老人的手”，说明我们以为老人就是主人，但老人眼睛瞪得大大的，又使读者产生了疑问。然后，老人说我不是主人，也是过路人，更给读者带来了疑惑，吸引我们看下去。

生：从“我”和老人的对话也能看出这里的曲折之处，“我”急切想知道主人是谁的心情，一个想知道，一个不晓得，这也让读者急切想知道主人是谁。粮食交给谁？“挂在屋梁上”，不仅没有点出主人，反而更产生悬念。

师：我们是不是可以这样来理解，当“我们”猜测小屋的主人可能是一位守山老人的时候，老人出现了，好像是已经解谜了，因此会写“主人”回来了，是不是主人呢？不是，情节上陡生波澜。对话妙趣横生，尽管老人不是小屋的主人，但从他话里引出了赶马人，又从赶马人口中引出了哈尼小姑娘。瑶族老人已经初解谜团，哈尼小姑娘帮助过路人。这段既风趣又感人，感人在何处？梨花会用为人民服务的精神来帮助过路人。细节描写，地方色彩很浓。感人在什么地方？过路人都是想到别人，都把助人为乐当作自己的责任。第 27 段是听后感，用什么手法来表现感动？

生：用梦境来表达自己的感想。

师：如果只用“感动”之类的词，就不能感染别人了。为什么要用梦境来展现呢？

生：因为作者没见过哈尼小姑娘。

师：因为没见过哈尼小姑娘，所以这里通过自己的想象来描写。

生：用梦境来点题。

师：表现梦境的是哪个词？“恍惚”，是指不真切，不清楚。

生：作者从三个角度来以花喻人：嗅觉、视觉、听觉。

师：为什么香气四溢？一个是梨花香，一个是人的精神香，给人以强烈的感染，再次用梦境来点题。

（生朗读第三部分）

师：“我”和老余第二天没有立即上路，是因为也要为以后的过路人服务。修葺，注意，这时情节又往前发展了，是如何引人入胜的？一群哈尼小姑娘是怎么出现的？用了一个词“闪”，很快，有速度，有亮度。

生：又有了曲折，又生波澜。房子的主人一再易人。

生：瑶族老人向小姑娘行大礼出人意料。

生：处处不忘梨花。

师：向为人民服务的精神行礼，一个是非常严肃地说，一个是赶紧摇手，场景是很动人的。老人以为走在前面的哈尼小姑娘就是梨花，结果她是梨花的妹妹，是从姐姐那儿接过任务来照看小屋。到这个时候，谜底解开了，最后是谁来解开的呢？是梨花的妹妹。从上文看，围绕小屋讲得最多的是梨花，为什么要把梨花作为最主要的人？照料的人有梨花、梨花的妹妹，还有许许多多的过路人。小姑娘的“小”代表什么？

生：代表着未来，雷锋精神将代代相传。

师：小孩都知道这样做，文章的最后一句是怎么来的？因此，“驿路梨花”是一语双关，既写花又写人，以花喻人。这篇文章主题的社会意义清楚了吗？

（生最后朗读一遍）

师：文章的最后是以花喻人，再次点题，人花辉映。前面有同学说是倒叙，是吗？如果按照时间的顺序，应该先写什么？应该先写解放军建造，然后写梨花照料，再写梨花妹妹，最后写瑶族老人等过路人。因此，课后要做两个作业：

1. 思考：如果按时间顺序，先写建造这个小屋，再写到照料，材料应该如何组织？

2. 请你根据课文里的描写，还有平时从电视里看到的，勾勒一下哈尼小姑娘梨花的形象，写一篇关于哈尼小姑娘的短文。

《荔枝蜜》课堂实录

时间：1983 年

执教：杨浦中学 于 漪

班级：初一（1）班

第一课时

（师写“蜜”于黑板）

师：请你们分析一下这个字的结构，字形结构是怎样的？

生：这个字的结构是上中下结构。上面是宝盖头，当中是“必”，下面是“虫”。

师：从这个“虫”字，我们可以联想到什么？

生：昆虫。

师：昆虫。什么昆虫跟蜜有关？

生：蜜蜂。

师：蜜蜂。因此，我们在写“蜜蜂”的“蜜”的时候，下面千万不能写什么？

生（集体）：“山”。

师：不要写别字了。这是“蜜”，是“蜜蜂”的“蜜”。今天我们就学一篇写蜜蜂这个小生灵的文章。请同学们把书翻到《荔枝蜜》一课。

（师写课题《荔枝蜜》于黑板上）

师：请同学们考虑，这篇文章是写蜜蜂，但是不是只写蜜蜂呢？刚才有同学讲一看到这个“蜜”，就联想到蜜蜂这个小生命。（师写“蜜蜂”于黑板上）杨朔同志这篇《荔枝蜜》是不是只是为了写蜜蜂？

生：不只是写蜜蜂。因为在课文的第 18 段，他写到了“透过荔枝树林，我望着远远的田野，那儿正有农民立在水田里，辛勤地分秧插秧”。写了一个农民在劳动的场景，从这里我们可以看出他写的不只是蜜蜂。

师：对不对？因此，他不仅仅写蜜蜂，而且写了人。（师写“人”在黑板上）从我们黑板上写的这几个字可以看出，课题是《荔枝蜜》，在这篇散文里主要是写谁？是写蜜蜂，但又不仅仅写蜜蜂，而且从蜜蜂联系到人民，特别是写农民在创造生活的蜜。同学们预习了，请你们思考一下。在这篇文章里，作者始终是抓住哪个很重要的词来宣扬铺垫的？谁回答这个问题？写蜜蜂也好，写人也好，写荔枝也好，主要是抓住哪一个词？我们说诗有诗眼，文章也可以有文章的眼。好，有同学想出来了。

生：这个词是“蜜”字。

师：“蜜”，对不对？“蜜”是这篇散文的眼睛，文眼。同学们在预习的时候，如果能够紧紧扣住这一个字来理解的话，那么对全文的脉络就比较清楚了。同学们预习时，有哪些问题是不能解答的？请同学们提出来。

生：本文主要从品尝荔枝蜜写到了蜜蜂的高尚品质，再写到农民在酿造生活的蜜。作者为什么在文章的第 2、3 段用了较大的篇幅来写荔枝树？如果从第 2 段“那又浓又翠的景色，简直是一幅青绿山水画”直接过渡到第 4 段“吃鲜荔枝蜜，倒是时候。有人也许没听说这稀罕物儿吧？”，从这里再接下去，将大段的描写荔枝树的内容省去是否可以？写了又有什么作用？

师：听明白没有？她认为既然是先写蜜蜂，再写农民，那么第 2、3 段的部分内容可以不要写，就从第 2 段直接到第 4 段。还有什么问题？

生：这篇文章主要是写蜜蜂，为什么起了个令人误解的题目？

师：写蜜蜂为什么要起一个令人误解的题目？你认为《荔枝蜜》这个题目是令人误解的，为什么？“误解”在什么地方？

生：也许会让我们去思考别的方面的问题。

师：别的什么方面的问题？

生：比如，荔枝蜜是怎样出来的？

师：荔枝蜜是怎样出来的？

生：在这篇文章的开头，第 1 段，作者回忆了自己小时候的一件事。请问这一段在整个文章中起什么作用？它在文章结构中处于怎样的位置？

师：作者在文章的第 1 段回忆了小时候被蜜蜂螫这件事情，为什么要写它？在文章中起什么作用？

生：在这段最后，有一个词“疙疙瘩瘩”，这个词究竟表达了作者怎样的一种感情？是害怕，或者是可怜，还是其他感情？

师：这“疙疙瘩瘩”究竟是表达害怕的感情还是其他的什么感情？

生：课文第 2 段后面讲到“每棵的叶子都密得不透缝”，而在后面，在第 6 段又讲到“荔枝林深处，隐隐露出一角白屋”。既然是“密得不透缝”，为什么他后面又看见一间“白屋”呢？这是不是前后矛盾？

师：是不是前后矛盾？

生：在文章最后一段，作者说他“梦见自己变成一只小蜜蜂”，这是他对蜜蜂由衷的赞颂，那为什么要用梦来写？他是否真的做了这个梦？

师：他是否真的做了这个梦？

生：我认为她的问题可以这样回答：第一次看荔枝树是从上面来看的，角度是俯视；第二次写是平视的。

师：是平视的，所以俯视就看不出，平视就看得出。这个问题我们待会儿再解决。还有同学有问题吗？

生：我有两个问题。一个问题是在第 132 页，有一句话是：“喝着这样的好蜜，你会觉得生活都是甜的呢。”这句话有什么深刻的含义？还有一个问题在第 133 页，我认为第 11—14 段这几段写的好像跟文章的中心思想没有什么更多的联系。作者为什么要加上这几段？

有什么作用？

师：第 11—14 段，好像对文章主题没有多大的作用，为什么要写？写在这儿有什么作用？

生：我想问一个问题。在第 133 页第 17 段，作者写到“我不禁一颤”，这个“一颤”是身体的“颤动”还是心灵的“颤动”？他为什么会发出这样的“一颤”？

师：“我不禁一颤”到底是身体的颤动还是心灵的颤动？他为什么会有“颤动”？好，这个问题问得很好。其他还有什么问题吗？

师：刚才同学们提的这些问题都很好，说明大家预习的时候是动脑筋思考的。我们在学的过程当中可以逐一解答这些问题。请同学们注意，这里写的是《荔枝蜜》，刚刚有同学讲写了荔枝树，写了荔枝，又写了蜜蜂，还写了黄蜂，再写了农民在水田里种地。这些材料看来是很散的。散文有个特点，“形散神不散”。这些众多的材料是怎样组织起来的呢？我们过去学记叙文，学了组织比较多的材料或者事物来组织情节，对不对？或者按照时间的推移，或者按照地点的转换。这篇课文呢，贯串全文的线索跟我们过去学的有所不同。这是一条怎样的线索？是作者感情的线索，思想感情的线索。开始他对蜜蜂是怎样的？后来怎样？到最后又有怎样的改变？到文章末尾了，刚才有同学讲，作者怎么自己梦见是蜜蜂了？请你们用很快的速度把表达作者思想感情变化的有关词组找出来。一开始是怎样的？在书上做记号。你们在自己预习的时候有没有注意这个问题？一开始是怎样的？好，可以商量，可以讨论一下。

师：有同学问用什么语言概括，有的可以用现成的词组，有的要自己概括。有同学讲，可以从四个方面看。我们先请一个同学讲讲看。

生：作者开始对蜜蜂的感情是“疙疙瘩瘩”；然后，他“动了情”；到了第 17 段，他认为蜜蜂是“可爱的小生灵”；最后，他希望自己变成蜜蜂。

生：我认为作者先是“不大喜欢”。

师：为什么？

生：因为他先说了“蜜蜂是画家的爱物，我却总不大喜欢”。后面说了不大喜欢的原因，以及对蜜蜂“感情上疙疙瘩瘩的”。

师：因此，她认为首先应该是“不大喜欢”（写“不大喜欢”在黑板上），大家同意吧？在这个词组下面画线。

生：然后是“动了感情”。

师：你为什么要加个“感”字？

生：因为作者品尝到了鲜荔枝蜜的甜，所以他就觉得蜜蜂是可爱的，动了自己的感情。

师：“动了感情”，书上是“动了情”，加一个“感”字，可不可以？可以的。“动了感情”。（写“动了感情”在黑板上）

生：第三是“由衷赞颂”。

师：他在文中没有找到现成的词语，有同学刚才问是不是可以自己概括。“由衷赞颂”，你为什么这样概括呢？

生：因为第17段“我不禁一颤”，“颤”后面的一大段话都是对蜜蜂的赞颂。

师：可不可以？好的，这个概括非常的好，“由衷赞颂”。（板书）最后呢？

生：最后是“梦做蜜蜂”。

师：“梦做蜜蜂”（板书），请坐。由刚刚同学们概括出来的几个词组，我们可以看出本文的线索是作者的思想感情，他对蜜蜂的感情是逐步变化的。这种思想感情的变化贯串全文，因此就把很多材料组织起来了。我们理清了这个线索，再来仔细阅读，就清楚多了。刚才在讲第1段的时候，有同学问了这样一个问题：为什么要回忆过去？被蜜蜂螫的情况在文中起了什么作用？现在我们把第1段读一读，请同学们思考两个问题。第一个问题是：作者明明是写他喜爱蜜蜂，到最后是梦做蜜蜂，可下笔的时候为什么从“不大喜欢”入笔？这种写法是一种什么技巧？第二个问题：请同学们考虑刚才有同学问的问题，为什么要写这么一个情节？好，现在我们一起把这一段读一读。

（全班一起朗读）

师：当中有一个字“螫”怎么读？（写“螫”）

生： shì。

师： shì（板书拼音），第几声？

生： 第四声。

师： 有一个字，跟这个字同义不同音——

生： zhē。

师： 怎么写？上面是——

生： 上面是个“矛”——

师： 上来写。（学生上去写了个“螫”）对吗？

生： 好像是这个字。

师：“好像是这个字”，学习是不能“好像”的。

（另一学生上去写“蜇”）

师： 拼音。

（学生写拼音 zhē）

师： 我刚才说有一个字跟这个字是同义不同音。被蜂“螫”了一下，“蜇”和“螫”，意思是相同的，但是不同音。刚才有同学知道有个字，但是他吃不准，因此就写了一个“矛”，这个“矛”是在什么地方看到的？

生： 鲁迅的《从百草园到三味书屋》里面有的，“斑蝥”。

师： 注意，这个字我们是第一次接触，请你们分析字形结构。

生： 上下结构。

师： 上下结构。上呢？

生： 左右结构。

师： 好，我们写写看，用手写写看。上左……上左是什么？

生：“赤”。

师：“赤”。一道写。上左——

（学生一起用手比画）

师： 上右——，下面——

师： 很好。这个字要注意。接下来请同学们思考：作者写这篇文章明明是赞颂蜜蜂，表示自己对蜜蜂的喜爱，可是偏偏从不爱下笔，为什么？

生：作者采用了欲扬先抑的方法。

师：是不是这样？我们接触过欲扬先抑。为什么采用这样的方法？

生：作者从不太喜欢蜜蜂起笔，通过对蜜蜂的一步步深入了解，就更加突出了他对蜜蜂的喜爱。

师：讲得很好！欲扬先抑，要赞颂它，先怎么样？先抑，就是觉得是它咬了我，螫了我。欲扬先抑，这样写来就曲折起伏。请同学们注意，还有一个细小的地方，作者写蜜蜂螫了他一下，“痛得我差点儿跌下来”。可是，他一开始没有从这儿写，他是从哪写的？“花鸟草虫，凡是上得画的，那原物往往也叫人喜爱。蜜蜂是画家的爱物”，他是用什么方法来写的？看看别人怎么样对待蜜蜂？

全体生：喜爱。

师：喜爱。用别人的喜爱来——

生：突出“我”的不喜爱。

师：“突出”用得好不好？修改一下。

（有学生答衬托）

师：衬托“我”的不喜爱。这样的用笔怎么样？

生：有点独辟蹊径。

师：怎么独辟蹊径呢？

生：就是不合乎情理。

师：好像不合乎情理。人家都喜爱的东西，你不喜爱，对不对？这样的写法非常委婉。人家都喜爱的东西，我不喜爱，好像跟别人不一样。这样，就很自然地引起下文。用别人的喜爱来衬托自己的不喜爱。为什么不喜爱呢？下面就回忆不喜爱的原因了。刚才有同学问，写这段话干什么？为什么要从这儿写起呢？能回答吗？不能？这位同学问的问题跟我问的问题的答案怎么样？

生：是一样的。

师：就是说，刚才这位同学直接地问了问题，我呢？

生：是侧面的。

师：对，是侧面的。我们的问题实际上是一个答案，就是下文作者要表露自己对蜜蜂的喜爱，先从不喜爱入笔，是委婉曲折，欲扬先抑。就是把自己的感情先积蓄起来，隐藏起来。我倒要问同学这样一个问题：作者说已经“原谅了蜜蜂”，因为蜜蜂螫了人，“它自己就耗尽了生命，也活不久了”。既然原谅它了，可是“每逢看见蜜蜂，感情上疙疙瘩瘩的，总不怎么舒服”。是不是矛盾？讨论讨论看。“疙疙瘩瘩”，刚才有同学讲，“疙疙瘩瘩”到底是什么样的感情？

生：俗话说：“一年被蛇咬，十年怕井绳。”

师：“一年被蛇咬，十年怕井绳。”“一朝”，“一年”是不行的，早死了。“一朝被蛇咬，十年怕井绳。”这个俗语用得很好。

生：作者小时候被螫了一下，虽然日子已经过去很久了，但这样的感觉已经刻在他的童年记忆里了。

师：因此——

生：总是觉得“疙疙瘩瘩”的。

师：还有补充吗？

生：我认为这里“疙疙瘩瘩”还包括一层意思就是，作者的亲人说了“蜜蜂轻易不螫人”，它一旦螫了人，便活不长，所以他从另一方面也觉得它很可怜。所以，“疙疙瘩瘩”里面包含两层意思。

师：“疙疙瘩瘩”，既有可怜，又有不舒服。

生：“原谅”与“喜欢”是不相同的，这是从两个角度来说的。“原谅”是相对于蜜蜂来说，而“喜欢”是从自己的角度来说，所以并不矛盾。

师：并不矛盾，是不是可以这样理解？刚才同学们讲得都很好。“原谅”，是从理性意识上讲，因为蜜蜂是轻易不螫人的，螫人后它就耗尽了生命。当作者懂得了这一点以后，就原谅了它。可是就像刚才同学讲的，“一朝被蛇咬，十年怕井绳”，一回忆到这件事情，就感觉心里有些不舒服，所以“疙疙瘩瘩”。作者这里写得非常细，初看好像是矛盾的，仔细地理解一下，就觉得作者这样遣词造句是很有道理的。现在文章第一部分是被理解了。作者从小不大喜欢蜜蜂。（板书：“蜜蜂”）但既然不大喜欢蜜蜂，怎么又会发生兴趣了呢？怎么又“动了感情”了呢？这是一种什么情？我们看文章的第 5 段，他说："我不觉动了情，想去看看一向不大喜欢的蜜蜂。"他怎么会对蜜蜂"动了情"呢？现在我们请一位同学把这部分读一读。作者在这里没有直接写蜜蜂。刚才有同学问，为什么第1段写完了以后，不连着写第4段，而要写第2、3两段呢？为什么不直接地写情，而是宕开一笔，用浓墨描绘荔枝树、荔枝、荔枝蜜？为什么？好，现在我们请一位同学把这部分读一读，第2—4段。

（请一学生读课文）

师：他读得怎么样？

生：读错了很多字。

师：读错了很多字，请列举一二。

生：第132页"就是那么一股甜香"，她读成了"这是多么一股甜香"。

师：我们说读书要注意几个要点：不添字，不漏字，不改字。这个当然是可以原谅的，因为刚刚学，待会儿学完了读它几遍就会好了。现在请同学们思考，作者本可以从第1段写蜜蜂就跳到第4段，为什么宕开一笔，浓墨重彩地写荔枝树、荔枝、荔枝蜜？（板书："荔枝树""荔枝"）

生：这里是起铺垫作用。

师：起铺垫作用。好，你分析分析看。

生：因为作者去广东从化，晚上他先发现了这荔枝树，这时候就想到了荔枝，然后想到了这个时间不能吃到鲜荔枝了，自然而然就想到了荔枝蜜，这样的思想过程非常符合情理，是为后面做了铺垫。

生：作者写荔枝树、荔枝，还有荔枝蜜，他是通过荔枝蜜想起了荔枝蜜是由蜜蜂酿成的。他本来对蜜蜂是不大喜欢的，然后觉得荔枝蜜的味道很好，于是就对蜜蜂动了感情，所以是起铺垫作用的。

生：我觉得这里不仅仅是铺垫，而且是层层铺垫。

师：而且是层层铺垫。怎么层层铺垫？

生：它就像我们所学的顶真的修辞方式，作者是先看到荔枝树，然后想到吃的荔枝，由于没有吃到荔枝就吃到了荔枝蜜，这样就是层层铺垫。不仅如此，而且非常的合乎情理。后面他参观"养蜂大厦”，是在广东温泉参观的。前面为下文做了一个很好的铺垫，很好的一个伏笔。在第4段，他就隐隐地透出对蜜蜂的喜欢。

师：什么地方隐隐透出对蜜蜂的喜欢？

生：住在温泉的人多半喜欢吃蜂蜜，而且作者自己也吃到了香甜可口的蜜，所以他觉得生活都是甜的，进而有了要去看看“养蜂大厦”的想法。

师：还有补充吗？好，这位同学刚才说的，同学们同意吧？从“不大喜爱”到“动了感情”有一个过程，怎么才能转变得自然呢？作者本来是不大喜爱的，若一下子动了感情，那就太突然了，因此这里必须做铺垫。这一点，同学们基本上能理解。那么，怎么铺垫呢？正是因为吃了荔枝蜜，所以闻到荔枝蜜的清香，就想到是蜜蜂酿的，就想到生活是如此的甜蜜。荔枝蜜是怎么来的呢？他势必就要讲到荔枝这个果实，那么荔枝果实是怎么来的呢？是很多荔枝树上结出来的。所以，有同学讲，这确实是层层铺垫。就是在广东从化小住了几天以后，作者逐步从眼前见的景，以及自己闻到荔枝蜜的甜香，尝到了荔枝蜜的甜香，感情逐步转变，就合乎情理而不突然了，你们说对不对？对于这个，同学们的理解是对的，但还有不足。

生：这里可以写出蜜蜂的勤劳。因为荔枝树像汪洋大海，荔枝树多的话，荔枝也多，荔枝多了，花开得很多。开花时间，蜜蜂忙得忘记早晚，这样也可以写出蜜蜂的勤劳。

师：对不对？她理解得很好。因为后面要写蜜蜂的勤劳。怎么勤劳呢？采花酿蜜。所以，前面把荔枝树写得那么繁茂，是很有道理的。我再提示一点，就是这个蜜蜂是怎么出现的？这在散文里是很讲究的，因为前面出现的时候，画家的喜爱只是一个铺垫、衬托，而主要是写作者不大喜欢。接下来要写喜爱，因此要给蜜蜂创造一个环境，这个环境就是荔枝树非常繁茂，花香扑鼻。这蜜蜂是怎么来的？是从树丛当中，从万花当中，飞到我们读者眼前的，这样作品就有意境。散文和诗一样，它是讲究意境、讲究诗情画意的。因此，作者用浓笔来写荔枝树、荔枝、荔枝蜜，是给蜜蜂的出现创造十分优美的环境，是从万花当中飞到我们读者的眼前，这样就给人以诗情画意之感。不仅作者思想感情的转换有了基础，而且给读者留下很美的印象。至于这三者之间是怎样的关系，我们下节课再讲。

第二课时

师： 上节课我们学了文章的第二部分，作者从不大喜爱蜜蜂到动了情，采用了层层铺垫的方法，因此思想感情转得极其自然。就是说，写荔枝树的茂密，写荔枝的鲜美，再写荔枝蜜的甜美，这样层层铺垫下来，我们就可以理解作者思想感情的变化。我补充了一点，这样写增添了这篇散文的诗情画意，给蜜蜂的出现创造了一个十分优美的环境。请同学们复看一下，就是作者写荔枝树、荔枝、荔枝蜜，尽管都是用来铺垫的，但是他写的笔法是不一样的。你们看看，能够区别出来吗？比如，写荔枝树的时候写它的茂密，是怎么看出来的？谁能够说？

生： 荔枝树的茂密主要是通过幻觉来写的。作者首先在白天看到……在晚上看到荔枝树是黑黝黝的小山，但是到了白天一看却是茂密的荔枝林。所以，这是通过晚上作者在幻觉中所看到的景象来写荔枝树。

师： 好的。写荔枝呢？

生： 写荔枝是……嗯……

师： 是否也是幻觉啊？

生： 不是，作者写荔枝，是，是从……

师： 怎么写的？

生： 是虚写的。

师： 看到没有？没看到，旁边同学看出来了……

生： 是从苏东坡的诗句里面见到了荔枝的妙处。

师： 从苏东坡的诗句里，应该是什么手法？“引用”！讲得很好，引用苏东坡的诗句。

生： 作者在这段里还通过对荔枝的花和叶子的比较，说花“并不出众”，但是叶子“比花倒还中看些”。作者写荔枝蜜的时候是实写的。

师：是实写的，好的。

生：是因为有同志给他送了两瓶荔枝蜜。从作者的嗅觉，就是从一打开瓶子就闻到一股甜香，并……

师："调上半杯一喝……"

生：还有味觉。

师：味觉，好的。

生：最后喝着这样的好蜜，会觉得生活都是甜的，这就是作者的感受。

师：讲得很好，这个写法很细腻。如果我们粗粗一看，那就咀嚼不到其中的甘甜。作者写荔枝树的茂密，刚才同学们讲得很好，为什么要写晚上呢？刚才××同学在读的时候，我要她重读，她说"刚去的当天是个阴天"，这个字是不能改的。对吧？"当天"是不行的，"当晚"，"怎么楼前凭空涌起那么多黑黝黝的小山，一重一重的，起伏不断？……赶到天明一看，忍不住笑了。原来是满野的荔枝树"。这样写，就给荔枝树蒙上了神秘的色彩。对了，是幻中见实（板书）。等到写荔枝的时候呢，笔调又改变了，刚才有同学提示说这儿是虚写，因为看到了没有？

生：没有。

师：没有。作者写荔枝也许是世上最鲜最美的水果，然后引用苏东坡的诗句。苏东坡的诗句是很实的，对不对？但是，作者吃到了没有？

生：没有。

师："偏偏我来得不是时候"，因此是由实见虚（板书），又是一种写法。由实见虚，好像是要把荔枝捧给大家看了，结果"我"来得不是时候，没吃到。当然，作者在写的时候又用了一些小的曲折——刚才××看到这点了——荔枝这么好，偏偏花并不出众，对不对？所以，这里又是一个小的曲折。荔枝吃不到，吃荔枝蜜。这个"吃鲜荔枝蜜，倒是时候"，在文章结构中起什么作用？

生：过渡。

师：过渡，由荔枝过渡到荔枝蜜。这个地方是怎么写的？是实写了。写得实实在在（板书），怎么实实在在？刚才××讲得很好，从嗅觉、味觉，一直到喝了以后的感觉。所以，同样是铺垫，作者用的笔法是很有变化的。因此，我们读起来就趣味横生。还有不同意见吗？

生：不光写了嗅觉、味觉，还写了颜色，色、香、味都写了。

师：色、香、味。哦，什么地方写了颜色？

生：“荔枝蜜的特点是成色纯，养分多。”

师：这点补充很好，色、香、味都写了，所以我们读了这一段，就很同意作者的想法。因为有嗅觉、味觉，又看到这样的纯色，是什么呀？是视觉。从众多的感官当中接收到的信息，感觉到这个荔枝蜜确实是非常好，而荔枝蜜从何而来？是蜜蜂酿的，采花酿蜜，因此“我不觉动了情”。这种情是什么情啊？赞美的，还有吗？敬佩的，崇敬的，赞美的，对不对？还有吗？××还有补充？

生：查了字典，纯色不是颜色的意思，颜色没有写。

师：好，××很好，同学们一讲，马上就查字典。

生：我觉得还有好奇的心情。

师：还有好奇的心情，对不对？好奇，崇敬，赞颂，神往，纯色是成分纯。看看，成分纯是靠什么的？要视觉的，可以看的。淡的还是浓的，不仅是视觉，还有什么？待会儿我们下课品尝一下，好不好？这个问题先体验一下，×××。

生：纯色用视觉是很难看出来的，因为像汽油一样，掺入水是很难看出来的。

师：这个问题，我们留到下课在品尝的时候再看。我们再往下学，这个时候作者是动了情了。是怎么样的情？刚才理解得很好，要想去看一看一向不大喜欢的蜜蜂，想去看什么呢？蜜蜂是怎样生活的？它究竟是怎么采花酿蜜的？于是，文章就过渡到第三部分。第三部分主要是跟老梁的对话。现在请一个同学把这段话读一读，从第 6 段开始，要读到什么地方为止呢？第 16 段。好，××，你读，好吗？

（生读课文）

师：请同学们考虑一下。这个部分主要是写蜜蜂的生活习性，比如写它的繁忙，在词语上，一开始就用了什么？“出出进进”，这是什么？“沸沸扬扬”，这是什么？叠词，为什么要用叠词？

生：渲染气氛。

师：渲染什么气氛？

生：渲染蜜蜂很忙碌……

师：对，用叠词可以渲染蜜蜂忙碌的气氛，你讲得慢一点。接下来我们看，老梁跟作者介绍蜜蜂的生活习性。写的时候，不仅写蜜蜂怎么忙碌，而且写忙里偷闲。你们看，忙里偷闲有哪一笔啊？谁能看出来，第 7 段。

生：蜂王。

师：对了，蜂王。因为蜂王不采蜜，所以作者是忙里偷闲写一笔。蜂王是怎样的？每只工蜂都愿意用采来的花精供养它。这样写，蜜蜂的生活习性就比较全面了。接下来再看一个层次，是蜜蜂一年内能采多少蜜。小小一窝蜜蜂一年能采多少蜜？几十斤。这里，同学们看，它们最爱劳动，创造的财富很多。作者用了几个“不”来形容它们，哪几个“不”？请你们找准。哪几个“不”？

生：四个“不”。

师：四个“不”，第一个是什么？

生：不闲着。

师：不闲着，请在书上把它画一下。不闲着，第二个？

生：不争。

师：不争，第三个？

生：不计较。

师：不计较，第四个？

生：不辞辛苦。

师：不辞辛苦。我们平时讲“辛劳”讲得多，书上用的是“不辞辛苦”（板书）。作者从它们酿的蜜的多少来写什么？是不是写蜜？由蜜写到什么了？

生：写到了蜜蜂的高尚之处。

师：写蜜蜂的精神，写它们的高尚之处。它们不闲着，不辞辛苦，终日忙碌，不是为自己，这四个“不”就写出了蜜蜂的精神。刚才×××问了，为什么写第 11—14 段，这是不是多余的？不是的，为什么？谁来回答这个问题？

生：作者写这四段，一方面用大黄蜂的恶来反衬出蜜蜂的高尚品质，另一方面也写了劳动果实是不易创造的。

师：还有补充吗？

生：这里也写了蜜蜂生活的曲折，它的劳动不是一帆风顺的，也有自己的敌人。

师：对不对？他们两个讲得很好。这并不是可有可无的，而是从另外一个侧面来写蜜蜂，以黄蜂的侵略、黄蜂的阴险可恶来映衬蜜蜂的高尚可爱。同时，这也说明，劳动果实的创造是非常不容易的，并不是一帆风顺的。刚才××在读的时候，有一个字，我以为她要读错了，哪一个字？

生：提防。

师：提防，是个多音字，还可以读什么？

生：tí。

师：tí，这个地方是读 dī，读得很对。有同学没注意到，在字下面做个记号。接下来，散文就要到紧张关头。我想提个问题，一只蜜蜂能活多久？蜂王可以活三年，工蜂最多活六个月。这使我不得不想起××刚才提的问题，她说“我不禁一颤”，这个“颤”是心灵的颤还是身体的颤？

生：心灵的颤。

师：心灵的颤。大家都看到是心灵的颤，那什么叫“颤”？请你解释。什么叫颤？为什么会颤？由颤又引出了什么？

生：“颤”就是颤动发抖。

师：颤动发抖。这儿是心灵上的颤动。为什么会颤动？

生：因为作者觉得蜜蜂的一生是很短的，但它所创造的财富却是很多的。这样，作者就感到蜜蜂是非常可爱的生灵，它是高尚的。

师：因此作者就“颤”了。请坐。情不自禁地颤动，是由于外界的刺激，他没有想到一年酿几十斤蜜的工蜂最多活六个月。“最多活六个月”，确实好像是一石激起千层浪，好像是重锤锤到自己的心房，所以情不自禁，引起了震动。那么，由这个“一颤”又引出了什么？我们看标点符号，“颤”字后面？

生：冒号。

师：对，由心房的颤动引出了下面一连串的话。我们一起朗读一下。“我不禁一颤”，预备起——

（全班朗读）

师：引出的是对蜜蜂的什么？

生：由衷的赞美。

师：对，由衷的赞美，或者由衷的赞颂，多可爱的小生灵啊！前面是不喜欢，这里是“多可爱的小生灵啊”。为什么可爱？作者阐述了没有？是怎么阐述的？“多可爱的小生灵啊”，可爱在什么地方？作者是怎么进行议论的？

生：从正反两个方面：第一，给予人很多；第二，不是为自己，而是为人类酿造最甜的生活。

师：是不是这样？

生：我认为她是对的。

师：好，接下来就是让这“可爱”两个字落实了，为什么是可爱呢？并不是说它的形体怎样，而是指它对人无所求，给予人的却是极好的东西。不是为自己，而是为人类酿造最甜的生活。从两个方面来谈。接下来，作者就直抒胸臆了，他在一段话里面用了几个感叹号？

生：两个。

师：两个。第一个是：“多可爱的小生灵啊！”第二个是：“蜜蜂是渺小的，蜜蜂却又多么高尚啊！”矛盾吗？

生：不矛盾。

师：为什么不矛盾？

生：因为是从两个方面来说明的。渺小是从它的身体来看很小，但是从它的精神来看却是很高尚的。

师：好像有不同意见。

生：它的渺小不仅指它的身体的渺小，而且也说明了它的生命是那样的短暂。

师：对不对？它是很平凡的、很平常的，但是精神是如此高尚。对人无所求，不闲着，不辞辛苦，不争，不计较，所以作者在写这一段的时候，激动的感情流入笔端。如果没有前面这样的铺垫叙述，这一段抒情议论就会怎么样？就脱空了。所以，写到这个地方，作者用感叹号、冒号来议论抒情，可以说是前面文章的水到渠成。文章写到这里，可以结束了吗？

生：可以。

师：可以结束了。但是，一开始我就讲，写这个荔枝蜜并不完全是写蜜蜂，作者主要的意图还不在写蜜蜂上，是什么？

生：写人。

师：写人，是借这个物，托物喻人（板书），是歌颂人的精神和品格，所以文章进入第四部分。第四部分的语言非常简单，我读一读，请你们来回答。这部分先是展现什么？然后写什么？由蜂及人的时候，是怎么转过来的？

生：作者透过荔枝树林，看到了远远的田野，正有农民在劳动。

师：对，首先是展现田野的广阔美景。接下来呢？

生：接下来就是写了农民立在水田里，在辛勤地分秧插秧，然后抒发他自己的感情。这表明了农民用自己的劳动，在为自己、为别人、为后世子孙酿造生活的蜜。

师：三个“为”，主要是为谁？

生：为后世子孙。

师：“为自己，为别人，也为后世子孙酿造生活的蜜。”这里之所以要如此写，是为了文章的主题怎么样？

生：升华。

师：升华。我们把由衷赞颂的两个方面结合起来思考，就很清楚地知道作者为什么听到这句话就“心中一颤”，因为蜜蜂是辛勤酿就百花蜜，留得芬芳在人间。而人民，劳动人民，这里特别写农民，一辈子辛辛苦苦，也是辛勤酿就生活的蜜，留得芬芳在人间，为了别人，为了后世子孙。读到这里，同学们想想看，在我们国家，在我们的社会里面，这样的人多不多？

生：多。

师：你能够联想到一些名人名言吗？比如，鲁迅说："我好像一只牛，吃的是草，挤出来的是牛奶、血。"还有吗？

生："俯首甘为孺子牛。"

师："俯首甘为孺子牛。"雷锋的，我们学过了，雷锋怎么说的？

生："我要把有限的生命投入到无限的为人民服务中去。"

师："我要把有限的生命投入到无限的为人民服务中去。"还有吗？有没有？我一提示你们就知道了，生命的价值在于什么？为人民服务。我们再联想一下，在学《生命的意义》的时候，奥斯特洛夫斯基讲的一段话，大家还记得起来吗？"人最宝贵的是生命"，我们一起背背看，预备——起。

生："人，最宝贵的是生命。生命对每个人只有一次。这仅有的一次生命应当怎样度过呢？每当回忆往事的时候，能够不为虚度年华而悔恨，不因碌碌无为而羞耻；在临死的时候，他能够说：'我的整个生命和全部精力，都已经献给了世界上最壮丽的事业——为人类解放而进行的斗争。'"

师：我们读到这里的时候，就可以联想到许许多多的名人名言。在这里，我也顺带介绍一下作者，我们还是第一次碰到这位作者——杨朔。他是著名的散文作家，早在抗日战争的时候就参加了革命，后来赴朝鲜参加抗美援朝战争，曾经写过有名的中篇小说，有谁知道？

生：三千里……

师：嗯，《三千里江山》，后来长期从事外事工作。在国外，他善于观察社会生活，捕捉艺术形象，写下了许多优美的散文。我今天带来的《杨朔散文选》里收集了他各个时期优秀的散文。就是这样一位早年参加革命的作家，却在"文革"中被迫害而死。所以，我说这样的人也是怎么样啊？辛勤酿就百花蜜。今天我们读他文章的时候，仍然闻到甜香。他在歌颂我们社会主义新生活，留得芬芳在人间。文章写到这个地方，由蜂而人，使得意境更高，主题更深刻，无私忘我的境界也出来了。为什么还要写文章的最后一段呢？刚才有同学问。我们一起把最后一段读一读。“这天夜里”，预备起。

（全班朗读）

师：为什么最后还要写这一段？是不是多余的？画蛇添足？什么道理？

生：我觉得作者在这里不仅抒发了对蜜蜂的感情，而且表达了自己的志向，就是他梦见自己也变成了一只小蜜蜂。这表达了他自己也要做像蜜蜂那样，为生活、为人类酿造蜜的人。

师：好。

生：我认为这里是再现主题。

师：很好。

生：使自己的思想深入其中，得以和蜜蜂一样，在思想上获得共鸣。

师：是再现主题，和蜜蜂在思想上得以共鸣。

生：这里是以梦托情，托物言志，表达……

师：以梦托情，对不对？

生：表达了自己希望像蜜蜂一样为人民服务的思想感情。

师：××。

生：俗话说，日有所思，夜有所梦。

师：日有所思，夜有所梦。讲得很好。

生：作者睡觉的时候做了一个梦，说明这件事对他的触动是非常大的，使他的心灵为之颤动，而不是肤浅的。

师：讲得非常好。小蜜蜂的这种精神，对他，对作者的心灵并不是肤浅的影响，而是真正的有所触动。因此，他就不能停留在客观上歌颂一番，赞美一番。正如刚才××同学所讲的，作者自己要深入其中，也要立志做像蜜蜂一样的人，为生活酿造蜜的人，也要像农民辛辛苦苦种地，为人民、为别人、为后世子孙酿造生活的蜜。我们说做梦是“日有所思，夜有所梦”，梦是思想的折射。因为自己的心灵真正有所触动，所以日有所想，夜有所梦。这样用梦境来表达自己的理想，就比“我要怎么样”“我决心怎么样”的语句要生动得多，形象得多，而且与散文的语调一致，十分和谐。不能写到最后，说我感动了，于是我下决心做……这就破坏了整篇文章的气氛。托梦言志是一种写法，是我们第一次学到的，可以用它来表露自己心灵深处的理想。人总是要有所追求的，生活的理想就应该是不闲着，不辞辛苦，不争，不计较，为别人，也为后世子孙。所以，从总体来看，这篇文章的构思非常精巧（板书），它把许多看来是很散的材料凝聚在一起，歌颂蜜蜂的精神。那么，蜜蜂的精神是什么呢？劳动人民创造新生活的精神。这里我们可以看到作者是怎么构思的，即以思想感情的变化为线索，下笔的时候点到蜜蜂，马上就由荔枝树而联想到荔枝，由荔枝而联想到荔枝蜜，由荔枝蜜而联想到什么？酿造蜜的蜜蜂。由酿造蜜的蜜蜂联想到创造生活甜蜜的劳动人民，这是层层铺垫（板书），或者叫层层陪垫。由于是层层陪垫而又不完全停留在蜜蜂上，所以是借物寓意，整个构思十分精巧。刚才有同学问，前面写荔枝树是那么茂盛，后面又怎么看到荔枝林深处的白屋？我再补充一点，文中结束的地方有一句，是透过荔枝树林望着远远的田野，是不是矛盾？

生：不矛盾。

师：不矛盾。

生：开头已经说清楚了："原来是满眼的荔枝树，一棵连一棵，每棵的叶子都密得不透缝……"作者说密不透缝是指每棵树的叶子，但一棵树和一棵树之间是有行间的。

师：是有行距的。

生：作者还是能透过这之间的空隙看到那间白屋，也可以看到在田里耕作的人。

师：同意吗？为什么我说最后来解答这个问题呢？就是因为我们读书的时候跟过去比有一个进步，能够开始前后联系起来思考问题，提出问题。但是，要进一步注意，就是读的时候还要精细一点，前后联系起来思考，有些问题是自己可以解答的。《荔枝蜜》这篇文章是非常有名的散文，开始时有同学提了这么个问题，说既然写蜜蜂，为什么用"荔枝蜜"作为标题？就写"蜜蜂"好了。你们看是"蜜蜂"好还是"荔枝蜜"好？你们说说看，用"蜜蜂"可以吗？

生：可以。

师：但是它的毛病是什么？

生：太显露。

师：对，太显露了，你们看对不对？而这篇文章的文体是什么？散文，《荔枝蜜》更能给人甜蜜的感觉，更有诗情画意。因此，整篇文章都是围绕着蜜来写的，是由树由花而酿出蜜。酿蜜者是谁？再引申到生活的酿蜜者。这跟散文的特点完全吻合。从这篇文章的主题我联想到，我们有很多人，对世界有所贡献的人，他们的认识是相同的。下面我们听写几段文字，作者高尔基，这是他给儿子的一封信里面的几段话，时间是 1907 年 1 月份，请你们记下来，标题是“花”。这是第 1 段：“你走了，可是你栽的花却留了下来，在生长着。我望着它们，心里愉快地想，我的好儿子动身以后，在卡普里岛留下了某种美好的东西——鲜花。”第 2 段：“要是你在任何时候，任何地方，自己一生留给人们的都是美好的东西——鲜花、思想，对你非常好的回忆——那你的生活将会是轻松和愉快的。”第 3 段：“那时你会感到所有的人都需要你，这种感受会使你成为一个心灵丰富的人。要知道，‘给’永远比‘拿’愉快。”好，我们一起读一遍。“你走了，可是你栽的花却留了下来”，预备——起。

生：“你走了，可是你栽的花却留了下来，在生长着。我望着它们，心里愉快地想，我的好儿子动身以后，在卡普里岛留下了某种美好的东西——鲜花。要是你在任何时候，任何地方，自己一生留给人们的都是美好的东西——鲜花、思想，对你非常好的回忆——那你的生活将会是轻松和愉快的。那时你会感到所有的人都需要你，这种感受会使你成为一个心灵丰富的人。要知道，‘给’永远比‘拿’愉快。”

师：我们生活在社会主义国家里，每个青少年都要立志做一个心灵丰富的人。要知道，“给”永远比“拿”愉快，这是生活的真谛。今天杨朔同志给我们上了这一课，生活的哲理课。以小蜜蜂，以劳动人民酿造生活的蜜为榜样，我们要不断地追求，对人民有所贡献。课后，请同学们自己再朗读几遍。另外，请大家看看语文补充教材中有一篇《蜜蜂的生活三则》。看完了以后，对课文中对蜜蜂的赞颂，对人民的赞颂，可以理解得更深。课就上到这里。课文里讲这个荔枝蜜是非常香甜的，正好有这么一个机会，从化教育局的同志给我带来了一瓶荔枝蜜，我们分尝一下，看看它的成色。下课了，自己拿碗或者杯子来讲台前倒一点品尝一下。

《花儿为什么这样红》课堂实录

时间：1985年4月28日下午第一、二节课

执教：杨浦中学 于 漪

班级：初三（4）班

第一课时

师：当我们漫步在校园中时，我们总是情不自禁地赞美学校的美景。有同学说，我们校园就好像花园一样，绿草如茵，树木葱茏，春天一到，百花盛开，万紫千红。现在请同学们回想一下我们学校一年四季有哪些花，并且在花前面加一个颜色的附加语，也就是你们要用偏正词组来回答我的问题。一年四季花很多，请用偏正词组来列举一二，听明白了吗？谁先讲？

生1：我们学校有洁白的广玉兰花。

师：洁白的广玉兰。

生2：有月季花。

师：月季花。

生2：是粉红色的。

师：粉红色的，应该怎么说？

生3：应该是各色的月季花。

师：各色的月季花。

生4：有红色的牡丹。

师：红色的牡丹，有吗？牡丹有没有？

生：（部分）**：**没有。

师：是什么？

生（部分）**：**大理花。

师：大理花，对不对？

（生部分点头，有学生举手）

师：好，你说。

生 5：有黄色的荷花。

师：黄色的什么？

生（多数）**：**睡莲。

师：睡莲。

生 6：有粉红色的樱花。

师：粉红色的樱花。还有——

生 6：桃花。

师：粉红色的桃花。

生 7：我们学校的樱花只有一种，就是白色的，没有粉红色的。

生（部分）**：**有的。

师：什么地方有粉红色的？粉红色的颜色怎么样？很淡很淡。好，还有吗？

生 8：我们学校还有黄色的迎春花和红色的鸡冠花。

师：黄色的迎春花和红色的鸡冠花。

生 9：还有大红色的海棠花，紫色的紫藤花。

师：紫色的紫藤花。

生 10：在绿油油的草地上还有紫白相间的无名小花。

师：紫白相间的无名小花。还有什么？

生 11：还有红色的一串红。

师：还有红色的一串红。

生 12：还有桃红色的夹竹桃、白色的夹竹桃，还有红色的美人蕉、黄色的美人蕉，还有剑麻开的花是白色的，十大功劳开的花是黄色的。

师：十大功劳开的花是黄色的，十大功劳知道吗？

（生多数摇头）

师：不知道，下了课以后你带不知道的同学去看一下，好吗？十大功劳。

生 12：现在还没有开。

师：现在不开，你可以先指给同学看，告诉他们什么叫十大功劳，请坐。

生 13：秋天还有多种颜色的菊花。

师：你能列举一些颜色吗？

生 13：白色、黄色、紫色，还有红色、绿色。

师：还有墨菊。我们平时在校园里走的时候经常观赏，但是看花容易介绍难。花的颜色五彩缤纷，可是为什么有的花是白色的，有的花是粉红的，有的花是深红的，有的花是黄色的，而有的花又是紫色的？还有蓝色的。特别是不知名的小花，各种颜色相间。我们一走进校门，就有很多蝴蝶花、虞美人，有红色的，有蓝色的，有紫色的。为什么这些花会呈现出不同颜色？这就不是用眼睛一下子能看得清楚的了，得深入事物的内部，了解花儿呈现各种颜色的原因。今天我们就请人来给我们介绍。我们翻到第 20 课《花儿为什么这样红》，作者是贾祖璋，请同学们注意三个字中有一个字很容易写错，哪个字？

生（部分）**：**璋。

师：“璋”是什么偏旁？

生（部分）**：**“王”字偏旁。

师：查过字典没有？

生 14：（脱口而出）我知道。

师：好，你讲。

生 14：“璋”是古代的一种玉器。

师：古代的一种玉器，因此它是什么偏旁？

生（部分）**：**“王”字旁。

师：“王”字旁，也叫斜玉旁，是古代的一种玉器。弄清楚意思以后，写的时候就不会错了。贾祖璋同志是我国著名的科普作家，他是善于运用文艺手段传播科学知识的高手。也就是说，他善于把科学知识融化于散文性的文字当中，对人们特别是对我们青少年介绍科学的常识，既有科学知识，有科学性，又善于运用文艺的手段，文字经常是散文化的，因此又有什么性？

生（部分）**：**文艺性。

师：文艺性，对！他的科普读物，是科学性和文艺性的结合，能够吸引读者的兴趣，把我们引入科学知识的大门，使我们沉浸在科学的奥秘当中，乐而忘返。我这段介绍是否符合实际？我们读完了以后就可以解答了。刚才说了，他善于运用文艺手段把读者特别是青少年引入科学知识的宝库。现在请一个同学把第 1 段读一读，看他是怎么笔端带彩来把我们引入科学知识的宝库的。读的时候请同学们仔细看，思考两个问题：第一，他是怎样用词语来描述，激发人们的兴奋感，吸引读者读下去的？第二，他在开头用了怎样的写作方法，使人们不得不往下读？大家将这两个问题储存在脑子里。现在请一个同学来读。

（生 15 朗读第 1 段）

师：看看哪些词的文艺色彩很浓，一下子就把读者吸引住了？两个人讨论讨论。

（生相互商讨）

师：好，一个同学讲，其他同学可以补充。

生 16：有这些词和词组：热情的色彩、强烈、奔放、令人精神振奋、红紫烂漫、活力充沛、生气蓬勃。

师：这些词和词组用来描述什么？描述的对象是？描述花朵的什么？

生（部分）**：**红色。

师：红色。花有各种颜色，但是从红色下笔，对不对？好，还有补充吗？可以说得稍微深入一点吗？这些词和词组都是很对的，花朵的红色是热情的色彩，可色彩怎么有感情啊？色彩有感情吗？有的摇头，有的点头，到底有没有？

生（部分）**：**没有。

师：没有，那怎么是“热情的色彩”呢？谁解答这个问题？

生 17：因为花朵的红色能够给人以热情奔放的感觉，所以它是热情的色彩。

师：他这样理解对不对？色彩本身有没有感情？

生（部分）**：**没有。

师：没有，但是现在人是看这个花，他有感觉吗？

生（多数）**：**有。

师：有感觉的，花作用于他的感官，他应该有感觉。你们学美术的时候涂颜色——水彩画，老师跟你们讲过吗？有的色彩是什么？

生（部分）**：**冷色。

师：冷色，有的呢？

生（部分）**：**暖色。

师：对了，人们看色彩的时候，它就有冷色和暖色，有远近的感觉，有大小的感觉，还有轻重的感觉。这是人观看以后自己的感觉，很多人都有这样的感觉。因此，人们一看到花朵的红色就感觉到它很热情。文章开头一句话是："花朵的红色是热情的色彩，它强烈，奔放，令人精神振奋。"作者一下笔就制造了热烈的氛围，是不是这样？接下来要人们联想，红紫烂漫的春天多么活力充沛、生气蓬勃，是不是用文艺手段把我们引入知识的宝库？好，这是要理解的一点。接下来请同学们思考，他是怎样引入正题的？他用了什么方法？

生（多数）**：**设问。

师：大家很清楚，作者通过设问引出话题："花儿为什么这样红？人们一边赞叹，一边不免提出疑问，寻求科学的解释。"因此，在描述的基础上，又用设问的方法提出问题（板书：设问），催人思考：对呀，我们看的花有红的，有蓝的，红紫烂漫，为什么花会有不同的颜色？要寻求科学的解释，所以用设问的方法来引导人们进入花儿形成各种颜色的内在奥秘，催人思索。对此，我们从文章的第 1 段就可以初步理解。作者是从哪几个方面来对"花儿为什么这样红"进行科学解释的？请大家用浏览的方式把关键的句子在书上画出来。我们请一个同学上来写，看理解得对不对。边看边写，写的人要简明扼要，画的人把句子画清楚。好，××，你来写写看（板书：花儿为什么这样红）从哪几个方面来对“花儿为什么这样红”作科学解释，我们在书上画画看。

（生 18 板书）

1. 从物质基础说明（花青素、胡萝卜素）

2. 从物理學原理解释（长短不同的光波）

3. 从生理学的需要（不同的热呈）

4. 从进化的观点考虑（在进化途中居于顶峰）

5. 从自然选择学说看（风媒花、虫媒花）

6. 从人工选择看

师：（巡回）我们看对不对，看看有没有不恰当的。（指板书）好，请大家看。××同学刚才边看边列出这样的提纲，大家评论一下，看对不对。

生 19：“从物理學原理”中的“學”字不规范，应该简化。

师：可以这样写吧？

生（多数）**：**不可以。

师：不可以这样写，这个不规范（红笔修改“學”为“学”），还有——

生 19：“热呈”的“呈”也不对。

师：不规范（板书：量），请坐。

生 20：还有一个写得不是最全面，就是第一点“从物质基础说明”，应该是从花的物质基础说明。

师：为什么？

生 20：因为物理学原理是不会改变的，而这儿的物质基础呢，有不同的物质就有不同的物质基础，所以说前面应该注明“花的”物质基础。

师：好，讲得非常好，它一定要有限制语，是“花的”（板书：花的）物质基础。好的，还有什么？

生 21：我觉得这儿他写的是“花儿为什么这样红”，他要讲的是为什么是红色的，而胡萝卜素变出来的颜色是橘黄色的，和这个没有关系。

师：这个问题，我们可以留着。

生 22：还有就是“风煤花”和“虫煤花”的“煤”写错了，应该是“女”字旁。

师：（笑）这是别字（修改为“媒”），还有没有？写字的时候，按汉字的写法，它的顺序是什么？从左到——

生（集体）**：**右。

师：从上——

生（集体）**：**到下。

师：从外到内。大家刚才在看书的时候，可能有的字没有注意，哪个字？

生（部分）**：**胡萝卜素。

师：“胡萝卜素”的哪一个字？

生（部分）**：**萝。

师：萝，××先写了下面再写上面，汉字的书写顺序要注意。好，其他的怎样？基本可以。当然，我们也可以用别的方式来表达，比如“从花的物质基础”，破折号，应该加什么？

生 23：有花青素、胡萝卜素。

师：对，主要是花青素（在“花青素”前加“主要是”），“首先有它的物质基础——花青素”来说明，可不可以？下面同样“用物理学原理来解释”，破折号后面应该用什么词？

生（部分）**：**光波。

师：光波或者用什么？

生（部分）**：**光学原理。

师：光学原理。还有一个词，这个颜色主要是——

生（部分）**：**反衬。

师：反衬？

生（部分）**：**还有“直射”。

师：直射。反射可不可以？从物理学原理的直射和反射来解释也是可以的。“还有它生理上的需要”（板书：不同的热量），用个破折号，可以用什么？

生（部分）**：**热量。

师：看看热量前面还有个什么？

生（部分）**：**所含热量。

师：所含热量，破折号，含热量来解释。前面有“说明”“解释”，这里有“考虑”、（指板书）有“看”，唯独这个地方没有了。从生理学的需要来说明，××漏掉了，前面都是从哪里来“考虑”，从哪里来“解释”，这个地方应该加一个来“解释”，或者是来“说明”（板书：来解释），它就比较整齐了，对不对？从人工选择看，我看同学们都画对了。句子都画对了，我要提问题了：为什么你们能够一看就准？有时候我们不容易找准。（学生纷纷议论）等等，第一，为什么你们能够一眼就看准了？第二，这几个方面的说明是按照什么结构来组织说明材料的？从几个方面来说明“花儿为什么这样红”？

生（部分）**：**六个。

师：六个方面。请看，这六个方面说明的材料，作者是按照什么结构把它们组织起来的？思考这个问题的时候，千万不能停留在问题的表面，用一两句话回答。这个结构里面有很多逻辑关系，因此你不能只见其一，不见其二。究竟是怎样来组织的？我们先解决这两个问题。为什么一眼就能找准？

生 24：因为每一个方面的说明都用“花儿为什么这样红？”这一句开头。

师：你们是不是跟他的想法一样？

生（多数）**：**一样。

师：对，每一个方面说明的开头都是用“花儿为什么这样红？”这一设问句。文章第 1 段用设问句提出问题的时候，是设疑（板书：设疑），让我们思考。接下来就要解疑了，要说明花儿为什么有不同颜色（板书：解疑），解疑就一定要眉目清楚。说明文要说得怎样？

生（集体）**：**明。

师：明，要清楚明白，说而不明就不能达到目的，所以，要说明。作者在这里继续用设问句来解疑，从六个方面来告诉我们，因此条分——

师、生（集体）**：**缕析。

师：条分缕析，一目了然。除了在说明方面有这样的作用以外，再想一想看，它是科学小品，具有文艺性，因此每个方面都这么说——“花儿为什么这样红”。你们感觉到一种怎样的美啊？

生：诗的美。

师：诗的美，××说是诗的美。

生：整齐。

师：讲得很好。你说，给人一种什么感觉？

生 25：整齐的感觉。

师：给人以整齐美。注意，我要从这个方面来解释，不仅是条分缕析地提出问题，而且给我们读者以整齐美。我再说一句，花儿为什么这样红？“首先”什么？花儿为什么这样红？“还需要”什么？花儿为什么这样红？还给人一种什么美？讲了几次？

生（多数）**：**六次。

师：六次。有这样一个词，一而再，再而三，三而四。

生（部分）**：**反复美。

师：反复美，回旋美。因此，它不仅给我们读者提示：我要从这个方面来说明，我要从那个方面进行科学的解释，而且给人们一种整齐美和回旋美。这个问题比较好解决，接下来就请你们讲讲，这说明的材料是怎样结构的？说说看，谁知道？

生 26：这些材料都是用横式结构，从外表到内里这样的结构来写的。

师：都是用横式结构来说明材料的，对不对？并列的，对不对？并列的横式结构。

生 27：都是横式结构，但有主有次。

师：横式结构里面又有主有次，你继续说。

生 27：首先，物质基础这一部分是主要的，还有物理学原理、生理上的需要、进化的观点，都是次要的。达尔文的自然选择体现在这个地方，风媒花和虫媒花又是主要的，再然后的人工选择也是次要的。

（部分学生议论纷纷）

师：又有不同意的了。你说怎么不同意？

生 28：我认为人工选择是重要的。

师：这是重要的。

生 28：这个在最后一段说。

师：最后一段说什么？

生 28：花儿这样红，是大自然的杰作，更是人工培育的成果。

师：更是人工培育的成果，因此是重要的。这里有两点。刚才大家说，一个就是以并列式的横式结构来组材的，这一点大家同意吧？而且从花的物质基础、物理学原理、生理上的需要逐一分类说明（板书：分类说明），这个是横式结构，是第一个要点，大家清楚了。第二个要点，这里是有主有次的，同不同意？哪一个部分的科学说明是这篇文章说明的核心部分？第几个？第一个，对不对？第一部分用了几个段落来写？

生（部分）：三个。

师：三个段落，因此第二个要点是有主有次，这个也很清楚了，主次分明（板书：主次分明）。但是，光看到这一点还不够，请同学们再看，还有怎样的结构？我不知道×××解答问题的时候，有一句话同学们听到了没有，他说横式结构同时是由外到内的，你们同不同意？是不是由外到内？

生 29：应该是由内到外的，从花的内部因素说到外部因素。

师：哪几个是花的内部因素？

生 29：前面三个是内部因素，后面三个是外部因素。

师：前面三个是内部因素，后面三个是外部因素，同不同意？（板书：内部因素）到底是几个？谁来纠正？

生 30：前面四个应该都是花本身的因素。

师：为什么第四个也是花本身的因素里呢？

生 30：因为它在进化。

师：对，从进化的观点考虑，还是花本身的情况。第五、第六个呢？

生30：是外部因素。

师：是外部因素，从自然选择和人工选择，风媒花和虫媒花来看，还有就是人工培育，因此它是外部因素（板书：外部因素）。所以在说明的时候有一条是什么，从什么说到什么？

生（部分）**：**从内到外。

师：从内到外（板书：从内到外），从内部因素到外部因素，这在结构上又是一个特点，不是混乱的。说了一条内部因素，再来说一条外部的，然后再讲一条内部的，再讲一条外部的。先把内部的因素说清楚，然后再从外部的因素来解释，这样就一清二楚了。结构上还有一个特点，从整体看都是横式结构，并列的分项说明很清楚，但是每一个部分里面是否都是横式的？

生（部分）**：**不是。

师：不是。有横向的，还有什么？

生（部分）**：**纵向的。

师：纵向的。那么，请你说说看：横向的是哪几句？纵向的是哪几句？（板书：横向、纵向结合）横向跟纵向的能够说明吗？前面讲的这个花的物质基础是什么？

生（部分）**：**横向。

师：很清楚，这个是横向的，那从什么地方开始是纵向的呢？×××，讲讲看。（指定学生）

生31：从第四个开始。

师：从第四个开始，好，你继续说。

生31：从花的进化的观点来考虑的话，就是说——

师：你讲得对，胆子大一点。

生31：就是花色以绿色为起点，一端向长波方面发展，另外一端向短波方面发展。红色花在进化过程当中属于顶峰。

师：请坐。植物开始出现原始形态的花都带什么颜色？

生（部分）**：**绿。

师：绿色，裸子植物，后来呢？是什么植物？

生（部分）：被子植物。

师：请看第 8 段，从达尔文的自然选择学说来看，纵向的结构就更清楚了。请大家找一找表现时间的词，第一个是什么？

生（部分）：亿万年前。

师：亿万年前，第二个呢？

生（部分）：在悠长——

师：对，在悠长的岁月中。它是按时间先后顺序来说明的，所以说是纵向结构。我们读书的时候不能只知其一，一看好像很清楚了，它就是并列式的横向结构，其实这里还有很多奥妙。它有整体上的分项说明或者分类说明，但是在说明的时候又有主有次。同时，它们有的是花的内部因素所导致的，有的是外部因素。在横向结构当中，有些段落比如第 4—6 段就是纵向说明的。因此，这篇说明文在材料的结构上井然有序，我们读书不能只看到某一点。现在我们来看一看“花儿为什么这样红”最重要的核心部分，首先看它的物质基础“花青素”，请大家把有关的语句读一读，“花青素”是怎样的？跟色彩是什么关系？“当它是酸性的时候”预备——起。

（生齐读）

师：因为这花青素里本身就有生物碱和有机酸。我们请一个同学来做个试验看看，这是碱的浓液（手拿试管），这也是碱，这是清水，这个是酸（手拿试管），我们把酸倒下去做两个试验，还有花瓣（拿给学生看）。现在请一个同学来做。为了反应得快一点，把这个花瓣揉一揉，我们看看是不是这个样子，它碰到酸或碱，会有不同的反应。

（生 32 在讲台上做实验）

师：这个是水，就可以有个对比。这是碱，变了吗？好，你给大家看一看。

生 32：（巡回给大家看）这个花瓣都变紫了，还有的放在酸里面变红了，变得更红了。

生（部分）：哪个是酸？左边还是右边？

生 32：这是酸，愈加红了。这是水。

生（部分）**：**对的。

师：好。我们从这里可以看出为什么花的颜色会有各种不同的表现吗？这里头有物质基础在起作用，花最重要的物质基础是什么？

生（部分）**：**花青素。

师：酸碱反应，它本身有有机酸，有生物碱。我们刚才把花放在不同的溶液里面，放在酸和碱里呈现不同的颜色，由此就讲到黄色的花，它里头有胡萝卜素，这是最典型的。至于白花，那是因为什么？细胞液里——

生（部分）**：**不含色素。

师：不含色素。一句话就带过了。请同学们注意，这里重点在说它的物质基础花青素、酸碱反应，然后说明黄色、橙色的花是胡萝卜素，白花就带了一笔，都是讲了一般的情况。但是，对事物的科学说明要比较周到，除了一般的例子之外，作者还怎样？

生（部分）**：**举特例。

师：特例，在第几段？

生（部分）**：**第 4 段。

师：有一种变色的特殊例子，即变色的木芙蓉，早晨初开的时候是什么颜色？

生（部分）**：**白色。

师：中午。

生（部分）**：**淡红色。

师：下午。

生（部分）**：**深红色。

师：一日三变，越变越美丽。其他的，大家有没有知道的？能够举例子吗？变色的花有吗？不太知道，比如棉花，花开的时候是——

生（部分）**：**黄的。

师：黄的，我们有的同学不知道。后来呢？

生（部分）**：**白的。

师：白的不是花，是果。等到要枯萎的时候，棉花就不是黄色了，有的时候是红一点的颜色，有的时候是紫一点的颜色，它也变色。又比如杏花，开的时候也是，开始打朵子的时候是比较红的，到后来基本上是白的，什么道理？谁在起作用呢？花青素。花的物质基础使花呈现各种颜色。这是最重要的因素，因此作者用好几段文字来加以说明。如果这个问题说不清楚的话，后面的问题能说清楚吗？你们看，从物理学原理来解释的话，它主要是看光波的长短，如果没有把花青素这一条讲清楚，后面这一条说得清楚吗？

生（部分）**：**说不清楚。

师：说不清楚。那么，从生理学的需要，从含热量来解释，解释得清楚吗？也解释不清楚。因此，从这里我们就领悟到一条道理，就是说明事物的时候，所安排的顺序要符合事物本身的规律，说明事物的顺序不是信手拈来的，怎么写、怎么说都可以，而要符合事物本身的内在规律，这样就条理清晰，主次分明。清楚了吗？复杂的花的颜色，万紫千红，这道理是比较抽象的，要把这抽象的道理说得具体明白，势必就要接触到许多说明方法，刚才我们就接触到什么说明方法？

生（部分）**：**分类。

师：分类，还有——

生（部分）**：**举例。

师：举例。我们再看一看，比如第 5 段从物理学原理来解释，它先说什么呢？“太阳光经过三——”什么？

生（部分）**：**棱。

师：“太阳光经过三棱镜或水滴的折射，会分成红、橙、黄、绿、青、蓝、紫七种颜色。这七种颜色的光波长短不同，红光波长，紫光波短。”这是讲什么？由一般的科学原理，再进而讲什么？酸性的怎样？中性的怎样？碱性的怎样？这就叫什么？

生（部分）**：**分类。

师：分类具体说明，先说一般的原理，再分类具体说明，这又是一种方法。再如第 10 段，花儿为什么这样红？最后要归功于人工选择。请你们读下面的两句话，并说明这里用的是什么说明方法，“自然选择进程缓慢”，预备——起。

（生齐读）

师：这里用了什么方法？

生（部分）**：**对比。

师：用对比，或者叫比较的方法来说明人工选择大大加快了选择的进程。接下来，为了证明这个论断是正确的，说明的道理是科学的，用了什么方法？

生（部分）**：**举例。

师：举了几个？

生（部分）**：**两个。

师：两个？连续举了几个？

生（部分）**：**三个。

师：第一个是什么？

生（部分）**：**牡丹。

师：是牡丹的人工选择。第二——

生（部分）**：**大丽花。

师：第三——

生（部分）**：**虞美人。

师：举了一系列的例子来说明人工选择的进程远远超过自然选择，这是加强了说明的说服力。综上所述，我们可以看到，要把抽象的道理说得一清二楚，必须借助于科学的说明方法。刚才那几种，清楚了吗？自己脑子里头归一下。最后，我要问一个问题，这篇文章明明是说明花的各种颜色形成的原因，为什么要用“花儿为什么这样红”来做标题呢？

生 33：文章在讲述进化论观点的时候，讲到“红色的花可以说在进化途程中居于顶峰，最鲜艳，最耀眼”，它是整个花的颜色的顶峰，所以——

师：所以用这个标题。

生 33：它是最有代表性的，所以用花的红色来做标题。

师：他是从第 7 段看出来的，进化论的观点，因为红色的花在进化过程中居于什么啊？

生（部分）**：**顶峰。

师：顶峰。所以，他认为这个更有代表性。还有补充吗？

生 34：我觉得这里是就一点来写全部。

师：就一点来写全部。

生 33：用具有代表性的红色来写各种各样的颜色形成的原因。

师：由点到面。刚才同学们讲的这几点是很有道理的。请同学们看，我们平时讲花红——

生（部分）**：**柳绿。

师：或者红花绿叶，因此红是花的特征，最具有代表性；从进化论的观点来看花，红色的花又是居于顶峰的。我不知道同学们是不是听过这么一首歌，《花儿为什么这样红》，电影《冰山上的来客》的插曲。花儿的红色对人们是最有吸引力的，它最有代表性，人们又很熟悉这个歌词，因此用这个标题就特别的醒目。但是，花红毕竟是花众多颜色中的一种，而科学说明要涉及整个的面，由花红的点扩展到面，把它放在花的历史进程的广阔背景上理解，所以不仅有横向结构，而且有纵向结构，放在进化的进程上来看，放在自然选择的进程上来看。这样，就把花颜色的变化说清楚了，就不仅仅使人觉得是静止的，而是觉得是动态的。这样的写法就使内容很丰富，不光是广度上，而且对各种花涉及深度，放在花的进化历史进程当中看，既有广度又有深度。你们觉得这篇文章说明得是否清楚？除了这个之外，最后他总结了“花儿这样红，是大自然的杰作，更是人工培育的成果”。除此之外，还有什么道理吗？

生（部分）**：**有的。

师：好，你说说看。

生 35：还有的道理就是要从微观上来解释。

师：这是从什么上来解释的？

生 35：这主要是从客观上来解释的，特别是这篇课文的作者，主要强调了自然选择和人工选择，强调达尔文的进化学说。不过，根据生物学原理，基因是可以跳动的，它可以由一个细胞——

师：基因是可以跳动的。（板书：基因）

生 35： 一个细胞跳动到另一个细胞，因此就产生了一种基因突变，如果这种突变的基因是专门对这个物质的颜色起作用的，那么它的颜色就会发生一点改变。经过许多次这样的突变，它的颜色也就变了。

师： 课前，×××同学（指生 35）曾经跟我说了这个问题，他说这篇文章是讲得比较清楚，但是还不能完全说明问题，因为基因是可以突变的。所以，我说这是科普读物，它普及科学知识。普及科学知识和专门学问相比怎么样？还有一段很长的距离。科普读物是引我们入门，至于要进一步了解事物的内在奥秘，还得深入学习。×××的这种深入学习的态度很值得提倡和赞扬。这节课我们就上到这里，接下来，请你们自己看。课文每一段的具体内容没有讲，同学们看得懂。我们到校园里面去观察，分三个组，请你们根据观察情况加以解释。

第二课时

师： 到校园里来实地看一看，就是要对花的颜色的形成进行科学的说明。现在我问问题，你们回答。对面是桃花，这花是红色，请你们回答：这桃花为什么是红色的？你从花的物质基础来回答（指定一位学生）；你呢，从花的物理学原理来回答（指定一位学生）；你从花的生理上的需要来回答（指定一位学生）。好，先听他们三个人的回答对不对。你说，为什么桃花是红色的？

生 1： 这由它的最基本的物质基础决定的。从它的组成结构来说，它是由花青素组成的，当花青素是酸性的时候，呈红色；当花青素是碱性时，就呈蓝色。

师： 我问的是为什么它是红色的，你要对准了回答。

生 1： 因为这时花中的花青素是酸性的，酸性愈强就愈红。这时候的酸性是比较强的，所以呈现于我们眼帘的是红色的花。

师： 好，你说。

生 2： 因为太阳光一般可以呈红、橙、黄、绿、青、靛、紫。

生（议论）**：** 蓝、紫。

师：青、蓝、紫，或者叫青、靛、紫。

生 2：红波是最长的，紫波是最短的，由于花里面有酸性花青素，花青素就把红波传至我们的眼帘。由于红波是最长的光波，所以我们看到的这花是红色的。

师：好，你从生理上的需要来讲。

生 3：从生理上的需要来说，光波的长短不同，它所含的热量也是不同的。红、橙、黄色所含的热量是比较大的，所以当热量很大的时候，这朵花就呈红色；相对少一点时，就会呈现蓝色或其他颜色。

师：请大家把书翻到课文中看一看，生理上的需要。光波长短不同，所含热量也不同：红、橙、黄光波长，含热量多；蓝、紫光波短，含热量少。花的组织，尤其是花瓣，一般都比较柔嫩。为什么红、橙、黄色的这些花往往生长在阳光强烈的地方，是什么道理？

生（议论）**：**因为花能够反射长的光波。

师：能够怎么样？你说为什么能够在阳光很强的地方？（指定学生）

生 4：在阳光强的地方，花能够把含热量比较多的长光波反射出去。

师：反射出去，为什么？起什么作用？

生 4：起保护作用，不至于受灼伤。

师：对，这就不至于被热量烧伤、灼伤，相反的有些花呢？（师示意学生讲）

生 5：像紫花。

师：紫花。

生 5：兰花。

师：兰花。（师示意学生讲）

生 6：它反射的光波比较短。

师：比较短。

生 6：它就能够吸收一部分的热量。

师：那么，我们回过头来看，这是什么花？

生（部分）**：**紫藤花。

师：紫藤花。请你说说看，紫藤花为什么呈紫色呢？从花的物质基础来说。（指定学生）

生 7：因为它呈碱性。

师：对吗？

生（议论）**：**中性。

师：是什么性？

生（议论）**：**中性。

师：是中性的。那这个花，它是棕色的，这里面是有什么素？

生（部分）**：**胡萝卜素。

师：胡萝卜素。因此，花的物质基础对花的颜色的形成是很起作用的。我们再想想看，这地方有白色的花，它的物质基础是什么？

生（部分）**：**不含色素。（部分）不含花青素。（部分）也不含胡萝卜素。

师：不含花青素，也不含胡萝卜素。×××，我来问你一个问题，比如我们这里是五彩的花，请你按照光波排列一下，它的起点是什么？比如有红的、黄的、白的、蓝的、紫的，你跟大家讲讲看，应该怎么排列？

生 8：应该从蓝的开始，蓝是最低级的。

师：蓝是最低级的，大家觉得对不对？

生 8：蓝色的后面有——

师：接下来是什么光波？

生 8：接下来是紫色。

师：对不对？按照长短。

生 8：再接下来是黄色的。

师：黄色的，对不对？

生 8：再接下来是橙色的，最高的是红色的。

师：红色居于顶峰，还有呢？绿色的在什么地方？

生（部分）**：**绿色是在黄色前面。

师：黄色前面，那么应该怎么排列？

生 8：应该是——

师：哪个是起点，就把它放在当中。

生 8：绿色是起点。

师：起点。然后向两边、向高的一边。

生 8：高的一边就是黄、橙、红。

师：高的一边是黄、橙、红，向低的一边？

生 8：蓝、紫。

师：还有呢？

生 8：蓝、靛、紫。

师：蓝、靛、紫，对不对？好，这个排列是对的。所以，要从物理学原理来说明花的不同颜色，这也是很重要的一个科学根据。现在请同学们回忆一下，有的花色素淡，呈白色，但是在凋谢的时候有颜色了，你们说是什么花？比如秋天有什么花？

生 9：菊花。

师：菊花。菊花开的时候——

生 9：白色。

师：白色的，到了凋谢的时候呢？

生 9：有点红色。

师：（学生举手）××讲。

生 10：茉莉花开的时候——

师：请讲普通话。

生 10：茉莉花开的时候是粉红色的，凋谢的时候有一些粉红色。

师：茉莉花开的时候是——

生（部分）**：**白色。

师：白色的，凋谢的时候有些——

生（部分）**：**粉红色。

师：粉红色的。请你们说明原因，为什么它们会变色？

生（部分）**：**物质基础发生了改变。

师：物质基础发生了改变，就是花青素的酸碱性发生了变化，那么花青素的酸碱性又是根据什么发生变化的？跟什么有关系？跟太阳、温度、所处的环境。

生（部分）：生长。

师：根据生长的情况，就会有变化，是不是这样？说明文经常要举例说明问题，现在请你们举个例子来具体说明。比如这个花（指着一种花），你们举一个例子来说明它的颜色形成在某一个科学方面的道理。我们学了好几个方面了，你们任选一个，说说看。

生 11：从花青素来说，它这个时候是呈中性的，就呈紫色，而且现在有一点发白，是微微的紫色。它现在的这种颜色就不完全是中性的。

师：不完全是中性的，紫中带什么？

生 11：白色，色素是比较淡的。

师：色素是比较淡的。

生 12：他说酸性的、碱性的，不应该从这个方面来讲。紫的含一点白的，就说明它里面含花青素比较少，所以它就是比较淡的紫色。

师：补充对不对？对的。现在来认花的颜色，并且自己来作科学说明。大家看那边是红的桃花，那是紫的紫藤，这里是黄花，我们背后是白的花，后面还有很多蓝色的蝴蝶花。现在请同学们自己提问题来问。你先说一个，随便你问，点到哪个哪个回答。（其他学生抢着要先问）他要先问。

生 13：这儿开的是黄花，但是有的花里面夹一些白色的。

师：等一等，哪里？

生 13：这儿是黄的，这儿是白的（指着前面黄白相间的花），是什么原因？××，请你回答。

师：××回答，为什么是黄色？

生 14：有胡萝卜素在里面，就呈现黄色了；现在有白色的，就是胡萝卜素渐渐地褪色了。

师：大家看对不对？

生 14：所以有点呈现白色，不含有色素，一半是有胡萝卜素，一半是不含有色素了，是黄白相间的。

师：对不对？×××讲得对不对？

生（部分）：对。

师：那么，黄白相间的这朵花是在什么情况下才出现的？

生（部分）**：**要枯萎的时候。

师：问得很好。（指生13）你再问。

生15：蝴蝶花是紫黄相间的，为什么它一半是黄色的，一半是紫色的？××，你回答。

师：你要限定一下，即从哪个方面来作科学的说明。

生15：从蝴蝶花的物质基础加以说明。

生16：因为它有胡萝卜素，又有花青素，所以它是黄紫相间的。

师：又有胡萝卜素，又有花青素，对不对？怎样回答更清楚一些？

生（部分）**：**花青素呈中性。

师：花青素呈中性，另外黄的是因为——

生（部分）**：**胡萝卜素。

师：所以，它们在一起可以怎么样？蝴蝶花有的时候是五彩缤纷的。

生（部分）**：**对，有各种各样的色素在里头。

生17：我想就是——

师：另两位听好哦。

生17：这个花为什么是紫色的，又时而夹白？

师：你看一看，紫色的花为什么里面夹着白的？

生18：花呈紫色，从哪个方面？

师：从哪个方面？这句话很好，你从哪个方面？

生17：从物质基础来说。

生18：从物质基础来回答，因为有花青素，花青素呈中性，所以它呈紫色。还有它白色呢，因为缺乏色素，所以呈白色。

师：缺乏色素，对不对？不含色素，就是当花要凋谢的时候，它的色素没有了。有的花刚刚开的时候是紫的，颜色是比较深的。刚才讲的都是物质基础，你们从光波的角度讲讲看，看到三棱镜会怎么样？××，给大家看一看。

生19：看得出的，这是光波。（手拿三棱镜给同学看）

师：你们从光波，就是物理学原理方面来问一问花的颜色是怎么回事情。好，哪个同学设计一个问题？×××设计（指定学生），光波。还看书？

生20：还没有想出来。

师：还没有想出来？谁想出来了？设计一个问题问同学，光波长短应该怎么理解？这个红的花（指着一朵红颜色的花问），刚才同学们讲得比较多的是物质基础，××，你从物理学的原理来说为什么是红的。

生21：红颜色的光波长，桃花里面所含花青素反射红的光波，因此映入我们眼帘的花是红色的。

师：对不对？再解释一下看，从含热量的多少看。

生21：桃花中的花青素反射了含热量多的红光，是为了保护自己在灼热的阳光下不被烧伤。

师：对不对？

生（部分）**：**对的。

师：我们看有些花，它们是在比较阴暗的地方，在这阴暗的地方——

生（部分）**：**热量少。

师：哪些颜色比较多？

生（部分）**：**蓝色、紫色。

师：蓝色、紫色，你们能够举个花名吗？

生22：虞美人。

师：虞美人为什么会在这个地方生长得比较多呢？

生23：因为蓝色的花反射的光波少，反射的热量也就少，它如果在灼热的阳光下，反射不出这么多热量，就容易被灼伤，所以它长在阴暗的地方保护自己。

师：好，我再问你们，这棵是什么树？

生（部分）**：**黑松。

师：这棵松树，我们从进化的观点来看，属于什么植物？

生（部分）**：**裸子。

师： 裸子植物对不对？对。为什么叫裸子？谁能讲？

生（部分）**：** 果实在外。

师： 果实在外面，没有什么？

生（部分）**：** 没有包裹的东西。

师： 没有包裹的东西。这个裸子植物是植物最什么的形态？

生（部分）**：** 最原始的。

师： 从进化的观点来看，到后来它变为我们经常看到的，例如桃树。那是什么植物？

生（部分）**：** 被子。

师： 被子植物。那么，红的花在进化的过程中排列起来，最早的花是什么颜色？

生（部分）**：** 绿色。

师： 平时我们讲的什么啊？红花——

生（部分）**：** 绿叶。

师： 绿叶。

生（插问）**：** 绿花有吗？

师： 有的，最早的花是绿色，进化到红色已经属于什么？

生（多数）**：** 最顶峰。

师： 最顶峰。如果我们说这个地方有的是红的，有的是黄的，有的是蓝的，有的是白的等等，请你们按照光波排列，应该怎样？

生（部分）**：** 红、黄、蓝、靛、紫。

师： 红、黄、蓝、靛、紫，对不对？红、黄——

生（部分）**：** 红、橙、黄、绿、蓝、靛、紫。

师： 按照光波来排列，它应该是这样排列。好，现在请你们举个例子。××，你说。

生 24： 桃花，市面上看到两种，一种是粉红色的，一种是桃红色的，不会变的。

师： 不会变的？

生 24： 两种颜色的。

师： 桃花有几种颜色啊？有的深一点，有的浅一点的。变色的花，谁能够举个例子？

生 25： 月季花好像也有变色的。

生（部分）**：** 对。

生 25： 开的时候有点粉红，到全部开的时候就变大红了，这种就是变色的。

师： 对不对？月季花，我们学校是有很多的，是这个样子的。有的花本来是白色的，后来有点红了。你们说说看，我们在校园里最常见的是哪一种？

生（部分）**：** 白色变红色的。

师： 白色的，可是等到它要凋谢的时候为什么会变？

生（部分）**：** 有少量花青素。

师： 因此，这花青素是不是一成不变的？

生（部分）**：** 不是。

师： 并不是一成不变的，那么它经常根据什么来变？

生（部分）**：** 阳光。

师： 阳光。

生（部分）**：** 空气。

师： 空气？（笑）时间。

生（部分）**：** 季节、气候。

师： 温度，根据自然环境。其实我们在课上做的一个实验，就是花青素本来它是什么性的？红色的。

生（部分）**：** 酸性。

师： 可以使得它更深，但是到碱性里面，变成什么？

生（部分）**：** 蓝色的。

师： 蓝色的。因此，我们就可以知道花青素不是一成不变的，它不仅根据温度、阳光来变，还根据什么来变？讲讲看，刚才讲环境，比如种在这土里头。

生（部分）**：** 土壤条件。

师： 噢，土壤条件。

生（部分）**：** 有酸性、碱性。

师：有酸性土壤，有碱性土壤。它也可以变，不断地变颜色。×××讲的基因突变的问题，实际上是一个很重要的研究问题，比如我们平时种的马铃薯在北方就怎么样？

生（部分）**：**很大。

师：很大，到南方就怎么样？

生（部分）**：**小。

师：其中很重要的条件就是什么？

生（部分）**：**土壤。

师：土壤，还有什么？

生（部分）**：**柑橘。

师：柑橘。

生（部分）**：**《晏子使楚》。

师：《晏子使楚》里讲的一个故事，对吧？你说说看，就是橘子在什么地方？

生 26：在淮河一带。

师：说不清楚了，再去找有关的书读一读。这里说明一个什么问题呢？就是土壤的条件也是很重要的。今天我们学的《花儿为什么这样红》，其实可以从这个问题思考到其他的问题，不仅是花的问题，还包括叶的问题、果实的问题，甚至植物整个生长过程和变迁的问题。好，今天我们就讲到这里。

《少年中国说》课堂实录

时间：1985 年 1 月 6 日下午第一、二节课

执教：杨浦中学 于 漪

班级：初三（4）班

第一课时

师：在庆祝中华人民共和国成立 35 周年的时候，我们曾经沉浸在兴奋和欢乐的海洋之中。特别是 10 月 1 日，天安门前阅兵的军威，更使我们激动不已，用我们同学的话来说就是：太好了！值得自豪，值得骄傲！可你们在激动之余，思考过没有，旧社会是怎样的一幅图景？请回顾一下 1840 年到 1900 年，在那时候我们中华民族所遭受的灾难。请大家根据学过的中国近代史，想一想看，有哪些帝国主义国家入侵我国？签订了哪些不平等的条约？谁来说？

生 1：1842 年的中英《南京条约》，还有就是 1901 年的《辛丑条约》。

师：《辛丑条约》是什么战争以后签订的？

生（部分）**：**是八国联军入侵北京。

师：知道吗？（学生举手）×××，你补充。

生 2：是八国联军入侵，清朝兵败以后签订的《辛丑条约》。

师：兵败后签订了《辛丑条约》。

生 2：还有就是 1860 年的《北京条约》。

师：1860 年的《北京条约》。

生 2：还有《南京条约》。

师：什么时候？（生议论）知道吧？1842 年。

生 2：还有那个中日《马关条约》，1895 年签订的。

师：1895 年签订的《马关条约》。

生 3：还有 1844 年吧，《黄埔条约》。

师、生（集体）**：**中法《黄埔条约》。

生 4：1858 年的中法《天津条约》。

师：好，还有别的吗？中国近代史中学过的。

生 5：1858 年的中俄《瑷珲条约》。

师：中俄《瑷珲条约》。

生 6：1881 年的中俄《伊犁条约》，还有 1896 年《中俄密约》。

师：同学们，从 1840 年英帝国主义用大炮和鸦片打开了清王朝的大门之后，帝国主义列强处心积虑地要瓜分吞噬我们国家的大好河山。刚才我们稍微回顾一下就可以看出来，凡是帝国主义入侵以后，都签订了不平等的条约。一个个不平等的条约，就是我们丧权辱国的标志，人民处在水深火热之中，凡是有爱国心的人，当时都在寻求什么？

生（部分）**：**救国救民。

师：寻求什么，凡是有爱国心的人？

生 7：寻求救国救民的真理。

师：寻求救国救民的真理，维新变法就是其中的一条。请你们回顾一下，维新变法的代表人物是谁？

生（议论）**：**康有为。

师：康有为。

生（议论）**：**梁启超。

师：梁启超。

生（议论）**：**谭嗣同。

师：谭嗣同。

生（议论）**：**还有“戊戌六君子”。

师：对，还有“戊戌六君子”等。康有为与梁启超是什么关系？

生（部分）**:** 师生。

师: 康有为是梁启超的——

生（议论）（部分）**:** 学生。

生（部分）**:** 老师。

师: 学生？哪个是老师？

生（部分）**:** 康有为是老师。

师: 对，康有为是老师。1898 年，戊戌变法失败，失败以后梁启超逃到哪里？大家知道吗？

生（部分）**:** 日本。

师: 对，逃往日本。那时候，他人虽然身在异乡，但是心还是眷恋祖国，朝思暮想的就是祖国怎样才能繁荣富强。因此，他写下了有名的《少年中国说》。今天我们要学这篇文章，请同学们把教科书打开到第 174 页，《少年中国说》。写这篇文章的时候是 1900 年，你们算一算看，当时梁启超多少岁？

生（部分）**:** 27 岁。

师: 27 岁是满腔热情、意气风发的时候，尽管变法失败了，但梁启超那颗热爱祖国的心始终不变，所以他用诗和论相结合的语言，写下了这一篇热情磅礴的论文，叫《少年中国说》。《少年中国说》一共有十段文字，节选到课文里的是开头两段和末尾一段，这三段是文章的精华部分，而且这三段合起来也可以独立成篇。这篇文章是文言文，但是文字很浅近。尽管浅近，可能我们读的时候还是会有些不理解的地方。现在请同学们就你们预习当中不能解决的问题，特别是字词方面有什么问题，举手提问。有没有不理解的问题？

生 8: 梁启超这篇文章在第 2 段里写："惟苟且也故能灭世界，惟冒险也故能造世界。"这里的"世界"，我认为是指中国的意思，但是这里为什么要写"世界"呢？写"中国"不是更加明确一些吗？

师: 请坐。这个地方注意一下。"惟苟且也故能灭世界"，这个"也"是句中停顿，所以不能读"惟苟且——也故能灭世界"，而要读成"惟苟且也——故能灭世界"。这个问题问得很好。

生 9: 这篇文章是以人之老少来比喻国之老少的，并且这一点在整篇文章里都体现了，那么作者这样写是出于什么目的？是为了说明什么？

师：他预习的时候看出来的，是以人之老少来比喻国之老少，通篇都是这样，那么这样写是出于什么目的？这是从写法上来提问的，其他文字上还有什么问题？

生 10：在文章的第 3 段有一段文字，用了大量的排比，但是这段文字顺畅地读起来并非容易的事，怎样才能疏通这段文字？

师：他认为在第 3 段，作者用了大量的排比，但读起来很不顺畅，用什么样的办法才能疏通这段文字？××（指生 10），你是指整个第 3 段，还是第 3 段里的某些句子？

生 10：我是指从“红日初升”开始到“来日方长”。

师：到“来日方长”，好，做个记号，待会儿看谁能疏通。

生 11：这篇文章是梁启超写的，为什么他在文章的第 1 段中把自己的名字写进去，说“梁启超曰”，而不用“吾曰”。

师：不用“吾曰”，这个思考得很好，这篇文章本身就是梁启超写的，为什么文章还要用“梁启超曰”，而不用“吾曰”。好了，这个问题问得很好，我们没有碰到过，还有其他文字上的问题吗？我估计还有。

生 12：还有一个问题，就是开头第 1 段说：“吾心目中有一少年中国在”。在他的想象中，中国是非常美好的，但是当时的中国是十分腐败的，他为什么要用这种和事实不符的语言呢？

师：用的是与事实不符的语言，为什么呢？大家注意这些问题。

生 13：这篇课文里用了许多“惟”字，是什么意思？

师：这许多“惟”字（板书：惟），到底是什么意思？

生 14：在文章的第 2 段，作者用了老年人和少年人的对比，为什么他要用老年人来写国，写老大帝国？我认为这个可以不用，不写老年人也可以。

师：不写老年人也可以，不需要用老人来比，少年人要吗？

生 14：要！

师：要的。还有其他的问题吗？刚才同学们提的这些问题，我们在学习的过程中要一一加以解决，基本上要靠同学们自己解决。在学习的过程中，自己就可以逐步地解决了。现在我问大家一个问题，梁启超写《少年中国说》，从全篇来考虑，主要是针对谁来写的？

生 15： 他主要是针对少年来写的。

师： 对不对？少年中国？是针对谁来写的？

生 16： 是针对老朽冤业写的，是中国老朽冤业。

师： 在什么地方？

生 16： 在第 175 页第 3 段。

师： 主要是针对中国老朽冤业来写的，有不同意见吗？

生 17： 我觉得他这里是针对日本人、欧西人及老朽说的。

师： 听我问题的时候，一定要准确地思考、回答。他认为既对日本人又对欧西人，还对老朽冤业，是不是主要针对者就是这么多？

生 18： 我认为是针对少年来写的。

师： 针对少年来写的。他提出吾心目中有一少年中国在，然后论述这个少年，主要是针对什么来写的？

生 18： 主要是针对中国少年来写的。

师： 听不清楚这个问题。

生 19： 主要是针对老大帝国来写的。

师： 这里有分歧了，一种认为是针对少年中国来写的。我问的问题是，《少年中国说》这篇文章，作者要表明心目中有一少年中国在，于是他针对什么来提出自己心目中有一个少年中国在？

生（部分）**：** 老大帝国。

师： 一种认为是老大帝国，一种认为是老朽冤业。（板书：老大帝国、老朽冤业）这二者之中，谁是主要的？

生 20： 我认为主要针对者是老朽冤业。

师： 是老朽冤业，我同意××（指生 20）和刚才××（指生 16）的意见。老朽冤业是什么意思呢？（在板书的“业”下画圈）“业”是佛教名词。

生（部分）**：** 罪孽。

师： “冤业”是指什么？

生（部分）：做坏事。

师：做的坏事罪孽。“老朽”的“朽”是什么意思？

生（部分）：腐朽。

师：“朽”，腐朽，这里是指封建官僚统治者所做的坏事，他们所犯下的罪孽。既然文章主要针对者是老朽冤业，那么为什么又要从老大帝国来入笔呢？我们一起来读第1段，思考几个问题：第一，为什么要从老大帝国入笔开篇？第二，从老大帝国入笔开篇表达了作者梁启超怎样的思想感情？第三，为什么这里要用“梁启超曰”？好，现在我们一起来朗读，“日本人之称我中国也”，预备——起。

（生集体朗读）

师：有几个字，刚才大家没有问，我要看你们是不是掌握了。“一则曰”，这个“则”怎么讲？

生（集体）：就。

师：“是语也”的“是”？

生（集体）：这。

师：“我中国其果老大矣乎”，这个“其”？

生（集体）：难道。

师：是掌握了。那个“恶”字，假设我读“wù”，是什么字？

生（部分）：厌恶。

生（部分）：憎恶。

师：对，厌恶。注意，这里是第一声“wū”。“恶”是不是就是“否”？

生（部分）：不是。

师：我把它改成“否，是何言，是何言！”，是不是一样？

生（部分）：不一样。

生（部分）：差不多。

师：差不多，一样吗？

生（部分）：不一样。

师：不一样在什么地方？

生（部分）：它这里还有表示感叹的意思。

师：不一样在什么地方？

生 21：这里注释说，表示感叹的助词；“否”表示反对，没有感叹的意思。

师：对，区分得很好。这里它是叹词，跟“否”有区别。好，现在自己再看一下，回答为什么要从老大帝国入笔。“日本人之称我中国也”，这个“称”怎么讲？

生（部分）**：**称呼。

师：称呼，一则曰？

生（部分）**：**一开口。

师：一开口就叫老大帝国，“再则曰”，再开口又说“老大帝国”。请同学们看看，为什么要从这儿写起呢？你是怎么理解的？

生 22：梁启超是从东西方帝国对我国的讽刺入笔，表现了他对少年中国的向往。

师：他是这么理解的，对不对？还有补充吗？

生 23：文章这样写是从反面来表现他的愤慨，表现他忧国忧民。

师：表现他忧国忧民。“东西方帝国主义”的说法对吗？日本是东方，欧西人就是什么？

生（部分）**：**西欧人。

师：就是欧洲当时的人，整个的西方的人就是欧西人，后来就通称“欧美人”。东西方帝国主义当时对我们国家称什么？老大帝国。因此他认为从这儿入笔是表达梁启超忧国忧民的感情，对吗？

生（部分）**：**不对。

师：那怎么理解？

生 24：文章的一开头，他写了“一则曰老大帝国，再则曰老大帝国”，这是通过日本人称我们中国。这句话讽刺了当时我们中国政府的腐败，同时也表露出——

师：讽刺，对不对？讽刺当时我们国力衰败，政府腐败。

生 24：同时也表露出不满这种感情。

师：你从哪里看出来的？

生 24：“恶，是何言，是何言！”

师：对！“恶，是何言，是何言！”“是何言”，请解释一下是什么意思。

生 24：就是什么话。

师：用一句行吗？

生 24：这里是重复。

师：这里是重复，为什么要用重复？

生（集体）：加强语气。

师：加强语气，表达自己的——

生（部分）：愤慨。

师：强烈的感情，愤慨的感情，“是何言，是何言！”。这里讲“一则曰老大帝国，再则曰老大帝国”，“大”表示我们中国土地辽阔，讥讽我们关键在哪个词上？

生（集体）：老。

师：“老”。因此，这个词“老大”本身是怎样的？这个结构——

生（部分）：偏正。

师：它实际上是偏义词，重点是在讽刺我们腐朽、衰败，就叫老大帝国，从这里入笔写起。那么，梁启超是怎么讲的？呜呼——唉！我中国其果老大矣乎？难道真的是老大吗？他就说：“是何言，是何言！”唉，这是什么话，这是什么话！我要同学们理解的第二点，刚才大家讲出来了，用这样一个重复的语言来表达自己强烈的感情。那么，写这段话的目的是什么？要引出什么呢？

生（议论）：论题。

师：对了，因为这篇文章的题目是——

生：《少年中国说》。

师：所以，从老大帝国入笔，引出了少年中国的论题。（板书：少年中国）但是，这少年中国，是在什么地方？刚才××讲（指生22）——

生（议论）：心目中。

师：心目中。现实是，老大帝国，梁启超反对，否定了没有？

生（集体）**：** 没有。

师： 没有。他不是用“否”，而是用“恶”，即这是什么话，这是什么话。面对现实，他提出：我心目中有一少年中国在。请大家看看，你们怎么理解少年中国？少年中国是怎样一个中国？

生 25： 少年中国是兴旺发达、朝气蓬勃的一个新生国家。

师： 他这样理解对不对？是不是这样？

生（议论）**：** 是的。

师： 是的，这个少年中国是指兴旺发达、朝气蓬勃的国家，作者心目中有这样一个国家在，那是生气勃勃的，是前途灿烂的，是生命力很旺盛的。这少年与老年一比就一清二楚。从这里我们可以看出，文章是针对老朽冤业而立论的，从老大帝国入笔，引出论题。是怎么引出来的？有谁能讲？从老大帝国引出少年中国这个论题，是怎么引的？

生 26： 就是反其意而引出论题。

师： 反其意而引出论题。（板书：引出论题）尽管东西方帝国主义国家如此讽刺我们是老大帝国，但对一个爱国者来说，他心目中只有一个少年中国在。所以，文章一开始，作者就提出他向往的目标，这向往的目标就是少年中国。作者为什么向往少年中国？我们看第 2 段文字，提纲挈领的是哪一句话？

生 27：“欲言国之老少，请先言人之老少。”

师： 要说国家的老少，就先请怎么样？

生（议论）**：** 让我——

师： 先让我“言”。怎么讲？

生（议论）**：** 说。

师： 谈一谈——

生（议论）**：** 人的——

师： 人的老少。这告诉我们他为什么向往少年中国，他准备怎么样来说理。

生（议论）**：** 比喻。

师： 打比方来说。梁启超准备设喻论证（板书：设喻论证），通过打比方来论述他为什么向往少年中国。现在我们看他是怎么来设喻的。我先把他所论述的老年人的部分读一读，你们齐读他论述的少年人的部分。我们要接得紧，不要读错了。老年人在梁启超的文章里是跟什么结合起来的？你们读少年人的时候应该怎样？

生 28：（坐位子上说）气壮。

师：气壮（笑），读得气壮。我是读老年人这一方面的有关句子（板书：老年），你们是读少年人的（板书：少年）。刚才××（指生28）讲读的时候少年人一定要读得气壮，因此一定要读好，接得紧噢。

师（读）：老年人常思既往。

生（齐读）：少年人常思将来。

师（读）：惟思既往也故生留恋心。

生（齐读）：惟思将来也故生希望心。

师（读）：惟留恋也故保守。

生（齐读）：惟希望也故进取。

师（读）：惟保守也故永旧。

生（齐读）：惟进取也故日新。

师（读）：惟思既往也，事事皆其所已经者，故惟知照例。

生（齐读）：惟思将来也，事事皆其所未经者，故常敢破格。

师（读）：老年人常多忧虑。

生（齐读）：少年人常好行乐。

师（读）：惟多忧也，故灰心。

生（齐读）：惟行乐也故盛气。

师（读）：惟灰心也故怯懦。

生（齐读）：惟盛气也故豪壮。

师（读）：惟怯懦也故苟且。

生（齐读）：惟豪壮也故冒险。

师（读）：惟苟且也故能灭世界。

生（齐读）：惟冒险也故能造世界。

师（读）：老年人常厌事。

生（齐读）**：**少年人常喜事。

师（读）**：**惟厌事也，故常觉一切事无可为者。

生（齐读）**：**惟好事也，故常觉一切事无不可为者。

师：读得很好。我们看，这里共有几组句群？

生（议论）**：**三组。

师：一共有三组句群，这个三组句群形成了什么样的比较？

生（议论）**：**连锁对比。

师：对！一个又一个对比（板书：对比），刚才我们读的是不是读出来了？老年人怎样？少年人怎样？少年人怎样？老年人怎样？因此，它是连锁（板书：连锁）对比。接下来请同学们把老年人和少年人分别朗读一下，就是一个同学把写老年人的论述的句子连起来读一读，另外一个同学把论述少年人性格的句子连起来读一读，其他的同学就在关键的词语上做记号，写老年人的跟少年人的做两个不同的记号，清楚了没有？做两个怎样不同的记号，你自己决定。写老年人的性格的关键词语是什么？你自己确定一种记号。写少年人性格的关键词语，你也自己去确定，用一个记号。二者不要混淆。为了让同学们读起来不至于发生差错，有些词语我们还要敲一敲。刚才有同学问（指生 13），这一段里用了很多"惟"，这"惟"在这里是什么意思？我们碰到过。

生（议论）**：**只。

师：好，谁讲？

生 29：只因为。

师：只因为。还有别的意思吗？我们接触得比较多的就是作为副词，是"只"。这里它不仅是"只"，而且还有说明理由的成分，所以××（指生 29）理解得对，意思是"只因为"或者叫"正因为"。请同学们注意，"惟保守也故永旧"，这个"永旧"怎么理解？"永旧"的"永"字怎么理解？谁讲讲看，"永"是什么意思？

生 30：就是守旧的意思。

师：守旧。"永"是什么意思？

生（议论）**：**常常。

师：常常。“永”本来是什么意思？永远、永久，“常常守旧”的理解是可以的。刚才在读的时候有人读错了。（指生齐读中）“事事皆其所未经者”，这里是讲“未经者”，前面是讲“已经者”，这里的“已经”是一个词还是两个词？

生（议论）**：**两个词。

师：两个词，怎么解释？

生 31：“已经”就是“已经经历过的事”。

师：对，已经经历过的事情。它不是一个词，而是“已经经历”。我们从下面一个句子里就看出来，“未经”就是“未经历过”，“已经”就是“已经经历”。刚才有个同学读错了，“故常敢破格”，这个“破格”怎么解释？

生（议论）**：**破除常规。

师：对，破除常规，打破常规。老年人常多忧虑，少年人常好行乐，一般说行乐是贬义词，这儿是不是？你怎么理解？行乐主要是指什么？

生 32：是指心理上乐观，对未来十分乐观。

师：对未来十分乐观。

生 33：我觉得乐观应该是指性格，而不是指心理，也不是指精神。

师：他说心理讲得不对，这“行乐”主要是讲什么？平时我们说的“行乐”是什么意思？查字典，有的已经查到了。

生 34：是消遣娱乐，游戏取乐。

师：消遣娱乐，游戏取乐。不理解的时候要立刻自己查字典，他（指生 34）很快就查出来了。但是，在这里我们不是用作消遣娱乐，因为前面说老年人常多忧虑，后面就讲少年人常好行乐，所以是指他保持乐观。现在我们再看一看，“老年人常厌事”怎么理解？

生（议论）**：**讨厌。

师：讨厌什么？

生（议论）**：**做事。

师：做事，省掉了一个动词，常讨厌做事。因此，他觉得一切都是无可为者，“无可为”是什么意思？“为”是什么意思？

生（部分）：做。

师：基本上都理解了。我们现在请两个同学来读一读，一个同学把老年人的全部连起来读，一个同学把少年人的全部连起来读，不能读错了，看谁本领大。其他的同学做记号，然后把关键词找出来，我们再请听的同学把它们连起来说。好，现在我们请一个同学来读老年人的，一个同学读少年人的。

生 35：“老年人常思既往，惟思既往也故生留恋心；惟留恋也故保守；惟保守也故永旧；惟思既往也，事事皆其所已经者，故惟知照例（liè）。”

生（部分）：“故惟知照例（lì）。”

生 35：“故惟知照例（liè）；老年人——”

师：“照”什么？重来。

生 35：“故惟知照例（lì）。”

师：唉！对了，这是“例（lì）”。

生 35：“老年人常多忧虑，惟多忧也，故灰心；惟灰心也故怯懦；惟怯懦也故苟且；惟苟且也故能灭世界。老年人常厌事，惟厌事也，故常觉一切事无可为者。”

师：就是有一点儿不流畅，其他都读得很好。

生 36：“少年人常思将来，惟思将来也故生希望心；惟希望也故进取；惟进取也故日新；惟思将来也，事事皆其所未经者，故常敢破格。少年人常好行乐，惟行乐也故盛气；惟盛气也故豪壮；惟豪壮也故冒险；惟冒险也故能造世界。少年人常喜事，惟好事也，故常觉一切事无不可为者。”

师：读得很好。你们看，这样分读下来，发现了一个什么特点？

生（议论）：鲜明对比。

师：鲜明对比。刚才已经读出来了，一个什么特点？打个比方说说看。

生（部分）：楼梯。

师：楼梯啊？

生（部分）**：**阶梯。

师：阶梯。

生（部分）**：**像环锁。

师：像环锁，好！

生 37：像一个锁链一样，一串串联起来。

师：像一个锁链一样。

生 37：一层扣一层。

师：一层扣一层，怎么样？

师、生：连起来。

师：它本身是个什么句子？

生 37：排比句。

师：排比句，对！（板书：排比）但它这个排比，又是怎样的呢？层层——

生 37：递进。

师：递进。

生 37：层递。

师：层递。（板书：递进）递进排比，一环扣一环，是不是这样？我们刚刚请同学们做记号，现在请一个同学讲一讲看，你把关键词拎出来。

生 38：我先讲老年人的。

师：好的。

生 38：老年人是"思既往留恋"。

师：留恋。

生 38：生留恋心。

师：生留恋心，好。

生 38：保守、永旧。

师：不行，这样读看不出，连起来，思既往则留恋心，留恋则——

师、生 38：保守。

师：对了。

生 38： 保守就永旧。

师： 对！

生 38： 永旧了就照例。

师： 对。

生 38： 照例后面另起，就是另外一对。

师： 好，这是第二个句群了。

生 38： 是忧虑，忧虑就灰心，灰心就——

师： 忧虑就灰心，灰心就什么？

生（议论）**：** 怯懦。

师： 好。

生 38： 怯懦就苟且，苟且就灭世界。

师： 对。

生 38： 后面又是一段了，就是厌事，厌事就觉一切事无可为者。

师： 对不对？

生（议论）**：** 对。

师： 我们看是不是这么一个特点？（手指板书：递进排比）刚才××（指生 38）讲得很清楚。这三层意思，讲得非常清楚。第一层，比如老年人，从惟思既往讲到保守（板书：……保守……），再由保守讲到惟知照例。第二个句群呢，是说老年人怎样啊？由于忧虑灰心，灰心就怯懦（板书：……怯懦……），由怯懦最终讲到就是灭——

生（部分）**：** 世界。

师： 灭世界。然后再换第三句群，从老年人厌事讲到他觉得世界上一切事情都是无可为（板书：……无可为……），对不对？所以，从这里我们可以看到：他从思想上来看是保守的，从感情上来看是怯懦的，从气概上来讲是怎么样？认为什么都不能够做，无可为，没什么是好做的。而少年人却不一样，现在我们把少年人的关键词连起来，要读出递进排比的味道。这关键词连得好吗？要连得好的话，有一个词必须怎么样？

生（部分）**：** 重复两遍。

师：重复一遍，重复两遍就变三遍了。（笑）重复一遍，我们试试看，看大家是否找准了。先看第一个句群，从思想上讲，少年人，预备——起。

生（集体）**：**少年人常思将来，思将来——

师：要不要这么多？

生（部分）**：**不要。

师：就是"思将来"，重来。

生（部分）**：**少年人——

生（部分）**：**思将来——

师：重来还要不要少年人？（笑）"思将来"，预备——起。

生（集体）**：**思将来，思将来——

师、生（齐）**：**生希望心——

生（集体）**：**生希望心——

师、生（齐）**：**进取——

师：因为——

师、生（齐）**：**取——

师：所以——

师、生（齐）**：**日新——

生（集体）**：**因为日新，所以常——敢——破格。（哄笑，读得断断续续）

师：对不对？很难读噢，所以步调一致是比较困难的。好，下课后自己再很好地理解一下，下一节课把它读准了。

第二课时

师：上节课我们学到文章的第 2 段。在学习递进排比的时候，我们分析出它的三个句群，是从三个不同的角度论述，第一是从思想的角度，第二是从感情的角度，第三是从气概的角度。关于论述老年人的，我们把关键的词圈出来连起来读以后，对文章递进排比的写法就非常清楚。现在我们再来看论述少年人的部分。上节课我们没有读好，现在请一个同学把这一部分的关键词连起来读，少年人究竟是怎样的？作者是饱含怎样的感情热烈赞颂？

生1： 第一个句群就是：思将来，思将来就生希望心，生希望心就进取，进取就日新，日新就敢——

师： 就敢怎么样？

生1： 就敢破格。第二个句群就是：少年好行乐，行乐故盛气，盛气故豪壮，豪壮就敢冒险，冒险就能造世界。第三个句群就是：少年人常喜事，喜事就好事，好事就觉一切事无不可为者。

师： 对不对？

生（部分）**：** 对。

师： 他都找准了。现在请大家一一找出相对应的词。

生（部分）**：** 进取。

师： 进取（板书：进取……），第二？

生（部分）**：** 豪壮。

师： 从感情上讲，一个是怯懦，一个是豪壮（板书：……豪壮……），再看。

生（部分）**：** 无不可为。

师： 无不可为。（板书：……无不可为……）经过这样的连锁对比和递进排比，作者对老年人和少年人的感情就表露得淋漓尽致。请你们分别用两个词讲讲，对老年人采取什么态度？

生（部分）**：** 针砭（有的读 piǎn）。

师： 针砭（biān），（师生纠正学生的读音）在什么地方有这个字？

生（部分）**：** 思考和练习。

师： 思考和练习一。“砭”是“石”字旁加——

生（部分）**：** “乏”。

师： 针砭老年人（板书：针砭），而对少年人呢？

生（部分）**：** 赞颂。

师： 赞颂，还有什么？

生（部分）**：** 称颂。

师：称颂、赞颂、盛赞都可以。（板书：赞颂）赞颂少年，感情表露得非常清楚。通过这三组句群连锁对比、递进排比以后，作者已经把自己的感情表露得很清楚了。在这个基础上，作者接连用了四个比喻。我们看看，这四个比喻水到渠成。我读本体，你们读喻体。老年人——

生（集体）**：**如夕照。

师：少年人——

生（集体）**：**如朝阳。

师：老年人——

生（集体）**：**如瘠牛。

师：少年人——

生（集体）**：**如乳虎。

师：好，最后把它们归总起来："此老年与少年性格不同之大略也"，这是大致的情况。接下来又是一句："梁启超曰：人固有之，国亦宜然。""固"怎么解释？

生（集体）**：**本来。

师：本来，人本来就是这样的。"国亦宜然"，"宜"怎么解释？

生（部分）**：**应当。

师："然"？

生（集体）**：**这样。

师：国家也应该这样。这句话跟什么照应？

生（议论）**：**欲言国之老少。

师：这一段开头的一句话："欲言国之老少，请先言人之老少。"好！现在要解决三个问题：第一，"惟苟且也故能灭世界，惟冒险也故能造世界"，××同学（指生 8）认为这个地方的"世界"就是指中国，为什么不明确地说中国，而说"世界"？你们是怎么理解的？

生 2：我认为是时代所限，因为当时是封建社会，实行封建帝王制，作者不能直接表露自己的心声，只能间接地用"世界"来影射这个中国。

师：用"世界"来影射中国，这是他的解释。还有别的理解吗？

是不是一定就是指中国？

生 3：我认为就是现在指的世界，地球上整个世界。

师：就是统指世界，何以见得？

生 3：因为他认为苟且的能够灭世界，如果世界上所有的人都这样的话，那么世界就不存在了。

师：就不存在了（笑），就毁灭了（纠正学生讲的）。那么，少年都是——

生 3：如果少年敢于冒险的话——

师：豪壮之气。

生 3：就能够创造一个新的世界。

师：创造一个新的世界，因此他是泛指世界。

生 3：对！

师：有两种不同的意见，还有谁能够补充？到底是确指中国，还是泛指世界？在这儿——

生（议论）**：**泛指世界。

师：在这里还是泛指世界。在梁启超所处的时代，他对世界的认识跟我们今天的认识区别很大，他的这个认识跟佛教有关，这就很深奥，课上就不说了。个别的，我们课下商讨。在这里面，有很多这样的词。我在讲老朽冤业的时候讲了一个什么字，大家还记得吗？

生（集体）**：**业。

师："业"是——

师、生（齐）**：**佛教名词。

师：待会儿到第 3 段还会碰到这么一个情况。好，解决了第一个问题。第二个问题，有同学问：为什么不用"吾曰"而用"梁启超曰"？在第 1 段里我们搁下来了，因为在这里还有一个"梁启超曰"，谁能够解答这个问题？

生 4：在这里面说"梁启超曰"就表示他的尊重和负责。

师：表示他的——

生（部分）**：**庄重。

师：庄重和负责，在现代文里我们不大看到。过去经常这样，我们将来会读很多《史记》里的文章，作者会讲“太史公曰”，有的在句首，有的在句尾，有的在句中，以表示这是很庄重的。过去的文章里经常会这样写，因为我们没有碰到过，这是第一次，所以这个问题提得很好。第三个要解决的问题是××同学问的，他问：为什么这里要用老年人来比较？××认为老年人可以不要用，只要讲少年人好了。对这个问题，大家怎么看？我们上节课已经讲这里是设喻论证（指板书：设喻论证），你对这个设喻论证，用老年人、少年人来比喻国之老少有何看法？

生5：我认为用老年人和少年人来比喻国之老少，都不怎么恰当。

师：为什么？

生5：因为少年人也不是个个都是这样，都常思将来，都非常有进取心，都是非常豪壮的。老年人也不是像梁启超所说的，都是怯懦的、无可为的，所以我——我认为他这样是比较片面的。

师：他这样是比较片面的。

生5：还有，他这是把少年人的优点拿来和老年人的缺点比。

师：这位同学思考得很好，认为这样论述是片面的，大家讲对不对？作者用这样的比喻，目的何在？他要说明什么问题？

生（部分）**：**国之老少。

师：对！要说明国之老少，国之老少说起来怎么样？

生（部分）**：**难说。

师：难说，抽象，那么用人之老少来比喻呢？

生（部分）**：**比较——

师：比较具体形象。但是，他这样一比就绝对化了。刚才×××（指生5）讲得非常好，不应把少年人的优点跟老年人的缺点比。而且，是不是每个少年人都具备这些优点，而每个老年人都具备这样的缺点呢？并非如此，这是他受当时的认识所限。但是，我们知道，作者在论述这个问题的时候，想说明他为什么向往，对不对？一开始，他是从老大帝国反其意而引出少年中国，点明他向往少年中国。第2段写他为什么向往，因为老年人怎么怎么不好，少年人怎么怎么好，对不对？这两个问题都解决得比较好。他向往，怎么把向往变成现实呢？怎么样制造出一个少年中国呢？这就到文章的第 3 段。第 3 段这一部分，我们分两层来学好不好？第一个层次就是从“造成今日之老大中国者”开始，先学到“少年雄于地球，则国雄于地球”。我们学这一段的时候，请同学们思考两个问题：作者在这里没有平均使用笔墨，他既写了老，又写了少，你认为他笔墨的重点在哪里？他为什么要这样写？这是第一个问题。第二个问题，作者在这里反复强调的是什么？他要说明一个什么问题？好，现在我们先请一个同学把这部分读一读。

生 6：（读）“造成今日之老大中国者，则中国老朽之冤业也；制出将来之少年中国者，则中国少年之责任也。彼老朽者何足道？彼与此世界作别之日不远矣，而我少年乃新来而与世界为缘。使举国之少年而果为少年也，则吾中国为未来之国，其进步未可量也；使举国之少年而亦为老大也，则吾中国为过去之国，其澌亡可翘足而待也。故今日之责任，不在他人，而全在我少年。少年智则国智，少年富则国富，少年强则国强，少年独立则国独立，少年自由则国自由，少年进步则国进步，少年胜于欧洲，则国胜于欧洲，少年雄于地球，则国雄于地球。”

师：他读得很清楚，可是后面的气势怎么样？

生（集体）**：**不足。

师：还不足。后面这个气势，排比的气势读得还不足。这里有几个词，请同学们先考虑一下。“而我少年乃新来而与世界为缘”，这句话怎么解释？

生 7：而我少年是新的刚刚——

师：“乃”怎么解释？

生（部分）**：**是。

师：“是”吗？

生（部分）**：**才。

师：才，才刚刚来到，到世界上来，而与世界为缘，结为缘分。“为”是动词，结为缘分。请坐。你看，这个缘分，是不是与这个“业”有一样的味道？（手指板书：业）这个句子要注意。刚才××

（指生6）读的时候有一句话读得很好，“其澌亡可翘足而待”，“翘足而待”怎么解释？

生（部分）：抬腿。

师：“翘足而待”。

生8：“翘足而待”就是一抬脚就可以来到。

师：你怎么知道是一抬脚？

生8：看下面注解。

师：下面注解。

师：这“翘”怎么解释？

生8：“翘”就是抬脚。

生（部分）：抬。

师：“翘”一定就是抬脚？

生（部分）：抬。

师：这是抬脚吗？

生（部分）：抬，这是抬的意思。

师：这是抬的意思。注意，词语里的词素要弄清楚。这里有一个句子，不知道同学们思考过没有？“少年胜于欧洲”，这个“于”——

生（部分）：比。

师：比。和欧洲比是超过了。人怎么跟欧洲比呢？

生（部分）：少年。

师：“胜于欧洲”。怎么比？

生9：“胜于欧洲”是指“欧洲的少年”。

师：对！讲得很干脆，欧洲的后面省略了，是欧洲的少年，否则你怎么比？无法比。不同类的东西怎么比？下面“少年雄于地球”，这个“于”怎么解释？

生（部分）：在。

师：“雄”是什么意思？

生（部分）：称雄。

师：动词，称雄。再请回答问题，作者把笔墨的重点放在什么地方？

生（集体）**：**少年。

师：这个很清楚。为什么放在少年？

生10：他说，就是“故今日之责任，不在他人，而全在我少年”，因为“少年乃新来而与世界为缘”，所以——

师：他的文章主要阐述什么？

生（部分）**：**少年中国。

师：要创造一个少年中国。请坐。开始的时候总的讲，“造成今日之老大中国者，则中国老朽之冤业也”，谁造成老大帝国呢？

生（集体）**：**老朽冤业。

师：对！这是老朽的冤业造成的。老朽之道有什么值得说的？关键要怎么样？要创造出、制造出什么？（板书：制出）新的中国。所以，他用了一个“全在我少年”。（板书：全在我少年）少年中国能不能制出，全在我少年，哪个词非常重要？

生（集体）**：**全。

师：对！（在“全”下面画个圈）少年中国的制出，少年中国的责任，全在我少年身上。因此，在这里他重点是讲什么问题？这也就是我问的第二个问题：文章反反复复都是讲什么？

生（部分）**：**少年。

师：少年，中国少年和少年中国之间的关系。刚才××（指生6）读到后来气势不足，我们一起来读一读，看看大家是不是气势很足，要越读越怎样？

生（集体）**：**响。

师：激昂。为什么？他从个别人写起，到最后是什么范围？

生（集体）**：**地球。

师：地球。因此，在开始的时候要稍微收住一点，到后来越来越放，如果开始把力气都用完了，后来劲就不足了。好，我们一起读，“少年智则国智”，预备——起。

（生齐读）

师：还可以，后面两句还不够。我们把后面再读一读，“少年胜于欧洲”，预备——起。

生（齐读）：“少年胜于欧洲，则国胜于欧洲，少年雄于地球，则国雄于地球。”

师：重点的字要读重音，“雄”“胜”对不对？这个要读清楚。我们看这里用“则”来连接，“少年智则国智，少年富则国富”。这一系列的排比句，请你们看看，把什么关系说得非常密切？

生11：把中国少年和少年中国的关系说得很密切。

师：你是否能用其他的语言来表达？我问你的是关系，你能不能用其他语言来表达？

（生11摇头）

师：别人能不能来表达？把少年和国家的什么联系起来？

生（部分）：命运。

师：对，大家填空填得很好，把中国少年跟少年中国的命运紧紧联系在一起。因此，这个“全在于我少年”的“全”落实了没有？

生（集体）：落实了。

师：对，少年是怎样，国家就会怎样。千钧重担挑在肩（手势，手往肩上一搭），所以他反反复复说明这样一个问题。现在，请同学们看看这篇文章，立刻翻译成白话，就是一口气地把它译出来。好，我们看练习①，用现代汉语翻译课文第3段。这个部分，我们请一个同学连起来译译看，译得不好没有关系，谁自告奋勇？

生12：造成今天的老大中国，就是中国老朽的罪孽；创造出将来的少年中国，就是中国少年的责任。那些老朽有什么值得说的呢？他们与这个世界离别的日子不远了，而我们少年才刚刚来，而与世界结成缘分。假如全国的少年果真为少年，那么我中国是未来的国家，她的进步不可估量；假如全国的少年也为老大，那么——

师：“亦为老大”，前面讲得都很好，就是这个地方再看看。

生12：也是为——

师：“亦为老大”怎么解释？

生12：也是老大。

师：也是老大。

生 12：也是老大，那么我中国是衰老的国家，她的灭亡——

师：这个地方等一等。

生（部分）**：**还是过去。

师：噢，还是过去衰老的国家，还有个过去。好，你再说。

生 12：她的灭亡一抬脚就可以来到。（下面学生哄笑）

师：她的灭亡——

生（议论）**：**马上。

师：对，马上就会来到。

生 12：所以，今天的责任不在他人，都在我少年。少年明智则国家明智，少年富有则国家富有，少年坚强则国家坚强，少年独立则国家独立，少年自由则国家自由，少年进步则国家进步，少年比欧洲的少年强盛，则国家比欧洲强盛，少年称雄在地球，则国家称雄在地球。

师：请发表不同的意见。

生 13：他把"少年强则国强"的"强"翻译为"坚强"，应该是"强盛"。

师：强盛，好的，这是一个。还有吗？

生 14："制出将来——制出将来之少年中国者"，他翻译的时候说"创造出将来的少年中国"，我认为这里的"之"是无义的，就是——

师：无义的结构助词。

生 14：嗯。

师：是什么？

生 14：应该翻译成"制出将来少年中国"。

师：这个不用翻译，可以吗？

生（议论）**：**可以的。

师：可以的。

生 15：我认为××同学（指生 12）在"少年胜于欧洲，则国胜于欧洲"这里翻译得不怎么好，他翻成"少年比欧洲的少年强盛，则国家比欧洲强盛"。

师：他说的是什么“盛”？

生（议论）**：**强盛。

师：强盛的“盛”是哪个“盛”？

生（议论）**：**昌盛的“盛”。

师：昌盛的“盛”。这个胜过就是超过，没有理解错。还有其他意见吗？

生 15：我觉得他说的“少年比欧洲的少年强”，这里一个句子里出现了两个少年，有点——

师：有点怎么样？

生 15：有点累赘。

师：有点累赘。

生 15：我认为讲“少年胜于欧洲的”就可以了。

师：“少年胜于欧洲的”，很好。用的字结构，就是中国的少年超过欧洲的少年，就怎样？这个“则”字，他都没有翻译，如果翻译的话，是什么意思？

生（议论）**：**就。

师：“就”，可以吗？可以。他总体上是译得很好的，特别是前半部分，很流畅。接下来我们看，“全在我少年”，把少年和中国的命运紧紧地结合在一起。（手握成拳头）接着作者就热情奔放地歌颂新生的少年中国。作者是怎样歌颂的？我们一起读一读，“红日初升”，读到“干将发硎，有作其芒”。预备——起。

生（齐读）**：**“红日初升，其道大光；河出伏流，一泻汪洋。潜龙腾渊，鳞爪飞扬；乳虎啸谷，百兽震惶；鹰隼试翼，风尘吸张。奇花初胎，矞矞皇皇；干将发硎，有作其芒。”

师：这里用的方法是我们学过的，初二的时候，在哪一篇文章里碰到过？

生（议论）**：**《听潮》。

师：《听潮》叫什么手法？

生（部分）**：**博喻。

师：对，博喻！用许多个比喻，来比喻同一个事物，是博喻的方法。（板书：博喻）这里用博喻的方法来热烈讴歌少年中国。刚才××（指生10）问了一个问题：这个地方，句子很难疏通，这样好不好？先请一个同学疏通一下，尽管这个注解还蛮多的，一共用了几个比喻？

生（部分）**：**七个。

师：七个。

生（集体）**：**七个比喻。

师：那么，我们解释一下好不好？讲得不好不要紧，其他同学补充。

生16：红红的太阳刚刚升起来，太阳的光道大放光芒。

师：太阳的光道大放光芒？

生（议论）**：**不对？

师：不对，等一下，等人家讲完了，好。

生16：嗯……嗯……

师：河出伏流。

生16：小溪注出来汇合成——汇成河流，一起流到汪洋大海里，潜伏着的龙从深渊里飞腾出来，它的鳞爪到处飞扬。

师：鳞爪到处飞扬变成雪花飘了（笑），就是飞舞，对不对？它鳞片——

生（议论）**：**飞舞。

师：唉，爪是什么？

生（部分）**：**鹰爪。

师：你接下去。

生16：幼小的，年幼的虎在山谷里呼啸，百兽听了都感到震惊、害怕。

师：对！

生16：刚刚——

师：鹰隼。

生16：鹰试着飞起来——

师：翼本来是翅膀，这儿是什么意思？

生（部分）**：**动词。

师：动词，试飞。

生 16：展翅飞翔，风尘都被吹起来。奇特的花含苞欲放，像光明盛大的样子，还有，宝剑刚刚磨出来，就是锋刃大放光芒。

师：好，有什么不同意见？需要纠正一下？

生 17：他刚刚把“伏流”翻译成“小溪”不太妥当，应该翻译成“地下河”。

师：地下河，对。

生 18：“其道大光”的“道”不应该解释为“光道”，应该解释为“道路”。

师：道路？

生 19：应该解释为“精神”。

师：精神，应该怎么解释？“红日初升，其道大光”，就是它射出来的——

生（议论）**：**光芒。

师：“光芒”怎么样？“万丈”。这实际上是比喻精神，但它本身不是精神。还有什么地方需要纠正？刚才××（指生 17）与××（指生 18）纠正得都很好，还有什么地方是要纠正的？“一泻汪洋”，这“汪洋”是不是就是海？

生（议论）**：**不是。

师：对，水大的样子。“潜龙腾渊”，这个“渊”是什么？

生（部分）**：**深渊。

师：飞起来，腾飞起来。下面“鹰隼试翼，风尘吸张”，这句话怎么理解？刚才没有讲好。这句话，鹰在试着展翅飞，这个翅膀要怎样？要扇动，因此扇起的飞尘一吸一张。下面“奇花初胎，矞矞皇皇”，不能照搬注解。你可以形容一下，“奇花初胎”是比较清楚的，“矞矞皇皇”就是光明盛大的样子，实际上是怎样？刚刚讲过“昌盛”，对不对？花“昌盛”行吗？

生（议论）**：**不行。

师：是怎样？

生（议论）**：**含苞欲放。

师：前面是“奇花初胎”，含苞欲放怎样？不能直接地用光明盛大的样子。这里可以用什么来形容？花是怎样？是光明盛大？是写它的什么？

师、生（齐）**：**亮。

师：色彩如何呢？

生（议论）**：**美。

师：色彩鲜亮、鲜艳，可以吗？就是这样的意思。不要硬搬，请坐。好，基本上疏通了。请看，从“红日初升，其道大光；河出伏流，一泻汪洋”到“干将发硎，有作其芒”，接连用了好些比喻来形容少年中国，这些比喻有没有共同点？

生（议论）**：**有的。

师：都是形容什么？着眼点在哪个角度？

生（议论）**：**新的，刚刚的。

师：“新的”“刚刚的”，是不是这样？那么第一个比喻——

生（议论）**：**红日。

师：第二个——

生（议论）**：**伏流。

师：伏流。第三个——

生（议论）**：**潜龙。

师：第四个——

生（议论）**：**乳虎。

师：乳虎。第五个——

生（议论）**：**鹰隼。

师：对，鹰隼。第六个——

生（议论）**：**初胎。

师：对。第七个——

生（议论）**：**（部分）干将、（部分）发硎。

师：是什么？

生（议论）**：**发硎。

师：发硎，对。刚刚磨出来。这少年中国的特点就写出来了，对吧？比喻的角度很多，从天上到——

师、生（齐）：地下。

师：还到什么？

生（议论）：海。

师：水中，一个比喻接着一个比喻，变化多端，使我们读的人目不——

生（议论）：暇接。

师：所以这个地方非常有气势。到这里感情好像表露得很畅达了。但还不只是这一些，梁启超的文章是用诗的语言来写的，你们看对不对？他说，写文章时笔端常带感情，必有一番魔力。（板书：魔力）我们看他是怎样写的，“天戴其苍，地履其黄，纵有千古，横有八荒，前途似海——”

生（部分）：似海（纠正老师读音）。

师：似海，对！“前途似海——”

师、生（齐）：“来日方长”。

师：这个“其”是什么意思？前面的“其”是“难道”。

生（议论）：助词。

师、生（齐）：是无意义的。

师：“天戴其苍”，头顶——

师、生（齐）：苍天。

师：脚踩——

生（集体）：黄色的大地。

师：从时间上看——

师、生（齐）：纵有千古。

师：从空间来看——

生：横有——

师、生（齐）：八荒。

师：四面八方。我们少年中国前途似海，那么广阔，来日方长。所以，笔者在这里满怀激情。到最后，他讲“美哉我少年中国”。

"美哉"这个词怎么理解？

生（议论）：好啊！

师：好啊！

生（议论）：妙啊！壮美啊！

师：壮美啊！少年中国。（板书：少年中国）接下来是什么？

生（议论）：壮哉。

师："壮哉"怎么讲？

生（议论）：大啊！伟大啊！雄壮啊！

师：伟大啊，我中国少年！（板书：中国少年）把两者结合起来——

生（议论）：对偶句。

师：对偶句。用对偶句进行赞美（板书：对偶），既赞少年中国，又赞——

师、生（齐）：中国少年。

师："与天不老，与国无疆。"到结尾的地方格调高昂，高歌猛进。这里他的感情达到了最高潮，怎么向往少年中国，就怎么制出少年中国，高歌猛进。好，我们一起读一读，从"红日初升"一直到结尾。既然作者格调高昂，高歌猛进，那么我们也要读出气势来。他是满怀着热爱祖国之情，身在异乡，希望祖国昌盛，那么我们也要用这一种爱国热情来读。"红日初升"，预备——起。

生（齐读）："红日初升，……来日方长。美哉我少年中国，与天不老……"

师、生（齐）："壮哉，我少年中国，与国无疆。"

师：梁启超写这篇文章的时间是1900年，距离我们现在已经是大半个世纪，80多年了。他对这个少年中国的向往，他所憧憬所向往的少年中国，跟我们今日中华人民共和国是不是一样？

生（议论）：有点相似。

师：有点相似，但是很显然，他当时还是比较朦胧的，不像我们今天的中华人民共和国。他在论述问题的时候，有他的时代局限，刚才同学们在学的过程中，就对他的设喻论证有不同的看法。尽管如此，他有一点很可贵，哪一点？

生（集体）：爱国。

师：对，就好像我们歌里唱的一样，他有一颗——

生（集体）：中国心。

师：中国心。正是由于他有一颗“我的中国心”，所以他在论述的时候用诗的语言（把板书的修辞手法用大括号括起来），请同学们看看，这些一般说来都是用在诗和散文的创作中，而这里是进行论述。他把诗和论结合起来（把板书的“引出论题”与“设喻”用大括号括起来），表达了他满腔的爱国之情，并特别告诉我们，这少年中国能不能制造出来。所谓制出，就是什么？

生（部分）：创造。

师：创造出来。责任全在我少年。而今，我们已经生活在“红日初升，其道大光；河出——”

师、生（齐）：“伏流”。

生（齐）：“一泻汪洋”。

师：在“一泻汪洋”的这样一个幸福的国土上，生活在社会主义的祖国里，请你们想想，在80多年以前，作者已经强调“少年智则国智，少年富则国富，少年强则国强”，而今这些话对我们来说，还有没有意义？

生（集体）：有。

师：有的。请你们回想一下，在国庆35周年的阅兵游行的——

生（议论）：电视中。

师：对，电视转播结束的时候，屏幕上出现了几个很重要的句子——

生（议论）：祖国。

师：好，你知道，讲讲看。

生20：我记得其中有“祖国的儿女们，祖国的命运就是你们的命运”。

师：最后电视屏幕上是不是出现这个？（好多同学都点头）电视屏幕上出现的是这样的字幕：“祖国的儿女们，祖国的命运就是你们的命运。”同学们，这句话分量是很沉的。少年、青年，我们每一个人，把自己的命运和国家的命运紧密联系在一起的时候，我们的祖国就会如“乳虎啸谷，百兽震惶”。当年梁启超处在黑暗的社会中，逃亡日本，他已经意识到这一点。今天，在党的阳光雨露沐浴下，我们对这一点更应该铭记在心。我们应该意识到，今日要创造我新中华，为中华之崛起应该怎样？应该更加意识到重任——

师、生（齐）**：**在肩。

师：好！今天这堂课就学到这里。课后，要把课文朗读几遍，读出那种澎湃的气势，那种一泻千里的气势。作者把自己热爱祖国的炽热感情，通过诗和论的结合，运用了连锁对比、递进排比、博喻、对偶等种种修辞手法（手指板书）来表达。他是笔端常带感情的。我们在读的时候，应该激情满怀，热爱祖国之情要充盈胸际，大家同意吗？

（生点头）

师：好，今天我们就上到这里。

《唐雎不辱使命》课堂实录

时间：1985 年 6 月 8 日上午第一、二节课

执教：杨浦中学　于　漪

班级：初三（4）班

第一课时

师：上一学期我们曾经学了一篇文言文，叫《触龙说赵太后》，这篇文章选自哪一本书？

生（多数）**：**《战国策》。

师：对，注解上对《战国策》没有详细的解释，我们略微补充了几句。请同学们回忆一下，《战国策》是一本什么样的书？

生 1：《战国策》是一部散文集。

师：是一部散文集。

生 2：《战国策》记录的是战国时期游说之士的言行，主要是记言的。

师：是记录各诸侯国游说之士的言行。

生 3：《战国策》是一本史书。

师：是一本史书。大家记得很清楚。今天，我们再学一篇《战国策》里的文章，把书翻到第 28 课《唐雎不辱使命》。（板书：唐雎）唐什么？

生：雎。

师：j－ū→jū，雎。（正音）

生：jū。

师：（板书：jū）《唐雎不辱使命》选自《战国策》，《战国策》究竟是怎样的一本书？我想让同学们认识一下，因为"重复是学习的母亲"。要知道《战国策》，你可以从《辞海》的历史分册里面去找（出示：《辞海》），可以到《中国历史大辞典》里面去找（出示：《中国历史大辞典》），也可以到《大学语文》里面去找（出示：《大学语文》）。现在我们分别请三位同学找一找（将书分发给三位学生），很快地把这个条目找出来，其他同学看注释，仔细地看一看注释里有哪些要点，赶紧看一看。翻到了没有？

生：翻到了。

师：好！现在请三位同学把他们查到的关于《战国策》的介绍，我用红线画出来的部分读一读，一个同学读的时候其他同学抓要点，你们把他们三个人读的内容的要点以及教科书上介绍的要点加以归纳。现在请××先读。

生4：《战国策》是一部战国时代的国别史料汇编，同时也是一部……

师：等一等，"国别"懂不懂？

生（部分）：按国家来分。

师：对！按国家来分。

生4：同时也是一部历史散文短集，记载了春秋以后到楚汉以前的史实。这部书里有战记，有故事，有论辩，有书信，和各国时事有关。

师：你来读一读。

生5：《战国策》是先秦时期继《春秋》《左传》后的又一部史书，它主要记载当时谋臣、策士游说各国……

师：读慢一点，下面要动脑筋，重来。

生5：《战国策》是先秦时期继《春秋》《左传》后的又一部史书，它主要记载当时谋臣、策士游说各国或互相辩论时所提出的政治主张和斗争策略。它反映了战国时期各个国家、各个阶级之间尖锐复杂的矛盾和斗争，是研究战国时期的重要资料。它在写作上运用了夸张、比喻、排比等手法，语言形象鲜明，文字生动流畅，所刻画的策士形象活跃生动（师板书：策士），因此又具有很高的文学价值，其中有不少简短的寓言故事更是具有风味，为人所喜爱。

生6：《战国策》是一部国别体的史书，内容主要记述战国时策士的言论和活动。作者不详。西汉末年，经刘向编订为33篇，并取名《战国策》。书中保存了战国时代许多重要的史料，对于当时复杂的政治斗争和社会现实多有反映，但其中也有夸张、虚构之处，不尽与史实相符。文章气势纵横，铺张扬厉，善用比喻，语言生动。

师：刚才我请三位同学把查到的有关资料读了一下，现在再结合教科书注释的介绍，请同学们归纳一下，《战国策》是一本怎样的书？

生7：《战国策》是一本史书，它写了春秋以后楚汉以前的历史，是继《春秋》《左传》以后的一部书，记录了……

师：刚才讲得对不对？

生7：它是记录了游说之士言论的一部史书。

师：是一部史书，时间段是什么？

生7：春秋以后楚汉以前。

师：春秋以后楚汉以前，对不对？（生部分点头）这个是刚才我看三个同学读的内容中都有的，还有吧？就这些要点？

生7：（继续讲）它是记录游说之士的言论的。

师：是记录游说之士言论之书，这指的是内容。还有呢？

生7：全书共分33篇，分东周、西周、秦、齐、楚、赵、魏、韩、燕、宋、卫、中山12国策。

师：一共是33篇，分12国策，这12国策应该怎么记？我们学过中国历史，战国七雄再加什么？

生（部分）：东周、西周。

师：东周、西周。

生（部分）：宋、卫、中山。

师：这东周是不是公元前770年周平王东迁的那个？说东周、西周，应该先是什么？

生（部分）**：**西周。

师：先是西周再是东周，这是朝代。战国末年，周王朝的势力已经衰竭，后来就成为两个小国，一个东周，一个西周，这是国家，不要搞混了。好，这是记录的国别以及它的内容，他抓住了这些要点，还有补充吗？

生 8：除了按时间、内容来分的以外，还可以从写作方法的角度来分，写法中有排比、比喻等。除此而外，它的内容中还有寓言故事等，非常风趣。

师：非常风趣。还有补充吧？

生 9：它又名《国策》《国事》《长书》。

师：这个大概不太好记，它有很多名字。作者知不知道？

生 9：作者不知道。

师：作者不详，后来谁编的？

生（部分）**：**刘向。

师：哪个朝代的？

生（部分）**：**西汉末年。

师：西汉末年。还有补充吗？

生 10：《战国策》还是本散文集，它的文字很生动。

师：文字很生动。刚才我们通过听，以及书上注释的介绍为辅助手段，基本上抓住了要点。但是，我们在讲述时条理还可以更清楚一点，对不对？可以分成两个方面，第一个方面就是《战国策》是本史书，是继哪个之后？

师、生（齐讲）**：**《春秋》《左传》之后的史书。

师：因此，时间、国别等内容都可以归在这一档里头。这是一本散文总集，因此可以从它的文字上、运用的写作方法上来理解。这样比我们原来的认识要加深一点。今天我们学习《战国策》里的《唐雎不辱使命》这篇文章，这个标题是后人加的。《战国策》里是没有标题的。我们上学期里学的《触龙说赵太后》这个标题也是后加的。《唐雎不辱使命》记叙了战国末期的一个故事，这个故事发生在哪几个国家之间？

生（部分）：秦与安陵。

师：对。我们看到，秦当时是一个大国，国力很强盛，强盛到什么程度呢？我们从第 2 段文字里可以很快找四个字来说明它当时怎么样。

生（部分）：灭韩亡魏。

师：对了，灭韩亡魏，灭掉韩国和魏国。公元前 403 年，三家分晋，分成韩、魏、赵，这个我们在历史课学过了。到了战国末期，韩国和魏国都被秦国灭掉了，因此它是大国、强国。它的对方是安陵，这是一个很小的国家，小到什么程度？上面有介绍吗？

生（部分）：五十里。

师：对！只有五十里土地。一个是大国，一个是小国，故事就发生在秦这个大国和安陵这个小国之间（板书：秦　安陵），是通过人物的对话来开展情节的。题目是《唐雎不辱使命》，请同学们讲讲看，这“辱”是什么意思？

生（部分）：辱没、辜负。

师：课文下面有注解，辱没、辜负。还有吗？

生（部分）：玷辱。

师：玷辱。唐雎没有玷辱出使的任务。唐雎为什么要出使呢？他出使的原因是什么？我们先请同学一起把第 1 段读一读，看看这里的字是不是都认识了。齐读的时候解决几个问题：一是识字，把通假字画出来；二是要粗知大意；三是回答唐雎出使秦国的原因。好，我们一齐读，“秦王使人谓安陵君曰”，预备——起。

生（集体朗读）：“秦王使人谓安陵君曰：……安陵君因使唐雎使于秦。”

师：有没有通假字？

生（部分）：“说”。

师：“说”，这个我们碰到过了。大意能够理解吧？理解了以后，请你回答唐雎出使秦国的原因，抓住关键的句子来回答。

生 11：唐雎出使秦国是由于安陵不答应秦国用五百里地来交换安陵这个条件，所以安陵君就用外交途径让唐雎出使秦国。

师：运用外交途径让唐雎去秦国，关键在什么地方啊？

生11：关键是安陵君与秦王的一段对话。

师：一段对话。你来译一译好不好？

生12：寡人欲以五百里之地易安陵。

师：一开始。

生12：（读）秦王使人谓安陵君曰，（译）秦王派人对安陵君说。

师：哪几个字表示对什么人说？

生（部分）**：**谓……曰。

生12："寡人"就说："我将要用五百里的土地交换安陵，安陵君一定要答应我！"安陵君说："大王给恩惠，用大的土地换小的土地，非常好；（虽然）即使这样，（受地于先王）从先王那里继承了土地，我将要终生守着它，不敢交换！"秦王不高兴了，安陵君……

（生议论纷纷）

师：你说下去。

生12：于是派遣唐雎出使到秦国。

师：请坐，还有什么地方不确切的？（学生举手，师示意学生讲）

生13：有一个地方，"愿终守之"的"愿"。

师："愿"是什么意思？

生13："愿"是"愿意"。

师："终"？

生13："终守之"的"终"是"始终"，"愿意始终守着这个地方"。

师：愿意始终守住这土地。其他还有吗？

生13：还有一个字读错了，"加惠"是给（jǐ）予恩惠。

师：是给予恩惠，不是给（gěi）予恩惠，听得非常仔细。其他的同学还有没有补充？"寡人"是什么意思？

生（部分）**：**我。

师：所有人都可以称"寡人"吗？

生（部分）**：**皇帝。

师： 皇帝。这个时候就有皇帝了？

生（部分）**：** 君王。

师： 怎么说？

生 14： 他的谦称。

师： 君王的谦称，不能叫皇帝。先秦那个时候，秦始皇还没有统一中国，对不对？君王的谦称，“寡”是什么意思？

生（部分）**：** 少。

师： “欲以五百里之地易安陵”，“易”是什么意思？

生（议论）**：** 交换。

师： 交换。“易安陵（板书：易安陵），安陵君其许寡人！”这个地方有一个字要注意，主语是什么？

生（部分）**：** 安陵君。

师： 谓语呢？

生（部分）**：** 许。

师： “许”是什么意思？

生（部分）**：** 答应。

师： 就是答应我。这个“其”在前面一篇课文《叔向贺贫》里怎么解释？什么词性？

生（部分）**：** 副词。

师： 这里能不能解释为“也许”？

生（多数）**：** 不能。

师： 不行，这个地方是作为命令的口气，“一定”或者“可要”，即安陵君可要答应我，一定答应我。安陵君不同意，是“愿终守之”。刚才讲到“愿终守之”前面有一句话，“受地于先王”，这个“于”怎么解释？

生（部分）**：** 从。

师： 他讲对了，从先王那里，从祖先那儿受地。这个“受”，他说是“接受土地”，应该怎么讲？

生 15： 继承。

师： 继承。这个地指什么？

生（部分）：安陵。

师：安陵这个地，还可以讲是什么地？

生（部分）：封地。

师：对了，封。（板书：封）你们不是学过历史吗？周天子把地封给诸侯，所以这个地是封地。安陵君从先王那儿接受了封地，"愿终守之"。（板书：愿终守之）这样，矛盾发生了，"秦王不说"，不高兴了，因此"安陵君因使唐雎使于秦"。这里接连出现了两个"使"（板书：使），请分辨一下，第一个"使"是什么意思？

生（部分）：派遣。

师：派遣，好，自己记下来，我就不写了。第二个"使"呢？

生（部分）：出使。

师：什么词性？

生（部分）：动词。

师：都是动词。这个"因"是什么意思？

生（个别）：于是。

师：于是。安陵君于是派遣唐雎出使到秦国。秦王这里有句话，这句话表现了秦王怎样的心理活动？我读一读。（师朗读）"寡人欲以五百里之地易安陵，安陵君其许寡人！"这一句话表现出他要拿五百里的封地去调换安陵的多少土地啊？

生（集体）：五十里。

师：他是不是真心诚意地要调换？

生（部分）：不是的。

师：不是的，是什么行为？

生（部分）：骗术。

师：骗术？还有呢？

生（部分）：花招。

师：花招。

生（部分）：是圈套。

师：圈套、骗局、花招，他是进行什么？

生（部分）：讹诈。

师：对！他是进行讹诈，不是真心诚意地调换安陵。请同学们看一下，他是怎么样一个口气？“安陵君其许寡人”，其中哪一个词用的是讹诈口气？

生（多数）**：**其。

师：对了，他进行讹诈（板书：讹诈），这是他的行为。如果我们把这个讹诈变成手段的话，或者是心理活动，应该变成一个什么词？

生（部分）**：**狡诈。

师：对！狡诈，这句话就表现出秦王的狡诈。（板书把“讹”字换成“狡”）他不是真的以五百里土地来换五十里地，而是在政治上进行的骗术，是圈套、花招。从中我们就可以看出秦王是很狡诈的。除狡诈之外，我们再看看，“安陵君其许寡人”，其中哪一个词非常重要？

生（部分）**：**其。

师：“其”，为什么？

生（部分）**：**一定。

师：对呀！我跟你换，你怎么样？一定要答应我，有没有商量的余地啊？

生（多数）**：**没有。

师：没有商量的余地，你一定要答应我。这没有商量的余地，表现他的什么？

生（部分）**：**蛮横。

师：蛮横。

生（部分）**：**跋扈。

师：跋扈，还有呢？

生（部分）**：**盛气凌人。

师：盛气凌人。蛮横跋扈、盛气凌人，刚才有个同学讲了还有什么？什么横？

生（部分）**：**专横。

师：蛮横、专横（板书：专横）都可以。作者只写了这么一句话，可是把人物的内心世界都揭露了。面对这样一种情况，这个安陵小国君主怎么回答呢？他的处境难不难？非常难。怎么办？我们看他的语言技巧，一起读一读，读“大王加惠”的时候要很诚恳。

生（齐读）：“大王加惠，以大易小，甚善；虽然，受地于先王，愿终守之，弗敢易！”

师：你们看他这言辞怎么样？

生（部分）：很委婉。

师：很委婉。他首先肯定秦王的这个做法吗？

生（部分）：肯定。

师：怎么肯定的？

生（部分）：大王加惠，以大易小，甚善。

师：甚善，这个“甚”字要读重音，很好。你用大的地方换我小的地方，这是大王给予的恩惠，非常好。先肯定，然后他就说：虽然——刚才×××（指生12）讲得很好，这个词我们掌握了，虽然——

生（部分）：即使这样。

师：即使这样，“我受地于先王”，我这封地是从祖先那儿继承来的，因此我要始终守着。“弗敢易”，我是不敢来调换的。这里他的辞令怎么样？

生（部分）：委婉。

师：很委婉，回答得非常巧妙，藏巧于拙。（板书：藏巧于拙）我先让一步，但是国虽小而志不丧，这是我国家的尊严，怎么能和你换呢？这个地方在语言、语气上是很谦虚很恭敬的。

生（部分）：谦恭。

师：很谦恭，“大王加惠，以大易小，甚善”，但是又不丧失自己的立场，我国小志不能小，我就是不受骗，不中你的什么？

生（部分）：圈套。

师：圈套，不中你的奸计。所以，读的时候，要把那个语气读出来，既谦恭又不丧志。现在一起把这段读一读，“秦王使人谓安陵君曰”，预备——起。

生（齐读）：秦王使人谓安陵君曰："寡人欲以五百里之地易安陵，安陵君其许寡人！"安陵君曰："大王加惠，以大易小，甚善；虽然，受地于先王，愿终守之，弗敢易！"

师：好，就读到这里，读得比第一遍好多了，"安陵君其许寡人！"哪个字要读得很重？

生（齐讲）：其许。

师：其许寡人。下面是"大王加惠，以大易小，甚善"，这样一来，秦王必然会怎么样？

生（部分）：不高兴。

师：不高兴，这是他狡诈、专横跋扈的感情的必然流露。我这么强的国，你那个小国、弹丸之国，你都不答应。那么矛盾就发生了，这是故事的开端。于是，安陵君就派唐雎出使到秦国，"于"字怎么理解？

生（齐讲）：到。

师：到秦国，这是出使的原因。出使的原因是秦王愿易安陵（板书：王），而安陵君愿终守之，弗敢易（板书：君），矛盾产生了。在这样的情况下，怎么来缓和矛盾呢？于是，安陵君就派唐雎出使（板书：出使）秦国。刚才××讲得很好，就是通过外交的途径来缓和矛盾。（板书：缓和矛盾）现在大家自己读，马上把它背出来。

（生集体自读第 1 段并背诵）

师：好，试试看，"秦王使人谓安陵君曰"，预备——起。

（生集体背第 1 段）

师：基本上背出来了。唐雎奉命出使秦国，在秦王面前怎么维护自己国家的尊严和利益呢？我们看文章的第 2 段。要弄清楚唐雎是怎样维护安陵国的尊严和利益，那就必须弄清楚秦王是怎样对待唐雎这个安陵使者的。我们现在先请一个同学把第 2 段读一读，其他同学认真看哪些是通假字，哪些字句比较难理解，可以提出来问。好，××，你读。

（生 16 朗读第 2 段）

师：读得很响亮。哪个句子读得很好？

生（部分）**:**“否，非若是也。”

师: “否，非若是也。”这句话读得很好。看一看秦王对安陵君的使者唐雎是怎么说的，这里分了几层啊?

生（部分）**:** 三层。

师: 我们现在请一个同学试讲，你们觉得这里头哪个句子比较难?（学生举手）好，××，你说说看。

生 17:“请广于君”这句话怎么解释?

师:“请广于君”，“请”这个词我们碰到过，表示什么? 是否一定要译出来?

生（部分）**:** 客气。

师: 客气。“广”在这儿的意思我们没有碰到过，是“扩大”。“于”，我们接触比较多的是“在”“到”“从”的意思，在这里呢?

生（部分）**:** 给。

师: 对，“给”的意思我们接触比较少，就是给安陵君扩大土地。还有什么地方觉得难解的? 这里“者”字有好几个，要分清楚，用法是不一样的。现在我们请一个同学试着讲讲。

生 18: 秦王谓唐雎曰:“寡人以五百里之地易安陵，安陵君不听寡人，何也?”就是我拿方圆五百里的地方。

师: 前面的“秦王谓唐雎曰”呢?

生 18: 秦王对唐雎说:“我拿方圆五百里的地方调换安陵，安陵君不听从我，为什么呢?”“且秦灭韩亡魏，而君以五十里之地存者，以君为长者，故不错意也。”就是况且秦国灭掉韩国和魏国，然而安陵君凭借五十里的地方而保存着，是因为我把安陵君尊为长者，不把安陵这个地方放在心上罢了。“今吾以十倍之地，请广于君，而君逆寡人者，轻寡人与?”就是现在我拿十倍于安陵的地方让安陵君扩大封地。

师: 这地方看来比较难，好，你说下去。

生 18: 然而，安陵君违抗我，是小看我了。

师: 他讲得很流畅，请坐。就是有些地方，是不是还要推敲一下? 哪些地方?

生 19：就是“请广于君”，应该是给安陵君扩大土地。

师：给安陵君扩大土地。还有什么地方？

生 20：还有就是“以君为长者”，应该是“把安陵君看作年长的人”。

师：他刚才怎么讲的？你觉得这地方不大对，认为“以”是“把”。“以君为长者”，“长者”的“者”跟前面的“者”同不同？前面的“者”是什么？

生（部分）：提顿。

师：提顿的。我们学过的“者也”，后面是有解释的。他刚才讲的有几个地方很好，一点都没错。“五百里之地”，他讲的是什么？

生（部分）：方圆五百里。

师：“而君以五十里之地存者”，这个“君”过去我们接触过，是指什么？

生（部分）：您。

师：您，这里是谁啊？

生（部分）：安陵君。

师：专门指安陵君，不然的话就错了，以为这“君”是您，您就变成指谁了？

生（部分）：唐雎。

师：变唐雎了，别搞错了，是讲安陵君。“故不错意也”，这“错意”怎么讲？什么字？

生（部分）：通假字。

师：通假，“错意”是什么意思？

生（部分）：注意。

师：注意，所以就“不注意”。下面我们再看“而君逆寡人者”，“逆”？

生（部分）：违抗。

师：违抗。前面是你不听寡人的，“听”什么意思？

生（部分）：听从。

师：听从、顺从。不听从、不顺从就是什么？是“逆”，是违背、违抗。“轻寡人与”的这个“轻”我们学过了，是哪一篇文章？

生21：是《卖油翁》里的“尔安敢轻吾射”。

师：“尔安敢轻吾射”，这个“轻”是什么意思？

生（部分）**：**轻视。

师：轻视、小看，文字上基本通了。“与”是什么？

生（部分）**：**吗。

师：“吗”是语气助词。

生22：刚才×××（指学生20）说我把“以君为长者”的“以”翻成“因为”，我不是把“以”翻成“因为”，而把“以”翻成“把”。因为从前面几句话，还有从后面看起来，这里加一个“因为”就比较通顺了，如果不加，就不通顺。

师：非常好。如果别的同学对自己所讲述的话提出疑义，自己完全有权利申述意见，对不对？他是把“以”作为“把”的，把安陵君作为长者，年长的人。练习题里有个“者”“也”，“者”是提顿，后面的“也”是解释这个的，因此他加上一个“因为”，翻译起来就比较通顺，讲得很好。现在我们请同学们思考一下，这三句话意思是一层，表现了秦王怎样的思想情绪？第一句话是：“寡人以五百里之地易安陵，安陵君不听寡人，何也？”“何也”怎么讲？

生（议论）**：**为什么呢。

师：为什么呢。这个“也”？

生（部分）**：**表示严厉。

师：表示很严厉，为什么呢？这是厉声责问，对不对？气势怎么样？有一个词是否知道，叫“咄咄——”

生（部分）**：**“逼人”。

师：“咄”怎么写？

生（部分）**：**“口”字旁一个“出”。

师：咄咄逼人，你必须听从我的。接下来他不仅厉声责问，而且说现在我已经灭掉韩国与魏国，而安陵君你不过是“以五十里之地存者”，这个“以”字应该怎么讲？

生（部分）**：**凭借。

师：凭借。凭借五十里的这么一点地方保存下来，那是因为我把你看作长者、忠厚长辈，所以我不来打你的主意。你们看他特意提了什么事情？

生（部分）**：**灭韩、魏。

师：而且和什么并提？

生（多数）**：**安陵。

师：安陵跟韩、魏哪个大，哪个小？

生（多数）**：**韩、魏大。

师：那韩、魏大得多了。他这样并提的目的是什么？

生（部分）**：**威胁、恐吓。

师：对！威胁、恐吓，显示他的声威。我把韩跟魏都灭掉了，不要说你这个小小的安陵。我之所以不打你的主意，是把你看作忠厚长者，对不对？接下来我们再看，现在我以十倍的土地来扩大你安陵君的土地，而你竟然违背我，岂不是小看我吗？这表现了他什么？

生（部分）**：**狂妄。

师：狂妄。

生（部分）**：**盛气凌人。

师：盛气凌人。表现他很狂妄的句子是哪句？

生（议论）**：**"逆"。

师：对。"逆寡人者，轻寡人与？"（板书：逆寡人者，轻寡人与）表现出他的什么啊？刚才同学们讲的，盛气凌人。

生（部分）**：**嚣张。

师：嚣张、狂妄，不可一世。

生（部分）**：**妄自尊大。

师：妄自尊大。讲得很好，你怎么敢小看我呢？先厉声责问，接着就显示自己的声威，然后盛气凌人、非常狂妄地讲，你怎么能"逆寡人者，轻寡人与"？好，我们先把秦王讲的话读一读，背出来。

（生集体自背）

师：好，试试看，背不出可以看书，"秦王谓唐雎曰"，预备——起。

生（齐背）：“秦王谓唐雎曰：……轻寡人与？”

师： 我们背得还不熟，待会儿再读一读。这节课就上到这里，下课。

第二课时

师： 上节课我们学到唐雎出使秦国，秦王对唐雎说的三句话气焰嚣张，表现出不可一世的狂妄态度。我们先把“秦王谓唐雎曰”这段话读一读，“秦王谓唐雎曰”，预备——起。

生（齐读）：“秦王谓唐雎曰：……轻寡人与？”

师： 大家看看，这完全是一副不可一世的样子。面对着秦王如此跋扈、狂妄的态度，唐雎是怎样对答的？他怎样对答才能够维护安陵的尊严和威严呢？我们请一个同学把唐雎对答的话讲一讲，谁来讲？

生1：（读）唐雎对曰：“否，非若是也。安陵君受地于先王而守之，虽千里不敢易也，岂直五百里哉？”（译）唐雎回答秦王说：“不，不是像这样的。安陵君从先王那里继承了土地，并且坚守它，即使是一千里封地也不敢交换，何况只是五百里呢？”

师： 有什么不同意见？

生2： 这个“岂直五百里哉？”好像应该是“难道只是五百里吗？”。

师： 难道只是五百里吗？“岂”解释为什么？

生： 难道。

师： 难道。

生：“直”就是“只是”的意思。

师：“只是”的意思，对！有注解。

生3： 他（指生1）用“何况只是”更为确切一些。

师： 为什么？

生3： 因为这里——

师： 注解上是“难道只是”，可不可以译成“何况只是”？××

（指生 3）认为是可以的，而且认为是比较确切的，为什么？从语气上来讲怎么样？大家说说看。

生（部分）**：**可以的。

师：何况只是五百里。

生 4：他（指生 1）刚才翻译的一个句子不够妥当。

师：噢，什么地方？

生 4：就是“虽千里不敢易也”，他翻译成“即使是一千里……”，这可以指一千里，但是不一定指一千里。

师：“千里”可以指一千里，但是不一定指一千里。好，请坐。刚才同学说的，你们对比一下，到底是一千里还是几千里？

生 5：就翻译成“千里土地”，不用“一千里”“几千里”。（师生笑）

师：就翻译成“千里土地”，可不可以？即使是千里土地也不敢换。“岂直五百里”，难道只是五百里吗？那么，“何况只是五百里”可不可以？

生（多数）**：**可以。

师：可以，好的。

生 6：刚才×××（指生 1）在译的时候有一个地方不够妥当，说“安陵君从先王那里继承了土地”，他用“坚守”不太好。因为安陵君是一个小国君主，他没有与秦王对抗的余地，所以用“坚守”不是最好的。

师：应该怎么样呢？不是人家打来了坚守土地，这个听出来了，好的。除了坚守之外，还有什么守？

生 6：驻守。

师：驻守？

生（部分议论）**：**也不好。

师：也不好。“守”后加一个字。

生（议论）**：**守住。

师：守住，可不可以？守住、守卫就可以了，听得很仔细。另外，唐雎对答这个部分要有气势。文字上还有什么问题吗？没有了。

那大家注意，语气上要读出来，对答“否，非若是也”，这语气怎么样？

生（部分）：坚决。

师：坚决，还有？

生（部分）：斩钉截铁。

师：斩钉截铁，很坚定。你们凭什么说是斩钉截铁？

生（部分）：非若，双重否定。

师：双重否定？

生（议论）：不是。

师：不是。“否”是什么？

生（议论）：不是。

师：不是。“非若是也”的“若”怎么解释？

生（部分）：像。

师：“是”呢？

生（议论）：这样。

师：“否”，“不是像你说的这样”，连续两次否定，表示自己坚决的态度。这里不是像有的同学说的那样是双重否定。他接下来说的是什么？这句话是不是跟安陵君说的一样？受地于先王而守住这一土地，即使是千里也不敢换，何况只是五百里？这简直是太岁头上动土啦，对不对？守卫国家，守住自己的土地，保卫自己的国家，这是正义的，义正词严。我们看哪一句话是非常重要的？

生（议论）：“虽千里不敢易也”。

师：对，虽千里不敢易也。（板书：虽千里不敢易也）这样的对答，义正词严。（板书：对答义正词严）我们一起把这一段读一读，一定要读出义正词严的味道。“唐雎对曰”，预备——起。

生（齐读）：唐雎对曰：“否，非若是也。安陵君受地于先王而守之，虽千里不敢易也，岂直五百里哉？”

师：读两遍，背出来。

（生集体背诵）

师：现在连起来，秦王是怎样对唐雎说的？唐雎是怎样对答的？

把这两部分合起来，请一部分同学读秦王的，一部分同学读对答的。秦王要读出什么语气？

生（部分）：专横。

师：对，专横。声音大一点，“秦王谓唐雎曰——”

生（一部分读）：“秦王谓唐雎曰：……轻寡人与？”

生（另一部分读）：“唐雎对曰：……岂直五百里哉？”

师：一齐背，整个背一下。“秦王谓唐雎曰”，预备——起。

（生集体背诵）

师：一个是要“易”；一个是“不易”“不敢易”，不要说五百里，千里也不易。这样，矛盾就怎么样？

生（部分）：激化。

师：激化了，对不对？这样步步进逼，矛盾就越来越激化了，紧张的气氛越来越浓，于是故事就进入——

生（多数）：高潮。

师：对，高潮，故事进入高潮。不可一世的秦王听到这弹丸之地的使者如此对答，那是气急了，他马上表现出来的是什么？

生（部分）：“怫然怒”。

师：“怫然怒”，“怫然”什么意思？

生（议论）：盛怒的样子。

师：盛怒的样子，还可以换什么词？

生（部分）：勃然。

师：“勃然大怒”可不可以？还有吗？

生（议论）：愤然大怒。

师：愤然大怒、盛怒。“怫然”的“怫”，这个字是什么偏旁？

生（集体）：竖心旁。

师：竖心旁就是指心理活动，怫然大怒。他对唐雎说了什么？唐雎又是怎样来和他斗争的？现在我们请两个同学，把秦王对唐雎说的话和唐雎的对答来对着讲一下。好，××，请你翻译秦王讲的（指定一名学生）；×××，你讲唐雎的（指定另一名学生）。

生7：（读）“秦王怫然怒，谓唐雎曰”，（译）秦王勃然大怒，对唐雎说："你也——"

师：读一句，讲一句。

生7：（读）"公亦尝闻天子之怒乎？"（译）你曾经听说过天子恼怒吗？唐雎对曰——

师：谁说啊？（生笑）

生8：（读）唐雎对曰："臣未尝闻也。"（译）唐雎回答说："我不曾听说过。"

生7：（读）秦王曰："天子之怒，伏尸百万，流血千里。"（译）秦王说："天子恼怒，可以使上百万人死掉，使血流千里。"

生8：（读）唐雎曰："大王尝闻布衣之怒乎？"（译）唐雎说："大王曾听说过平民发怒吗？"

生7：（读）秦王曰："布衣之怒，亦免冠徒跣，以头抢地尔。"（译）秦王说："平民恼怒，也不过是摘了帽子，光着脚，把头往地上撞罢了。"

生8：（读一句，译一句）（读）唐雎曰："此庸夫之怒也，非士之怒也。夫专诸之刺……"挺剑而起。（译）唐雎说："这是平庸无能的人发怒，不是有才能有胆识的人发怒。专诸刺杀王僚时，彗星的尾巴扫过月亮；聂政刺杀韩傀的时候，一道白气直冲上太阳；要离刺杀庆忌的时候，苍鹰扑到宫殿上。这三个人都是布衣中的有志之士，心里的愤怒还没发作出来，上天就降示征兆，连上我就将是四个人了。如有才有识的人一旦发怒，就有两个人要死，血流五步，而天下都要穿起孝衣，今天就是这个样子。"拔起剑而站起来。

师：他们两个解释的，有什么地方不恰当？

生9：××（指生7）同学在讲"布衣之怒，亦免冠徒跣"时，把"徒跣"解释为"光着脚"，"光着脚"就是"跣"的意思，"徒"的意思没有解释出来。

师："徒"是什么意思？

生9："徒"就是"走"。

师："走"，我们平时讲徒步，就是走、行走。（板书：徒）"免冠"是什么？

生（部分）：摘了帽子。

师："徒跣"的"跣"是？

生（部分）：光着脚。

师：光着脚走——徒跣。这个地方还有——

生 10：刚才×××（指生 8）在解释"皆布衣之士也"这句话的时候，讲"都是布衣中的有志之士"，应该把"布衣"解释出来，都是平民中的有志之士。

师：都是平民中的有志之士，好的。其他还有吗？（学生举手）你说。

生 11：我觉得×××（指生 8）讲得一点也没有气概，应该是与秦王针锋相对地说。

师：应该是针锋相对地去怎么样？斗争地说。（板书：斗争　针锋相对）可是×××（指生 8）刚才讲的时候一点气势也没有，这是×××（指生 11）的意见。还有别的地方需要考虑吗？我们先把文字疏通。我问你们："公亦尝闻天子之怒乎"的"公"怎么解释？

生（集体）：你。敬称。

师："尝"？

生（集体）：曾经。

师："臣未尝闻也"的"臣"？

生（部分）：我。

师：谦称，要搞清楚。"天子之怒"的"之"用在？

生（部分）：主谓之间。

师：用在主谓之间。

生（部分）：取消句子的独立性。

师：对，天子恼怒。刚才讲恼怒讲得太文了，怎么讲比较好？

生（部分）：发怒。

师：发脾气、发怒，天子发怒。这个"天子"指谁？

生（部分）：周天子呀。

师：周天子，好。×××说。

生 12：本来是有周天子的，但是秦王这样用就是把自己变成天子了。

师：对，那时只有周天子，但是他怎么样呢？讲这个话实际上是把自己比成周天子。接下来我们再看“以头抢地尔”这个“以”字。

生（集体）**：**用。

师：“尔”？

生（集体）**：**罢。

师：而已、罢矣、罢了。“此庸夫之怒也”，下面都有的（指课文下的注释）。这个“也”要注意语气，不一定要翻出来，但讲的时候语气要怎么样？肯定。“夫专诸之刺王僚”，这里举了三个例子，用的是什么手法？

生（多数）**：**排比。

师：排比。“专诸之刺王僚”的“之”用在？

生（部分）**：**主谓之间。

师：对！跟前面的什么一样？

生（集体）**：**“天子之怒”的“之”。

师：还有。

生（部分）**：**“布衣之怒”。

师：“天子之怒”“布衣之怒”是一样的。“苍鹰击于殿上”，这个“苍”？

生（部分）**：**“苍白”的“苍”。

师：“苍白”的“苍”。这“苍鹰”是指什么鹰？

生（部分）**：**老鹰。

师：老鹰、苍鹰。“此三子者”，这个“子”？

生（议论）**：**敬称。

师：敬称。这三个——

生（部分）**：**人。

师：三位先生。“怀怒未发，休——”的“怀怒”怎么解释？心里——

生（部分）**：**怀着怒气。

师：还没有——

生（部分）：发泄出来。

师：还没有发作。就怎么样呢？

生（部分）：吉祥。

师：下面还有一个字。

生（多数）：祲。

师：祲。

生（部分）：不祥的。

师：不祥的。一个是吉祥的，一个是不祥的。"降于天" 的这个"于"？

生（部分）：从。

师：这个前面讲过了，从天而降，吉祥、不吉祥的征兆从天而降。"与臣而将四矣" 的 "与"？

生（多数）：和。

师："和" 可不可以？可以。加上我，将要是四个了。"若士必怒"，刚才这个 "必" 没有解释，"必" 原来是什么意思？

生（部分）：一定。

师：一定。"一定发怒"，这样译好不好？

生（议论）：不好。

师：一旦真的发怒的话。"伏尸二人"，刚才是怎么解释的？是不是现在有两个人就要死了？

（师示意学生讲）

生 13：就会有两具尸体倒在地上。

师：就会有两具尸体倒在地上，就是两个人怎么样？

生（部分）：丧命。

师：丧命，对！"流血五步，天下缟素"，"素" 是什么意思？

生（部分）：白。

师："白" 吗？是指孝服，下面有注解。"今日是也"，这 "是" 怎么解释？

生（部分）：这样。

师：今天就是这样。"挺剑而起" 的 "挺"？

生（部分）**：** 拔。

师：“拔剑而起”的“起”？

生（多数）**：** 站起。

师： 我们看这高潮的部分，秦王怫然怒，怒了以后他就发出威胁：“公亦尝闻天子之怒乎？”你曾经听到过吗？“亦”字刚才没有解释。

生（部分）**：** 也。

师：（板书：亦：也）也曾听到天子之怒吗？（板书：天子之怒）我们看唐雎回答得很妙，他是怎么说的？

生（部分）**：**“臣未尝闻也。”

师： 他是不是真的没有听到过？

生（部分）**：** 不是。

师： 他当然知道，为什么这样讲？

生（部分）**：** 蔑视。

师： 蔑视？

生（部分）**：** 不是。

师： 不是，是什么？

生 14： 他要避开秦王的锋芒，从另一面攻击。

师： 讲得很好。他要避开什么？秦王的锋芒，从另一面攻击。我没听到这么解释过，你们倒说说看，这个语言的技巧体现在哪儿？（学生举手）好，××，你说。

生 15： 如果秦王问一个问题，他就回答一个问题。他处在被动状态。

师： 处在被动状态，这样说就是——

生（部分）**：** 变被动为主动。

师： 变被动为主动。唐雎说自己没听到过，于是秦王说：“天子之怒，伏尸百万，流血千里。”听这口气，天子发起脾气。百万人会怎样？

生（部分）**：** 丧命。

师： 流血千里。

生（部分）**：** 血流了千里。

师： 血流了千里。但唐雎不接他的话头，避开他的锋芒，而是另起话头针锋相对，他问："大王尝闻布衣之怒乎？"一个讲"天子之怒"，一个讲什么？

生（集体）**：**布衣之怒。

师：布衣之怒。（板书：布衣之怒）这平民百姓发起脾气来会怎样？秦王这段话表现了他对布衣之怒是怎样的看法？

生 16：他对布衣之怒是很看不起的。

师：很看不起。你翻译一下看，怎么看不起？哪些词表现他很看不起？

生 16："布衣之怒，亦免冠徒跣，以头抢地尔。"布衣发怒，也只不过是摘掉帽子，光着脚走路，把头往地上撞罢了。

师：哪些词表现他看不起的？

生 16：亦、尔。

师：亦、尔。只不过是摘了帽子，光着脚走路，用头撞地罢了，表现出他对布衣之怒极其——

生（议论）**：**蔑视。

师：蔑视、轻视的态度。唐雎真是才智过人啊，他怎么回答的呢？

生（部分）**：**"此庸夫之怒也"。

师：对，这只不过是平庸无能的人发脾气。他以守为攻，以退——

生（集体）**：**为进。

师：是的。这只不过是平庸的人发脾气，不是什么啊？

生（部分）**：**有胆有识。

师：有胆有识的人发脾气。那么，士之怒是怎样的怒呢？接下来是三个例子，一个是专诸刺王僚。专诸刺王僚的时候，"彗星袭月"，"袭月"是什么意思？

生（部分）**：**扫过月亮。

师：扫过月亮。这个故事有谁知道吗？

生（部分）**：**鱼藏剑。

师：鱼藏剑，知道不知道？

生（部分）**：**不知道。

师：女同学不知道，男同学可能知道。聂政之刺韩——怎么读?

生（部分）**：**傀（kuǐ）。

师：k－uǐ→kuǐ，傀。

生：傀。

师：傀儡的傀。这里要注意，韩傀又叫什么名字?

生（集体）**：**侠累。

师：侠累是哪国的?

生（议论）**：**韩国的。

师：韩国的国相，韩不是他的姓，不要搞错了。韩国受封于周天子，同周姓，所以说韩傀不姓韩，是韩国的侠累。"聂政之刺韩傀也，白虹贯日"，刚才解释得对不对?这里有注释，"虹"是指什么?

生（集体）**：**白气。

师：白气、白光怎么样?

生（集体）**：**直冲。

师：直冲上太阳。下面一个字要注意，不是要（yào）离，而是要（yāo）离，是第一声，注音注好。"要离之刺庆忌也，苍鹰击于殿上。"要离刺杀庆忌，连苍鹰都扑到殿上。这个"于"?

生（部分）**：**到。

师：到殿上。这里有两件事情，以后随着年龄的增长，你们自己就可以去读了。《史记·刺客列传》里头有专诸刺王僚、聂政刺韩傀的事。关于聂政刺韩傀的事，有一个历史剧，郭沫若写的《棠棣之花》，课后我们可以去翻一翻，有的中学里读过。（板书：《棠棣之花》）至于写这些征兆，彗星袭月、白虹贯日、苍鹰击于殿上，你们看这有没有道理?

生（议论）**：**毫无道理。

师：毫无道理，还有什么?

生（议论）**：**迷信。

师：迷信。但是，在唐雎对秦王说这些话的时候起不起作用?

生（多数）**：**起的。

师： 对，起作用了。这个“士之怒”尽管现在看来是迷信，但是当时讲这个话，对秦王起了什么作用？谁能够讲讲看。

生（部分）**：** 震慑。

师： 震慑。

生（部分）**：** 威慑。

师： 威慑，对不对？讲得都对，可以起到威慑的作用，使他害怕（板书：威慑），或是震慑的作用（板书：震慑），可以使他怎么样啊？慑服。（板书：慑服）他然后就讲“此三子者，皆布衣之士也，怀怒未发，休——”，休什么？j－ìn →jìn。

生（部分）**：** 祲。

师： 什么偏旁？

生（部分）**：**“衣”字旁。

师：“衣”字旁？大家看清楚，是什么旁？

生（多数）**：**“示”字旁。

师： 对，凡是涉及上天的都是“示”字旁，比如：“祈祷”什么旁？

生（议论）**：**“示”。

师：“示”字旁。因此，尽管这些是没有根据的迷信，但是在当时说这一番话是激昂慷慨的啊。“与臣而将四矣”，是什么意思？加上我将是四个，他也要怎么样？谁来讲讲看？

生 18： 他也要效法前面三个人刺杀秦王。

师： 讲得很好。加上我就是四个人，意思是我要效法前三个人，和你拼了。他举历史事例，把这个问题讲得非常透彻。所以，他接下来讲，一旦发怒的话，会怎么样？“伏尸二人”，我们两个人怎么样？同归——

生（多数）**：** 于尽。

师：“流血五步”，血流只是五步，但是“天下缟素”，你是必死无疑的。“今日是也”很重要，这个“也”是什么语气？

生（议论）**：** 肯定。

师： 肯定语气，今天就是这个样子。你们看这一番话怎样啊？

生（议论）**：**义正词严。

师：义正词严，比前面还要——

生（议论）**：**慷慨激昂。

师：这一段话完全是针锋相对，正气凛然。（板书：义正词严）前面有人作为榜样，我和你拼了。慷慨激昂、豪气凛然，为什么要跟秦王拼了呢？

生（部分）**：**他的国家。

师：为了他的国家，为了正义的事业，不顾自己，怎样形容？

生（部分）**：**义无反顾。

师：义无反顾。（板书：义无反顾）这是公开对秦王怎么样？

生（部分）**：**宣战。

师：宣战。这里唐雎把什么都表现出来了？他的才智。

生（议论）**：**胆略。

师：对，他的胆识、胆略、才智，他的不畏强暴，在高潮的地方全部展现出来了。他不仅有慷慨激昂的言，而且接下来怎么样？

生（议论）**：**行。

师：四个字。

生（集体）**：**"挺剑而起"。

师："挺剑而起"，拔出剑就怎么样？

生（多数）**：**站起来。

师：站起来要怎么样？表现了怎样的精神？

生（议论）**：**果断。

师：果断。还表现了什么？

生（议论）**：**言行一致。

师：言行一致。

生（议论）**：**勇敢。

师：勇敢、果断。

生（议论）**：**果敢。

师：噢，坚决果敢。这里就是（学生议论）说什么？站起来说。

生 19：义而当为。

师：什么？听得懂吗？这是哪几个字？“义”是什么？

生19：“义”就是——（下面学生议论纷纷）

师：同学叫你上去写。

（生19板书：义而当为）

师：他上去写的时候我们想一想，我们在学《谈骨气》的时候曾经有一句话，是什么？

生（议论）**：**威武不能屈。

师：对，威武不能屈。（指板书）这时是“义而当为”，对不对？

生（多数）**：**对的。

师：对的，写出来就知道了，这个事情是正义的，就应该去做，“义而当为”用得很好。这一段就是最关键的高潮，我们看看唐雎挺剑而起的情景（出示插图），唐雎是勇于献身、敢于献身的。我们把这段话读一读，“秦王怫然怒”，预备——起。

生（齐读）**：**“秦王怫然怒，……挺剑而起。”

师：好，读一读，背出来。这一段比较难，但你把条理搞清楚就方便了，读响一点。（过一会）好，有同学基本上背出来了，你只要抓住记忆的支撑点即可。“天子之怒”怎么样？唐雎讲什么？然后秦王怎么讲？“天子之怒”的八个字——

生（多数）**：**“伏尸百万，流血千里。”

师：唐雎就讲什么？

生（集体）**：**“布衣之怒”。

师：秦王认为“布衣之怒”怎么样？

生（集体）**：**“亦免冠徒跣，以头抢地尔。”

师：唐雎给他分析这是什么？

生（集体）**：**“庸夫之怒”。

师：然后就讲“士之怒”是什么……最后加我——

生（部分）**：**“与臣而将四矣。”

师：然后呢？如果我发怒的话，十二个字——

生（集体）**：**“伏尸二人，流血五步，天下缟素”。

师：“今日——”

生（集体）：“是也。”

师：说了话以后马上就——

生（集体）：挺剑而起。

师：就在气氛十分紧张的时候，眼看就要——

生（议论）：一触即发。

师：一触即发，就要“伏尸二人，流血五步”的时候，秦王表现如何？

生（集体）：“秦王色挠”。

师：“挠”是什么意思？

生（部分）：屈服。

师：你怎么知道的？

生（部分）：不屈不挠。

师：不屈不挠，所以“挠”就是“屈”。而在故事开头，秦王是怎样的？

生（部分）：声厉。

师：然后呢？

生（部分）：“怫然”。

师：怫然。到这个时候呢？

生（部分）：“色挠”。

师：色挠。他的行动是怎样的？

生（部分）：“长跪而谢”。

师：“长跪而谢”，这个“跪”，我们解释过没有？

生（部分）：讲过了。

师：初一时讲过了。

生（部分）：《扁鹊见蔡桓公》。

师：对了。“扁鹊闻其故，长跪而谢。”这个“谢”，怎么讲？

生（部分）：道歉。

师：道歉。秦王就说“先生坐”，“先生”是指谁？

生（多数）：唐雎。

师：前面出现过“先生”没有？没有，都是“公”，而且开始的时候都是“寡人”怎么样，关于唐雎没有一个称呼出现，根本不把这个使者放在眼里，现在怎样？“先生坐！”古时候对什么人才称“先生”？

生（部分）：长者。

师：长者、老师。“先生坐！何至于此！”

生（部分）：哪里到这个地步！

师：“寡人谕矣”的“谕”？

生（部分）：通假。

师：对！通假字。“谕”是什么意思？

生（部分）：明白了。

师：注意，前面是“寡人欲以五百里之地易安陵”，后来达到高潮的时候秦王讲的什么？他自称——

生（部分）：天子。

师：现在呢？

生（部分）：寡人。

师：又变“寡人”了，他明白了什么？

生20：明白了“韩、魏灭亡，而安陵以五十里之地存者，徒以有先生也”。

师：怎么解释？

生20：就是韩国和魏国灭亡了，而安陵这个地方凭借五十里地而存在着，都是依靠——

生（议论）：因为。

生20：噢，是因为有——

师：“徒”怎么解释？刚刚那个“徒”是“徒步”，这个地方的“徒”是“只”。好，你讲。

生20：只是因为有先生。

师：只是因为有什么？

师、生：先生。

师：只是因为有先生。他（指生20）有个地方解释得对不对？安陵这个地方凭借五十里地而保存下来。

生（部分）：不对。

师：应该是什么？

生（多数）**：**安陵君。

师：安陵君，对！不要搞错了。你们想想看，“伏尸二人，流血五步”，是跟“伏尸百万，流血千里”对应的。这里讲的“徒以有先生也”，跟前面什么照应啦？前头是讲因为什么不打唐雎的主意啊？

生（多数）**：**“以君为长者，故不错意也。”

师：对，原来说我不打你的主意，现在说只是因为有先生，这个语气完全不一样了。我要问你们一个问题了，刚才××说是因为秦王怕了，对不对？

生（议论）**：**不是怕。

师：是因为审时度势，权衡轻重，必须这样，搞清楚没有？好！我们总起来看，到最后唐雎怎样？

生（多数）**：**取得胜利。

师：取得胜利。（板书：胜利）秦王是以狡诈、专横开始的，是以什么而告终的？

生（部分）**：**长跪。

师：以“长跪而谢”，卑躬屈膝（板书：“徒以有先生也”卑躬道歉）而结束。因此，唐雎怎样？

生（多数）**：**不辱使命。

师：对！不辱使命。（板书：不辱使命）现在请同学们看这篇文章的特点，这个故事的情节除了有几句话是叙述的语言之外，另外都是什么？

生（多数）**：**对话。

师：对！用对话来表现。所以，《战国策》记什么？

生（部分）**：**记言。

师：记言。这里主要写哪个人物？

生（集体）**：**唐雎。

师：那为什么要用这么多笔墨写秦王呢？

生（部分）**：**反衬。

师：反衬，因为秦王的所作所为可以把唐雎这个有识之士的机智勇敢、不畏强暴充分刻画出来。课后大家把这篇文章背出来。另外，再请同学们翻译一篇文章，也是《战国策》当中的，我估计同学们看是没有多大问题的。

（出示《战国策》中的一篇短文，请学生翻译）

颜斶论贵士

——《战国策》

齐宣王见颜斶，曰："斶前！"斶亦曰："王前！"宣王不悦。左右曰："王，人君也；斶，人臣也。王曰'斶前'，斶亦曰'王前'，可乎？"

斶对曰："夫'斶前'为慕势，'王前'为趋士，与使斶为慕势，不如使王为趋士。"

王忿然作色曰："王者贵乎？士贵乎？"

对曰："士贵耳，王者不贵。"

王曰："有说乎？"

斶曰："有。昔者秦攻齐，令曰：'有敢去柳下季垄五十步而樵采者，死不赦！'令曰：'有能得齐王头者，封万户侯，赐金千镒。'由是观之，生王之头曾不若死士之垄也。"

宣王默然不悦。

师：我只解释两个，就是"柳下季"是人的名字，"垄"是坟墓。这段话既是记言的也是论事的，你们自己阅读有问题吗？齐宣王见斶，跟他说：——

生（集体）：“斶前”。

师：什么意思？

生（集体）：过来。

师：过来，斶说：——

生（集体）：“王前”。

师：你到前面来（学生笑），宣王——

生（集体）：不高兴。

师：左右说：“王，——”

生（集体）：是君主。

师：是君主。斶——

生（集体）：是臣。

师：王说：——

生（集体）：“斶前”。

师：斶也说——

生（集体）：“王前”。

师：“可乎？”

生（集体）：可以吗？

师：“行吗？”“能吗？”斶回答说：“‘斶前’为慕势”，“慕势”是什么？

生（多数）：羡慕权势。

师：羡慕权势就是什么意思？

生（个别）：趋炎附势。

师：趋炎附势，对了。“王前”呢？“为趋士”，“趋士”学过的。

生（多数）：亲近士。

师：亲近士，礼贤下士。“与使斶为慕势”，这个“与”？

生（多数）：与其。

师、生：与其使得斶做趋炎附势的人，还不如王做礼贤下士的人。

师：对了。“王忿然作色”，懂吗？与“秦王色挠”一样。“曰：王者贵乎？士贵乎？”懂不懂？

生：王高贵，还是士高贵？

师：对曰：——

生（集体）：“士贵耳！”

师：“王者不贵。”王曰：“有说乎？”不是“悦”。

生（部分）：“有什么可以说？”

师：道理、根据、理由，有什么理由呢？因此，斶就说了——

生（集体）：“有。”

师：“昔者秦攻齐，命令说”。

师、生：“有敢去柳季垄”——

师：刚才讲了，“垄”是坟墓，去柳季垄五十步，这个“去”是不是今天的去啊？

生（个别）：到。

师：到吗？距离、离柳下季坟墓五十步樵采者，“樵采”？

生（个别）：采樵。

师：采樵的人。“死不赦”就是死而不赦，要砍头的。“令曰：‘有能得齐王头者’”，得到齐王的头会怎么样？

生（集体）：封万户侯。

师：“赐金千镒”，“镒”是数量。“由此观之”——

生（集体）：由这个看来。

师：“生王之头”怎么样？还不如——

师、生：死士的坟墓。

师：一个是死，一个是赐金千镒，所以宣王默然不悦。是否也是记言？作者通过对话来写士的谋略。今天我们就学到这里，下了课要把课文背出来，要把语气读出来，然后再翻译一下。

好，下课。

附：板书

秦王“易安陵”“逆寡人者，轻寡人与”“天子之怒”“徒以有先生也”

（狡诈、专横）　　　　（卑躬道歉）

安陵君　“愿终守之”

唐雎(jū)　“虽千里不敢易也”　　　　“布衣之怒”

出使（缓和矛盾）

不辱使命　　对答（义正词严）　　斗争（针锋相对）胜利

	威慑	义	义	藏	棠
使	震慑	无	而	巧	棣
	慑服	反	当	于	之
		顾	为	拙	花

徒

亦：也

《春夜喜雨》《忆江南》《渔歌子》课堂实录

时间：1985 年

执教：杨浦中学　于　漪

班级：初三（4）班

师：我们都知道，中国是诗歌的王国。在我们的文学宝库当中，有许多诗词的珍品，它们数目之多，如天上璀璨的明星，美不胜收。上节课我们学了陆游的《十一月四日风雨大作》和于谦的《石灰吟》，这两首诗中所表露的情操美、品质美曾给我们以强烈的震撼。现在我们把这两首诗背诵一下，《十一月四日风雨大作》，预备——起。

生（齐背）：《十一月四日风雨大作》——

师：《石灰吟》。

生（齐背）：《石灰吟》——

师：这两首诗当中所表现的强烈的爱国激情，以及不怕牺牲、不畏艰难的精神，给我们以深深的教育。今天我们再学三首，请同学们把书打开到第 199 页，今天学的三首中第一首是诗，杜甫的《春夜喜雨》；另两首是词，白居易的《忆江南》和张志和的《渔歌子》。这三首诗词都是写景抒情的。我们今天就来细细地品味一下这诗中景诗中情，领略其中的诗情画意，先学《春夜喜雨》。作者是——

生（多数）：杜甫。

师：杜甫，大家很熟悉了，我们又称他什么？

生（部分）**：**杜子美。

师：杜子美。

生（部分）**：**杜工部。

师：杜工部。我们称李白什么？

生（部分）**：**诗圣。（部分）诗仙。

师：“诗仙”，对了。

生（议论）**：**诗圣是杜甫。

师：对！诗史、诗圣都是称谁啊？

生（多数）**：**杜甫。

师：不要搞混了。《春夜喜雨》是杜甫五言律诗当中的名篇。一首好的诗，总是有诗的眼睛的。请你们读一遍以后自己判断一下，这首诗的诗眼是什么？我们先请一个同学来读一读，同时请同学们判别一下哪一个字是诗眼。（指定学生）

生1：（朗读）“《春夜喜雨》，杜甫。好雨知时节，当春乃发生。随风潜入夜，润物细无声。野径云俱黑，江船火独明。晓看红湿处，花重锦官城。”

师：他读得很清楚，再连贯一些就好了。判断一下，这首诗的诗眼是什么？

生（多数）**：**喜。

师：“喜”，有不同意见吗？（学生举手）好，××有不同意见。（示意学生讲）

生2：是“知”。

师：还有别的意见吗？还有没有？是“知”还是“喜”？

生（多数）**：**是“喜”。

师：理由？谁能说说吗？

生3：因为诗的一切都是围绕“喜”来说的，说“好雨知时节”也是表达作者很高兴这场雨会下来，所以我觉得这首诗是围绕“喜”来写的。

师：好，都是围绕“喜”来写的，这是××的理解。我们学习后再来看，好不好？《春夜喜雨》中，作者描绘了怎样的一幅图景？春夜雨景图，表达的是什么心情？

生（部分）：喜悦。

师：什么喜悦之情？喜什么？为什么喜呢？

生（个别）：春天到了就喜了。

师：春天到了就喜了，行不行？

生（个别）：下了一场及时雨。

师：下了一场及时雨，是表示了春雨来到的——

生（部分）：喜悦。

师：喜悦，对吧？春雨来了，春雨下了，因为我们知道春雨——

生（部分）：不容易。

师：对了！如果春旱的话，对庄稼生长是有很大影响的。这写的是春夜雨景图，表达的是喜春雨之情。可是，我们看，这四联里头没有一个“喜”字，对不对？只有在什么地方出现？

生（多数）：题目。

师：题目中出现了一个“喜”字，在诗句里面没有一个“喜”字，但是我们说它是笔笔写“喜”，处处点“悦”的。这就是这首诗很突出的特点，它把自己的情——（板书：融情于）

生（多数）：融情于景。

师：对，融情于景（板书：景），诗人是把自己的喜悦之情全部都融在景物的描写之中。现在就请你们自己读。我们说过，律诗分几联？

生（部分）：四联。

师：第一联？

生（部分）：首联。

师：第二联？

生（部分）：颔联。

师：第三联？

生（部分）：颈联。

师：第四联？

生（部分）：尾联。

师： 请大家逐一分析首联、颔联、颈联、尾联。尽管这四联里面没有一个“喜”字，可是笔笔写的都是“喜”，你们看一看是怎样写的？自己读，读了以后自己来思考分析。

（生集体自读）

师： 自己动脑筋，你觉得第一联里头从哪里可以看出“喜”？第二联从哪里看？两个人可以讨论讨论，第一联写的是景，可是怎么说明喜悦之情呢？谁来讲？

生 4： 第一联里面作者用了拟人的手法。

师： 是吗？

生（部分）**：** 对的。

生 4： 他把雨写成像人一样有感情，“好雨知时节”，“好”和“知”就点出了作者的喜悦之情；“当春乃发生”是说这个雨是通人情的，这就从侧面点出这雨是及时雨。

师：“当”怎么解释？

生 4： 到。

师： 到。春天一来，大地回春的时候，这雨就怎么样？“乃”怎么解释？

生 4： 就。

师： 发生？

生 4： 发生就是雨下下来了。

师： 因此，你认为这地方就是表露出作者的喜悦之情。春天一到，春雨一降，他就很喜悦了。这喜到情不自禁的程度，用了哪一个字来表现？

生 4：“好”和“知”。

师： 表现喜到情不自禁的程度，用了“好”和“知”，对不对？再准确一点！

生（议论）**：**“好”！

师： 自己再判断一下。

生（多数）**：**“好”！

师：“好”！为什么？“好”是什么情？

生（部分）**：**赞美之情。

师：对！赞美之情。

生 4：赞美之情油然而生。

师：赞美之情油然而生，请坐。他这句话讲得对不对？雨有没有情？

生 5：这里作者把自己的感情融于不会说话的雨景之中。

师：不会说话的，他又没有说话（笑），对不对？是什么？雨本无情物，可是在诗人笔下这雨怎么样？

生 5：是把自己的诗情寄寓在雨水之中。

师：好，诗人把自己的诗情寄寓在雨这个无情物之中，好像这雨是解人意的，这理解是好的。"当春乃发生"，这个"乃"字要注意，一到春天，大地回春的时候，雨就怎样？就来了，正因为作为无情物的雨都有了情，所以作者就情不自禁地赞美了，用的是哪一个字？

生（集体）**：**"好"。

师：下笔就赞美，对吧？好雨啊！就情不自禁地赞美。刚才×××（指生 4）讲赞美之情油然而生，所以这里面有一个情，用拟人的手法，使得无情物也有情了，从而表达了自己的喜悦之情。特别是一个"好"字，一个"知"字，"知"用来写雨，用的是拟人手法，而在"雨"前面又加了一个修饰语"好"加以强调。好，这一联理解得还是比较好的，接下来请看颔联，这地方怎么表达喜悦之情呢？××说说看，说不好没关系，第二联怎么"喜"？"喜"又从何来呢？

生 6："随风潜入夜，润物细无声"，这里表现"喜"的是"润"。

师：表现"喜"的是"润"，这话怎么理解？表达得不够清楚。"润"，你觉得用得好。除此之外，你们觉得这一联里头还有几个词用得非常好？

生（部分）**：**"潜"。

师："潜"。

生（部分）**：**"细"。

师："细""潜"怎么表达这喜悦之情呢？好，×××讲讲看。

生 7：它是不知不觉的，这就写出了这个雨的特点。

师：春雨的特点。春雨是怎样的？学过吗？

（生议论纷纷）

师：×××讲，春雨像什么？

生 8：像牛毛，像花针，密密地斜织的。

师：斜织着，还有一个像什么？三个比喻，像什么？学过了就忘了，还像什么？像细丝。好，请坐。这地方还没有理解好。

生 9：绵绵的春雨随着风悄悄地潜入，随着黑夜降临了，它无声无息地滋润着万物，给万物带来生机。这里就是写细雨在不知不觉中悄悄地给大地带来无限生机，作者是把自己高兴的感情寄寓在静态的景物之中。

师：把高兴的感情寄寓在静景之中。

生 9：就是在静景当中表达自己的高兴心情。

师：把感情寄寓在——

生 9：静景中。

师：看来这地方是有点困难，到底喜从何来呢？我们先看“随风潜入夜”，这个“潜”字大家觉得用得好，这个“随风”是什么风啊？

生（部分）**：**微风。

师：微风。

生（部分）**：**吹面不寒杨柳风。

师：对！同学们讲得很好，“吹面不寒杨柳风”，随着这个春风啊，悄悄地来到夜晚，对不对？雨是随风潜入夜（板书：夜），那么这雨的形态是怎样的呢？

生（部分）**：**细。

师：细。“润物细无声”，这是从什么角度来写的？

生（多数）**：**听觉。

师：听觉。润物细无声，滋润万物。刚才××（指生 9）讲得很好，这雨悄悄地在人们不知不觉中已经来到了人间，它来干什么呢？滋润万物，给大地带来了无限生机，××的这个理解是很好的，他是听出来的，侧耳细听。（板书：听）这联的理解跟前面不一样，前面因为一个“好”字、一个“知”字，比较明显，比较显露，而这联就比较含蓄了，所以我们理解起来就有些困难。你想想，如果诗人不高兴的话，会这样？他在夜晚应该做什么？

生（部分）**：**睡觉。

师：他睡了没有？

生（部分）**：**他在倾听。

师：噢，他在侧耳倾听。这个用得很好，用侧耳倾听来表露自己的什么？

生（部分）**：**喜悦。

师：喜悦之情。侧耳倾听，否则睡着了怎么还知道“润物细无声”？（笑）这个句子比较含蓄，在“随风潜入夜，润物细无声”这个地方理解有些难度，他为什么要写“细”？诗人写那个形态是为了表达自己的心情。细雨绵绵密密地下着，轻柔湿润，滋润大地，滋润万物，所以诗人高兴得睡不着觉，侧耳细听，听到雨是怎么伴随着风，悄悄地来到人间，是怎么滋润万物而没有声音。你们看，这表露是非常细腻的。

（生点头）

师：非常细腻。第三联。

生 10：“野径云俱黑，江船火独明”，这两句就是从视觉的角度来写的。

师：是从视觉的角度，对不对？

生（多数）**：**对的。

师：好的。（板书：视）

生 10：我觉得这两句里有四个字用得很好，就是“俱黑”和“独明”。

师：为什么？

生 10：就是在这茫茫黑夜里看到江船渔火的光明，感到喜悦。

师：看到渔火闪亮，非常喜悦，那不在春天也可以啊？

生（部分）**：**秋天。

师：秋天也可以（笑）？我们先把这联诗句的含义解释一下，××，你讲。

生 10：“野径云俱黑”，就是——

师：“野”是什么？

生 10：“野”就是野外。

师：野外、郊野。

生 10：“径”就是小路。

师：对。

生 10：“云”就是云。

师：“云”就是云。

生 10：就是野外的小路还有天上的云都是——

师：“俱”是什么意思？

生 10：都。

师：都，都是“黑人”。（笑）

生 10：这句话是说，黑云密布，野外的小路都看不见了。

师：他理解得对，接下去讲。

生 10：“江船火独明”就是唯独江上的渔船亮着渔火。

师：江面看得见吗？只看到江面船上的星星渔火。好，“独明”，唯独船上的渔火是明亮的，其他都看不见，路也看不见，说明怎么样？

生 10：就是看到了希望在春天。

师：看到了希望（笑），看看谁能说好。

生 11：这预示着春雨还将下下去。

师：他讲得很好。

生 11：因为春雨贵如油，诗人想到这一点就感到非常喜悦。

师：他理解得对不对？

生 12：还有春天到了，水涨起来了，有鱼了，所以喜。

师：也可以这样理解，请坐。诗是可以有联想空间的。

生（部分）**：**有意境。

师：这里有意境。诗本身是可以跳跃的，因此我们读诗的时候要发挥自己的想象去适当地描绘，否则的话，就很难把它理解得——

生（部分）**：**透彻。

师：透彻！那么，前头讲侧耳倾听，听到这雨是润物细无声，他心里非常高兴。春雨是及时雨，春雨来到以后，万物生长。但是，这个雨到底是下一会儿，还是要下很长时间呢？诗人怕这雨怎么样？

生（部分）**：**停。

师：停。因此，诗人就从侧耳倾听的近处（板书：近→）爬起来出去看一看。

生（部分）**：**到远处。

师：到远处，对！（板书：远）第三联转换了地点，对不对？出去看一看，路也看不见，跟天上的云一样黑，而江面也看不见，唯独渔船上的灯火有点亮，因此这雨怎么样？

生（部分）**：**会下下去。

师：雨要下下去，不会马上停。这是正面写雨？

生（部分）**：**侧面。

师：对！侧面写雨，前面是写喜得睡不着觉，因为听不见了，所以要有行动，去看一看，看看这雨还会不会下下去。这里就进一步表露了自己的喜悦之情。这个春雨绵绵密密地会下个不停，因为“野径云俱黑”。接下来到第四联，你们看是怎么个“喜”法？

生13：这联写的是拂晓，作者看那花都湿了，沉甸甸的，整座城的花都是沉甸甸的。前面三联都表露了作者喜悦的感情，使作者情不自禁地想到了天明。第四联是联想的部分，他因为喜悦而想到天明，天亮了以后，花沾了雨水以后沉甸甸的，使整个城市成为花的海洋。

师：（板书：晓）理解得对不对？有补充吗？

生14：我不同意他的理解，也可以是第二天看的，因为诗可以在时间上有很大的跳跃。第二天，诗人走到外面去看，也能看到美丽的花儿，锦官城的花——

师：锦官城是什么地方？

生（部分）**：**成都。

生14：（继续讲）饱受了雨的甘霖。

师：用得很好，饱受了雨的甘霖，都是沉甸甸的，分外——

生 14：妖艳。

师：妖艳。

生 14：所以，仍然是“喜”雨。

师：喜的仍然是雨，你觉得不是想象，区别就在这里，好。前三联是什么？雨中。（板书：雨中）对第四联写雨后有不同意见的，好，×××讲。

生 15：关于刚才讨论的是想象，还是真实的描写，我认为没有必要区分。不管是诗人想象的还是亲眼看到的，都是一样的景象。

师：都是一样的景象，表现诗人的——

生 15：同一个目的。

师：同一个目的，表现诗人的——

生（部分）**：**喜悦。

师：为了同一个目的，表达喜悦的心情。

生 16：如果说是第二天去看的，那就有两个地方不好。

师：如果是第二天去看的话，就有两个地方不好，哪两个地方不好？

生 16：一个是诗的题目是《春夜喜雨》，是夜里，第二天就不是夜里了。

师：好的。

生 16：其次，如果是幻觉的话，那么诗就非常有意境。

师：非常有意境，诗意更浓，大家同意×××讲的吗？因为是春夜喜雨，所以从夜写到天亮，但他现在还是在春夜。第四联是从雨中写到什么时候？

生（部分）**：**雨后。

师：雨后。（板书：雨后）这是想象当中的景色，天亮了，去看一看，那一定是红湿处，是花开的地方。这个花为什么是湿的呢？

生（多数）**：**雨。

师：饱含了雨水的滋润，因此是“花重锦官城”。

生（部分）**：**花重。

师：对，花重，沉甸甸的，刚才××讲得很对。“重”是花饱沾了雨水后沉甸甸的，因此锦官城里是花的海洋，花的世界。我们看看，整整四联没有出现一个“喜”字，但是喜在其中，喜溢于纸上，这就是作者十分高明的地方。所以，人们说这首诗是通体晶亮，诗人把情融于景中。作者写得有层次吧？

生（部分）**：**有。

师：对，这一点很清楚，是层层递进。（板书：层层递进）这层层递进表露了什么样的感情呢？

生（集体）**：**喜悦。

师：喜悦之情。这种感情十分细腻，也十分深刻（板书：细腻深刻），既有正面的写春雨，又有侧面的什么？

生（集体）**：**渲染。

师：渲染、烘托、映衬。既有实写——

生（多数）**：**又有虚写。

师：哪一种是虚写？

生（部分）**：**晓看。

师：对，“晓看红湿处，——”

师、生（集体）**：**“花重锦官城。”

师：好，现在自己读，读了以后把它背出来。

（生自读）

师：好，背诵。背的时候要注意，要把这个深情在什么地方表露出来？

生（部分）**：**在字里。

师：在字里行间表露出来，在含蓄的语言中表露出来。“春夜喜雨——”，预备——起。

（生集体背诵）

师：这首诗情深而含蓄，把春天写活了，把春雨写活了，把诗人的什么写活了？

生（部分）**：**情。

师：情，把喜悦之情也写活了，而且是写得比较含蓄的。第二首，白居易的《忆江南》。这是白居易老年时写的，它跟前首诗不一样，比较显露。公元838年，白居易住在洛阳的时候，回想过去在江南的情景，就写下了《忆江南》三首。他曾经做过什么地方的刺史？知道吗？

生（部分）**：**杭州。

师：杭州刺史，还有？

生（部分）**：**苏州。

师：苏州刺史。因此，他对江南的景色非常熟悉。后来他在洛阳的时候，就写下了《忆江南》三首，这是三首当中的第一首。这首词中只用一个对仗的句子，就把江南水乡的特点写出来了，哪个句子？

生（部分）**：**"日出江花红胜火，春来江水绿如蓝。"

师：对，那你们说说看，这个句子是怎样写出江南水乡特点的？为什么说这一句就把江南水乡的特点写出来了？××讲讲看，水乡特点是抓住什么来写的？（生摇头）说不出来？谁说得出来？

生17：一方面是通过颜色来写的，是红、绿和蓝，还有一方面——

师：蓝不是颜色，是蓝草。

生17：还有一方面是通过花、通过水来写的。

师：有补充吗？××，你说。

生18：主要是围绕着江南最大的特点来写的。

师：什么特点？

生18：江南水乡以江花闻名，因为"日出江花红胜火"，这里写的花是江花。

师：江花是什么花？江里有花吗？

生（部分）**：**江边的花。

师：江边的花。

生18：还有"春来江水绿如蓝"，他写的江水也是江南的江水。

师：绿如蓝。

生18：就是翠绿的如蓝花草一样。

师：蓝花草，这兰花的“兰”是哪个字？（板书：蓝）这是蓝色的“蓝”，蓝天的“蓝”，兰花的“兰”（板书：兰）是这样。好，还有补充吗？“江花”是江边之花，“江水”是江中之水，这是水乡的特点，对吗？江边花红胜火，是在什么照耀下？

生（部分）**：**太阳。

师：太阳照耀下红胜火，分外鲜艳。江水呢，一句话就把水的色泽、亮度都写出来了。“绿如蓝”是比喻，江水的颜色是绿色的，是江南春日的特点。江花和江水用什么来进行对比？红和绿，以火和蓝作比，使得色彩非常——

生（多数）**：**鲜艳。

师：鲜艳。所以，只要看这一联对仗，就把江南水乡的特点、春日下江南水乡的特点写出来了，那是由于作者对江南非常熟悉。开头一句哪个词说明这是“忆”江南？

生（部分）**：**旧。

师：“旧”是什么？过去。“谙”，熟悉。最后一句“能不忆江南?”，你们看怎么样？以反问作结有什么好处？

生（部分）**：**意味隽永。

师：意味隽永，对。（板书：隽永）词是短的，但是什么很长啊？

生（部分）**：**情。

师：对，情很长，词短情长。这一句跟第一首诗的融情于景相比较的话，前面是含蓄的，而这一首呢？

生（多数）**：**显露的。

师：对，显露的。前面是融情于景，笔法很含蓄，而第二首的情是表露在字面的，比较显露，最后一句以反问句作结（板书：显露），词短情长，激发人们的想象。好，我们一起把它读一读，背一背。《忆江南》，白居易，预备——起。

（生齐读）

师：这“能不忆江南?”一定要读出什么味道来？词短情长啊！好，背的时候注意。“日出江花红胜火，春来江水绿如蓝，能不忆江南?”（示范朗读）这个情才深才长啊。好，试试看。

（生齐读）

师：好，《忆江南》三首中的第二首是忆杭州，第三首是忆苏州。接下来我们学本课的第三首《渔歌子》，作者张志和，第一次碰到，请看注解，是什么朝代、什么地方的人？

生（部分）**：**唐朝。

师：（学生举手）好，×××说。

生 19：作者张志和，字子同，金华人。

师：好，这个词牌是张志和创作的，他曾经做过小官，后来就隐居江湖。他自称什么？×××，你翻的是什么参考书？（出示给大家看）

生 20：这本书是《唐宋词一百首》。

师：你说说看，他自称什么？

生 20：自称烟波钓徒。

师：自称烟波钓徒。（板书：烟波钓徒）不知道的同学记一记，烟波钓徒。自称烟波钓徒是因为他长期泛舟在江湖之间，因此他写这个渔夫垂钓的词就分外有生活情趣。这首词我看不难，特点是什么呢？特点是五色斑斓（板书：五色斑斓），请你们按照这个特点作画，以诗意作画，最好用彩笔。

（生集体绘画）

师：（边巡回边讲）速度快一点，先看书再画，一句句看，再根据诗意作画，注意五色斑斓怎么安排。看谁画得最快，画好了举手。（学生举手）有的已经画好了。我们看看（出示一位学生的画），第一句“西塞山前白鹭飞”，对不对？

生（部分）**：**不对。

师：不对，画得不够好。这是山（指画），山应该用什么颜色？确定是什么季节了没有？

生 21：春天。

师：春天。你是怎么知道的？

生 21：桃花。

师：对，“桃花流水鳜鱼肥”，因此这山应该是淡绿，对不对？新绿、白鹭，这里没有白的。再看这个画的是桃花，这是流水，还有呢？“青箬笠，绿蓑衣”，看看行不行？这色彩画得对不对？

生（部分）：不对。

师：这张色彩好像还不行。再来（又拿起另一位学生的画），这个非常简单。（又拿一张画）这个可以吧？比例不对。（再拿一张）这个呢？这个是什么颜色？这地方有桃花吗？

生22：有的。

师：在哪里？

生22：已经落花。

师：已经落花了，行吗？（生大笑）这个（又拿一张画）画得还不错，就是小了一点。（再拿一张画）×××画得很好，山怎么样？远山，看到吧？

（生部分争着看）

师：再看××画的，这红的是什么？注意，我们从同学们这两三分钟的勾勒中就可以看出，词里面有画意，刚才讲的五彩斑斓，看看有多少种颜色？有什么？西塞山、青山还有——

生（部分）：白鹭。

师：白鹭。

生：桃花。

师：桃花是红的，青箬笠，绿蓑衣。水里头有——

生（部分）：鳜鱼。

师：鳜鱼，青黄色的。因此，这首词确实五彩斑斓，作者是设色的高手。（板书：设色高手）刚才从同学们画的画去看，山是什么？

生（部分）：高的。

师：水呢？

生（部分）：低的。

师：有高有低。

生（部分）：层次分明。

师：对！层次分明。除了高低之外，还有什么？

生（部分）：远近。

师：远近。山是远的，垂钓呢？

生（部分）**：**近的。

师：近的。“斜风细雨不须归”怎么讲？

生（部分）**：**流连忘返。

师：应该是陶醉在细雨斜风——

师、生：之中。

师：垂钓之中，乐而——

师、生：忘返。

师：这里写得非常优美，富有生活情趣。刚才讲的是静景，有没有动景？

生（部分）**：**有的。

师：什么在动？

生（部分）**：**白鹭飞。

师：一个是飞，还有？

生（部分）**：**流水。

师：对！流水。

生（部分）**：**还有鱼。

师：鱼是游的，还有呢？

生（部分）**：**斜风细雨。

师：斜风细雨，对！它是动静相映（板书：动静相映），整体是静景，但是静中又——

生（部分）**：**有动。

师：空间的层次非常分明。像这样的诗，本身就有画意，诗情画意，山光水色。大家回想一下，像这样写垂钓的诗我们还学过哪首？

生（集体）**：**《江雪》。

师：《江雪》，作者是谁？

生（集体）**：**柳宗元。

师：是什么季节？

生（集体）**：**冬天。

师：冬天，好。我们一齐背背看，《江雪》，预备——起。

生：（集体背诵）“《江雪》，柳宗元。千山鸟飞绝，万径人踪灭。

孤舟蓑笠翁，独钓寒江雪。”

师：那跟春天的景色一样吗？

生（集体）**：**不一样。

师：不是五色斑斓，而是什么？

生（部分）**：**白色。

师：白色。这山都是“千山鸟飞绝”。我们还学过一首。

生（部分）**：**《江上渔者》。

师：《江上渔者》的作者？

生（集体）**：**范仲淹。

师：记得吧？《江上渔者》，预备——起。

生：（齐背）“《江上渔者》，范仲淹。江上往来人，但爱鲈鱼美。君看一叶舟，出没风波里！”

师：这首《渔歌子》是恬然垂钓，对不对？诗人陶醉在美景之中，乐而忘返，而《江上渔者》呢？

生（部分）**：**是写辛苦。

师：是写辛苦。只晓得但爱鲈鱼美，没想到渔夫出没风波里，因此它的画面主要是在什么地方？

生（部分）**：**水中。

师：风波里。我们刚才比较了一下这三首诗词，得到一个结论，即有些写景抒情的诗，既有诗情——

生（多数）**：**又有画意。

师：就是诗中有画的形象。这首《渔歌子》历来是被人们所称颂的，讲它词句清丽，字字入画，我要你们画一画就是这个道理。（板书：字字入画）好，现在我们一齐背一背。

（生齐背）

师：我们读了一些诗，读了一些词，但是要真正理解我国文学宝库当中的诗词，还是——

生（部分）**：**相去甚远。

师：对！相去甚远。现在把两句话记下来，你就知道老师说这句话的用意。古人说过这样的话，“凡操千曲而后晓声”，“操千曲”

（板书：操千曲），听到过吗？

生（部分）：听到过。

师："而后晓声"。（板书：而后晓声）"凡操千曲而后晓声，观千剑而后识器"（板书：观千剑而后识器），这是刘勰讲的，《文心雕龙》的作者。这是什么意思？

（生议论纷纷）

师：听到什么晓声？

生（部分）：声乐。

师：懂得了声乐、音乐，但是要经过多少次啊？一次又一次地练。"观千剑而后识器"，这剑是好还是不好，要经过许许多多的历练才有识别能力。我们仅仅是读了一点诗词，跟我国文学宝库当中的珍品比起来，那是相差得很远很远。所以，除了在课堂里学之外，课外要关心、阅读、赏析、品味，多读、多思考，运用自己的想象，逐步领会我国文学宝库当中的精华。课后把几首诗词背出来，还要怎么样？

生（多数）：默写。

师：默写。要理解，要默写。下课。

【板书】

一、融情于景　　二、显露　　三、五色斑斓（设色高手）

夜—晓

细腻深刻　听—视　凡操千曲而后晓声，　动静相映

层层递进　近—远　观千剑而后识器。　（烟波钓徒）隽　蓝　兰

雨中—雨后　　字字入画

写作教学

"'一件工艺品'作文讲评"课堂实录

时间：1985 年 6 月 9 日

执教：杨浦中学　于　漪

班级：初三（4）班

师：我们在学《核舟记》的时候，曾经对雕刻核舟的人以及写《核舟记》的作者作了一个评论，有那么两句话，大家还记得吧？讲讲看。

生（部分）：刻者惨淡经营，笔者织锦成文。

师：刻者惨淡经营，笔者织锦成文。（板书：刻者惨淡经营　笔者织锦成文）刻核舟的是谁啊？

生（部分）：王叔远。

师：那是苦心构思，技艺——

生（部分）：高超。

师：精湛、高超。写《核舟记》的是谁？

生（多数）：魏学洢。

师：把核舟还有舟上的——

生（部分）：人、物。

师：舟上的人、舟上的物都写得清楚明白。因此，我们说刻者和笔者是相得益彰，刻得好，刻得精湛；写得好，织锦成文。我们学了这一篇说明文之后，要求同学们学习笔者观察事物的眼力，也学写一篇文章。对象是什么呢？是工艺品。我们发了几十张工艺品的照片，请同学们仔细地观察并有条理地加以说明。写的情况如何？这一节课，我们就讲评同学们介绍一件工艺品的说明文，研究应该怎么写精致的物品（板书：精致的物品）应该怎么观察，（板书：观察）在观察的基础上又怎样加以说明（板书：说明）。总的来看，同学们观察得还是比较仔细的，但是在学写的时候有粗细之分、正误之别、好差之异。今天我们着重讲评四篇，讲义发下来了，请同学们读一读。

第一篇《人物纹竹雕笔筒》。人物纹竹雕的笔筒（出示画片），写的同学是观察得非常仔细的，我们仔细看一看。好，传下去看。（生一一传下去看）再讲评一篇是《扁豆瓶》，玉雕（出示画片）。好，传下去，都仔细看一下，看了以后我们才好分析。还有两个同学写一样的，都是写上海玉雕（出示画片），这个后面是"荷花鹭鸶"。这两个同学写的对象一样，我们看文章是否有区别。现在请同学们轮流着看一看。

我们先来看第一篇。（板书：人物纹竹雕笔筒）这篇文章和这图片上的工艺品是不是吻合？这是第一个问题。第二，他是按照什么顺序来说明的？第三，语言上有何特点？三个问题记清楚了没有？现在先请一个同学把这篇读一读。

生1：（朗读）"人物纹竹雕笔（bí）筒——"

师：怎么读？重来。

生（部分）**：**笔（bǐ）。

生1：（朗读）"人物纹竹雕笔筒。这是一只竹雕的笔筒，……而且具有鉴赏的价值。"

师：好，请坐。这是什么字？（板书：吮）

生（部分）**：**吮（yǔn）。

师：怎么读？正音。

生（多数）**：**sh－ǔn →shǔn，吮。

师：看来有几个同学不会读。这个字（板书：shǔn），对不对？不能读半边，“秀才识字认半边”。“吮吸”，注意，把它的音注起来。还有其他不认识的字吗？刚才读得不太顺。好，我们看看这篇写的和画上画的是不是吻合。现在这张画片在谁那里？（生传给老师）请发表意见，要写好它，首先要抓住说明对象的什么？

生（部分）**：**特征。

师：他抓住了没有？首先是抓特征（板书：抓特征），抓准了没有？（指一学生）你说说看。

生 2：说不出。

师：看不出来，你把说明的顺序讲讲看，怎么说明的？这看得出来吗？（同学举手）好，××说，说明的顺序怎样？

生 3：由主到次。

师：由主到次，为什么？

生 3：这个画面上主要画了两个人。

师：画了两个人，因此就是由主到次。

生 4：作者先是总体地进行说明，就是介绍它的长，它的直径，然后再由整个画面的主到次，首先他介绍了——

师：说得慢一些，你是说由总，哪一句是写总？

生 4：第 1 段。

师：第 1 段，对不对？

生（部分）**：**对的。

师：由总，先说。

生 4：然后第 2 段，在分的当中他又是先写主要的，就是先写两个人物。

师：先写主要的，再写次要的。（板书：总—分　主—次）还有吗？

生 4：我觉得他里面有一个没有写出来，就是画面上的笔筒，不是始终直的。这里是弯的，他没有写出来。

师：没有写出来。

生 4：是这样的。

（学生议论纷纷）

师：你发表你的意见，不要人家一反对就——

生4：他这里只写了苍松的委婉曲折，其实这整个笔筒也不是直的，仅我平时看到的笔筒这两边——

师：平时他看到的笔筒是直的，这下面是有一定弯曲度的，看到了没有（指着画片）？这么细小的地方没有看出来，讲得对不对？对的。××，你说说看。

生5：我觉得他这篇文章写得有一定的位置顺序。

师：有一定的位置顺序。

生5：他先由骑在毛驴上的主人写起，然后再写到座下的毛驴，由上写到下。

师：由上写到下。

生5：然后再回到上面，写驴上主人的神态。

师：由上写到下（板书：上—下），再回到——

生5：上。

师：（板书：—上）写到主人的神态。

生6：然后再写他座上的毛驴，毛驴的神态和它委屈的样子。

师：按照空间的——

生6：空间顺序，然后再到老翁左边的书童。

师：由哪里到哪里？

生6：然后写到左边的书童。

师：先写什么？

生6：先写中，然后到左。

师：写中（板书：中），然后呢？

生6：到左。

师：到左。（板书：—左）

生6：然后再到右。

师：再到右。（板书：—右）

生6：是一棵苍松。

师：因此，他的文章在空间上有一定的顺序。

生6：然后再由下到上。

师：由下到上。

生6：苍松的枝干是向上翘起的，有腾飞冲天之势。然后再由下写到上，苍松枝顶上迎着一朵浮云，犹如一缕青烟，再写到地下的怪石和青青的小草。

师：由上再写到下，是不是这个意思？

生6：他是抓住空间的位置来写的。

师：抓住空间的位置，对不对？

生（部分）**：**对的。

师：从上到下再到上，再到下，是按照一定的空间位置来写的；从中到左再到右，也是按照一定的空间位置写的，对不对？因此，我们说这篇文章写得怎么样？

生（部分）**：**层次分明。

师：层次分明。有没有条理啊？

生（部分）**：**有。

师：对，是比较有条理的。（板书：有条理）好，这个说得比较清楚。那么，语言上有什么特点呢？

生7：我认为他有些字用得比较好。

师：哪些字呢？

生7：如在描写书童的时候，说他圆头圆脑，很是可爱。这符合图片上的画，书童的样子非常有趣。

师：非常的有趣，圆头圆脑的。

生（部分）**：**有特征。

师：抓住了人物的特征。

生7：还有就是这苍松枝顶上刻着一朵浮云，或者说有一朵浮云，他是说“迎着一朵浮云”。

师：对，这“迎”好在什么地方？

生（部分）**：**动感。

师：动感，“迎”着一朵浮云。还有其他的吗？

生8：还有就是“似乎也在吮吸山野的精华”，“精华”两个字用得比较好。

师：为什么？说响一点。

生 8：就是山野最优美的风景都包括在里面了，他用不着再去多加描写了，这样也显得比较简练。

师：语言比较简练。

生 8：还有“老翁右面是一苍松，盘绕回旋，蜿蜒曲折，颇见风骨”，这“风骨”也用得比较好，写出了苍松……苍松的挺拔和曲折，是有——

生（部分）**：**高节。

师：古朴，这里是说高风亮节，很有风骨。还有什么补充？

生 9：过去我们在写说明文的时候，讲过要注意文学性，而这篇文章的作者也注意到了这个方面，比如他在里面讲：“他座下的毛驴……吮吸山野的精华。”这里不仅加以说明，而且加以适当的描写。

师：××，你说。

生 10：我觉得这篇文章的第 1 段写得很好，因为这段的语言非常简练，简单的几笔就勾勒出这笔筒的特征，因为——

师：这特征是什么？你能够把它说得具体一些吗？

生 10：这是用一个竹子雕刻的，竹子雕刻就是——

师：抓准什么来写？

生 10：质地坚硬。

师：刚才我们讲不出来，现在看一下再讲，质地坚硬的，对不对？

生 10：雕刻者抓住它质地坚硬的特征，是因势象形，顺着纹路刻，显示出了技巧。所以，我觉得他写得很好。

师：这是从总体上来写的。

生 11：这里作者还抓住了一个特点，就是古色古香。

师：古色古香。再看一看（再次出示画片），还有补充吗？

生 12：还有他比喻用得非常好，如“巨龙欲腾飞冲天之势”，这使人感到有一种动感。作为一篇说明文，他还有议论的话，如“由此可见雕刻者技艺不凡”。

师： 这就对雕刻者的技巧加以评价了。

生 13： 这篇文章在描述的同时还展开了一定的联想，比如写主人，“他回首眺望，仿佛在观察远处山间的美景”；还有写毛驴“似乎也在吮吸山野的精华”，写书童“也被美丽的山色所吸引”，都是展开联想，都突出了山间的美景。

师： 不仅具体说明了这个竹雕笔筒上雕刻的花纹，而且习作者还怎么样？展开联想。因此，语言除了简洁之外，还比较生动。（板书：简洁生动）刚才有同学说，这说明文的顺序是由总而分，那最后一段呢？

生（部分）**：** 又是总。

师： 又是总。所以，条理是很清楚的。说明时必须抓住说明对象的特征，而且要按照一定的顺序有条理地写，可以先总后分再总，可以先主后次，也可以按照一定的空间顺序，语言要简洁生动。那么，为什么这篇文章能够写得如此呢？现在我们请习作者自己讲讲。

生 14： 我写这篇文章主要是对照片进行了仔细观察。

师： 对照片进行仔细观察。你怎么观察的？

生 14： 从不同的角度进行仔细观察。

师： 好，说说你是怎样观察的，怎样从不同的角度观察。

生 14： 在观察的时候，还发挥联想。

师： 还发挥联想，你是怎么观察的？精致的物品那么细小，你是怎么观察的？从不同的角度，还有呢？

生 14： 还有就是边观察边联想。

师： 边观察边联想。

生 14： 在写文章的时候，主要是模仿《核舟记》的写法来写的。

师： 模仿《核舟记》的写法来写，你在写之前看了几遍？

生 14： 看了四五遍。

师： 看了四五遍。看一遍是不是写得出来？

（生 14 摇头）

师： 写不出来，因此一而再，再而三地看，也就是要——

生（部分）：反复看。

师：反复看，就成竹在胸了，是不是这个意思？还有别的吗？

（生 14 摇头）

师：好，请坐。所以，要把这样精致的工艺品说清楚的话，首先要锻炼——

生（多数）：眼力。

师：对，锻炼自己的眼力（板书：锻炼眼力），观察不清楚怎么写得好？首先，要反复看（板书：反复看），他就看了四五遍。他先总后分，是建立在什么基础上的？是脑子里凭空想出这样一个说明条理的吗？

生（多数）：观察。

师：对，反复看。要看清楚这只笔筒，先要看到什么？

生（部分）：整体。

师：整体，对了，先是要把整个的物体看出来。（板书：整体）可能××刚才说得不够具体，好像写的时候就这样写了，其实写之前要看好多次，对不对？先看它的整体，所以才有第 1 段的文章。接下来要看什么？

生（部分）：局部。

师：对了，局部。你们刚才讲的主人啊，书童啊，毛驴啊，都是什么？

生（部分）：分开来写的。

师：对，分开来写的。如果局部看不清楚的话，就没有办法写好局部。（板书：局部）之所以写这个书童是圆头圆脑的，之所以能够把这毛驴写成这样，那一定来自什么啊？把局部看清楚。除了整体、局部之外，还有——

生（部分）：细部。

师：什么地方是细部？

生 15：就是最后一句，“在路旁有怪石突出，路上有青青小草”。还有就是“苍松枝顶迎着一朵浮云，飘飘然如一缕青烟”。还有——

师：还有吗？

生 16：写书童的时候，写额上的发髻凸起。

师：额上发髻凸起。还有什么地方是细部？

生 17：还有他在写主人座下的毛驴的时候描写到，“毛驴也竖起双耳，圆睁眼睛”。

师：毛驴也竖起双耳，圆睁眼睛。还有一个地方也是描写毛驴，细部描写，找到没有？什么地方？

生 18：“它的四蹄微曲，当中镂空，富有立体感”，这里也是细部描写。

师：细部描写。一定要看得精细，才能够把细小处写出来（板书：细部），因为是精致物品，不把细部写出来，怎么叫精致呢？所以，观察有个反复看的问题。为什么比较生动呢？刚才讲了一点，他写的时候怎样啊？边看边联想（板书：边看边联想），用想象来补充，就把这静物写得活起来了，把物品和自己的——

生（部分）**：**感想。

师：和感受结合起来了。把客观的物品和主观的感受（板书：物品感受）结合起来，就使这个静物变活了。所以，介绍工艺品的时候，也是可以把静物写活的。他还说了一个内容，是多角度。但他在具体讲的时候没有讲到多角度，他写的时候有没有角度啊？我们看《扁豆瓶》（板书：扁豆瓶）当中一段说明，这一段是怎么写的？谁来读一读？好，××，看看当中一段是怎么样从多方面看的。（板书：多方面看）

生 19：（朗读）“扁豆瓶高半尺有余，……一点不感到刺眼。”

师：请你看看有哪些方面？刚才这张图片在谁那里？（传给老师，出示给大家看）他是怎么看的？说说看。

生 20：他是从六个角度来描写的。

师：六个角度。哪六个角度？

生 20：一个是密，一个是疏，密和疏。

师：密和疏。

生 20：分和连。

师：分和连。看看是不是这样分——和连。

生 20：还有明和培。

师：还有明和暗。看看（出示画片）这个地方是明的、有光亮的，这个地方是暗的，还有吧？

生 21：我认为还有一个粗看和细看。

师：粗看和细看。

生（部分）**：**有的。

师：粗看怎样？细看怎样？这是不是多方面看？还有吗？你们归纳一下，我就不写了。一是什么？

生（部分）**：**多角度。

师：多方面看，至于哪些方面，自己去思考，粗、细，明、暗，分、连，密、疏，主体、基座，等等。（板书：多方面看 粗细……）对不对？像这样多角度观察，我们这次作文很少有同学注意到。多角度看，应该怎样看呢？

生（部分）**：**平视。

师：平视，还有——

生（部分）**：**仰视。

师：仰视。

生（部分）**：**正视。

师：正视。

生（部分）**：**侧视。

师：很遗憾，这次没有同学写，所以这方面我们观察的眼力还不够。从上面所说的这一些，我们就知道，要像《核舟记》那样，说明文写好容易不容易？

生（多数）**：**不容易。

师：是很不容易的。对这一类精致物品的说明，首先是锻炼自己的眼力，如果观察这一关没有过好，在说明上就会有差错。我拿给大家的"上海玉雕"在哪儿？

（生传上画片）

师：还有一张也传上来。（生传上）这是两位同学按照两张画片写的，一个是里面的，一个是外套，都是一个东西——工艺品。写同一个东西，通常写出来的文章应该怎么样？

生（多数）：一样。

师：一样。可是实际写出来的呢？

生（部分）：差不多。

师：差不多？底座对吧？

（生点头）

师：这是对的，上面呢？

生（部分）：主体。

师：主体，这也是对的。这是什么质地的？（指着画片）

生（部分）：玉。

师：玉的，这个是玉雕。这上面雕的是什么呢？荷花和什么？

生（部分）：鹭鸶。

师：鹭鸶。荷花和鹭鸶。现在问题出来了，要写清楚，首先就是不能有差错。那你们找找看，这两篇文章《上海玉雕》和《荷花鹭鸶》在鹭鸶的说明上有没有差错？找到没有？

生 22：×××写的是鸳鸯，××写的是鹭鸶。

师：怎么说？

生（议论）：鸬鹚。

师：鸬鹚就是鹭鸶？

生（部分）：不一样的。

师：鹭鸶。好，××，你说说看是怎么写的？

生 22：×××把这个工艺品分为整体和基座两个部分来写。

师：大家看，对不对？

生 22：而××就是，一样的。

师：那是相同的，有没有不同的地方？

生 22：××还写了这精致品的长度和宽度。

师：长度和宽度，而×××？

生（部分）：忘记写了。

师：这需不需要写？

生（多数）：需要的。

师：遗漏了。还有吗？

生 23：×××在这篇文章里面说了还有鸳鸯。

师：还有鸳鸯。

生 23：他说是鸳鸯，××这里就没有说到。但是呢——

师：这四个大小不等的鸳鸯各具神态。还有什么地方？

生 23：这×××和××都没有注意到在下面有一个既像鸭子又像鸳鸯的——

生（部分）：就是鸳鸯。

师：是鸳鸯。

生 23：那××没有写。

师：××把它看成什么了？

生 23：鸬鹚。

师：鸬鹚有怎样的特点？

生（部分）：长腿。

师：长腿，对吧？"这个地方长腿的一只，下面呢？鸬鹚和鸳鸯的嘴跟脚部都不一样，一个是扁嘴，一个是——"

生（部分）：尖嘴。

师：而且，腿的长短是大有区别的，所以不能看错。这个鸬鹚在什么地方？有的看不清楚。下面是鸳鸯。这两只鸬鹚在什么地方？一只在旁边，还有呢？

生（部分）：在上面。

师：对，这只在上面。因此，看精细物品的时候——

生 24：×××好像没有写这鸳鸯，××也没有写。

师：他写了什么？

生 24：应该是两只鸳鸯露在水面上，他以为是鹭鸶了。

师：以为是鹭鸶了，也错了。

生 24：而且他少看了一个。

师：少看了一个。

生 25：这里×××讲主体中央是一个石柱；而××讲主体部分是由初露芳华的荷花和悠然自得的鸬鹚构成的，实际上这画片上是没有荷花的。

师：我为什么要把两张放在一起比较呢？这说明我们看的时候要怎么样？

生（部分）**：**仔细。

师：要仔细，要无差错（板书：无差错），还要无什么？刚才讲还有些没有观察到，是无什么？

生（部分）**：**无遗漏。

师：（板书：无遗漏）要无遗漏。写一篇说明文，如果写错了，这篇说明文就——

生（部分）**：**失败了。

师：说明要说得明白，首先要怎样？

生（部分）**：**准确。

师：准确，无误，这是先决条件。

生 26：我觉得×××这篇文章有一点是不够的，就是他要写的是玉雕，可是他在描写的过程当中只抓住了事物的形态展开联想，而忘了它本身的特征，这是由玉雕出来的。

师：是由玉雕出来的。相比之下——

生 26：××就有简单的概括。

师：有简单的概括说明，对不对？×××（习作者本人），你同意吧？

（生点头）

师：所以，前头我们讲的两篇文章，要写好说明，首先要抓住什么？

生（部分）**：**特征。

师：特征。你不抓住特征，怎么知道？那个竹雕质地很硬，扁豆瓶是绿色翡翠的。这里是写荷花鹭鸶，“鹭”怎么写法？

生（部分）**：**上面一个路，下面一个鸟。

师：（板书：荷花鹭鸶）上海玉雕（板书：上海玉雕）在写的时候一定要抓住特征，不抓住的话，就不知道这是什么。我看你们这些作文，你们把画片都怎么样？夹在作文本里头。我在批改的时候是以图来对你们的文，发现其中有差错，遗漏很多。相比之下，《人物纹竹雕笔筒》和《扁豆瓶》就好一点。可见，这精致物品的介绍是很不容易写的，要锻炼我们的眼力，而且要十分精细。怎么做？我再把画片发下去，请你们对照自己的作文，做一件什么事情呢？

生 27： 修改。

师： 怎么修改呢？你们说说看。

生 27： 减少误差。

师： 第一，减少误差，要看真切，无差错，对吧？第二要梳条理，要把条理梳清楚，不能东一榔头西一棒子。第三就是语言啰唆和不通之处要加以修改。当然，要写好这篇文章，关键在什么？

生（多数）**：** 观察。

师： 对，观察是智慧的源泉。（重复一遍）刚才不是讲到，边看边联想，跟你旧有的知识相结合，你观察的时候就可以使你的知识进入周转，对你要描绘的事物就可以看得更加真切而无遗漏处。所以，我再把画片发下去，大家仔细对照。今天的课，我们就上到这里。

下课。

【板书】

精细物品的观察和说明

锻炼眼力
- 反复观察，巨细不漏，细微处尤其看真切
- 多角度观察，看出层次，看出多种形态
  ——平视、仰视、俯视、正视、侧视……
- 边观察边联想，使静物“活化”

表达准确——语言准确，说明有条理，使用合适的说明方法，夹以恰当的描写

"《0与32之比》作文讲评"课堂实录

时间：1984年

执教：杨浦中学　于　漪

班级：初三（4）班

师：今年的暑假非比寻常，全国人民几乎都沉浸在关心奥运会比赛的气氛当中，我们青少年学生也不例外。也就是说，奥运会上中国健儿的比赛牵动着亿万人民的心，不只是我们学生，老老少少都是争着看报纸，看体育新闻，听广播，看电视。正是基于这样一种情况，我请同学们写了一篇作文，叫《0与32之比》（板书：0与32之比），今天我们就对这篇作文进行讲评。首先请同学们考虑两个问题：第一，"0与32之比"这样一个题目应该写成什么体裁的文章，是记叙文还是议论文？第二，请大家思考一下，0会涉及哪些材料？32会涉及哪些材料？听清楚了没有？我再重复一遍，0会涉及哪些材料？32会涉及哪些材料？现在请大家发表意见。

生1：我认为这样一个题目应该写成议论文。

师：议论文，为什么？

生1：因为这里主要是谈0与32的差别，要比较就要议论。

师：对不对？要比较就要议论。

生2：我认为应该是记叙和议论相结合，因为记叙是议论的基础，没有记叙，议论也就是空洞了。

师：有不同意见了。××，你说。

生 3： 我认为这篇文章应该写成议论文，议论是通过举事例来议论，而不应该是记叙与议论相结合。这里写 0 的材料就是为了和 32 比，也就是通过 0 的材料来反衬出 32。

师： 反衬出 32，请坐。现在我们来解决第二个问题，0 会涉及哪些材料？32 又会涉及哪些材料？即它们分别会涉及哪些材料？

生 4： 0 会涉及中国过去参加奥运会比赛的材料。

师： 对！过去中国参加奥运会的一些情况和有关材料。32 呢？

生 4： 32 就是我国这一届参加奥运会——

师： 这一届是哪一届？

生（议论）**：** 第 23 届。

师： 第 23 届。参加第 23 届奥运会我们中国健儿所——

生 4：（继续说）取得的辉煌成就。

师： 它涉及这么两类材料。刚才××（指生 2）讲这样的文章要有记叙，可能他理解得不是十分准确。你要议论的话一定要有什么？

生（议论）**：** 有材料。

师： 对，要有材料。这样的文章既然是议论文，就必须有鲜明的观点，而观点是从什么地方来的呢？要从材料当中抽出来。我们初写这样一类文章，还没有掌握其中的规律，所以这一次作文讲评我们就讲这个问题，就是从材料中提炼观点。（板书：从材料中提炼观点）作文没有鲜明的观点，那就没有办法"比"（在板书"比"下面画圈），就没有办法把它的实质揭示出来。怎么从材料当中提炼观点呢？我们就拿印发的这几篇作文来剖析一番，寻求其中的道理。

这里印了四篇作文，一篇是×××①的，一篇是××②的，一篇是××③的，一篇是××④的。现在先请大家做第一件工作，就是请你们各找一篇文章里面的材料。比如，×××①这篇文章里一共用了几个材料？用了几个事实？第二篇、第三篇、第四篇，同样如此。好，这组找第一篇，这组找第二篇，这组找第三篇，这组找第四篇。好，速度快一点，号码标一标。（在教室内巡回，了解学生找的情况）一共用了几个材料？号码标出来。仔细一点，有的找得少了，有的第一篇找了五个，有的不止。差不多了吧？好，我们先看第一篇，一个同学讲，找其他几篇的也同时看第一篇，看找得对不对。××，你先说用了几个材料？

生5：我认为×××在这篇文章里用了八个材料。

师：八个材料，好。第一个，大家画出来。

生5：第一个是在第1段中的，"许海峰的神射"；第二个是"李宁的托马斯全旋"；第三个是"中国女排的飒爽英姿"；第四个是在1932年的洛杉矶奥运会。

师：这句话不行，"在1932年的洛杉矶奥运会"，把它说完整，应该怎么说？

生5：1932年洛杉矶奥运会的——（说不下去了）

师：奥运会上——

生5：中国运动员的成绩。

师：嗯，捧回来的是——

生5：0。

师：好。

生5：（继续说）第五个是1984年奥运会中国运动员获得了15枚金牌、8枚银牌、9枚铜牌；第六个是中国女子篮球队、中国体操队以及后面的一些都是一个材料里面的。

师：都是一个材料？

生5：（继续说）第七就是中国运动员步入纪念体育场时，场外的合唱队全体起立表示欢迎。第八个材料是1932年外国报纸用鸭蛋取笑中国人是"鸭蛋冠军"。

师：好，请坐。有没有补充的？（学生举手）这里有补充，××讲。

生6：还有就是外界评论。

师：外界评论是一个很重要的材料，还有？

生6：还有，他说把中国女子排球队、中国体操队以及后面的一些材料并起来，我看还是分开好。

师：这个地方分开来应该是几个材料？

生6：三个材料。

师：三个材料？

生（议论）**：**五个材料。

师：五个材料，一个是一跃成为世界强队，还有中国女子篮球、中国女子手球也什么——（生：跻）跻身于强手之林，所以这里是五个材料。还有没有？

生 7：××说（指生 5），第五个材料是在第 23 届奥运会上中国运动员获得了 15 枚金牌、8 枚银牌、9 枚铜牌。我认为这是第六个材料，第五个材料应该是中国参加奥运会的运动员人数。

师：有个数字，225 名，对吧？一共多少材料？十几个？

生（部分）**：**14 个。

师：14 个，一共有 14 个材料。接下去我们看第二篇，就是××这篇文章。

生 8：我认为××这篇文章一共用了 11 个材料。

师：11 个材料。好，哪 11 个？

生 8：第一个是新中国成立前参加奥运会 3 次，捧回了 3 次 0。

师：捧回了 3 次 0，还有 3 个 0 这个材料，好的。

生 8：第二个是许海峰获得了第一块金牌。

师：许海峰获得了第一块金牌。

生 8：第三个是中国运动员在奥运会上写了并挂了一条横幅；第四个是我国大力士获得 5 枚举重金牌；第五个是男女体操健儿获得 5 枚金牌；第六个是女子跳水获得 1 枚金牌；第七个是栾菊杰获得 1 枚金牌；第八个是女排获得 1 枚金牌；第九个是我国运动健儿一共获得 15 枚金牌。

师：是这样吗？你再说下去。

生 8：（领悟，继续说）第九个材料是李宁获得了 3 枚金牌；第十个材料是两射击选手出人意料地独占鳌头；第十一个材料是中国运动员夺得了 8 枚银牌、9 枚铜牌，共获得了 32 枚奖牌。

师：好。有不同意见吗？

生 9：他漏掉一个，就是女排获得冠军，她们是在小组赛失利的情况下毫不气馁，最后获得了冠军。

师： 有这么一个材料，对不对？漏掉了一个。

（生10欲言而止）

师： 一共几个材料？

生（多数）**：** 12个材料。

师： 12个材料。接下来我们看××的这篇文章，谁说？

生11： ××这篇有6个材料。

师： 6个材料，大家看对不对？

生11： 第一个材料是许海峰为中国首开纪录获得第一枚金牌；第二个是郎平，郎平就是猛扣材料；第三个是李宁的，李宁体操的这个材料；第四个是吴数德举重取得金牌的材料；第五个是写栾菊杰获得金牌的材料；第六个就是国务院电贺体育健儿的材料。

师： 就是6个，对不对？

生（部分）**：** 不对。

师： 不对，还有吧？谁补充？

生12： 还有3个。第七个是7月29日许海峰获得金牌，这是具体写的。

师： 是具体写的。好，第八个？

生12： 第八是栾菊杰打破——打破了保持八十多年的欧洲垄断剑坛金牌的纪录；第九个是女排姑娘在小组赛中虽然以1比3输给了美国队，但后来经过顽强拼搏赢得了金牌。

师： 请坐。两个人有没有区别？（指生11、12）他们讲的有没有区别？一个是有些材料怎么样？用了两次，因此可以说6个材料，也可以说是9个材料。其中有3个材料是具体化了，你把它们分开来讲也可以，合起来讲也可以。好，××这篇文章，谁来说？××的这一篇用了几个材料？

生13： ××的这篇文章共用了10个材料。

师： 10个材料。

生13： 第一个材料是中国代表团共夺得32枚奖牌；第二个材料是法新社的报道；第三个材料是《泰晤士报》的报道；第四个材料是中美女排的决赛；第五个材料是中国三级跳远名将邹振先；第六个

材料是当时美国政府不重视，推说资金不够，让运动员自费去；第七个材料是张家口提供的材料；第八个材料是提供了运动服装；第九个材料是海军提供了干粮；第十个材料是民航提供了专机。

师：对不对？（生大部分点头，示意对）好，××（指生13）看得非常仔细，看来找材料并不困难。我们要写这类议论文，就要提炼出观点。第一步，首先要搜集和占有材料（板书：搜集和占有材料），不占有这些材料，怎么能提炼出观点？所以，我们刚才做的第一步工作，就是请同学们找一找这几篇文章里面到底用了哪些材料。正因为这些文章里面用了这些材料，所以我们读起来就很具体。

怎么从这些材料当中提炼出观点？（手指板书：从材料中提炼观点）因此，第二步，要请你们把刚才所看出来的这些材料排列一下，排列梳理（板书：排列梳理），有的是12个材料，有的是9个材料。把这些全部排列出来后，请你们把它们归归类（板书：归类集中），看这些材料可不可以合并，可以归成几类。

（生议论，有的说三类，有的说两类）

师：好，×××先讲。

生14：第一类是过去中国运动员参加奥运会的材料。

师：第一类是过去中国运动员参加奥运会的材料。

生14：第二类就是第23届奥运会，中国运动员取得三方面奖牌的材料。

师：李宁的、许海峰的、栾菊杰的、中国女排的等等，都是这一类材料，好的。

生14：第三类是外界报纸对我们的评论。

师：外界报纸对我们的评论。

生14：过去的和现在的。

师：过去的和现在的。他认为有三类。有没有补充？

生15：我认为还有一类，就是在××这篇文章（指最后一篇）中，提及运动员们得到了国家和人民的支持。

师：××的作文当中写到这次运动会是得到国家和人民支持的，这也是一类，对不对？

生 16：我认为不应该照×××同学（指生 14）那样分，因为外界也有对以前的关于 0 的方面的评论，还有对现在的关于 32 方面的评论，总的来说，可以把这些材料分为关于 0 的一类和关于 32 的一类。

师：就是分成几大类？

生 16：两大类。

师：那么，两大类里面还可以细分吗？

生 16：可以。

师：怎么细分？

生 16：我认为，两大类里面，一类就是在中华人民共和国成立前参加奥运会的败绩。

师：“败绩”，这个用得很好。“败绩”是耻辱啊！包括什么？外界的——

生 16：外界的各种评论。

师：各种讽刺、评论。

生 16：（继续讲）这里面还有一类，就是政府腐败。

师：对，指旧政府的腐败。

生 16：第二类材料也可以细分为两种，一种就是体育方面的，还有一方面是党、政府、人民的支持。

师：这是第二类的，一是体育方面的，一是党、政府、人民的支持。还有吗？再想想，你说了，前头讲过，忘了。党、政府、人民的支持，还有吗？

生 17：还有就是外界对第 23 届奥运会的具体评论。

师：对第 23 届奥运会的评论，对不对？所以 32 这一组材料下面又可以分三类。关于体育训练这方面还可以分吗？

生（议论）**：**还可以分。

师：分几类？

生（部分）**：**两类。

师：哪两类？

生 18：一类就是运动员本身。

师：运动员本身，好。

生 18：还有就是他们在训练时的情景和教练员的——

师：你胆子大些。一个是运动员的，还有呢？

生 18：教练员的。

师：教练员教得出色。所以，从这里就可以看出，尽管我们用了很多材料，但是你把它梳理以后，归类集中，很清楚就是在两类里面，一类是 0（指板书“0 处”），一类是 32（指板书“32”处），这样就能够扣紧题目。如果我们仅仅是归类，那仍然是拎不出观点的。因此，第三步，我们就是要从这些材料当中来找出它们的意义，就是要剖析材料的意义（板书：剖析材料的意义），因为材料是文章的什么？质地。（板书：质地）一篇议论文章没有材料，就会空发议论。这些材料的意义究竟在哪儿？材料的价值是不完全一样的，你们说对不对？因此，我们要学会剖析材料的意义，剖析材料，弄清这个材料里头所含有的意义。我们要把材料集中起来，分清主次。（板书：分清主次）刚才同学们归类很清楚，是两大类，两大类里面又分许多小类，那么请同学们看看，在这些材料当中，哪些材料是最主要的，要写这篇文章是非用不可的？哪些材料是可选择的？

生 19：我认为有两个，一个是关于 0 的，当时参加奥运会 0 奖牌的材料；另一个就是这次奥运会上我国运动员所取得的 32 块奖牌的材料。

师：这两个是最主要的材料，对不对？这是最主要的材料，非用不可；而其他的材料，比如关于教育的，关于外界评论的，这些怎么样？可以选择了用。在用的时候，请同学们特别要注意的，就是要提取最有意义的（板书：提取最有意义的）材料，这样用的时候就可以从中提炼出观点来。我们刚才讲 0 这一组和 32 这一组，这两个实质性的材料是无论如何不能忽略的，但是写的时候，你们看，0 跟 32 应以什么为主？

生（大多数）**：**32。

师：对！过去的 0 只不过是什么？只能说明过去，尽管是奇耻大辱，但是只能说明过去。我们用那个 0 的材料来突出说明今天的 32，因此 32 的这组材料是最重要的。从这个材料当中要提炼出怎样一个观点？我们怎么会取得32块奖牌？在这个方面，×××的文章结尾两段和××的这篇文章最能说明问题。我们现在请×××自己把文章末尾的两段读一读。

生20：（朗读自己的习作）“体育是一个国家的窗口，……让全世界更清楚地看到新中国的风貌。”

师：她读得很好。我们看这两段议论是不是观点鲜明？

（生部分点头）

师：观点鲜明，因为前面摆了十几个材料，然后把这两组材料进行强烈的对比，揭示其中的实质，就能看出过去会有这样的耻辱，是由于旧社会落后，国力衰败；而今日我们之所以能够取得这样辉煌的成就，是由于社会主义国家的兴旺发达。因此，通过0与32之比，就提炼出这样的观点，体育是什么啊？

生（部分）**：**是一个国家的窗口。

师：是一个国家的窗口。从0与32之比可以看出，我们国家确实是兴旺发达，社会主义祖国兴旺发达，这就确立了主要观点。（板书：确立主要观点）通过材料的搜集、梳理、归类、剖析、提取最有意义的（指着板书讲），就能提炼出这篇文章的主要观点。因此，提炼的过程实际上也就是一个什么过程？

生（议论）**：**思维过程。

师：对，是一个复杂的思维过程。（板书：复杂的思维过程）从材料当中提炼观点的过程，实际上也就是一个复杂的思维过程。在这个复杂的思维过程里面，一个就是要会怎么样？归纳。（板书：归纳）比如，我们从报上看到许多材料，我们从广播里听到许多材料，从电视里看到许多材料，这些都是散的，散在各处的。你写这篇文章时，要把这些材料搜集起来，然后归类、梳理清楚。归纳分类以后，怎么提炼出观点呢？很重要的就是在什么上面下功夫啊？

生（部分）**：**分析。

师：要解剖分析（板书：分析），这是一个复杂的思维过程。在这个过程当中，归纳和分析十分重要。因为材料有的是很有价值的，有的是一般性的，要大胆地取舍，这就要靠认识问题的能力和判断问题的能力。一篇文章要写好，必须提炼观点。刚才读的×××的文章，前面摆出了材料，后面议论得很清楚。从这里就可以看出，通过0与32之比，讴歌我们祖国体育事业的辉煌成就，讴歌我们社会主义国家的兴旺发达，这个观点就十分鲜明。按理讲，我刚才讲的这些内容应该在什么时候做呢?

生（插说）**:** 写作前。

师: 对，是写作文之前做的，是写前的工作。（擦去“0与32之比”和“质地”，用红粉笔板书：“写前”）以后碰到写这类文章，要涉及很多材料，因此要搜集和占有，搜集和占有以后要会排列梳理（在板书的“搜集和占有材料”与“排列梳理”之间画上“↙”），梳理了以后要归类集中，而且要会剖析（在板书的“归类集中”和“剖析材料的意义”之间画上“↙”），剖析了以后要分清主次，随后再去提炼其中最有意义的（在板书的“分清主次”和“提取最有意义的”之间画上“↙”），这样就完成了从材料当中提炼观点的过程。现在我们讲评把它怎么样?

生（部分）**:** 倒过来。

师: 对，倒过来。因为我们在评论文章。学习要举一——

生（抢说）**:** 反三。

师: 对，还要会“反三”。以后我们写这一类议论文，一定要记住提炼观点。提炼与确立观点还只是写好文章的初步工作，还有写时（用红笔板书：“写时”）的工作。观点是文章的灵魂，确立观点以后，第二步的工作应该是什么？根据观点要怎么样啊?

生（部分）**:** 精选材料。

师: 对了，回过来了。确立了观点以后，要根据你所提炼出来的观点，再精选材料（板书：根据观点，精选材料），看看要说明这个问题，哪些材料最能讲得清楚，要根据观点精选材料。精选材料以后还要议，要论，所以要剖析事理。（板书：剖析事理）写的时候怎样根据观点精选材料，剖析事理？我们看一看××这篇文章，他是不是做到了？现在我们请一个同学把××这篇文章（指文4）读一读。

生21:（朗读）“第23届奥运会胜利闭幕了，……报道——上

只，报道上——”（读破句）

师：怎么读？重来。

生21：“报道上只有讽刺和嘲弄，……为什么在短短的52年里，中国运动员能提高得这么快？”

师：不行，读走音了，重来。

生21：“为什么在短短的52年里，中国运动员能提高得这么快？……是无限的辽阔。”

师：读得比较好了。我们看这篇文章观点清楚吗？是歌颂中国体育健儿的辉煌成绩，并且剖析原因。我们在议论的时候要注意，古时候有这么一句话，“论如析薪”（用红笔板书：论如析薪），好像是劈柴火一样，“贵能破理”（用红笔板书：贵能破理），要能够把道理讲得很透彻。××这篇文章用了几个材料？刚才讲几个？

生（多数）**：**10个。

师：10个材料，但是我们觉得累赘吗？

（生摇头）

师：不累赘，因为他的材料都是为说理服务的，用得很精练。比如一开始，他是怎么用的？用了两个外电的报道，法新社报道说：“中国人以惊人的15枚金牌，迫使世界承认它是体育强国。”第二个材料，《泰晤士报》报道说：“中国不久将和欧美一样成为体育强国。”这很有一点别开生面，对不对？用材料来说明我们在奥运会上取得的成绩，不落俗套。也就是说，我们在写文章的时候，别人已经说得很多的，还要不要重复？

生（多数）**：**不要。

师：写的时候要求有新意。第二，我为什么要×××同学（指生21）把这篇文章读一读呢？我用来回答××同学（指生2）的话（生2有点紧张），你（指生2）不必紧张。他开始说，写这样的文章要有议论、记叙，可不可以夹叙夹议啊？是可以的，但是要以什么为主？

生（部分）**：**议论。

师：还是以议论为主。××这篇文章写得很不错，但有一个不足的地方，就是在七、八、九三个材料当中，用××（指生11）的话讲就是在四、五、六三个材料当中叙述怎么样？××（习作者本人），你觉得叙述得怎么样？

生 22： 叙述得太累赘了。

师： 叙述得过于详尽了，因此显得有些累赘。在议论文里，用材料的时候要学会浓缩。

生 23： 我想讲一个，运用材料的时候要注意材料的准确性。××同学的作文当中，他说我国的大力士获 5 枚举重金牌，应该是 4 枚金牌。

师： 应该是 4 枚金牌。

生 23： 还有在××（文 4）的文章里讲教练员在中美女排决赛当中，每当战斗到紧张的时候，中国队侯玉珠就上来发球。其实，侯玉珠就上去发了一次。

师（笑）**：** 是几次啊？一个说是“每当”，一个说是“一次”，××自己说（习作者本人），请坐（指生 23）。

生 24： 比赛中紧张的时候是不多的，只有第一局的最后，因为后面两局美国队就根本没有什么士气了。

师： 所以，只用一次，那么他提的对不对，“每当”这个时刻？

生 24： 当然不对。

师： 好。

生 23： 还有就是“接发球就失误”是不对的。

师： 应该是什么？

生 23： 接发球就容易失误。

师： 就容易失误。好，讲得非常好。我本来要布置三个作业，现在有一个已经被这位×××（指生 23）讲了。你们根据今天讲的内容，从材料中提炼观点，自己评自己的作文，自评以后要互改一下。三个要求：第一，你写的这篇文章是记叙文还是议论文？请你把文体区别一下。第二，你运用了哪些材料，这些材料的准确性如何？其实，在我们印的作文中，材料也是有不准确的。我不讲了，请你们回去反复看。第三，写这样的文章，既要观点鲜明，材料充足，还要语言通顺。总体来说，这几篇文章的语言都很通顺，特别是××（文 4）这篇文章的结尾部分，语言写得很有点气势，对吗？用比喻来表达，“‘0’它沉重地锁着我们，使我们头抬不起来，腰直不起来。然而，‘32’就像一声春雷，它击开了锁链，使我们站起来了”。用比喻点题，寓意其中。而且最后讲：“‘32’，不是终点，而是起点。它的前面，是无限的辽阔。”最后一句非常好，但是与此同时，我觉得其他同学作文有的结尾部分有毛病，看出来了吗？

生（议论）：××的（文3）。

师：噢，××的（文3），他说：“0，是过去的耻辱；0，是未来的开端。”行不行？

生（多数）：不行。

师：大概是笔误，因为在同一个语言环境里使用一个概念的话，容易有歧义，第二个“0”应该改成什么？

生：（集体）32。

师：32，是未来的开端。课后自评作文，然后互改，清楚了没有？

（生点头）

师：下课！

【板书】

从材料中提炼观点

搜集和占有材料

↓

排列梳理材料——→归类集中

↓

剖析材料意义——→分清主次

↓

提取最有意义的——→确立观点

（以上四行：复杂的思维过程 → 归纳、分析）

……………………………………………

根据观点，精选材料，剖析事理

教学实录八篇

《拿来主义》
教学实录

时间：1979 年 12 月 8 日（星期六，上午第一、二节课）

执教：杨浦中学　于　漪

班级：初二（1）班

第一课时

（预备铃后，师、生齐背：《扬子江》《示儿》《枫桥夜泊》《饮湖上初晴后雨》和《题西林壁》）

师：我们同学课外阅读的兴趣很浓，阅读的范围比较广泛。半个学期以来，我初步统计了一下：全班同学看的杂志多达 67 种，科技类的作品不说，就是中外文学作品，也有 270 多本。也就是说，这个学期平均每个同学已看了课外书籍 5 本左右。有一个同学看得非常多，连杂志带书籍共 40 几本。书的种类也很多，譬如说：有唐宋诗词，有《三国演义》《水浒传》《红楼梦》，还有同学看“西厢”。（生笑）

《西厢记》，我曾借来看了一看，是“王西厢”。还有同学看明清笔记小说，是选译的。外国文学作品也看了不少。有的看列夫·托尔

1979 年，中国改革开放刚刚起步，当时初二语文教材中并没有收录鲁迅先生的《拿来主义》，但作者觉得有必要学习，于是在课堂上给学生补充了这篇经典作品。作者通过《拿来主义》这篇文章，深刻分析了对待中外文化遗产的三种不同态度，结合 1978 年全国科学大会文件《提高整个中华民族的科学文化水平》中的内容，高度赞扬了“拿来主义”思想。

斯泰的《安娜·卡列尼娜》《战争与和平》。巴尔扎克的《高老头》，听到过吗？［生（集体）：听到过。］还有看雨果的《悲惨世界》等。总而言之，古今中外的作品都有。对古代的和外国的文学作品，对这些文化遗产，我们在接触的时候，看的时候，应该采取什么态度呢？——今天我们学习鲁迅先生的《拿来主义》，从中可以受到启发，得到教益。现在请同学们看课文。鲁迅的《拿来主义》这篇文章选自什么地方？请一个同学讲讲看。

生1：选自《鲁迅全集》第六卷《且介亭杂文》。

师：请坐。对不对？［生（部分）：对。］对？我说这里头有几个字要注意啊。选自《鲁迅全集》第六卷的《且介亭杂文》，实际上是"租界亭"——《且（租）介（界）亭杂文》。（边讲边板书：租界）租界。有段时间，鲁迅先生住在上海闸北区的帝国主义越界筑路区域，（边讲边板书：越界筑路区域）这个地区有"半租界"之称。（在板书"租界"之前，板书：半）鲁迅先生有很强烈的民族自尊心，对帝国主义十分憎恨，因此取"租界"二字的一半，表示愤慨之情。（在板书"租界"两字上，用红粉笔各圈一半：租界）半租界，取其一半，就变成什么啦？"且介"。以后记住"且介"的意思。

师、生（集体）**：**且（租）介（界）亭。

师："拿来主义"是鲁迅先生自己创造的词语。什么叫"拿来主义"呢？为什么对文化遗产必须拿来呢？这就是我们学这篇课文要解答的问题。我们先看文章的第一部分——第一部分是第1—4段。大家在书上做好记号。

先看第1段，请同学们思考：鲁迅先生在提出"拿来主义"主张之前，先批判了什么主义？（学生议论）什么主义？××讲。（指定学生）

生2：首先批判了"闭关主义"和"送去主义"。

师：先是批判了"闭关主义"和"送去主义"。对不对？［生（部分）：对。］（板书：闭关主义）请同学们考虑一下，这一段的重点在哪里？

生（集体）**：**"送去主义"。

师：“送去主义”。（板书：送去主义）重点是批判“送去主义”。我们先看文章的第一、二两句。（朗读）“中国一向是所谓‘闭关主义’”。什么叫“闭关主义”呢？鲁迅先生作了精辟的解释，他是怎样说的？

生（集体）：“自己不去，别人也不许来。”

师：对。（朗读）“自己不去，别人也不许来。自从给枪炮打破了大门之后，又碰了一串钉子，到现在，成了什么都是‘送去主义’了。”原来是“闭关主义”——“自己不去，别人也不许来。”这就是说怎么样呀？

生（个别）：排外。

师：排外，盲目排外。可是，后来就变了。“自从给枪炮打破了大门之后”，同学们知不知道，“给枪炮打破了大门”是怎么回事？

生（集体）：鸦片战争。

师：对。1840 年，英帝国主义用鸦片和枪炮打破了清王朝的大门之后，“又碰了一串钉子”——（个别学生举手，教师指名）

生 3：什么叫“又碰了一串钉子”？这是什么意思？

师：有谁知道吗？第一次鸦片战争以后，接着就是什么？第二次鸦片战争以后，又是中法战争。我们看电影的时候接触到邓世昌，那是——

生（部分）：中日甲午战争。

师：对，甲午战争。以后又有八国联军等。凡是帝国主义侵略我国，发生了战争以后，我们无不丧权辱国。

生（个别）：（插话）割地赔款。

师：你讲得对，割地赔款，这就是“碰了一串钉子”的内容。“到现在，成了什么都是‘送去主义’了。”这两句话非常概括地说明了近代以来，从清政府开始，怎样从盲目地排外到一味地媚外，从“闭关主义”一变而成为“送去主义”。这一句，理解了吗？

生：理解了。

师：现在请同学们看下面的文章。什么是“送去主义”呢？鲁迅先生摆了三个事实——当时的三件事实，来揭露国民党反动派搞的

"送去主义"。请同学们看，哪三件？（指定学生）

生4： 第一件，是把一批古董送到巴黎去展览；第二件，是几位"大师"们捧着几张古画和新画，在欧洲各国一路的挂过去；第三件，是送梅兰芳博士到苏联去。

师： 对不对？

生5："顺便到欧洲传道。"

师： 好，补充一句，还"顺便到欧洲传道"。这三件事情大家看得很清楚。你们看这里三件事情，都着眼在一个什么字上面？

生（集体）**：**"送"。

师："送"。"先送"什么？

生（集体）**：** 古董。

师： 先送古董到巴黎去展览。第二件事情没有用"送"字，但是里头有没有"送"呀？有的。这里用了什么字？

生（部分）**：**"捧"。

师："捧"。事实上也有送，就是没有明写，对吗？是再送几位"大师"，让他们捧着几张古画和新画，把这个"再送"——

生（个别）**：** 省略了。

师： 哎，省略了。×××（指插话学生）讲得对。第三件事情还是要送——"送梅兰芳博士到苏联去，以催进'象征主义'"。鲁迅先生就用了当时发生的三件事情，来揭露"送去主义"是什么货色。当然，单是这三个"送"字，还不能说明问题，还得看每一句话的后半句。刚才××同学（指生5）已经看出来了，鲁迅先生的文章是做在后半句的。你们看对不对？譬如说第一件，是"先送一批古董到巴黎去展览"——名义上是展览，展览有没有错呀？[生（集体）：没有。] 没有错，关键在哪里？

生（集体）**：**"但终'不知后事如何'"。

师： 对。"后事"是什么意思？

生（部分）**：** 以后的事情；（个别）**：** 结果。

师： 以后的事情，结果。那"不知后事如何"，能够理解吗？（学生议论）好，××，你说。（指定学生）

生 6: 名义上是拿去展览，其实是送给人家的。

师: 送给人家的。鲁迅先生知道不知道呀？[生（集体）：知道。]但是鲁迅先生怎么说呀？

生（部分）：“不知”。

师: 知道还是“不知”？[生（集体）：知道。]那么，用“不知”是什么意思？

生（部分）：反用。

师: 是反用——用反语来讽刺。以展览古董为名，行盗卖古董之实。（板书：盗卖）盗卖文物、盗卖珍宝给帝国主义。鲁迅先生明明知道后事怎样，却说“不知后事如何”，以此来表达自己强烈的憎恨。这是第一件事情。第二，再送什么呢？再送几位“大师”——让“‘大师’们捧着几张古画和新画，在欧洲各国一路的挂过去”。文章也做在后面，叫什么？

生（集体）：“发扬国光”。

师: 大家看出来了，文章也做在后面哪！这些“大师”们展览画有没有罪呀？[生（集体）：没有。]没有罪，关键就在后面，国民党反动派和反动文人借这个叫嚷说“发扬国光”——发扬国家的光荣，把这些名画——有古画，有新画，送到帝国主义国家去，来博得帝国主义的欢心。第三，文章做在什么地方？

生（部分）：“象征主义”。

师: 注意，“催进‘象征主义’”，下面注解讲得很清楚，这纯粹是什么？

生（个别）：胡说。

师: 对，胡说。×××（指插话学生）看到了。这纯粹是造谣、胡说，不是事实。当时苏联象征主义已经没落，而有些反动文人造谣，说梅兰芳博士到苏联去，就可以催进“象征主义”。所以，“不知后事如何”“叫作‘发扬国光’”“催进‘象征主义’”，其实质是一样的。从这里可以知道什么是“送去主义”——它实质上是什么？（边讲边板书：实质）

生 7: 媚外主义。

师：对，是卖国、媚外。（边讲边板书：卖国　媚外）昨天预习的时候有同学问："鲁迅先生在这里是不是批判梅兰芳博士？"你们看是不是？［生（集体）：不是。］喔，不是的。锋芒指向的是国民党反动派和摇旗呐喊的反动文人，他们借古董、借大师的名画和借梅兰芳博士的艺术，来进行媚外的勾当。"送去主义"的实质就是卖国、媚外。这三件事情揭露得很深刻。鲁迅先生在这一段末尾讲了什么？一起读。

生（集体）**：**（朗读）"我在这里不想讨论梅博士演艺和象征主义的关系，总之，活人代替了古董，我敢说，也可以算得显出一点进步了。"

师：大家想想看，是"进步"吗？［生（集体）：不是。］是什么？

生（集体）**：**是倒退。

师：是倒退，是没落，是堕落。到了这样一个无耻媚外的地步：原来是用物——古物，现在竟怎么样呢？

生（集体）**：**用活人。

师：对，用活人。卖国的丑剧愈演愈烈！所以在这里，鲁迅先生又用了一个什么手法来写？

生（集体）**：**反语。

师：为什么要用这个手法呢？

生（集体）**：**揭露国民党反动派。

师：对。字里行间充满对国民党反动派强烈的憎恨。现在我们搞清楚了，鲁迅先生是摆了当时的三件事实，去揭露、批判"送去主义"的。请同学们思考，这是不是"送去主义"的全部内容？［生（集体）：不是。］你们怎么看出来的？请大家仔细读课文，找出说明这个问题的关键语句。

生 8：这里说的"单是学艺上的东西"。

师：你把这一句完整地读一读看。

生 8：（朗读）"别的且不说罢，单是学艺上的东西……"

师：对。这里是讲的"单是学艺上的东西"。这个"学艺"就是文学艺术。“别的且不说罢，单是学艺上的东西”——单是讲文学艺术上的事情。因此，上面讲的古董也好，“大师”捧着画到欧洲各国一路的挂过去也好，造谣说梅兰芳到苏联去催进“象征主义”也好，讲的都是什么？

生（集体）：学艺上的事情。

师：这就把所要揭露的、论述的范围加以严格限制。其实，国民党反动派搞“送去主义”，何止学艺上的问题？何止文化领域的事情？当时是1934年，日本帝国主义的魔爪已经伸到了东北、华北，国民党反动派实行卖国政策，拱手把大片国土送给帝国主义。主权、资源，我们的经济命脉，很多就是由英美帝国主义控制的。所以，“送去主义”的内容，不仅仅是文化领域的。鲁迅先生说，“到现在，成了什么都是‘送去主义’了”，但是这一篇文章是讲什么领域的问题？

生（集体）：学艺。

师：学艺，文化领域的。“别的且不说罢，单是学艺上的东西”，这样就把论述的范围规定得非常明确，论述得很严密。这是我们要学习的。这一段，我们一起读，看理解了没有。不理解还可以问。“中国一向是所谓‘闭关主义’”——

生（集体）：（齐读第1段）“中国一向是所谓‘闭关主义’，……我敢说，也可以算得显出一点进步了。”

师：读得很好，就是有一个词颠倒了，我们现在的习惯是读——

生（集体）：代替。

师：这儿是什么？

生（集体）：替代。

师：对了，“活人替代了古董”。现在我们从“总之”读起。

生（集体）：（齐读）“总之，……我敢说，也可以算得显出一点进步了。”

师：鲁迅先生就是摆了当时大家所熟知的三件事情，来深刻地揭露国民党反动派的卖国、媚外政策——送去，送去，送去！“但我们没有人根据了‘礼尚往来’的仪节，说道：拿来！”你有送去吗，还应该怎么样?

生(集体):"拿来"。

师:哎,"拿来"。可是,当时就是只送——

生(集体):不拿。

师:只送去,不拿来。只送去不拿来的后果怎样呢?请同学们默读第3段,找出关键的词语,说明只送去不拿来的后果将是怎样的?(板书:后果)

(学生各自默读第3段,教师巡视、指导)

师:能够找出关键的词句来说明吗?有问题也可以问。

生9:我们的子孙,"当佳节大典之际,他们拿不出东西来,只好磕头贺喜,讨一点残羹冷炙做奖赏"。

师:有不同意见吗?——没有,都找的是这一句呀?对不对?[生(部分):对。]对的。只送去不拿来,其结果是我们的子孙呢,当佳节大典之际,拿不出东西来,只好磕头贺喜,讨一点残羹冷——什么?

生(集体):"zhì(炙)"。

师:做奖赏。这里有一个词很重要,说说看——

生(集体):"讨"。

师:对了。其结果只能是什么呀?——讨乞。这就是后果!只送去不拿来,其后果只能是向帝国主义讨乞——"讨",很重要,刻画出所处的地位与神态,把这个词圈起来。可是,从行文上看,鲁迅先生并没有马上就讲这句话,而是在这句话的前面作了深刻的揭露和说理。请同学们朗读第3段,思考并回答:作者在讲述"送去主义"的后果之前,谈了哪几层意思?

(学生各自朗读,教师巡视、指导)

生10:"一者见得丰富"的"者"是什么意思?

师:好,请坐。还有问题吗?

生11:"中国也不是"是什么意思?

师:好,请坐。"一者见得丰富"的"者"有谁理解?

生12:当标点符号用,表示停顿。

师：理解得很好。现在请一位同学说说，作者在讲述“送去主义”的后果之前，说了哪几层意思？

生13：先说不是坏事情，再说尼采自诩是太阳，还说中国地下的煤足够全世界几万年之用。

师：有补充意见吗？有修改意见吗？

生14：送出去是坏事情，鲁迅说“不是坏事情”是反语，讽刺国民党反动派的卖国政策。

师：理解得很好。这里作者抓住反动派无耻的话加以深刻揭露。那些无耻之徒曾自我解嘲地说，中国地大物博，开化最早，由此推论，送给人家显得怎样？

生（集体）：“大度”。

师：“大度”是什么意思？看注解。

生（集体）：“宽宏大量的气度。”

师：对。鲁迅先生在这里用反语讽刺，揭露“卖国有理”的反动谬论，对这种谬论进行了有力的鞭挞。

生（个别）：鞭策。

师：“鞭策”与“鞭挞”不同。“鞭策”是什么意思？

生（部分）：鼓励。

师：鼓励、促进。“鞭挞”是鞭打、抨击的意思。（板书：鞭）自诩为太阳。“诩”怎么写？（做手势空书）

生（集体）：“言”字旁，“羽毛”的“羽”。

师：“自诩”是什么意思？

生（集体）：自己夸耀自己。

师：“自诩”到怎样荒唐可笑的地步呢？

生（集体）：“只是给与，不想取得。”

师：对。“只是给与，不想取得”，跟“送去主义”不是一样吗？只是“送去”，从不讲“拿来”。尼采为此自诩——

生（个别）：发了疯。

师：发了疯，遭到人民的唾弃。剖析尼采“只是给与，不想取得”的荒唐是第二层意思。写这层意思是为了具体说明“送去主义”

的荒唐与反动。中国怎么样呢？请一个同学把有关的语句读一读。大家认真思考其中的含义。

生 15：（朗读）“中国也不是，……所以还应该给他们留下一点礼品。”

师：刚才有同学问过：“中国也不是”是什么意思？——谁能回答？

生 16：中国也不是太阳。

师：说得好，省略了“太阳”。中国也不是太阳，当然也不能只是给与，不想取得。省略了，让读者自己去意会。这几句话说了什么意思？关键在哪个词？

生 17：尽管地下有煤，但总有掘光的时候，“我们”要化为魂灵，而子孙是在的。“在”是关键词。

师：理解得对。子孙在，应该为子孙造福，给他们留下好的遗产。然而，这伙民族败类哪顾子孙幸福，只是向帝国主义送去，送去，卖国媚外。因此，鲁迅先生在说清第三层意思之后，进而论述后果极为严重，只能向帝国主义乞讨。在论述严重后果的时候，字里行间充满了对国民党反动派的愤慨之情。他既写严重后果，又辛辣地嘲讽国民党反动派的奴才相。看看，哪些词刻画得入木三分？

生 18：“磕头贺喜”“讨”。

师：对，“磕头贺喜”，卑躬屈膝，奴颜婢膝的样子，乞“讨”一点残羹冷炙做奖赏。

生 19：“奖赏”是什么意思？

师：看第 4 段，就请你读一读，看这一段中区别了哪两个词。

生 19：（朗读）“这种奖赏，……我在这里不想举出实例。”

师：区别了哪两个词？

生（集体）**：**“抛来”“抛给”。

师：对。这两个词有什么区别？讲讲看。

生 20：“抛来”是一般的，“抛给”一般用在把食物抛给——丢给狗吃。

师：她理解得对。你是怎样理解的？（指定学生）

生 21：我的理解和她一样。

师：哦，一样的。“抛给”是抛给狗吃的，其中有怎样的感情色彩？

生 21：贬义的，用鄙视的目光。

师：鄙视的目光，讲得好。所以，这种奖赏，不要误解为“抛来”的东西，不是漫无目的地抛来，而是“抛给”，就像丢给狗吃。洋大人不会发慈悲心，他们以主子自居，把从中国人民身上榨取去的血汗、掠夺去的财富，吃剩下来，抛那么一点残羹冷炙给国民党反动派，给帝国主义的走狗。“抛给”这个词当然很难听，于是怎样——

生（部分）**：**说得冠冕堂皇些。（有些）：说得好听一点。

师：好听一点，冠冕堂皇些，就称之为“送来”。“送来”的实例比比皆是，作者讲“不想举出实例”。以上是文章的第一部分。这一部分，鲁迅先生着重批判了“送去主义”，把其丑恶嘴脸、反动实质、恶劣后果揭露在光天化日之下，破得彻底。而且，他把问题放到了总结近百年历史教训的广阔背景中来论述，既深刻又有战斗力。请同学自己朗读第一部分，认真体会它的含义。

（学生各自朗读，教师巡视、指导）

第二课时

师：鲁迅先生在批判了“闭关主义”，尤其是批判了“送去主义”之后，是怎样提出“拿来主义”主张的？请一个同学把文章的第 5 段朗读一下。

生 1：（朗读）“我在这里也并不想对于‘送去’再说什么，……我只想鼓吹我们再——”

师：再什么？

生（集体）**：**“吝（lìn）啬（sè）”。

生 1：（继续朗读）“我只想鼓吹我们再吝啬一点，‘送去’之外，还得‘拿来’，是为（误读为“wèi”）‘拿来主义’。”

师：是“wéi”拿来主义还是“wèi”——？

生（部分）**：**是“wéi”。

师：好，你再读一遍。“吝（lìn）啬（sè）”——

［生1重读第5段，最后一句“是为（wéi）‘拿来主义’”，仍误读为“是‘wèi’‘拿来主义’”。］

师：最后一句再读，是——

生1：（重读）“是‘wéi’‘拿来主义’。”

师：是为（wéi）拿来主义。这里是动词，不是作介词，不是“wèi”。文章第一部分先批“送去主义”，破得彻底，立得就鲜明，提出了“拿来主义”的主张。（板书：拿来主义）先破后立。破什么呢？——破“闭关主义”“送去主义”（在板书“闭关主义”之前，用红粉笔板书：破），立——“拿来主义”。（在板书“拿来主义”之前，用红粉笔板书：立）我们看第5段，提出“拿来主义”主张的时候，先用一句推开上文。你们看，对不对？（朗读）“我在这里也并不想对于‘送去’再说什么”，一句推开了，（朗读）“否则太不‘摩登’了”。顺便再讽刺一下。因为那些反动文人，就讲究什么呀？

生（部分）**：**摩登。

师：摩登，要向外国主子去奉承阿谀，讨得欢心。鲁迅先生趁此再讽刺一句。所以一句推开上文，顺便讽刺，然后引出下文，提出自己的主张：“拿来主义”。“送去”之外，还得“拿来”。这“送去”有个引号，鲁迅先生赞成“送去”吗？［生（集体）：不赞成。］对，用引号表示否定的意思。

生2：“鼓吹”是贬义词，为什么鲁迅先生说自己是“鼓吹”？

师：哦，贬义词。鲁迅先生为什么要在这儿用“鼓吹”呢？

生（部分）**：**反语。

师：意思是什么呢？要我们提倡，要我们——

生（个别）**：**赞成。

师：赞成，要我们强调，对吗？不是“鼓吹”的原来意思，是说反话，是赞成、提倡、强调。这个句子里还有个“吝啬”，跟前头哪个词是对照的？“吝啬”是什么意思？

生（集体）**：**小气。

师： 小气。意思是跟——

生（个别）**：** 跟“大度”对比的。

师： 对，跟“大度”对比。国民党反动派要把所有的东西拱手送给帝国主义作礼品，讨得残羹冷炙，所以鲁迅先生特别用“吝啬”一词进行强烈的对照——要吝啬一点，就是不给，要“拿来”，要实行“拿来主义”。提出了主张之后，鲁迅先生就开始进行严密的论证。什么叫“拿来主义”呢？请同学们看第 6、7 两段，自己读。

（学生各自轻声朗读，教师巡视、指导）

师： 同学们看，为了说明什么是“拿来主义”，文章针对当时一部分人的思想实际，先将“拿来”跟什么加以严格区别？

生（部分）**：** “送来”。

师： 对，跟“送来”区别。（在板书“拿来主义”之下，板书：1. 与“送来”区别。）请同学们看：鲁迅先生在这里，用列举的方法，一针见血地举了一些例子加以说明——用列举的方法（板书：列举法），一针见血地揭露帝国主义企图亡我的罪恶——要灭亡我们国家的种种罪恶。同学们看看，列举了哪些事情？

生（部分）**：** 英国的鸦片。

师： 喔，“英国的”——

生（集体）**：** “鸦片”。

师： “德国的”——

生（集体）**：** “废枪炮”。

师： “法国的”——

生（集体）**：** “香粉”。

师： “美国的”——

生（集体）**：** “电影”。

师： “日本的”——

生（集体）**：** “印着‘完全国货’的各种小东西”。

师： 从哪些领域到哪些领域？

生（集体）**：** 经济、军事到文化。

师： 对，从经济、军事到文化。所谓的“送来”，实际上就是进行贪得无厌的侵略、掠夺，使得我们国土沦丧，经济衰败，民生凋敝，这些都是穷凶极恶的帝国主义侵略者造成的后果。因此，有些人当然就怎么样呀？对“送来”的东西怎么样呀？

生（部分）**：**恐怖。

师：恐怖。还有？

生（部分）**：**吓怕了。

师：吓怕了，对。因为帝国主义从经济、军事、文化等各个方面来榨取我们人民的血汗，掠夺我们国家的领土，侵犯我们国家的主权，毒害我们人民的心灵，所以这个“怕”、这个“恐怖”是很自然的。鲁迅先生就是针对当时的这样一种思想，把“拿来”跟“送来”严格区分。我们呢，是“拿来”。我们这个“拿来”跟“送来”是完全不一样的。什么叫“拿来”？课文里是怎么说的？

生（集体）**：**“运用脑髓，放出眼光，自己来拿！”

师：一送一拿，截然不同。“送来”，是谁送来呀？

生（部分）**：**帝国主义。

师：帝国主义。帝国主义哪有慈善心肠给你“送来”呢，是地地道道的侵略。因此，“送来”本身就是侵略。而我们“拿”呢，是为了我们自己的需要。所以，一送一拿，本质不同，内容全异。在论述自己主张的时候，先把“送来”跟“拿来”加以严格区别，就可以起到明辨是非，澄清人们的模糊思想的效果，使“拿来主义”的主张更加鲜明，更加突出。这是第一层论述。那么，什么叫“拿来”呢？再把第7段读一读。我们一起读。“所以”——

生（集体）**：**（齐读）“所以我们要运用脑髓，放出眼光，自己来拿！”

师：怎么样叫“运用脑髓，放出眼光，自己来拿”呢？下面，鲁迅先生用形象的比喻进行深刻的论述。对待这些外国的东西，对待文化遗产，就好像一个穷青年，得了一所大宅子。究竟应该采取什么态度呢？哪几种态度是不对的呢？鲁迅先生在这儿批了几种倾向。（板书：2. 批 {）我们请一个同学把第8段读一读。同学们考虑：鲁迅先生在这儿强调的是什么？前提——对待遗产的前提是什么？然后对哪几种倾向加以批判？——听清楚没有？一个同学读的时候，别的同学要认真看书，积极思考。

生 2：（朗读）“譬如罢，我们之中的一个穷青年，……‘拿来主义’者（漏读“是”字）全不这样的。”

师：重读最后一句。

生 2：（重读）“‘拿来主义’者是全不这样的。”

师：好，请同学们想想看，这里强调的前提是什么？对这个大宅子的态度，前提是什么？

生（集体）**：**“拿来”。

师：“拿来”。注意哦，把这个词画出来。前提是“拿来”。至于是怎么来的，我们就不讲了。鲁迅先生讲的话，都有所指。前提是“拿来”，而且非常干脆，怎么“拿来”？

生（集体）**：**“不管三七二十一”。

师：对了，“不管三七二十一”——语气斩钉截铁，“不管三七二十一”，“拿来”则是前提。搞清楚了吗？对于中外文化遗产的态度，首先是“拿来”，这是前提。那么，“拿来”以后怎样呢？有很多种态度。鲁迅先生又采取了先驳不正确的态度的写法。在这里有三种态度。请同学们把三种表达对待这个宅子的态度的关键词语找出来——看看，哪些是关键词语？

生 3：第一种态度是“徘徊”。

师：“徘徊”。

生 3：第二种是“烧光”，第三种是“接受”。

师：第一种是“徘徊”，第二种是“烧光”，第三种是“接受”。你讲得很响亮。有补充吗？还可以说得确切一点吗？

生 4：第三种是“接受一切”。

师：第三种是“接受一切”。好。第一种呢？“徘徊”能不能全部说明白？[生（部分）：不能。] 那应该怎样说？

生 5：“是孱头”。

师：“是孱头”。

生 5：第二种“是昏蛋”。

师：第二种“是昏蛋”。

生5：第三种“更是废物”。

师：第三种“更是废物”。（学生议论）好像有不同意见嘛！好，第一种，刚才×××（指生3）讲是“徘徊”，还可以把它说得更明确一点，对这一所大宅子是怎么样？

生6：不敢进门。

师：不敢怎么样？

生6：进门。

师：再看看——看清楚，看仔细。

生6：进门。

师：不敢——走——进门（在板书“批｛”之后，板书：不敢走进门），这是第一种。请坐。用一个字来说，就是什么？

生（个别）**：**“怕”。

师：“怕”，对了。画下来。不敢去接触，看到外国的东西，就害怕，有恐外症。（生笑）看到就怕，不敢接触，“不敢走进门”。第二种——第二种是什么？

生（部分）**：**“烧光”。

师：“烧光”。说得再形象一些呢？

生7：“勃然大怒”。

师：“勃然大怒”。“怒”这个词用得形象——发脾气，光火。他对宅子要怎么样呢？要围绕这个宅子来讲态度。看到这个宅子，“不敢走进门”。这个宅子就是遗产呀——文化遗产呀！第二种是什么？

生8：第二种是“放一把火烧光”。

师：“放一把火烧光。”

生（集体）**：**“烧光”。

师：“烧光”。（在板书“批｛”之后，板书：一把火烧光）他的形象是怎么样的？“勃然大怒”。这里讲的是全盘否定文化遗产——全盘否定，对文化遗产采取了虚无主义的态度。（板书：虚无主义）什么都不要，一把火烧光。第一种是害怕，不敢接触。为什么不敢接触呢？因为怕给东西染污了。第二种是勃然大怒，一把火烧光。为什么采取全盘否定的虚无主义态度呢?

生(部分):“算是保存自己的清白”。

师:哎,“算是保存自己的清白”,“左”得可爱!(生笑)对不对?这是第二种。那么,第三种呢?

生(部分):“接受一切”。

师:对,“接受一切”。(在板书“批{”之后,板书:接受一切)接受一切就是全盘什么——

生(部分):肯定。

师:对,全盘继承。我们看鲁迅先生在这儿用他的非常锋利的笔,十分准确地勾画了(板书:勾画)三种人的形象。对“不敢走进门”的人,鲁迅称之为什么?

生(部分):“孱头”。

师:“孱头”。“c－àn”,注意哦!“c－àn→càn”,一起读。

生(集体):“c－àn→càn”。

师:“孱(càn)头”。

生(集体):(跟读)“孱(càn)头”。

师:软弱无能,缺乏勇气,缺乏改造旧事物的精神。这是第一个画像。第二个画像是什么?

生(部分):“昏蛋”。

师:你们看,这个形象怎么样呀?“勃然大怒”。什么叫“勃然”?

生(个别):突然。

师:突然大怒,哎,对了。突然大发火,火到什么程度呢?一把火把房子烧掉。(生笑)好像新文化不要批判继承原来的东西就可凭空产生,好像原来的文化遗产全不行,因此这种人是“昏蛋”。你什么东西都没有——砖和瓦什么都没有,怎么盖新房子呀?!第三个画像,画得更细致了。你们看看,这种人本来就怎么样呀?

生(部分):对宅子“羡慕”。

师:“羡慕”。好,很好。画出来。本来就“羡慕这宅子”,这下子呢,好了,他得到这个宅子了,就“接受一切”。他的表情是怎样的？

生（集体）：“欣欣然”。

师：“欣欣然”是什么样子？

生（集体）：高兴的样子。

师：高兴的样子。既然高兴，就应该堂而皇之地走进去，而他却怎么样？

生（集体）：“蹩进”去。

师：“蹩进”去——是什么样子？

生（集体）：躲躲闪闪的样子。

师：好。躲躲闪闪的样子。你们看，把这种人的嘴脸刻画得惟妙惟肖，淋漓尽致！对吗？本来就很羡慕，这次得到了以后，当然从心底里高兴。可是进去的时候却躲躲闪闪，一副见不得人的样子，“蹩进卧室”。蹩进卧室去干什么了？“大吸剩下的鸦片”。这“鸦片”比喻什么？

生（部分）：坏东西。

师：坏东西，糟粕。当然，这种人是什么呢？

生（部分）：“废物”。

师：“废物”——“更是废物”。“更”，强调。鲁迅先生在论述“拿来主义”之前，在对待中外文化遗产的态度上，先批判了这三种情况：一是“不敢走进门”，怕，恐惧；二是全盘否定，采取虚无主义的态度；三是“接受一切”，全盘继承。这些都不是“拿来主义”。鲁迅先生用具体的、形象的比喻，把问题讲得非常具体，非常通俗。本来继承文化遗产是一个很深奥的理论问题，可是一经这样论述，我们就恍然大悟，清楚明白了。你看，鲁迅先生讲得那么具体，那么形象：“孱头”“昏蛋”“废物”。这就使得抽象的问题具体化，深奥的道理浅显化，深入浅出地论述了这个问题。这一段的末尾，鲁迅先生是这样来作结的，他说：“‘拿来主义’者是全不这样的。”你们辨别辨别语言的分量：“全不这样”，这个“全”字有怎样的意思？

生（集体）：完全，所有。

师：强调完全——完完全全不是这样的，跟以上三种情况有本质的区别。“是全不这样的”，语气更怎么样啦？

生（部分）：更重了。

师：更重了。他既强调“拿来主义”者对待文化遗产态度的正确，又引起读者足够的注意。那么，“拿来主义”者怎样呢？

生 9：“拿来主义”者是“占有”“挑选”。

师：“占有”，并且是“挑选”。前提是什么？

生（集体）：“占有”。

师：关键是什么？

生（集体）：“挑选”。

师：这四个字非常重要！前提是“占有”，关键是“挑选”。（边讲边板书：3. 占有　挑选）拿来怎么挑选呢？拿来了不挑选，像前面说的“废物”那样当然不行；“占有”了，一把火烧光，也不行；不敢走进去，当然也不行。那么，怎么样来“挑选”呢？请同学们自己读第 9 段。读了以后，思考并回答：针对文化遗产的不同情况，怎样挑选？怎样区别对待？好，自己读。（学生各自阅读课文，教师巡视、指导）不同对象，不同对待。看出来了没有？［生（部分）：看出来了。］好，看出来了。

生 10：有四种情况。

师：四种。好，你讲讲看。

生 10：第一种：“看见鱼翅”，就把它吃掉。

师：好。这是第一种。

生 10：“看见鸦片”，不把它丢在茅厕里，把它送到药房里去，用来治病。

师：好。这是第二种。

生 10：第三种：“烟枪和烟灯”，送一点到博物馆去，其余的毁掉。

师：第三种。

生 10：第四种：“还有一群姨太太，也大以请她们各自走散为是”。

师：是什么意思呢？

生10：不要了。

师：不要了。有不同意见吗？——都是四种？［生（集体）：四种。］是四种，对不对？［生（集体）：对的。］好，都是一样的，四种。那我们看看，首先是“看见鱼翅”。鱼翅是——

生（部分）：好的。

师：好的。采取什么态度呢？吃掉。

生（部分）：有养料。

师：哦，对。条件是——

生（部分）：有营养。

师：有营养。那就是比喻这个文化遗产里头有什么？

生（部分）：有精华。

师：有精华，因此要吃掉，要吸收。对不对呀？鲁迅先生否定“抛在路上以显其‘平民化’”。看到精华也要把它抛掉，真是“左”得可爱！

生（个别）：“左”得可怜。

师：“左”得可怜。很好，“左”得可怜。看到文化遗产中好的东西——为什么说好呢？因为它当中有养料，有精华（边讲边板书：精华），因此就要吸取。（在板书“精华”前面，板书：吸取）要吸取精华，把它吃掉，跟朋友们一起把它像萝卜白菜那样吃掉，“只不用它来宴大宾”。“大宾”是什么意思？

生（部分）：贵宾。

师：贵宾。不用它来宴贵宾，不要把它提到珍贵到不恰当的地步。这是第一种。第二种：“看见鸦片”——鸦片本身是怎么样呀？

生（部分）：坏的。

师：是毒品，是坏东西，对吗？但是，它也有一点用处。因此，要“运用脑髓，放出眼光，自己来拿”。要运用辩证唯物主义的观点，把它送到药房里去，物尽其用嘛。注意！这里又顺带讽刺一笔：不要弄欺骗，造假，搞什么“‘出售存膏，售完为止’的玄虚”。这是讽刺国民党反动派伪善的手法。那么，第三种：“烟枪和烟灯”，这种东西有用吗？［生（集体）：没有用。］基本无用，但是也有一点儿用处，干什么？

生（集体）：放在博物馆。

师：哎，放在博物馆，作为反面教材。鸦片，是毒品，但可用来治病；烟灯、烟具有一点儿用处的话，就是把它们放到博物馆里，让人们晓得过去的历史。该用的要用，该存放的要存放。那么，最后呢，是“一群姨太太”——这是完全腐朽、无用的，就要把她们遣散，“各自走散为是”。这里区别不同对象，采取各种不同的态度：对于精华，应该怎么样；对于有毒的，但是又有用的，应该怎么样；对于基本无用的，或完全无用的，应该怎么样。这就是“拿来主义”的挑选态度。究竟把它们并为几类呢？

生（几个）：三类。

师：怎么知道是三类呢？

生 11：本来说的二、三两种可以并成一类。

师：本来说的二、三两种可以并成一类。要用分析的眼光，对我们有用的——对创造新文化有用的，要保存；对糟粕、坏的，应该怎么样呀？

生（几个）：抛弃。

师：对，抛弃，剔除糟粕。（板书：剔除糟粕）吸取精华，剔除糟粕。因此，对待文化遗产中不同的内容，要具体地分析，要运用脑髓，放出眼光挑选——哪个是精华，哪个是糟粕，哪里有养料，哪个是腐朽的，哪个是毒品，都要分得一干——

生（几个）：不对。应该是一清二楚。

师：对，我说错了。不是一干二净，应该是分得一清二楚，明明白白，不能够把它们混淆起来。在这样论证的基础上，最后作者加以总结。第 10 段至最后，是全文思想和语言的精华所在，每一句都是一层重要的意思。好，我们一起来读：“总之”——预备起。

生（集体）：（齐读）“总之，我们要拿来。……没有拿来的，人不能自成为新人，没有拿来的，文艺不能自成为新文艺。”

师：好，第一句，“总之，我们要拿来”起什么作用？

生（部分）：总结。

师：对。重申主张，既紧扣题目，又再强调我们要拿来。对外国的、古代的文化遗产，我们要拿来。接下去，怎么样拿来？——第二句，怎么样拿来呀？针对不同的对象，应该怎么样？

生（部分）：“或使用”。

师：“或使用”——还可以继续使用。（在板书“占有　挑选”之后，板书：{或使用）或什么？

生（部分）：“存放”。

师：“或存放”。（在板书“占有　挑选”之后，板书：或存放）

生（部分）：“或毁灭”。

师：对，“或毁灭”。（在板书“占有　挑选”之后，板书：或毁灭）这个“或”字怎么解释？

生（少数）：或者。

师：或者吗？

生（少数）：有的。

师：对，有的，表示选择。对于不同的文化遗产的态度，请同学们联系上一节课的内容来具体说明，怎样“或使用”“或存放”“或毁灭”？

（学生议论）

生12：“或使用”，有的要使用，如鱼翅，有养料，有精华，就吃掉。“或存放”，有的要存放，像鸦片枪、鸦片灯，基本上没有用，但是放一点在那儿——送一点进博物馆，让人们懂得历史。“或毁灭”，像姨太太之类的，毫无用处，就毁灭。

师：理解得很好。这就是我们挑选的态度。而要挑选得正确，必须“运用脑髓，放出眼光，自己来拿”，用辩证唯物主义的观点、历史唯物主义的观点来辨别，看对我们有用还是无用。第三句，讲明了挑选的内容和态度之后，就讲挑选的作用。“那么，主人是新主人，宅子就会成为新宅子。”这就回答了我们为什么要“拿来”的问题。我们“拿来”是不是为了躺在文化遗产上欣赏欣赏呢？［生（部分）：不是。］不是。为了什么呢？

生（个别）：再创造。

师：再创造。讲得很好。推陈出新，创造无产阶级的新文化，做文化遗产的新主人。我们拿来的目的是古——

生（集体）：古为今用，洋为中用。

师：推陈出新，那么什么人才可以拿呢？这里就有个辨别真假革命者的标准。“昏蛋”能不能拿？［生（集体）：不能。］要烧光的。那么，孱头呢？［生（集体）：不能。］因为他怕。软弱无能的、废物呢？［生（集体）：更不能。］更不能。这种遗老遗少是不行的。因此，就要有怎样条件的人呢？——抓住关键词语说说看。

生 13：“沉着，勇猛，有辨别，不自私。”

师：对。这人要“沉着，勇猛，有辨别，不自私”。对待文化遗产，既不是全盘接受，也不是全盘否定，而是为了新宅子，为了创造新文化。这就提出了在对待文化遗产上辨别真假革命者的标准，明确地论述怎样的人才能够批判地继承文化遗产，这是第四句。最后一句是文章的中心所在，用了两个双重否定的句式。请同学们一起读一下。

生（集体）：（齐读）“没有拿来的，人不能自成为新人，没有拿来的，文艺不能自成为新文艺。”

师：怎么双重否定的？

生（部分）：“没有……不……，没有……不……。”

师：对。就是一定要批判地接受，正确地吸收。没有拿来的话，人就不能自成为新人；没有拿来的话，文艺就不能自成为新文艺。这就回答了为什么要主张“拿来主义”，为什么必须“拿来”。“拿来”是为了创造我们无产阶级的新文化。这一段是全文的中心思想所在。好，现在我们一起再把它读一读。“总之，我们要拿来。”——

生（集体）：（齐读）“总之，我们要拿来。……没有拿来的，文艺不能自成为新文艺。”

师：好。这一篇文章，首先就它的见解来说，在今天对我们仍然是有现实意义的。对中外文化遗产，必须吸取其精华，剔除其糟粕。鲁迅先生所论证的“拿来主义”的主张，跟马克思、列宁和毛主席所讲的对待文化遗产的历史唯物主义观点，是吻合的、一致的，至今我们还在用。1978年召开的全国科学大会的文件《提高整个中华民族的科学文化水平》中，就很深刻地讲了这个问题，我读几句给你们听："我们承认落后，不甘落后，要迎头赶上去，这就必须善于吸收一切外国的好东西，把它们统统拿过来，为我所用，把学习外国和自己的独创结合起来，以利于尽快地赶上和超过世界先进水平。"这就是对"拿来主义"最精辟的解释。你们看对不对呀？拿来——拿过来为发展我们社会主义的科学文化所用。其次，这篇文章在写作艺术上也很值得我们学习。为了阐明自己的主张，先怎么样？后又怎么样？

生（集体）**：**先破后立。

师：对。先破后立，有破有立，有比较，有鉴别。在"立"——论述自己主张的时候，也是破在前头，先把一些不正确的态度加以分析批判，然后再论证自己的主张。这样，观点明确，中心突出。再加上运用了贴切的比喻，使说理形象生动，读的人易于理解，易于接受。对于这些，我们都要仔细体会。现在同学们自己把整篇课文读一遍，有问题就提出来。

（学生各自轻声朗读全文，教师巡视、答疑）

师：课后把最后一段背出来。想一想看，运用鲁迅先生这篇文章中的观点，对待我们自己课外阅读的古代文学作品、外国文学作品，要怎么样？"要运用"——

师、生（集体）**：**"要运用脑髓，放出眼光，自己来拿！"

师：对。要运用脑髓，要放出眼光，要自己来拿。以后有机会，我们再具体分析分析怎样来"拿"。

下课。

《事事关心》教学实录（节选）

第一课时

师： 同学们都知道，我们中华民族历史悠久，文化灿烂，遗产丰富。掀开我们历史的任何一页，都可以发现其中有无穷无尽的宝藏。每一个对自己民族有深厚感情的人，都非常善于从中找精华，加以阐释、发挥，来为我们今天的现实服务。今天我们学习《事事关心》。这篇课文的作者马南邨，是谁的笔名？

生（集体）**：** 邓拓。

师： 对，邓拓，他就是这方面的高手。

（教师出示作者照片，师生交流）

师： 请同学们说说看，这篇文章主要告诉我们一个什么道理？找文章里现成的句子准确地说明。

生： “既要努力读书，又要关心政治”。

生： “就是说一面要致力读书，一面要关心政治，两方面要紧密结合。”

生： 我认为是“对一切知识都要努力学习”。

师： 请你们辨别：“既要努力读书，又要关心政治”跟后面讲的“两方面要紧密结合”有没有矛盾？

生（集体）**：** 意思一样。

师： 好。同一个意思为什么要在不同的地方出现呢？这个问题先放一放，以后解决。“既要努力读书，又要关心政治”（板书），是文章要阐述的主要观点，可是作者并没有开门见山把它端给读者，是从哪里入笔开篇的呢？

生（集体）**：**对联。

师：开门见山把这个观点摆出来，和引对联入笔开篇，哪一种表达效果好？为什么？请你们辨别辨别。我们一起把这副对联读一读，读的时候要注意节奏。

（学生朗读后发表意见）

生：我认为用对联好，用对联可以引人思考，可以吸引读者。

生：我认为应该先摆观点，因为这样可以开宗明义，使人一目了然。

生：我认为两种方法都是好的，但是在这篇文章中作者从一副对联写起，有他的目的，因此这篇文章用对联引出主题就更好一些。

师：她的看法，我很同意。我刚才问的问题，同学们如果不动脑筋，很容易说一种不好，一种好。其实，文无定法，可以这样写，也可以那样写。这篇文章从引对联入题，刚才同学们说了它的好处。其实，它的好处不止这些，你们看还有什么？

生：起点题作用。

生：引起悬念。

生：有一种新颖感。

师：那么，这副对联是从哪儿来的呢？为什么要写第 2 段？

生（集体）**：**写第 2 段，主要是为了介绍这副对联的出处。

师：我们说话、写文章，有的时候也引用成语、名言，但不大介绍出处。为什么这儿要介绍出处？是什么道理？

生：这样写使人感到真实可信。

生：为下文的论述提供了可靠的依据。

师：对！引出对联当然要发挥对联的作用，因此必须对它的含义加以阐释。请同学们阅读课文，看作者是怎样来阐释对联含义的。

（生认真阅读课文）

生：先是上下联分开解释，然后是综合起来解释。在分开解释的时候，主要是解释对联的含义；在综合起来解释的时候，先是解释对联背后的一些主要道理，然后加上作者对对联的理解。

（师生深入讨论）

师： 我们把上下联一起读一读，思考：上联是着眼于什么角度来解释的？下联又是着眼于什么角度？

（学生朗读，教师在学生读后进一步启发思考：解释上联与解释下联有什么不同？注意关键词语）

生： 解释上联比较生动。作者说“令人仿佛置身于当年的东林书院中”，使人有身临其境的感觉。解释下联，写了作者对对联的看法，说明东林党人抒发他们当时的政治抱负，他们知道天下不只是一个中国，在政治上把国事、家事与天下事并提。

师： 这里有些词用得非常好，请同学们仔细听我读：“耳朵里好像听见了一片朗诵和讲学的声音”，行不行？

生： 行。

师： 那么，书里为什么要加“真的”这个词？加了以后起何作用？

生： 加了以后就使人更感到一种身临其境的感觉。

师： 对。我们平时讲话，为了使听的人相信，就用“真的”这个词来修饰，加强语气。刚才有同学讲，“耳朵里好像真的听见了一片朗诵和讲学的声音”就行了，可以吗？

生： 可以。

师： 这样说，“声音”后面几个字可以不要了？

生：（在教师的启发下恍然大悟）因为前面有风声、雨声两种声音，这里就不能不用。

……

师： 刚才为什么同学们感到说半句就可以了呢？由于思考得不周到。我们说话、写文章常常丢头落尾，前头说了后头忘。这篇文章就很严密。开头写“风声、雨声、读书声，声声入耳”，风声、雨声跟读书声是交织在一起的，是齐鸣的，不能说一点，忘其他。上联介绍得娓娓动听，是由于用描摹性语言，形象生动，使人如闻其声，如临其境。那么下联呢？怎样解释这11个字？

（当学生懂得下联是把东林党人关心政治的思想揭示出来以后，

教师又设问：作者阐述对联是先分后总，那么总起来说是不是简单的重复？为什么？待学生充分发表意见以后，教师归纳总结：一是点破了这副对联的实在含义。风声、雨声、读书声描写的是读书的环境和情景，其实东林党人是以讲学为名义讲政治，所以这里是“语带双关”。二是这样一写，把上下联的内在联系加以揭示，使得它深刻的含义更为落实。因此，这里不是简单重复，而是把对联的含义解释得更深入。这个问题清楚了，教师又提出另一个问题：对联含义解释得一清二楚，为什么还要写第3段呢？学生阅读、思考、答问）

生：这一段主要讲了作者写这篇文章，是为了推翻几个朋友所认为的。

（有个学生将“推翻”改为“反驳”，教师和学生仍不满意，于是又有同学讲——）

生：我认为作者写这一节，是为了证明古人读书都没有什么政治目的的说法是不合乎事实的。

师：不合乎事实，对不对？

生：还有一点，对这副对联知道的很少，所以他要介绍。

师：这里说明了会想到这副对联的两个原因。看起来是信手拈来，其实是胸有成竹。那么，为什么忽然想起这副对联呢？下节课继续讨论。

第二课时

（教师引导学生回顾复述前一节课所讲授的知识，然后发问）

师：刚才有同学提出，既然要事事关心，解释对联含义后就直接阐述文章的观点好了，为什么要写第7、8段？如果我们写的话，在引出对联，解释含义之后，就会拉到哪一段？

生：（大家笑着答）第10段。

师：就会立刻拉到第10段，联系今天我们应该怎样怎样。注意：文章的妙处之一也就在这里。读书要认真思索。作者引出对联，解释对联，并不是要我们拜倒在古人的脚下，去学习东林党人具体的读书目的和政治目的，而是要我们吸取其中的精华。因此，文章必然要对东林党人的进步性和他们的局限性进行剖析。这样，文章就进入围绕对联评东林。现在先把第 7、8 两段读一读。读完以后回答这么一个问题：作者对东林党人是怎样进行阶级的、历史的分析的？他的局限性在哪里？进步意义何在？

（学生阅读课文，互相讨论发言，“围绕对联评东林”。教师作简短的总结，然后进入另一个教学层，即作者对于对联的理论分析）

师：引用对联，不是要恢复东林遗风，而是要懂得努力读书和关心政治这两方面应紧密结合的道理。这样，文章就十分自然地进入理论上的重点论述。那么，是怎样论述的呢？大家一起读。

（师生一起朗读课文第 10 段）

师：作者剖析了哪两种错误倾向？是怎样在理论上论述的？自己阅读并思考，组织语句回答。

生：文章第 10 段先总述了不能光读书而不关心政治，也不能光关心政治而不读书。（教师插话：先总说）然后，再分头阐述那些不读书而空谈政治的人是没有用处的，只读书而不关心政治的人也是没有用处的。接着，再进一步阐述既要关心读书，又要关心政治。

师：有补充吗？

生：最后还点了题，就是：“所谓‘事事关心’实际上也包含着对一切知识都要努力学习的意思。”

师：好，请坐。两位同学都讲得很清楚。这里先指出两种错误倾向时，用词相当重，哪一个词用得很重？

生（集体）**：**极端错误。

师：极端。请换词，可以换什么？

（学生回答可用“很”“十分”“极为”“极其”“非常”等词来换）

师：总之，这个词的分量用得很重，目的是引起人们高度重视。先总后分，把道理阐述得很清楚。为什么我们能一看就看出来呢？因为它条分缕析。在分的时候也很清楚，是用哪一个词联结的？

生（集体）**：**“同样”。

师：“同样”前的三个句子和“同样”后的三个句子句式一样，各讲明一个道理。为什么一个意思要一而再，再而三地讲？

生（集体）：强调。

师：对。反面说，正面说，从后果说，把道理说透。这里是以今论今，深入地论述努力读书和关心政治要紧密结合，片面地强调某一方面是极端错误的。现在我们再读一读，要读得整齐、响亮一些。

（学生朗读课文第10段）

师：经过理论上的阐述，道理十分明白，故而同学们能说文章水到渠成地点了题，跟篇首引的对联“事事关心”遥相呼应了。文章写到这里，可以结束了吗？

生（集体）：可以。

师：既然可以结束，为什么还要写最后一段呢？最后一段又起什么作用呢？请同学们读一读，思考几个问题：1. 最后一段讲了几层意思？把它理清楚。2. 为什么要写最后一段？不写行不行？写了有什么好处？3. 这一段哪些词用得特别好？好在何处？

（同学们认真阅读这一段后，对教师提出的三个问题，依次进行讨论发言，课堂气氛非常活跃。这时，教师把学生的发言进行归纳总结，使学生的认识向纵深发展）

师：同学们认为末尾一段的论述不仅是针对那几位朋友对古人读书的糊涂看法，更重要的是对当时有些只读书而不关心政治的人的一种鞭策。我说这儿写得非常好。文章总应有针对性，一个善于从文化遗产当中发掘精华并加以阐述、赋予新意的人，一定是十分关心政治，注意为今日的现实服务的。因此，末尾一段的含义非常丰富，我们多读几遍可能理解得还要深。刚才同学讲这一段中“更充分、更深刻、更透彻”这几个词用得很好，但是没有说出道理来。你们再想想，好在什么地方？

（学生回答）

师：古人为了维护封建制度，尚且知道既要努力读书，又要关心政治的道理。我们读书，当然要比古人认识得更充分、更深刻、更透彻！那么，你们读书是为了什么？因此，我们单读书行不行？

生（集体）**：**不行，还要关心政治。

师：你们看，马南邨针对60年代初有些人只读书而不关心政治的社会实际写文章进行了论述，今天我们学它仍然很有现实意义。这篇文章本身就是关心政治和努力读书紧密结合的产物，你们说对不对？不努力读书，胸无点墨，能够进行这样深入的分析吗？用词那么精当，解释得那么娓娓动听，特别是对历史人物的评论，不关心政治，不掌握历史唯物主义，是不可能写出这样的作品的。说古是为了什么？

生（集体）**：**论今！

师：论今啊！为了激励今人。文章的最后一段写得特别感人，感情充沛。我们再读一读，加深体会。

（学生朗读）

师：作品就是从引出对联开始，到激励今人结束，好像一部车子从始发站到终点站经过好几个站头，论述的层次非常清楚。请同学们思考：这样一种论述方法，我们叫它什么？

生（集体）**：**层层深入。

师：对，层层深入地进行论述。文中"努力读书，关心政治"的有关语句出现三次，一提示，二拎出借鉴的精华，三重申。这样，观点十分鲜明，中心很突出。我刚才说了，作者引用古人对联的目的绝对不是拜倒在古人脚下，而是古为今用。我们也学过一些古诗文，你们能举出些例子加以说明吗？

（学生背诵学过的古人的诗文篇目和诗句片断）

师：好。一上课我就讲了，我们中华民族历史悠久，文化灿烂，遗产丰富。我们小小年纪所读的东西实在太少。然而，初步检阅一番就可以说上这么一大堆，可见确实是掀开历史的每一页，其中都有无穷无尽的宝藏，我们要善于发掘，古为——

生：（紧接）今用。

（对课文的讲解分析，至此已经结束了。接下去的教学是指导学生课外的阅读与写作。这时，教师出示《燕山夜话》，给学生介绍了其中《三分诗七分读》《生命的三分之一》《放下即实地》《十日一水，五日一石》等文章的思想内容及写作方法，然后提出写作要求——)

师：下一次作文写“金玉其外——”（学生紧接：败絮其中）。请你们仿造《事事关心》论述的过程和层次，从一句小小的话引述开始，通过层层深入论述，讲一个大道理。你们看“金玉其外，败絮其中”可以讲一个什么大道理？

生：要有真才实学。

师：建设“四化”要有真才实学。

生：要“金玉其外，金玉其中”。

师：好，“金玉其中”。我们要以“金玉其外，败絮其中”这个“小”，论述做人的“大”道理，古为今用。

《卖油翁》教学实录

时间：1979年6月5日（星期二，上午第一、二节课）

执教：杨浦中学　于　漪

班级：初一（1）班

第一课时

师：上一课我们学了白居易的诗《卖炭翁》，现在我们集体背诵一下。注意，别拖腔拖调，要背得整齐。“卖炭翁——”

（生齐背《卖炭翁》全诗）

师：好，都背出来了。问两个词，看认识了没有：太监又叫什么？

生（集体）**：**宦官。

师：“宦”怎么写？上面——

生（集体）**：**宝盖头，下面一个“臣”。

师：还有，“晓驾炭车辗冰——”

生（集体）**：**“辙（zhé）”。

师：好！今天我们要学第23课《卖油翁》，一个卖油的老头子。《卖油翁》，作者是欧阳修。我们曾经在早读课的时候读过他的绝句，是什么？

生（部分）**：**《丰乐亭游春》。

师：《丰乐亭游春》。我们一起背背看。

生（集体）**：**（齐背）《丰乐亭游春》，欧阳修。“红树青山日欲斜，长郊草色绿无涯。游人不管春将老，来往亭前踏落花。”

师：背得很好。欧阳修，我们看注解，编书的同志给我们作了介绍，告诉我们《卖油翁》这篇文章是从哪里选来的，对作者的生平也作了简略的介绍。现在请一个同学把注解读一读。

生 1:（读注解）“选自《欧阳文忠公文集·归田录》，有删（误读成“cè”）节。（教师提醒：“shān”节）作者欧阳修（1007—1072），字永叔，谥（误读成“yì”）号文忠（教师提醒：“shì”号文忠，并板书：删节　谥号），北宋吉州吉水（现江西省永丰县）人，著名文学家。”

师: 好，他读得很响亮。有不同意见吧？

生 2:“删（shān）节”。

师:“删（shān）节”。字典已经查到了，是吧？“删（shān）节”——“删节”是什么意思？

生（有的）**:** 去掉；（有的）**:** 除掉。

师: 好。还有什么不同的意见？——没有。

生 3: 应该念“谥（shì）号”，不是“yì 号”。

师: 是“谥（shì）号”，不是“yì 号”。“yì 号”是读了半边了！“谥号”什么意思？（学生举手）你说。

生 4: 人死了以后给人的一个名称。

师: 人死了以后给人的一个名称。赶紧查字典！

生 5: 谥号就是我国封建时代最高统治者或其他有地位的人，在他死后另起一个称号。

师: 对吗？有几个同学一听到读的音有怀疑了，就马上查字典，查得很快。谥号就是在封建社会里，君王、贵族、大臣等死了之后，按照他生前的事迹，给他一个名称。注意，“谥（shì）号”——我们一起读一读：“谥（shì）号”。

生（集体）**:**“谥（shì）号”。

师: ×××（指生 1）开头读的时候，觉得很困难：“欧阳文忠公”。姓什么？

生（集体）**:** 欧阳。

师: 复姓，好的。欧阳，叫修。他死了以后呢？给他一个号，叫文忠。“公”是什么意思呢？下面有解释。

生（少数）**：**尊称。

师：对男子的尊称。因此，读的时候，应该是“欧阳　文忠公文集”。——清楚了吧？这儿我要补充几句。欧阳修是北宋著名的文学家，他的字叫永叔，他称自己是“醉翁”（板书：醉翁），又称自己是“六一居士”（板书：六一居士）。在当时被公认为文坛领袖。（板书：文坛领袖）他是一个在散文、诗、词方面卓有成就的文学家——散文也好，诗也好，词也好，都卓有成就。他不仅自己的散文、诗、词很好，而且能够团结和培养许多作家。过去我们通常说，古文运动当中有唐宋八大家。在唐宋八大家当中，就有六家是——

生（部分）**：**宋的。

师：宋的，好。有同学知道吧，唐的时候有两个，哪两个？

生（集体）**：**韩愈、柳宗元。

师：宋的时候呢？

生（集体）**：**欧阳修、王安石……

师：好，还是请一个同学来说说看。

生6：欧阳修、王安石、苏轼、苏——

师：苏——谁？

生6：苏洵，曾——

师：曾什么？

生7：曾固。

（有的学生纠正：曾巩）

师：巩——曾巩。（板书：曾巩）还有吗？

生（有的）**：**没有了；（有的）：苏辙；（有的）：范仲淹。

师：还有范仲淹？（学生笑，举手）××，你说。

生8：有三个苏。

师：“三苏”。哪三个苏？××（指生8），哪三个苏？

生8：苏洵、苏辙……

师：苏辙。“辙”刚刚读过。苏洵、苏辙，请坐。还有吧？

生9：苏轼。——苏洵、苏轼、苏辙。

师：“三苏”。苏轼的诗，我们学过。有好几个人的诗，我们都学过的。韩愈，学过他的什么？

生（集体）**：**《晚春》。

师：柳宗元——

生（集体）**：**《江雪》。

师：苏轼——

（学生纷纷发言）

师：好，××讲讲看。有哪几首？

（生10声音很轻）

师：讲响一点，听不清楚。

生10：《饮湖上初晴后雨》。

师：《饮湖上初晴后雨》，还有呢？

生10：《六月二十七日望湖楼醉书》。

师：《六月二十七日望湖楼醉书》，还有吗？

生10：还有《题西林壁》。

师：《题西林壁》——“横看成岭侧成峰”，好。王安石的，我们学过吧？

生（集体）**：**学过——（有些学生纷纷讲篇名）

师：好，××，你讲讲看。

生11：《元日》。

师：《元日》，还有吗？

生12：《书湖阴先生壁》《泊船瓜洲》。

师：《书湖阴先生壁》《泊船瓜洲》。所以，这里有好几个人的诗，我们都学过。曾巩的没有学过，还有苏洵、苏辙的没有学过。唐宋八大家，宋有六个。欧阳修呢，是北宋著名的文学家。他一生写了许多散文。他的文字功夫很深，文章写得很简洁、明快，说理很透辟，描绘景物经常委婉生动，而且抒情味道很浓。将来有机会，我们还要读他的《醉翁亭记》，来领略他文字上的功夫。今天我们学的这一篇，是散文中的小品，非常短，只有135个字。它写了一件什么事情呢？我们课外预习过，有谁能够讲一讲？——《卖油翁》这篇文章主要记叙了怎样的一件事？

生 13： 陈尧咨擅长射箭，当时没有一个人能跟他比，另外他——

师： 你等一下，是记叙了一件什么事情？

生 13： 陈尧咨有一次自己在练习射箭时，有一个卖油的老翁在旁边看到他射箭，就说："这只不过是手熟。"陈尧咨气愤地说："你怎么敢轻视我射箭的本领！"卖油的老翁说："凭我舀油的经验。"——

生（有的）**：** 酌油。

师： 说"舀油"，可以吧？

生 13：（继续讲）于是卖油的老翁就将一个葫芦放在地上，把一个铜钱盖在上面，把油慢慢地注入葫芦，油都注完了，钱上面一点也没有湿。卖油的老翁就说："这只不过是手熟罢了。"陈尧咨就笑笑，让老翁走了。

师： 他有个本事，很会讲故事。有一次跟我们讲了 20 分钟！背功很好。现在我要你们用很简单的话讲一讲，概括地说明文章主要记叙了怎么一件事。他基本上复述了，看来他大致上是看得懂的。我们看看，谁能够简单地把它拎出来概括一下，说明主要记叙了一件什么事。这里有两个人，主要是写谁？

生（部分）**：** 卖油翁。

师： 好，主要是写卖油翁。那么，记叙了卖油翁的什么事呢？要概括地说。

生 14： 记叙了卖油翁从钱孔沥油这件小事。

师： 记叙了卖油翁自钱孔沥油这件小事。你们看她怎么会讲呢？书上有的，她是从练习一（指"思考和练习"一）来解决的吧？很好！我们读书要灵活仔细，练习一对我们有启示。那么，作者记叙这样一件事情，告诉我们怎样一个道理呢？究竟怎么来记叙呢？现在我们来学习。早上有同学预习的时候说，读不起来——很难读。是不是这样？我领读一下。有的同学还问，"钱"是什么？——"钱"是纸币，怎么好倒油的啊？

生（部分）**：** 铜钱，当中有方形的洞。

师： 好，我领读。读的时候，同学们要注意：句子里哪些地方要停顿一下，为什么要停顿？有些不认识的字要认认清楚。——我读一

句，你们读一句。我先在有逗号的地方停顿。（教师领读，学生齐声跟读全文）

师：会读了吧？我们一起读一遍，注意什么地方该停顿。“陈康肃公尧咨善射，——”（学生齐声朗读课文）

师：第三行请注意，“见其发——”什么？

生（集体）**：**矢。（大多数误读为“shì”）

师：第几声？

生（部分）**：**第三声。

师：到底第几声？

生（部分）**：**第三声。

师：×××读读看。

生15：“sh－ǐ→shǐ”。

师：第三声。有的同学读错。矢，shǐ。还有，“徐以——”什么？

生（部分）**：**“杓（sháo）”。

师：“杓（sháo）”，不是“zhǎo”。刚刚有的同学读错了。“杓”怎么拼？

生（集体）**：**“sh－áo→sháo”。

师：“sh－áo→sháo”。第二声。现在我们来看，这篇文章只有两段，第1段里两个人物都出现了，你们看对不对啊？[生（集体）：（轻声）对。] 第一个出现了谁啊？

生（部分）**：**陈尧咨；（部分）：陈康肃——

师：请同学们看，第一个出现的人姓什么，叫什么名字？

生（集体）**：**姓陈，名叫尧咨。

师：到底叫什么名字？

生（集体）**：**尧咨。

师：那么，康肃是他的什么？

生（部分）**：**谥号。（有的学生仍误读成“yì号”）

师：什么号？

生（集体）**：**“谥（shì）号”。

师：“谥（shì）号”，注意！有一个人，“陈康肃公尧咨”——他的姓名是陈尧咨，谥号康肃。所以，读的时候要读作：“陈　康肃公　尧咨”。请同学们看，第 1 段里先写了一个人在射箭，然后写一个人在看——一射一看。射的人是谁啊？

生（集体）**：**陈尧咨。

师：陈尧咨有何特点？

生（集体）**：**善射；（少数）：善于射箭。

师：现在请同学们把第一句写陈尧咨的讲一讲。谁会讲？试试看。

生 16：有个叫陈尧咨的，他的谥号叫康肃公，他善于射箭——

生（部分）**：**谥号就叫康肃。

师：先听好。听人家讲完了再发表意见。

生 16：在当时，没有一个人能和他比，他常以擅长射箭而自豪。

师：好。“公”是指什么？

生（部分）**：**是对男子的尊称。

师：这里尊称谁？

生（部分）**：**陈尧咨。

师：“亦”怎样解释？

生（部分）**：**也。

师：好，你再讲一讲。

生 16：也是——他也以此自夸。

师：以此自夸，“此”是什么？

生（部分）**：**这。

师：“以”怎么解释？

生 17：凭。

生（部分）**：**用。

师：他也凭这个——

生（部分）**：**（轻声）射箭。

师：“凭这个”，再把它讲得通俗一点呢？

生 18：他常用——

师：他常——怎么啊？这个“以”还可以解释为什么，除了讲“凭”以外？

生（部分）**：**用，拿。

师：好，×××（指定学生），你讲。

生19：还可以解释为“用”“拿”。

师：“用”“拿”。好，×××（指定学生），把它连起来讲讲看。

生20：他常拿射箭的本领来自夸。

师：又漏掉一个字了！“亦”。

生20：他也常拿射箭的本领来自夸。

师：请坐。“陈康肃公尧咨善射”——这个“善”怎么解释？

生（部分）**：**擅长。

师：擅长。和我们现在用的“和善”的“善”有区别。他的特点是“善射”，擅长射箭。他射箭的技艺高到什么程度呢？

生（集体）**：**“当世无双”。

师：“当世无双”。“当世”是什么意思？

生（部分）**：**当时；（部分）**：**当代。

师：当时的世界上——没有第二个。换个词来说说看。

生（部分）**：**举世无双。

师：举世无双。再说。

生（部分）**：**独一无二。

师：还有吗？

生21：盖世无双。

师：盖世无双，首屈一指。刚刚同学提到“盖世无双”，想得很好。这说明他的本领怎么样啊？

生（部分）**：**高。

师：武艺高强。他呢，也拿这一点来自夸，夸耀自己——“自矜”。就在他射箭的怎么样的场景里，卖油翁出现了？卖油翁出现，动作怎样，神态怎样呢？请一个同学将卖油翁出现的情况讲一讲。

生22：他曾经在家里的射箭场里练习射箭，有一个卖油的老翁放下担子在旁边看着他，很久不走，见他射箭十有八九射中，便微微点头表示赞许。

师：他连起来讲，很好。一个一个词搞清楚了没有？“尝射于家圃”，“尝”是什么意思？

生（部分）：曾经。

师：记住。早读时××说，“尝”字查不到。现在查到了没有？——“尝”是什么意思？他说这“尝”是“尝试”的“尝”。

生（部分）：是“曾经”。

师：应该解释为：“曾经”。“射于家圃”，这个“于”是什么意思？

生（部分）：在。

师：介词，作“在”讲。在家圃，“圃”本来应该作什么解释？

生（部分）：苗圃，菜园。

师：本来应该解释为什么？这儿应该解释为什么？（学生举手）

生 23：菜园。

师：菜园。这里呢？

生 23：这里是指场地。

师：场地——这里作为一般的场地、院子解释。我们看，这个句子的主语是什么？

生（部分）：陈尧咨。

师：对，陈尧咨。陈尧咨“尝射于家圃”，这个时候有一个卖油的老头子——“释担”，“释”是什么意思啊？

生（部分）：放。

师：不是“解释”的“释”，是“放下”，放下担子。这个词的含义要搞清楚：放下担子。“而立睨之”——（学生纷纷议论）我说刚刚×××（指生 22）漏掉一个词。

生（部分）：却，而；立。

师：漏掉一个什么？看看。

生 24：站。

师：站。“立”字没有解释出来。还有吗？——站在那儿……（学生举手）喔，还有一个词没有解释出来啊，×××。

生 25：“之”。

师：你讲讲看，这个“之”是什么意思？

生（部分）**：**他；（部分）**：**代“他”；（部分）**：**射箭。

师：有的说是“他”，究竟指什么？

生（集体）**：**射箭。

师：代什么？代“射箭”——代陈尧咨射箭。不单是“他”，不是看他，而是看陈尧咨射箭。——有一个卖油的老头子，放下担子，站在那儿，斜着眼睛，看陈尧咨射箭。这个“立”不能漏掉。这个“而”是顺接，把“释担”和“立睨”连接起来了。请同学们注意，这里省略了什么？这个卖油的老头子是怎么样的？

生（部分）**：**他走过来。

师：走过来，对了。文章里没有写，只是简略地写放下担子。事实上，在陈尧咨练习射箭的时候，有一个卖油的老头儿怎么样啊？——路过，放下担子。这个“路过”不写，明白吗？［生（集体）：明白。］所以，这个省略是合理的。这个“睨”说明卖油的老头儿是怎么看的？

生（集体）**：**斜着眼。

师：斜着眼睛看。那么，不斜着眼睛看——叫什么呢？不斜着眼睛，同学们想想看。

生（部分）**：**正视；（部分）**：**注视。

师：正视，注视。

生 26：轻视。

师：轻视啊？（学生笑）不斜着眼睛看叫什么啊？注视，正视。好，这个“睨”，用我们现代汉语来讲，它前头还有一个字，有人知道吗？

生 27：睥睨。

师：睥睨，好的。“睥”怎么写法？

生（部分）**：**目字旁一个“卑”字。

师：对，斜着眼睛看。我们现在不用这两个字了，古今用法不一样。睥睨，斜着眼睛看。“久而不去”，这个“去”怎么解释？

生（集体）：走；（个别）：离开。

师：离开，××讲“离开”。“久而不去”呢？

生（集体）：很久不离开。

师：很久不离开。这个“而”起什么作用？

生（部分）：连词。

师：连词是怎么连的啊？

生 28：连接上下文。

师：长时间地不离开，“而”相当于“地”，是修饰性的；“久”是修饰后面的“不离开”。“见其发矢十中八九”，主语是什么？

生（部分）：其；（部分）：他。

师：主语是谁？

生（部分）：他。

师：主语是什么人啊？

生 29：卖油翁，这里省略了。

师：好，讲得好。卖油翁。这里省略了主语。卖油翁看到“其——”，这个“其”代谁啊？

生（部分）：他；（部分）：陈尧咨。

师：看到了陈尧咨。“发矢”，这个“发”怎么解释？

生（部分）：射；（部分）：发射。

师：好，用“发”组成现代汉语的一个词，以“发”为词素。

生（部分）：发射。

师：对，现代汉语的词呢，就是“发射”。发射箭“十中八九”，不能读“zhōng”，要读“zhòng”。“十中八九”，怎么解释？

生（部分）：十有八九射中。

师：十有八九射中。十次当中有八九次射中，武艺高强吧？［生（部分）：高的。］高强的，射箭本领很大。“但微颔之”——

生（部分）：（轻声）微笑。

师：谁笑啊？

生（集体）：卖油翁。

师：“但”怎么解释？

生（部分）：只是；（部分）：不过；（部分）：只不过。

师：注意啊，不是“但是”。请同学们注意：讲“只是”。“微颔之”（板书：微颔），“颔”是点头，稍微点点头。我们看卖油翁的动作、神态。对于这样一个射箭本领很高的人，有当世无双的技艺，卖油翁路过的时候，首先怎样啊？动作——

生（部分）：放下担子；（部分）：“释担”。

师：放下担子。然后呢？

生（部分）：“立睨”；（部分）：立在那里看。

师：“立睨”——站在那儿看。看了以后，他的表情怎么样？

生（有的）：“微颔”；（有的）：微笑；（有的）：微微地点头。

师：微微地笑。对于这样一个射箭的情景，他微微地怎么啊？

生 30：点头。

师：微微地点头。好，请同学们看，这里就有矛盾了！你们看，有矛盾吧？［生（部分）：（小声）有。］矛盾在哪里呀？

（学生小声议论）

师：好，×××讲讲看（指定学生），你看矛盾在什么地方？

生 31：陈尧咨射得很好，卖油老头只是微微地点头！

师：这微微地点头表示什么？

（学生纷纷议论）

生（有的）：不在意；（有的）：看不起。

师：表示不在意。

生（有的）：表示赞许；（有的）：微微赞许。

师：好，×××说。（指定学生）

生 32：表示赞许。

师：表示赞许，是大力地称赞吗？

生（部分）：不是；（部分）：觉得不稀奇。

师：哦，不稀奇，微微地赞许，略微地赞许。把矛盾再找一找看：微微地赞许，这是卖油翁对陈尧咨射箭的评价。可是，陈尧咨对自己射箭的评价是什么啊？

生（部分）：自夸；（部分）：自矜。

师： 这里边有矛盾吧？［生（集体）：（轻声）有。］一个是“自矜”，自夸，认为是了不起的。可是，卖油的老头子只是微微地赞许。这里就有了矛盾。好，我们把这一射一看的三句话读一读，背出来。自己读。（学生各自朗读）好，我们背背看。“陈——”，预备——起。（学生齐背课文）好，我们再一起读一遍，加深印象。“陈康肃公——”，预备——起。（学生齐读第 1 段）既然这里头有矛盾，就引出了下文！射者自夸，观者只是微微赞许。射者心里服帖吗？［生（部分）：（轻声）不服帖。］因此，就逼出了一个“问”。下面第 2 段就写他们二人之间一段精彩的对话！［生（个别）：（轻声）不精彩。］哦，你说不精彩，我用词不恰当。——这个对话不精彩的话，也引人深思。这个可以吧？［生（集体）：可以。］可以了。刚刚老师词用得不恰当，那么就用“引人深思”。我们首先看第一个问跟答。

生 33： 康肃问：“你也懂得射箭吗？我的箭射得不很精湛吗？”老头说：“没有其他奥妙，只是手熟罢了。”

师： 请大家看看，对吗？

生 34：“精湛”怎么写？

师： 这个“精”究竟怎么解释？

生 35： 应该是本领高。

师： 本领高，对吧？［生（部分）：（轻声）对的。］本领高。那么，如果把“精”作词素来组词的话，可以——

生 36： 精通。

师： 精通。

生 37： 精练。

师： 精练。射箭精练，行吗？

生（部分）**：** 不行。

生 38： 精熟。

师： 精熟，好的。

生 39： 精通。

师： 精通。精湛，这个“湛”字怎么写？

生 40：“湛江”的“湛”。

师：“湛江”的“湛”。这个词也是可以的。康肃就问了：“汝亦知射乎?”“汝”是什么意思?

生（集体）**：**你。

师：你。“知”怎么讲啊?

生（部分）**：**懂。

师：这个“射”怎么讲?

生（部分）**：**射箭。

师：你懂得射箭吗?——你懂得射箭的道理吗?可不可以啊?［生（部分）：可以。］看下去：“吾”是什么意思?

生（部分）**：**我。

师：我的。这个“射”怎么解释?

生 41：射法。

师：射法。

（学生议论）

生（有的）**：**射箭的本领；（有的）：射箭的技术。

师：射箭的技术、射箭的本领，好的。箭术、箭法，可以吗?——我的箭法不也是精湛的吗?还有，精通的吗?精熟的吗?都可以。也可以说：我的射箭的技术不高吗?——这是意译。“翁曰：‘无他。’”——没有什么啊?

生（部分）**：**没有别的奥妙。

师：没有别的奥妙。“惟手熟尔”，这个“尔”字是什么意思?

生（部分）**：**罢了。

师：相当于什么?

生（部分）**：**耳朵的“耳”。

师：好，相当于耳朵的“耳”——罢了。只不过是手熟罢了。你们看，一个是带有进攻性地问：“汝亦知射乎?吾射不亦精乎?”——很急迫的样子，仍夸耀自己：你也懂得射箭吗?我射箭的本领难道不高吗?回答的人怎么样呢?他只是很沉着地讲：“没有什么，只不过是手熟罢了。”——体会体会这个意味：“只不过是手熟罢了。”这样一个回答，你们看起什么作用？

生（部分）：激起——；（部分）：激将。

师：哦，激将。因此，康肃就怎么样了？

生（部分）：更气愤了。

师：气愤。“忿然”，就是气愤的样子，火冒三丈。我们看他火冒三丈地说了一句什么话，大家一起读读看。

生（集体）：“尔安敢轻吾射！”

师：读的时候语气应该怎么样？

生（部分）：愤怒；（部分）：很凶。

师：用了什么标点符号？

生（部分）：感叹号。

师：（范读）“尔安敢轻吾射！”你怎么敢轻视——

生 42：（应声）轻视我射箭的本领！

师：好。这里有一个词和我们现在用法不一样。

生（部分）：安。

师：“尔”怎么解释？

生（集体）：你。

师：代词，和前面的不一样。这地方的“尔”——“你”的意思。前头呢？

生（集体）：罢了。

师：罢了。对。不一样。你“安敢”，“安——”

生（集体）：怎么敢。

师：你怎么敢轻——什么？

生（集体）：轻视。

师：在现代汉语里，“轻”是什么词性啊？

生（部分）：形容词。

师：形容词。这里作什么用？

生（部分）：动词。

师：“轻、重”在现代汉语里是形容词，这儿是作动词，因为它后头还有什么啊？——宾语：小看我的射术？小看，就是轻视的意思。老翁就又回答了。回答的这一句话怎么解释？

生 43：以我酌油的这件事知道的。

师：以我酌油的这件事知道的。“以”怎么解释？

生（部分）**：**凭；（部分）**：**靠。

师：凭。“凭”可以，“靠”也可以，“根据”也可以。可以吧？［生（集体）：可以。］那么，××（指定学生），你解释解释看。根据——

生 44：根据我酌油的经验知道这个道理。

师：知道这个道理。“之”，是这个道理，什么道理啊？

生（集体）**：**射箭的道理。

师：“以我酌油知之”，这是老头子说的话，我们先听到他的话，先——闻其言；然后呢，老头子不仅说，还怎么样啊？

生（集体）**：**做。

师：行动。好，我们看他是怎样做的？有的同学问，“钱”是什么样的？（出示一枚铜钱）就是这么样。（学生议论：那么小的洞！）就这么小的洞，有同学的毽子里就有这么样的一个钱，外头是圆的，里头的洞是方的。（学生热烈议论）有的同学问了（学生继续议论），哦，不是七嘴八舌，是二十嘴三十舌了！——这么小的洞怎么倒法？还有的同学问：葫芦口这么小啊？

（学生热烈议论）

生（有的）**：**葫芦头大口小呀！

师：××（指定学生），你讲，葫芦是什么形状的？

生 45：就是葫芦形状呀！

师：你说是怎么样的？

生 46：葫芦口小肚子大呀！

师：哦，口小肚子大。这个老翁就现场操作表演。我们注意一系列的动词，自己看，哪一系列的动词？请一个同学把这一句话读一读，讲一讲。××（指定学生），你来讲讲看，讲错了别人补充。书拿起来。

生 47：于是拿来一只葫芦放在地下（有的学生纠正：地上），用

一个铜钱盖在它的口上，慢慢地把油杓——（有的学生纠正：用杓）

（下课铃响）

师：不着急，让人把话讲完，再提意见。

生 47：慢慢地用杓把油从铜钱的口里注入葫芦，油从口里倒进去而铜钱没有湿掉。

师：卖油翁的善酌基本上讲出来了。我们下一课再学，休息一下。下课。

第二课时

师：上课之前先纠正一个词。欧阳修是北宋时候的“文坛领袖”。“坛”，我写了——繁体字，下课时同学给我指出，应该写——（板书：“土”旁，有的学生说旁边是“云”，教师添上“云”——坛）好，注意这个“坛”字，我对简化字有时注意不够。

师：把书打开。刚刚我们学到第 2 段，卖油的老头子现场操作表演。刚刚下课时有同学问了，这个“乃”怎么解释？有的解释为“才”，有的解释为“你”。“你”——我们是学过的，还记得吧，陆游的诗里头？

生（部分）：“家祭无忘告乃翁。”

师：课文里这个“乃”究竟怎么解释呢？

生（部分）：于是。

师：好，应该解释为“于是”。——刚刚××（指第一课时中生 47）讲得还是比较好的；漏掉的，同学给他补充了。现在请一位同学把这一句连贯起来讲一讲。×××（指定学生），请你讲讲看——“乃取一葫芦置于地……”

生 1：卖油的老头于是拿一只葫芦放在地上，用钱盖住葫芦的口，慢慢地用杓酌油注入葫芦，油从钱的孔里沥进去而钱没有湿。

师：她这里加了一个词语，很好。“自钱孔入”，她在前面加了一个主语，是什么？

生（部分）：油。

师：油，好的。油从钱的孔里沥进去，而钱呢，一点都没有湿。同学们看，这里有一连串的动作，请你们把动词找出来。

生（部分）：取。

师：你们讲，我写。（板书：取）“取”的是葫芦。

生（部分）：置。

师：置。（板书：置）“置于地”，“置”是什么？

生（部分）：放。

师：“于”呢？

生（部分）：在。

师：好，第三个动词？

生（有的）：以；（有的）：覆。

师：“以”是动词吗？

生（部分）：不是；（有的）：介词。

师：介词。“覆其口”（板书：覆）——还有吗？

生（部分）：酌。

师：（板书：酌）“徐以杓酌油沥之”，还有吗？

生（部分）：沥；（个别）：徐。

师：（板书：沥）好。刚刚有个同学在讲“徐”，“徐”是动词吗？

（学生议论）

生（部分）：慢慢地；（部分）：形容词。

师：是形容词。慢慢地“以杓”——这个“以”什么意思？

生（部分）：用。

师：用——用杓子——

生（部分）：舀油。

师：对，拿杓子舀油。这个“酌油”就是舀油，舀油把它注入葫芦。这个“之”指代什么？

生（有的）：葫芦。

师：葫芦。宝盖头的“它”，指代葫芦。油从钱孔进去而钱不沾湿。请同学们看，这个老头子的现场表演给我们一个怎么样的感觉啊？

生（有的）：熟练；（有的）：“熟尔”；（有的）：沉着。

师：沉着，讲得很好。非常沉着，胸有什么啊？

生（集体）：（齐声）成竹。

师：胸有成竹，讲得很好。很沉着，很冷静。一个是火冒三丈——“尔安敢轻吾射”！一个是“以我酌油知之”，——讲这句话好像轻描淡写。“你怎么知道？”“我是以我舀油的经验知道的呀！”然后胸有成竹、不慌不忙、从容不迫地进行现场表演。你们看，有一连串那么多动作：要把葫芦拿出来，放在地上，再拿一个钱盖在它的口上，然后用杓子舀油，再把油灌进去。

这一连串的动作，如果心急慌忙，能行吗？[生（部分）：（小声应答）不行。]对，不要讲钱湿掉了，钱都可能掉到地上了！作者写得非常准确，写卖油翁的沉着，没有用一个形容词。表示他的心理状态的形容词有吗？[生（部分）：（轻声）没有。]是用一连串的动作来表现的。在动作前面只用了一个“徐”——慢慢地，没有特别写他的心理活动，但是他的心理状态已跃然纸上！——沉着。而且表现了一手绝技。（在第一课时的板书“善酌”之后，板书：绝技）倒完了以后，他就发表议论了。“因曰”，怎么解释？

（学生议论）

生（部分）：于是说。

师：于是说。不是“因为”的意思。——于是他就说了，说什么呢？你们看这一句话跟前头的话有何异同？（板书：我亦无他，惟手熟尔）有何异同？——这话前头见过吗？——有何异同？

生（部分）：一样的。

师：一样的？——前头是在哪里出现的？

生（部分）：“无他，但手熟尔。”

师：那么，你们看，同在哪里？异在哪里？——比较比较看，同在什么地方？异在什么地方？

生 2：同的都是说：没有什么，只是手熟；不同的是：一个是说陈尧咨，一个指自己。

师：她说，同呢，都是“无他，惟手熟尔”；不同呢，一个是说陈尧咨，一个是说自己。对吧？对的。——“我亦”（在板书“我亦无他，惟手熟尔”的“我亦”两字下面，各加着重号），我也——为什么要用“也”啊？

生（部分）**：**前面讲过了。

师：讲过了，对了。前头说过陈尧咨了，所以这里说我也——我也没有什么了不起，只不过是手熟罢了。你们看，讲得多么——

生（部分）**：**谦虚。

师：多谦虚，我也没有什么，“惟手熟尔。”——这个同跟异找得很好。康肃听了之后就怎么样？

生（集体）**：**笑了。

师：“笑而遣之”。——本来是怎么啊？

（学生议论）

生（有的）**：**愤怒；（有的）：怒气冲天。

师：本来是很气愤的，现在呢，笑了。由愤到笑，而且“遣之”。这个“之”是谁？

生（部分）**：**他；（部分）：卖油翁。

师：笑着把卖油的老头子打发走了。好，我们懂了。现在体会一下问跟答。这边两组同学（指南面两排）读问的语句，这边两组同学（指北面两排）读答的语句。我读叙述的。读问、读答的时候注意，要把语气读出来！（教师和两大组学生照上面的要求朗读第2段）清楚了吧？［生（集体）：（轻声）清楚了。］清楚了。我们再换着读一次，凡是叙述的话就由大家读。你们（指北面两排）读问的，你们（指南面两排）读答的。辨别一下语气！叙述的一起读，“康肃问曰”——

（学生按教师要求朗读）好，现在自己读，读了之后背出来。（学生各自读第2段）好，——大家注意，把一问、一答搞清楚了。现在一起背，“康肃问曰”——（齐背第2段）

师：两段基本上都理解了，现在我要问个问题：这篇文章究竟主要记叙了怎样的一件事情？要尽量用课文当中现成的语句来讲，非常概括地讲记叙了一件怎样的事，主语，谓语，注意！就用文言文句子回答。

生 3：这篇课文记叙了陈尧咨尝射于家圃，卖油翁——

师：不，我说是一句话——一句话。

生 3：卖油翁以酌油知陈尧咨射箭本领无他，惟手熟尔。

师：好，她是这样理解的：记叙了卖油翁以杓酌油沥之的经验，晓得陈尧咨善射的道理。再看看，如果以主要的人物来讲，应该用哪一句话？

生 4：这篇课文记叙了卖油翁以杓酌油，自钱孔入而钱不湿这件小事。

师：请坐。可以用这个现成的语句。我们现在的一个很大的困难，就是不会概括地讲，要训练。这个故事说明了怎样的一个道理呢？为什么这么小的一个钱孔，油沥进去而钱不湿？

（学生议论）

生（有的）**：**惟手熟尔；（有的）**：**熟能生巧。

师：什么啊？——熟能生巧。对吧？［生（集体）：对的。］说明了反复实践、熟能生巧的道理。为何在如此短小的 135 个字的篇幅里，作者未发表一点议论，就能把道理说得明白生动，引人深思呢？这和作者运用文字的深厚功夫是分不开的。请同学们分析分析，这篇文章在材料的剪裁上有什么特点？

生 5：剪裁好，有详有略。

师：哪些是详写的？哪些是略写的呢？

生（部分）**：**卖油翁详写，陈尧咨略写；（部分）**：**善射略写，善酌详写。

师：对！我们具体分析一下就十分清楚了。故事的主角是卖油翁，写陈尧咨的善射是为了陪衬卖油翁的善酌。——详写什么？

生（集体）**：**善酌。

师：略写什么？

生（集体）**：**善射。

师：该略的，多一点的笔墨都不肯用。因此，写陈尧咨射技之精只作概括交代，不加渲染。主要笔墨放在酌油的现场操作，采用了白描手法，既细腻，轮廓又清楚，动作、神态、手艺和议论均写得十分精确——该详则详，该略则略。作者为何要作如此详略的处理呢？

生（部分）：为了突出文章的中心。

师：对。作者为什么能作如此合理的剪裁？那是由于有敏锐的观察力，对生活中的某些现象能烂熟于心。我们自己写文章就要注意剪裁，不要平均使用力气。这是我们要学习的第一点：剪裁合理。（板书：1. 剪裁合理）第二，我们要学习的是什么呢？同学们看板书就可以一目了然。

生（部分）：对比。

师：对。作者把看来不相干的两件事情放在一起写，告诉人们熟能生巧的道理。为了使读者明白这个道理，作者把射者和酌者一一加以对照。论技艺：陈尧咨十中八九，并不是百发百中；（在板书“十中八九”上加上括号）卖油翁沥油而钱不湿，可算是绝技。（板书“绝技”加上括号。然后，在板书“善射”和“善酌”之前，板书：技艺）论态度：一个浮躁、自矜，一个从容、沉着。论见解：“我亦无他，惟手熟尔。”陈尧咨也不及卖油翁。（在板书“我亦无他，惟手熟尔”之前，板书：见解）在当时的社会里，卖油是低贱的，射箭是高贵的，但是射箭和酌油的道理是一样的。一射一酌——这样写，文字虽不多，但鲜明生动，以陈尧咨来衬托卖油翁，给人以深刻的印象。（板书：2. 对比鲜明）第三，语言的运用也很值得我们学习。很精练（板书：3. 语言精练），不是拖拖拉拉的，用词很恰当。我只举一个例子来讲，同学们课后自己去体会。比如说，这里用了一些动词，我只讲一个。请同学们看，这个“沥”（在板书“沥”字下面加上着重号）是什么意思？

生（部分）：注。

师：注，注入葫芦里。葫芦口非常小，钱很小，钱孔更小。如果这个地方用一个“倒”字，行不行啊？

生（部分）：不行；（部分）：要倒出来的。

师：“倾”，更不行了，倒得很多。作者用“沥”——“沥”就是怎么样啊？

生（部分）：一点一点……

师：一滴一滴滴进去。但是，这点——点——点又成为什么呢？一根线一样的，很细很细的一根线，无数的点啊，一滴一滴连成一根线，这样注进去。你们看这个词用得精确吧？——这个“沥”字用得多好！这是很值得我们学习的。写作上的这么几个特点，希望同学们复习的时候好好地考虑。这一篇文章就学到这里，背了以后下一节课回讲。现在我们做课文后面练习四。练习四：（朗读）“把下边几句话译成现代汉语。”第一句谁来译？——“汝知为文之道乎？”

生6：你知道作文的道理吗？

师：“你知道作文的道理吗？”对不对？对的。“为（wéi）文”，不是“wèi文”，“为（wéi）”作为什么词？

生6：作动词。

师：作动词。“你知道做文章的道理吗？”第二句，谁来译？第二句：“吾以卖油翁之酌油知之。”（学生小声译讲）好，××，你讲。

（指定学生）

生7：我以卖油翁酌油的经验知道。

师：“我以卖油翁酌油的经验知道”，“知道”什么？

生（部分）：道理。

师：什么道理？

（学生议论）

生（有的）：射箭的道理；（有的）：不一定是射箭的道理。

师：不一定是射箭的道理，对了。讲得很好。这个地方不一定是射箭的道理了，因为前头没有前提，对吧？那么，上一句问的是什么呢？什么道理啊？

生（部分）：作文的道理。

师：作文的道理，因此这个“之”呢？这个“之”——

生（部分）：作文。

师：作文的道理。

生8：第二句跟第一句又没有联系的咯。

师： 哦，第二句跟第一句是没有联系的，请坐。在这里，编者是有意作了安排的。第一句问："汝知为文之道乎？"——你知道写文章的道理吗？下面回答了："吾以卖油翁之酌油知之。"［生（部分）：有联系的。］是有联系的。

生 8： 既然有联系，可以写在一句里头嘛。

师： 既然有联系，就应该写在一道，为什么要分开呢？问得很好！这个我等会儿来回答。下面看第三——第三句谁来讲？

生 9： 老头能从钱孔里把油装——（有些学生纠正：注入。）注入葫芦而钱却不湿。

师： 好，请坐。"翁能自钱孔沥油入葫芦而钱不湿。"大家修改得很好，原来讲了"装"，后来改为"注入"，讲得很好。这一句都懂了吧？［生（集体）：懂了。］第四，"无他，惟手熟尔。"——这句，×××。（指定学生）

生 10： 没有什么奥妙，只不过手熟练罢了。

师： 没有什么奥妙，只不过手熟练罢了。请坐。第五，"为文求精熟，亦当如是。"谁会讲？

生 11： 作文要精熟，也应该这样。

师： 也应该这样。"精熟"，还应该讲得——

生（部分）**：** 精练；（有的）：精妙。

师： 作文要写得好——精熟。×××（指定学生），你讲讲看，"精熟"是什么意思啊？

生 12： 精通而熟练。

师： 做文章要精通、熟练——要写得好，也应当如此。——都会讲了吧？好，刚刚有同学（指生 8）讲，既然这样，为什么不把它们连起来呢？现在就请你们把它们连起来，把这五句话连起来用现代汉语写一段话，100 个字左右，现在就写，写在本子上。（学生议论，有的问要求）100 字左右，这里是四十几个字，你们把它们连起来，写在练习本上。——讲一讲要求：不要抄题目，用现代汉语连成一段话，这段话的中心是"为文之道"——写文章的道理。

生 13： 99 个字可以吗？

师：（微笑）可以。你们把它们连起来，句跟句之间注意关联。为了关联得好，还可以对原来的有些词语略加修改，或者加一些词语。写好，我们马上交流。

（学生各自做练习，教师巡视、指导）

生 14：用对话可以吗？

师：用对话也可以，甲、乙两个人对话也可以，形式不拘。——句子与句子之间要注意关联。——要是写问答的话，一问一答，谁讲什么，甲、乙一定要搞清楚。做好后，同桌交换一下看。

（同桌学生相互交流练习）

师：现在请几个同学读读看，谁来读？——（根据巡视了解的情况指名）×××，你读读看，读响亮一点。

生 15：（朗读自己的作业）你知道做文章的道理吗？我从卖油翁酌油中知道其中的道理。卖油翁能把油注入葫芦而钱却没有湿。这也没有什么，只不过是手熟罢了。做文章要精通熟练，也应当如此。

师：请坐，对不对啊？他把翻译的语句连起来了。译得对不对啊？［生（部分）：（小声）对。］译得对的，没有什么补充。好，×××。

生 16：（朗读自己的作业）老师问：——

师："老师问"，大家听好！是问和答。

生 16："你知道写文章的道理吗？"同学回答："我从卖油翁酌油知道熟能生巧这个道理。老头能把油从钱孔注入葫芦而钱不湿，这并没有什么别的奥妙，只不过手熟罢了。"老师说："文章写得好，也应当如此。"

师：他这个问跟答对不对啊？对的。××，你读读看，读响亮一点。

生 17：（朗读自己的作业）一次，老师问一学生："你知道做文章的道理吗？"学生答道："我凭卖油翁酌油的经验，就可知道这个道理。卖油翁能把油从钱孔注入葫芦钱却不湿，这没有什么奥妙，只不过手熟罢了。作文要精熟，也应如此，熟能生巧嘛！"老师笑着点头称是。

师：（微笑）“老师笑着点头称是。”好，××读。

生 18：（朗读自己的作业）一天，老师在路上遇见一位学生。闲谈之时，老师问：“你知道写好作文的道理吗？”学生说：“我凭卖油翁能从钱孔把油注入葫芦而钱却不湿这件事知道，卖油翁没有什么奥妙，不过是手熟罢了。作文要写得精通熟练，也应当这样。”老师听后，笑着点了点头。

师：（微笑）好，加一些词语。×××，你说说看。

生 19：（读自己的作业，很轻）你懂得做文章的道理吗？

师：读响亮一点。

生 19：你懂得做文章的道理吗？我是以卖油翁熟能生巧的道理而懂得的。

师：你还有“甲”跟“乙”呢，要读清楚了！甲——

生 19：甲：“你懂得做文章的道理吗？”乙：“我是从卖油翁沥油熟能生巧的道理而懂得的。”甲：“他能把油从钱孔里注入葫芦，而钱却一点儿也不湿，可真了不起啊！”

师：好，这里有点变化，请同学们注意。他是这样讲的：甲说，卖油翁能够从钱孔里把油注入进去，真了不起啊！

生 19：乙：“这没有什么奥妙，只不过是手熟罢了。”

甲：“对，要把文章写得好些，也应该同样如此。”

师：“也应该同样如此”——加上了一个“应该”。你们看看，怎么“同样如此”？也“应该——”？

生 19：也同样如此。

师：“也同样如此”——也应该这样。我看了一下，大家写的都差不多，一种是把它们连起来，一种是用问答式，好像文采不大好，可能我刚刚讲的时候，没有把这个要求提出来。大家也可以适当地改变一下，在写文章的道理上做点文章。自己修改，在回答写文章的地方再丰富一下。——写文章，求精熟，应该怎么样？熟能生巧，哪些地方要熟啊？想想看，自己再改一改，改得丰富一点儿。——文章要写得好，要怎么样啊？

生（部分）**：**多写。

师：多练。（板书：多练）

生（部分）**：**多想；（有的）**：**多观察。

师：多想。（板书：想）多看。（板书：看）

生（部分）**：**多读。

师：多读。（板书：读）

生（部分）**：**多背；（部分）**：**多改。

师：多背。（板书：背）多改。（板书：改）好，你们自己想想，这个地方写丰富一些！写文章要多看，观察要怎么样？

生（部分）**：**仔细。

师：主要是说为文之道——以卖油翁的善酌来写为文之道。

（学生各自修改，教师巡视、指导）

师：有没有写好的？修改以后丰富一点了，有没有？——有吧？××（指生18）来读读看。

生18：一天，老师在路上遇见一位学生。闲谈之时，老师问："你知道写好作文的道理吗？"学生说："我凭卖油翁能从钱孔把油注入葫芦而钱却不湿这件事知道，卖油翁没有什么奥妙，不过是手熟罢了。作文要写得精通熟练，也应当这样。"

老师听后，点点头，笑着说："对，应当多读、多想、多讲、多背、多写、多改，仔细观察，训练思维，认真积累，情动于中。只有这样，才能把作文写得精熟。"

师：她后面加了这么一点，清楚吧？——对，要把作文写好，要多读、多想、多背、多讲、多写、多改，要仔细观察，积极思维，情动于中。——这样可以吧？

生20：什么叫"情动于中"啊？

师：情动于中，讲过没有？［生（部分）：讲过。］讲过了。所以，平时积累很重要，到时候就派用处了。回去以后自己再去好好想一想，把翻译了以后写的一篇小文章，叫《为文之道》，以《卖油翁》的酌油来写"为文之道"。

生（部分）**：**已经写好了。

师：写了还要改呀！刚刚不是讲还要多改吗？要改，把它写好。

这里头有些语气，同学们还没有完全体会到——好好把语气体会体会，写得生动些。句子和句子之间，不但要注意连起来，还要体会语气。还有呢，课文基本上背出来了，要把它背熟，下一节课再讲。

《七根火柴》教学实录

时间：1979 年 5 月 26 日（星期六，上午第三、四节课）

执教：杨浦中学　于　漪

班级：初一（1）班

第一课时

师： 今天我们学习王愿坚同志的《七根火柴》。请同学们把书［杨浦中学语文教研组编选，《语文阅读教材》（初中第一册）］翻到 98 页。火柴在生活中可以说是天天用到，看起来是那么微不足道。但是，你们可曾想过，在艰苦的革命年代里，在红军行过草地的时刻，就是这个火柴，发出过怎样的光？放射出多少热？它又有怎样的价值？今天我们学习的这篇课文，作者就是紧紧扣住火柴，给我们描述了一个动人心弦的故事，谱写了一曲感人肺腑的悲壮的赞歌。我们已经预习了，请同学们说说看，这篇文章的主人公是谁？

生 1：《七根火柴》这篇文章的主人公是卢进勇。

师： 请坐。她话讲得很完整。对她的回答有不同意见吗？

生 2：《七根火柴》这篇文章的主人公是“那个同志”。

师： 是“那个同志”。你讲得响一点。

1979 年，中国刚从“十年动乱”中走出不久，如何统一思想，坚定革命理想信念，开启新的革命征程，成为新的时代命题。作者在课上抓住文中人物的情感因素与主人翁崇高的人格力量，潜移默化中帮助学生树立理想信念。

生 3：对的。

师：“对的”？他们两个人讲的都是对的？——啊？同意谁的？

生 3：××。（指生 2）

师：同意××的，请坐。还有不同的意见吗？

生 4：《七根火柴》的主人公是“那个同志”和卢进勇。

师：《七根火柴》的主人公是“那个同志”和卢进勇。——看来同学们读了课文以后，初步得到的印象有这么不同的三个。我说这篇文章的主人公是那个无名战士。为什么主人公是无名战士呢？既然主人公是无名战士，为什么作者又花费那么多笔墨来写卢进勇呢？学习以后，就可以明白其中的道理。现在我们先学习文章的第一部分，从开头到第 7 段。请一位同学朗读，读的时候，请同学们思考两个问题：第一个问题，主人公是在怎样的环境里出现的？第二个问题，他是怎样被引导到读者面前来的？我们请一个同学先读一读。谁来读？——××，读得响亮一点，大家仔细看书。

生 5：（朗读）“天亮的时候，……便一瘸一拐地向那声音走去。”（朗读中有添字、漏字的句子，教师让学生重读。）

师：他读得比较响亮，看看有没有读错的？

生 6：“刹（chà）时”，他读了“sà 时”。

师：第 2 段第二行，“刹（chà）时”，“ch－à→chà”，一起读。

师、生（集体）**：**“ch－à→chà”，“ch－à→chà”，“刹（chà）时”。

师：好，还有吗？

生 7：“一阵凉风”，他读了“一阵冷风”。

师：“一阵凉风”。（学生举手）好，×××。

生 8：第 2 段第三行应该是“冰雹（báo）”，不是“冰（bào）”。

师：第几声？

生 8：第二声。

师：第二声，“冰雹（báo）”。好，还有吧？

生 9：在口袋底部“zhān”还是“nián”呢？（指“粘”字）

师：她提了一个问题，在口袋里的东西是“nián”还是“zhān”，谁能回答这个问题？有人会回答吗？

生10：第一行是“粘粘（nián nián）的东西”，第二行是“粘（zhān）着一小撮青稞面粉”。

师：那就是说，这个字是——

生（部分）**：**多音字。

师：多音字。在这儿有两个读音，明白了吗？——明白了没有？好，×××（指生9），你把这两句话读一遍，“突然……”

生9：“突然，他的手触到了一点粘粘（nián nián）的东西。他心里一喜，连忙蹲下身，把口袋翻过来。果然，在口袋底部粘（zhān）着一小撮青稞面粉。”

师：请坐。清楚了吧？（学生举手）好，×××。

生11：第3段第五行，应该说是“浑（hún）浊”，他（指生5）说“hùn浊”。

师：“浑（hún）浊”。还有个地方啊，多了个字。

生12：第4段应该是打了几个“寒颤（chàn）”，不是“寒zhàn”。

师：哦，这个字（指“颤”）究竟是读“chàn”还是读“zhàn”？好，赶紧查字典。看看到底读什么？“寒zhàn”哪，还是“寒chàn”哪？

生13：应该是“寒zhàn”。

师：“zh－àn→zhàn”，“寒颤（zhàn）”。好，刚刚在读的时候，还有一个地方加了个字，同学们看，第6段——“更觉得饿得难以忍受”。他加了字吧？“更感觉得饿得难以忍受”，加个“感”，句子就不通了。有个地方他读得很好，什么地方呢？“同志——”，把一个破折号也读出来了！还有什么地方是读得比较好的？——第6段的第一句话，他读得好吧？我们请××（指生5）再读一遍这一句话。

生5：“要是有堆火烤烤该多好啊！”

师：请坐。好，刚刚我们读了一下，现在请同学们把作者集中笔墨写的关于环境的 2、3 两段阅读一下，请你们回答：草地的气候，草地的天，草地的地（板书：草地），有怎样的特点？作者是怎样把这草地的气候、天、地的特点一下子就抓住，用关键词语描绘出来，告诉读者的？看看，草地的气候怎样？要学会抓关键词语。——好，下面有声音了，在讲了。（有些学生轻声议论）谁来回答？（学生举手）草地的气候？

生 14：草地的气候是“怪”。

师：天呢？

生 15：天是“冒——乌云”。

师：天是“冒”——（生 15：乌云。）地呢？

生 16：地是——清楚。

师：我刚刚说的是看第 2、3 段。气候的特点容易找，天和地的特点不那么容易，把第 3 段再看看。草地的气候——×××（指生 15）自己有补充了。

生 15：天是“阴”。

师：哦，天是“阴”。“阴”什么，文章怎么说？

生 15：“阴沉沉的”。

师：“阴沉沉的”。地呢？地是怎样的？请坐。（学生举手）×××。

生 17：看不清。

师：看不清，地看不清。草地是怎么写的？

生 18：“草地都沉浸在一片迷蒙的雨雾里。”

师：“草地都沉浸在一片迷蒙的雨雾里。”（学生举手）好，×××。

生 19：“光滑地躺倒在烂泥里，连路也看不清了。”

师：什么东西“躺倒在烂泥里”？

生 19：草。

师：什么草？

生 19：荒草。

师：荒草“光滑地躺倒在烂泥里”。请坐。现在搞清楚了没有？

草地的气候是——，大家回答。

生（集体）**：**怪。

师：草地的天？

生（集体）**：**阴沉沉。

师：草地的地，主要是烂泥和荒草，还有就是刚刚正音的地方，是什么呢？——绿色的浑浊的污水。现在我们先看草地的气候，“怪”是一个关键词。“怪”在哪儿呢？谁能用一个成语来回答回答看，“怪”在什么地方？

生 20：瞬息万变。

师：好，瞬息万变。还有吗？

生 21：变幻莫测。

师：变幻莫测。

生 22：变化无常。

师：变化无常。

生 23：千变万化。

师：刚刚同学们讲的这四个词都很好，都是找出了一个什么特点啊？

师、生：变。

师：好，我们看作者是怎么样抓住这个“变”来具体描绘的。我把作者写的表示变的连词和副词读一读，你们读变的内容。在变之前，原来的情况是，听好啊！——“明明是月朗星稀的好天气，忽然——”

生（集体）**：**“一阵冷风吹来，浓云像从平地上冒出来的。”

师：“刹时——”

生（集体）**：**“把天遮得严严的。”

师：“接着——”

生（集体）**：**“就有一场暴雨，夹杂着栗子般大的冰雹，不分点地倾泻下来。”

师：“冰”什么？

生（集体）**：**“雹（báo）”。

师：“冰雹（báo）”。刚刚我们理解了一下。你们看：“明明”——“忽然”——“刹时”——“接着”，这些词就具体准确地写出了草地气候的变幻莫测，也就是说风云突变，雨雪交加。我们再看，草地的天，刚刚说了，是怎样的？

生（集体）：“阴沉沉的。”

师：“阴沉沉的。”你说它是“阴沉沉的”，看得见吧？[生（部分）：看不见。]为什么看不见？——为什么看不见？把表现看不见的关键句子找到。说天是阴沉沉的，但是看不见的，哪一个是关键句子？

生 24：因为它“沉浸在一片迷蒙的雨雾里”。

师：因为它“沉浸在一片迷蒙的雨雾里”。对吧？整个草地都是笼罩着迷蒙的雨雾。地，都是烂泥、荒草、污水。请同学们看，作者抓住了草地的气候、天、地这些特征来描写，告诉我们这样一个环境是怎样啊？

生（部分）：恶劣。

师：对，非常艰苦，而且呢，听不见——

师、**生**：人声。

师：看不见——

生（部分）：人影。

师：好，××讲（指定学生），这是怎样的地方？

生 25：渺无人烟。

师：是渺无人烟的地方，所以不仅艰苦，而且荒凉。红军长征过草地，就是在这样荒凉、艰苦的环境里行军的。正如毛主席所说的，真是有说不尽的艰难险阻，更何况是一个伤口发炎，掉了队的同志呢？我们看，掉了队的卢进勇经受了一夜暴风雨的浇注。清晨，一阵凉风吹来，他强烈地感觉到身上怎么样？

生（部分）：冷。

师：用哪个词来表现的？

生 26：“寒颤（chàn）”。[学生（几个）：（纠正）“寒颤（zhàn）”。]

师：“寒颤（zhàn）”。他还强烈地感到肚子怎么样啊？

生（部分）**：**饿。

师：饿得怎么样啊？

生（部分）**：**“难以忍受。”

师：此时此刻他渴望得到什么？

生（部分）**：**火。

师：火，哪个句子告诉我们的？

生（集体）**：**“要是有堆火烤烤该多好啊！”

师：对。这个句子很重要！“要是有堆火烤烤该多好啊！”就在卢进勇渴望着有堆火烤烤，也正当他把那个面团捏成长条，正要把它送到嘴边的时候，出现了一个什么情况？（几个学生低声念书上的句子）好，看这一句，“正要把它送到嘴边”，我们一起读这一句，预备——读。

生（集体）**：**“正要把它送到嘴边，蓦地听见了一声低低的叫声：‘同志——’”

师：我们看主人公在这艰苦的环境里出现，是怎样被引到读者面前来的？

生（部分）**：**“一声低低的叫声。”

师：未见其人，先——

生（部分）**：**先见其声。

师：先见其声？

生（部分）**：**闻——

师：对，先闻其声。是通过卢进勇的什么？

生（有的）**：**声音；（有的）**：**耳朵；（有的）**：**听觉。

师：听觉，对，讲得很好。通过卢进勇的听觉，被引到读者的面前。我们看，这个声音是那样异乎寻常！是怎样异乎寻常？

生（部分）**：**“微弱、低沉，就像从地底下发出来的。”

师：“那么微弱、低沉，就像从地底下发出来的。”那么，为什么会发出这样的声音呢？这是怎样的一个人呢？让我们随着卢进勇的足迹去寻找吧。文章就从第 1 段过渡到第 2 段。现在我们先看未见其人，先闻其声的主人公的形象怎么样。我们请一位同学把描写形貌的第 8、9 两段读一读。谁来读？

生 27：（朗读）“卢进勇蹒跚地跨过两道水沟，……但却没有动得了。”

师：嗯，这第 8、9 段，哪一段读得好？——第 9 段读得好。这里头——（学生举手）你有哪些看法？好，×××。

生 28：第 8 段第二句里，“贮（zhù）满了一汪浑浊的污水”，“贮（zhù）”，他读了“chú”。

师：哦，“身子底下贮（zhù）满了”，还是“chú 满”了？

生（部分）：“贮（zhù）满”。

师：（学生举手）×××。

生 29：“一汪浑浊的污水”的“汪”，应该读“汪（wāng）”。

师：应该第几声？

生（部分）：第一声，“wāng”。

师：“汪（wāng）”。

生 30：“脸颊”的“颊（jiá）”，他读了脸“jiǎ”。

师：“颊（jiá）”，“j－iá→jiá”。

生 31：应该是“他倚着树杈半躺在那里”，他读“他倚在树杈上”。

师：“他倚着树杈……”

生 32：应该是“黑毯（tǎn）糊”，他说是“黑 tàn 糊”。

师：“黑毯（tǎn）糊”，对吗？看看应该怎么读？“黑——”在哪里停顿？

生（部分）：毯。

师：“黑毯——糊贴在……”有几个字看看应该怎么读？他倚着树什么？

生（部分）：（小声地）“chà”。

师：怎么读？赶紧查，看看，第几声？（学生举手）好，×××。

生 33：“ch－à→chà”。

师：第几声？

生（部分）：第四声。

师：第四声，“树杈（chà）”。请坐。查出来了吧？树什么？

生（部分）：第四声，“树杈（chà）”。

师：应该读第四声，“树杈（chà）”。请同学们看一看，作者在这儿描绘了无名战士的形貌。你们看，这个形貌告诉我们他已经是怎么样的一个人了？

生（部分）：奄奄一息。

师：奄奄一息。再想想看，还可以用类似的近义词、同义词吗？奄奄一息，生命——

生（集体）：垂危。

师：生命垂危。（板书：垂危）为什么说他已经是一个生命垂危、奄奄一息的人呢？我们抓住他的眼睛跟他的身子来仔细地推敲一下。他的眼睛，在卢进勇刚看到他的时候是怎样的？听到卢进勇的脚步声，他的眼睛又是怎样的？请你们把描绘眼睛的两个句子找一找。——找到了吧？找到了没有？

生34：在卢进勇刚看到他的时候，他的“眼眶深深地塌陷下去，眼睛努力地闭着”。

师：当他听到卢进勇的脚步声呢？

生35：听到卢进勇的脚步声，那个同志“吃力地张开眼睛”。

师：你们看一看，这里头的动词：一个“闭”，一个“张”。请你们注意“闭”和“张”前面的附加语。“闭”的时候要怎样啊？

生（集体）：“努力地”。

师：努力地闭着。我们一般人的眼睛闭着要努力吗？——不要。张开的时候呢？

生（集体）：“吃力地”。

师：是吃力的。对，这个修饰语非常重要！这两个修饰语不是随便加的，它们有很深的意思在里头！“努力地闭着”“吃力地张开”，两个修饰语告诉我们，这个同志已经连指挥眼皮都很困难了，指挥眼皮的力量很弱了！我们再看，他的身子怎样？请你们找两个“没有”，找到了没有？——第一个是什么？

生（部分）：“没有挪动”。

师：“没有挪动”——看来已经有很长时间没有挪动了。那么，刚刚听到卢进勇的脚步声的时候想动吧？

生（有的）：想动；（有的）：没有动。

师：可是怎么样？

生（部分）：“没有动得了”。

师：对，“没有动得了”。这两个“没有”，就深刻地告诉我们，这个同志已经丧失了活动能力！请同学们再看他的头发，他的脸颊上挂着水，他的身下一汪浑浊的水。这一切的一切告诉我们，他已经是生命垂危了。他的喉结有个怎样的动作？

生（部分）：“在一上一下地抖动”。

师：一上一下抖动，确实像同学们所讲的奄奄一息。我们从这个形貌当中可以想象到他在长征途中所受的艰难、困苦，也可以联想到他昨夜怎么样啊？昨夜——他跟卢进勇怎么样？

生（部分）：一样。

师：一样。同学们讲得对，跟卢进勇一样，怎么样啊？受到暴风雨的——

师、生：袭击。（有的学生说“侵袭”）

师：所不同的就是，他不能像卢进勇那样躲到树丛里，而只能听凭冷风、暴雨、冰雹的袭击。但是，就是这样一个同志，他以惊人的毅力，等待着，支撑着。从哪里表现出来呢？——等待着，支撑着，刚刚我们念过的：“同志——”（板书：同志——）那么，他为什么这样期待着同志的到来呢？——他为什么期待着同志的到来？此时此刻，他想了些什么？我们看下面的文章。请一个同学读第10—13段。他为什么期待着同志的到来？此时此刻他想着什么？谁来读？

生36：（朗读）“卢进勇看着这情景，……那同志……急急地说：‘这……这里！’”

师：读得轻了一点。请同学们看。有一个字走音走得很厉害，哪一个字？

生37：“那脸上挂着的雨滴”，“雨滴”他念了个“雨”。

师：他没有把句子念完整。请坐。还有吧？

生 38：他加了两个字。"眼睛像揉进了什么"，他加了"似的"——"什么似的"。

师：加了两个字。"眼睛像揉进了——"，这个字（指"揉"）怎么读啊？"揉（róu）进了"——"揉（róu）进了什么"，念"róu"，不是"rǒu"。请×××坐下去。好，这一段请同学们思考一下，无名战士自始至终想的是什么呢？这里有三个表示他内心所想的关键性的动作，请你们找一找。——他现在想的是什么？找得到吗？表示他现在想的是什么？我提示一下：当卢进勇要把青稞面送到他嘴边时，他怎样？

生（部分）："推开"。

师："推开"，好。找得出一个"推开"，下边就找得出来了。——看看，"推开"就意味着什么呢？

生（部分）：不要。

师：对，不要，拒绝了。（板书：拒绝　推开）"推开"，下面还有吧？再找找看，还有什么？（学生轻声地，有的说"嗡"，有的说"挤"）哦，"挤"——"挤出"。这说明他说话很困难，从齿缝里挤出来。

生 39："那同志闭着眼睛摇了摇头"。

师："摇了摇头"。（板书：摇）那么，他是在什么情况下"摇了摇头"的？

生 39："闭着眼睛"。

师："闭着眼睛"，"闭着眼睛摇了摇头"。再想一想看，当卢进勇要怎么样？

生 39：当卢进勇对他说"走，我扶你走"的时候，他摇了摇头。

师：对，这个很重要。还有吧？还有没有？

生 40：他"急急地说"。

师："急急地说"。还有动作吧？请坐。

生 41：还有一个是"指"。

师："指"（板书：指），"指"什么？

生 41： 指着他自己的左腋窝。

师： 指着他自己的左腋窝。看一看，这里头——（学生举手）×××。

生 42： 前面说，他已经不能动了，为什么后面说他能够推开卢进勇的胳膊，而且他还能指着自己的左腋窝？

师： 哦，他（指生 42）说，前面说无名战士不能动了，这里怎么还能够抬起手，推开卢进勇，而且还能够用手指着左腋窝？这个问题问得很好，现在我们先把它挂着，等会儿一起回答。现在先请同学们思考一下，就是当卢进勇把青稞面送到无名战士嘴边的时候，他怎么样？——“推开”。当然，这个“推开”前头有一个什么啊？

生（部分）：“吃力地”。

师：“吃力地……推开”。也就是说，他拒绝了，不要吃同志给他的这个粮食了。卢进勇看到他这个乌青的脸啊，心里很难过。卢进勇想如果有一堆火，有一杯热水的话呢，他也许能够活下去，因此就说：“走，我扶你走吧！”可是他又怎么样啊？——“摇了摇头”。第二次拒绝了什么？——请同学们看一看，这一个“推”，一个“摇”，拒绝了同志的帮助，说明他等待着同志的到来，是不是为了他自己活下去啊？［生（部分）：不是。］对，这里重要的词是“推”和“摇”。这一“推”一“摇”，明白地告诉我们：他等待同志的到来，不是为了自己活下去，为了自己的生命。那么，是为什么呢？就是为了七根火柴！也就是刚才讲的一个动作。什么动作呢？

生（部分）：“指”。

师：“指”着左腋窝。请同学们看看，这“推”——“推开”“摇”跟“指”，两相对照，我们就知道这个战士一直在想的不是为了自己，而是为了七根火柴！为什么为了这七根火柴？他是怎样珍藏的呢？我们看看无名战士在生命垂危之际是怎样把火柴当宝贝一样珍藏起来的。请××同学读第 14、15 两段。

生 43：（朗读）“卢进勇惶惑地把手插进那湿漉漉的衣服。……像一簇火焰在跳。”

师： 读得太快了，慢一些，别人好思考。重新读一遍。

（生 43 重读这两段）

师：要读得慢一些，不要太快了。

生 44：“正压在那朱红的印章的中心”，他读“章印”。

师：哦，应该是“印章的中心”，“印章”。

生 45：“这一刹（chà）那间”，他读成了“一 shà 那”。

师：“一刹（chà）那”，“chà”。他读得还是比较好的，就是快了一点。还有两个字读音不对。现在请同学们考虑一下：无名战士是怎样把火柴当宝贝一样珍藏起来的？（板书：珍藏）看书上的描写，说一说这火柴珍藏的地方、珍藏的位置、珍藏的结果。——珍藏的地方、珍藏的位置、珍藏的结果，找一找关键性的语句在什么地方。

生 46：他把火柴与党证摆在一起。

师：哦，他当宝贝一样地把火柴跟党证放在一起，跟比生命还宝贵的党证放在一起。她回答得很准确！再说。

生 46：火柴是焦干的。

师：火柴是焦干的。——说完了吗？好，请坐。还有补充吗？××，你说。

生 47：火柴放在腋窝里。

师：火柴放在腋窝里。看看，它的位置是哪里呀？跟党证放在一起，具体是放在什么地方？——“红红的火柴头”，我们一起读，预备——起。

师、生：（朗读）“红红的火柴头簇集在一起，正压在那朱红的印章的中心，像一簇火焰在跳。”

师：火柴是放在什么地方的？

生（部分）**：**“印章的中心”。

师：放在印章的中心，前头有个关键性的词，什么词？

生 48：中心词是“压在”。

师：关键词是“压在”的“压”。（板书：压）这个“压”——我说这个词分量是很重的！你们想，为什么要把这个火柴压在朱红的印章的中心？这个“压”象征着什么？——象征着这个战士怎么样？

生（有的）**：**火热的心。

师：火热的心。好的。这个心跟朱红的印章怎么样？

生（有的）**：**贴起来了。

师：喔，贴起来了！好。这个“压”，就象征着无名战士火红的心跟党的心是相印的。你们看，这个“压”还可以象征什么？一簇火种，这火种能够怎么样啊？点燃，燃烧起熊熊的烈火！这革命烈火怎么样？谁点燃的？——毛主席点燃的，党点燃的。它象征着珍藏火柴的人，牢记着这革命烈火是党点燃的！所以，对这样一些关键词，很有分量的词，我们要很好地体会。——刚刚×××（指生 46）讲了，他说这个火柴保藏的结果怎样？

师、生：焦干。（板书：焦干）

师：这说明火柴是珍藏着放在左腋窝里的。今天早上自修课十分钟预习的时候，有同学问了这么一个问题，×××（指生 49）问，火柴怎么可能焦干呢？×××，请把你的问题复述一下。

生 49：课文里说，他的衣服是湿漉漉的，而且是冰冷的，火柴怎么会焦干呢？

师：他是这样问的，这个同志的衣服都湿透了，也是冰凉的了，火柴怎么会是焦干的？现在我再补充他这个问题，无名战士不仅衣服怎么样啊？——湿漉漉的，而且胸口怎么样啊？（学生低声说：冰凉。）冰冷。脸上呢？

生（部分）**：**乌青。

师：乌青，还怎么样啊？——挂着的雨滴滴滴答答。身子下面呢？

生（部分）**：**一汪污水。

师：一汪浑浊的污水，都是湿的。那么，要把这火柴保藏得焦干，你们说容易吗？[生（部分）：不容易。]这是难以想象的困难！这里正是作者要着力刻画的。这是需要多么坚毅的革命意志啊！要经受多少的痛苦！我们看，他把火柴放在什么地方？

生（部分）**：**腋窝里。

师：左腋窝下硬硬的纸包，而且他是用生命垂危时候仅有的一点体温在温暖着火柴。这正是“湿”跟“干”鲜明的对照，突出了这样一个革命战士的一颗红心，对党的事业的赤胆忠心！×××（指生49）提的这个问题很好。我们从无名战士的这个珍藏，就可以看到他的思想在闪光。那么，他珍藏火柴的目的是什么呢？——下面就是这个故事的高潮部分。他珍藏火柴是为了交给同志，是为了交给组织。这节课就讲到这里，请同学们从开头到这里读一遍，自己读。

（学生出声读课文第1—15段，教师巡视、指导）

师：同学们静一静，有的同学提了些问题。譬如说，既然火柴头簇集在一起，并排摆着，为什么说“一小堆”？应该说“并排摆着一小排火柴”，书上这个量词是不是可以研究一下？问题提得好。这个我不解答，供同学们思考。另外一个同学问，“焦干的火柴”，这个“焦干”是不是说火柴已经焦掉了？“焦干”是什么意思？（学生议论）就是什么？——非常干。再用一个词说说看。

生（部分）**：**干燥。

师：“焦干”就是很干燥的意思。×××提了这样一个问题，他说这个火柴怎么会像火一样呢？怎么会“像一簇火焰在跳”呢？现在请同学们——（有的学生小声说：这是想象。）喔，有的同学说是想象。请你们仔细思考一下：红红的火柴，朱红的印章，在一只哆哆嗦嗦的手中，那就犹如一簇跳动的火焰。这火焰升起在无边的草地，它划过阴沉的天空，横扫草地荒凉肃杀的气氛。所以，这样一个想象的出现，它能够给人以什么啊？——光明、温暖和力量。理解了吧？好，这个问题问得好。

下课。

第二课时

师：上课。刚才我们学习了课文的第14、15段，理解了无名战士是怎样珍藏火柴的。现在继续学下去。我们看，生命垂危的无名战士珍藏着七根火柴，心里念念不忘的是什么呢？是嘱托。（板书：嘱托）把火柴嘱托给战友。下面请一位同学把第16—21段朗读一下。读的时候，请大家思考：他是怎样把七根火柴嘱托给战友的？嘱托了几次？——谁来读？从第16—21段，朗读得响亮些。

生1：（朗读）"'同志，你看着……'……笔直地指向长征部队前进的方向……"

师：读得好，句读分明，有感情。下面，哪位同学能够说说，无名战士是怎么嘱托的？嘱托了几次？××，你说说看。

生2：他很激动，很郑重，嘱托了三次。

师：很郑重地嘱托了三次。哪三次啊？

生2：第一次，他数火柴。"数完了，又询问地向卢进勇望了一眼，意思好像说：'看明白了？'"

师：第一次。

生2：（继续回答）第二次，"他合起党证，双手捧起这几枝火柴，像擎着一只贮满水的碗一样，把火柴小心地放到卢进勇手里，紧紧地把它连手握在一起，两眼直直地盯着卢进勇的脸"。

师：第二次。

生2：（继续回答）第三次，"他蓦地抽回手去，深深地吸了一口——"（师：吸了一口气。）"——吸了一口气，用尽所有的力气举起手来，直指着正北方向"。

师：第三次。哦，他说三次，同学们都同意吗？

生3：后面的说话也是的。

师：后面的说话，哪一句——也是嘱托？

生3："好，好同志……你……你把它带给……"

师：对，这一句话是他再一次向卢进勇嘱托。现在我们看第一次嘱托。请同学们认真体会：第一次嘱托时无名战士的动作——一系列动作上的细节描写，把表示动作的词语找出来。

生4："抬手"——

师："抬手"。

生4："伸开""拨弄""数"。

师："伸开""拨弄""数"。还有吗？

生5：还有"望"。

师：还有"望"。他说得对吗？［生（部分）点头示意］对。从这一连串的动作里，我们可以感到这个嘱托是怎么样的？

生（部分）**：**郑重。

师：对，是极其郑重的。你们看，数火柴的时候，他伸开僵直的手指，小心翼翼地一根根拨弄；数完了，又询问地望了卢进勇一眼。同学们，这些表示动作的词里，哪一个最关键？

生（部分）**：**“数”。

师：“数”。（板书：数）对。我们接着看第二次嘱托——就在卢进勇看他数完火柴，高兴地点点头的时候，一瞬间，一个神奇的现象出现了：本来他的脸色是乌青的、怕人的，现在怎么样了？××，你说现在怎么样了？

生6：“舒展开来”。

师：眼睛本来是死灰般的颜色，现在——

生（集体）**：**“爆发着一种喜悦的光”。

师：本来他的手是哆哆嗦嗦的，手指是僵直的，现在他手的动作怎么样了？

生（集体）**：**“捧起这几枝火柴”。

师：不仅捧起火柴，而且还放到卢进勇手里，连手握在一起！这一节写了神奇的变化，谁来读一读？注意关键的词语。××，请你读这一段。

生7：（朗读）“就在这一瞬间，……两眼直直地盯着卢进勇的脸。”

师：好。无名战士已经是奄奄一息，这一连串的动作真让人难以想象！请同学们想一想：这神奇的现象表示了无名战士的什么？他的力量是从哪儿来的？

生8：来自那个同志对党的赤胆忠心，表示他对革命事业无限热爱。

师：说得好！正因为这样，才出现了这神奇的现象。无名战士这一连串的动作倾注了他整个的生命。现在请同学们再仔细地看下去，他再一次嘱托的时候，留给人间的最后的语言、最后的动作是什么？

生9：他留给人间的最后的语言是：“好，好同志……你……你把它带给……"他留给人间最后的动作是，"用尽所有的力气举起手来，直指着正北方向"。

师：最后的话就这一句吗？这前面还有没有什么话？

生9："记住，这，这是，大家的！"——一共两句话。

师：准确地说，无名战士留给人间的最后的语言是一句半话。第二句话他没有说完！"好，好同志……你……你把它带给……"（板书：带给）带给谁呢？带给同志们。正是为了这一点，他忍受了难以形容的痛苦、折磨，在死亡线上挣扎而硬不咽下最后一口气；也就是为了这一点，他没有用一根火柴来取暖。同学们想一想，如果用火柴烧堆火，这位无名战士也许会怎么样？

生（集体）：也许他能活下去！

师：对。因为卢进勇想过，要是有一堆火，有一杯热水，也许他能活下去！但是，这位战士没有为自己用一根火柴，他一心想着大家，一心向着党，向着长征途中的毛主席，无私忘我。他的生命爆发出耀眼的光芒！这不禁使我们联想到保尔所讲的一段名言——大家回忆一下，一起背背看，预备——起。

生（集体）：（背诵）"人，最宝贵的是生命。生命对每个人只有一次。这仅有的一次生命应当怎样度过呢？每当回忆往事的时候，能够不为虚度年华而悔恨，不因碌碌无为而羞耻；在临死的时候，他能够说：'我的整个生命和全部精力，都已经献给了世界上最壮丽的事业——为人类解放而进行的斗争。'"

师：无名战士的英雄形象，就是像保尔所讲的那样，是我们学习的光辉榜样。第8—21段，是文章的主体，是七根火柴这一故事的核心内容。《七根火柴》这篇文章篇幅不长，我们看到的这位无名战士，也只是他临死前的一刻，但是他的形象怎么样啊？——高大、巍峨，不仅矗立在茫茫的草地，而且活在我们的心上。这是为什么呢？这是由于作者选材精当。（板书：选材精当）作者紧紧抓着人物性格闪出耀眼光辉的一刹那，来刻画人物优美的精神世界。作者用在主人公身上的笔墨不多。有些同学开始读课文的时候，只是从描写笔墨的多少来衡量，因此误认为主人公是卢进勇了。拿语言来讲，无名战士说的话多不多啊？［生（部分）：（轻声）不多。］不多。总共没说几句。但是，有一个词却反复出现了好几次，哪一个词啊？

生（部分）：“同志”。

师：对，“同志”。前后出现了几次？

生（有的）：三次；（有的）：五次。

师：“同志”这个称呼，他说了五次。言为心声，他念念不忘把七根火柴和党证一起交给同志，其中包含无限的期望，无限的深情。他相信卢进勇是会把这七根火柴交给同志们的，因此最后充满期望和信任地对卢进勇说：“好，好同志……你……你把它带给……”再看动作。无名战士留给人间的最后一个动作是什么？——是一个大幅度的动作：“用尽所有的力气举起手来，直指着正北方向”。这些动作、语言和一系列的细节描写，都反映了生活的本质。因此，这篇文章在写作上的一个特点是：选材精当。这是我们需要学的。请同学们再考虑一下，既然主人公是无名战士，作者为什么花许多笔墨来写卢进勇呢？

生 10：因为作者是以卢进勇为线索来写这篇故事的。

师：以卢进勇为线索来写这个故事，讲得好！我们没有讲过这方面的知识。好！其他同学还有补充吗？

生 11：写卢进勇是为了衬托无名英雄。

师：对。为了在短小的篇幅里突出主人公的高大形象，作者在结构上作了巧妙的安排。（板书：结构巧妙）这篇文章是以卢进勇为线索开展故事情节的。请同学们回忆一下文章的第一部分，主人公无名战士是通过什么被引出来的？

生（集体）：卢进勇蓦地听见一声低低的叫声。

师：他的形貌呢？

生（部分）：“倚着”“半躺”，脸色怕人，眼眶塌陷。

师：对。主人公的形貌通过卢进勇的视觉展现在读者的眼前。同时，作者还通过卢进勇的“想”和“说”衬托出主人公崇高的思想品质，突出了无名英雄牺牲的全部意义。作者花很多笔墨写卢进勇，是为了节省笔墨写主人公。如果文章不是这样安排结构，不以卢进勇为线索，而是从主人公倒下来写起，那要怎么处理？请同学们课后思考思考。——如果不是这样的结构，该怎么写？好，我们看，文章最感人的是哪一段？——第21段。这是作者饱含感情的描写。我们一起把它读一遍。读的时候注意把感情表达出来：该缓慢的地方缓慢，该低沉的地方低沉，该高昂的地方高昂。“话就在这里停住了”，预备——起。

生（集体）：（齐读）“话就在这里停住了。……笔直地指向长征部队前进的方向……”

师：这是一个极其悲壮的场面。

生12：前面说卢进勇的“眼睛模糊了”，后面却又说“那只手是清晰的”。不是矛盾吗？

师：问题提得好！这也正是作者运用语言奥妙之处。跟“清晰”相对的词是什么？

生（集体）：模糊。

师：对，模糊。“他的眼睛模糊了”，这是着力写卢进勇失去战友的无限悲痛。那么，为什么写“那只手是清晰的”呢？这就像舞台上的一个场景，背景慢慢地暗下来，灯光最后集中在一只手上，这是无名战士高擎的手，加了最后一个特写镜头，分外清晰。这只手像路标，指向红军长征的方向，那儿有党中央，有毛主席、周副主席，那儿是中华民族的精华所在，是中华民族的希望。这里，作者用“模糊”和“清晰”对比着写，既深刻地表现了卢进勇无限悲痛的感情，又使无名战士崇高的思想品质放射出耀眼的光辉。是不是可以这样来理解？卢进勇失去战友的无限悲痛伴随着整个草地的哭泣，为顶天立地的英雄唱哀歌，唱赞歌。正如《人民英雄纪念碑》这篇文章里所说的，英雄的品质像牡丹一样——

生（集体）：高贵。

师：像荷花一样——

生（集体）：纯洁。

师：像菊花一样——

生（集体）：坚忍。

师：革命是要付出极大的代价的。前面的同志牺牲了，后面的同志踏着他们的血迹继续前进。卢进勇呢，他现在也从倒下的战友身上吸取了前进的力量，带着战友的嘱托飞快地赶路。下面这最后一部分，第22—24段，请×××同学来朗读一下。（指定学生）

生13：（朗读）“这以后的路，……‘一，二，三，四……’”

师：卢进勇接受了无名战士的嘱托，很快地追上了后卫连，把火柴交到了指导员的手里。同学们看，文章的最后一段，在写法上同前面哪一段是相似的？

生14：第16段，那同志“口里小声数着：‘一，二，三，四……’”。

师：前面第16段，作者写了无名战士非常郑重地一根根数着火柴，交给了卢进勇。现在呢，卢进勇像那位无名战士把七根火柴嘱托给他时一样，也极其郑重地一根根数着，把火柴交给了指导员。他悄悄走到指导员身边，用颤抖的手指打开党证，用异样的声调数着火柴。这里，“悄悄走”“颤抖的手指”“异样的声调”这些词组，写出了卢进勇此时此地复杂的思想感情。这种复杂的感情，凝聚在哪一个词上呢？——“数”。（边讲边在板书“数”下面，加一个着重号）他为什么含着那么复杂的感情，极其郑重地一根根地“数”呢？因为这几根火柴，在那时长征的部队里，就是极其宝贵的火种，它能给历尽艰险的战士们带来光，带来热，带来欢乐。请同学们找一找，把文章里描写火的语句找出来。

生15：“要是有堆火烤烤该多好啊！”

师：第5段，“要是有堆火烤烤该多好啊！”

生16：“要是有一堆火，有一杯热水，也许他能活下去！”

师：第12段，卢进勇望着那同志，痛苦地想：“要是有一堆火，有一杯热水，也许他能活下去！”

生17：“他仿佛看见了一个通红的火堆，他正抱着这个同志偎依在火旁……”

师：第18段，卢进勇看到了那七根火柴，就仿佛看见了一个通红的火堆，他正抱着这个同志偎依在火旁……

生 18：“在无边的暗夜里，一簇簇的篝火烧起来了。在风雨中、在烂泥里跌滚了几天的战士们，围着这熊熊的野火谈笑着……”

师：第 23 段，卢进勇带着无名战士留下来的七根火柴追上部队以后，一簇簇的篝火就烧起来了，战士们围着这熊熊的野火谈笑着。同学们看，文章前后有四个地方具体写到了火，对火的描写贯串了全文。从这些描写中，我们可以看到，在无边的草地上，在冷风暴雨、冰雹无常的恶劣环境里，火真是我们的部队最需要的东西，它可以救活同志，可以解除饥饿、寒冷的痛苦。这么珍贵的东西，无名战士用生命保存了它。在生与死的考验中，无名战士把生的希望送给同志，把死亡留给自己。因此，卢进勇数着这几根火柴，此时此地，他的心潮怎样？

生（集体）**：**澎湃。

师：他的思绪怎样？

生（集体）**：**万千。

师：他想到了这位为了同志而牺牲的战友，想到了战友深情的嘱托。因此，他以一种异样的声调在数着。这个“数”，饱含着对战友牺牲的无限哀思，饱含着对战友伟大品格的无比敬仰。而且，在这里，还饱含着这几根火柴不平常的意义和价值！卢进勇带着异样声调的“数”，还可以引申一下，他还想到了自己——他想着自己的什么呢？说说看。

生 19：想到自己完成了任务，实现了烈士的遗嘱。

师：想到完成了任务。还有补充吗？

生 20：还想到自己要踏着先烈的道路前进。

师：“踏着先烈的道路”，这样说通吗？“踏着先烈的”什么？

生（部分）**：**足迹。

师：对，踏着先烈的足迹前进。

生 21：想到自己革命到底的决心。

师：对。他想到自己要像无名战士一样，忠诚于党的事业，革命到底。过去，我们的红军出于战略考虑，在草地上进行艰苦的长征；今天呢，全国人民为了实现四个现代化，在进行新的长征。因此，这个“数”，是不是也给我们提出了一个严峻的问题——怎样继承先烈遗志？对党的事业应当采取怎样的态度？（学生小声议论）千千万万的革命先烈是我们的光辉榜样。为了表示对献身革命的千百万烈士永久的纪念，中华人民共和国成立以后，在洒满阳光的天安门广场，树立了巍峨、雄伟、庄严的人民英雄纪念碑，碑的正面是——

生（集体）：“人民英雄永垂不朽”八个镏金大字。

师：背面的碑文是——

生（集体）：（背诵）“三年以来，在人民解放战争和人民革命中牺牲的人民英雄们永垂不朽！三十年以来，在人民解放战争和人民革命中牺牲的人民英雄们永垂不朽！由此上溯到一千八百四十年，从那时起，为了反对内外敌人，争取民族独立和人民自由幸福，在历次斗争中牺牲的人民英雄们永垂不朽！”

师：我们革命后代要永远记住先烈为了革命付出的代价。无名英雄的高贵品质，既是无名英雄自己的，也是卢进勇以及千千万万红军战士所共同具备的。这就是文章的主题，是作者奉献给读者的一曲红军战士对党的事业忠心耿耿的悲壮赞歌。这篇文章以数着“一，二，三，四……”来结尾，言虽尽，而意无穷！大家要好好地体会啊。现在请一位同学把全文朗读一遍，加深对课文的理解和感受。

（生 22 朗读全文）

师：读得很好！特别是两个“数”，能够分别读出既相似又不同的感情。无名英雄的“数”——庄严、微弱、低沉；卢进勇的“数”——激动、深沉，包含着坚强的决心。我们读的时候，要一字一句体会人物的感情。刚才有同学问，既然无名英雄身上有党证，为什么文章不写出他的名字呢？——无名？这个问题提得好！我这里不作回答，留给同学们课后思考，好不好?！下面布置几个作业。第一，复述课文的第二部分。这部分是文章的主体。要求呢，是讲——用自己的话说，不是背诵；以卢进勇为线索，突出无名英雄。第二，课外阅读第 81 页《草》，也是王愿坚同志写的。（朗读《草》的“小序”）“一位藏族同志指着当年红军走过的草地，说：‘就在这里，在奶粉厂旁边，我们要建一座糖厂，这里是最甜的地方。’”你们在读《草》的时候，思考这么几个问题：（1）文章讲了怎样一个故事？

主人公是谁？以谁为线索？是怎样结构情节的？（2）为什么说“这里是最甜的地方”？“我们正是因为吃草吃得强大了，吃得胜利了”？最感动人的情节是什么？——两个作业，明确了吗？

生（集体）：明确了。

“‘课余’作文讲评”教学实录

师：在我们国家，欢乐是生活的主旋律。这次写“课余生活”，同学们的笔底下涌现出来的都是欢和乐。我在批改的时候，常常被你们文章里跳动着的喜悦、兴奋、快乐所感染。我改着改着，有时忍不住地笑出声来，或者用你们作文里的话来说叫作“捧腹不已”。同学们在作文里究竟写了哪些趣事和乐事呢？现在请一些同学报一报自己这一次写的课余生活作文题目，或者用一句话说一说你这一次写的内容。

大家讲的时候声音响亮一些，可以讲作文题目，也可以用一句话简要地说明自己所写的内容。

（学生举手，发言积极）

生 1：我写的内容是第一次学剪纸的乐趣。

师：周俭。

生 2：我写的课余生活是剪贴。

师：黎莉。

生 3：我写的是泥塑。

师：杨蓓珏。

生 4：我写的是集邮。

师：集邮。魏巍。

生 5：我写的是烧菜。

师：烧菜，做家务。张涛。

生 6：我写的是养花。

师：养花。陆铭。

生 7：我写的是课余的欢乐——溜冰。

师：课余的欢乐——溜冰。冯宇。

生 8：我写的是养金鱼。

师：养金鱼。洪鼎良。

生 9：我写的是喂鸡。

师：喂鸡，这也很有乐趣。

生 10：我写的是学缝纫。

师：学缝纫。仇海风。

生 11：我写的是课余生活中的欢乐之神——小花。

师：欢乐之神，小花。范菁。

生 12：我写的是养花。

师：养花。卢鸣。

生 13：我写的是钓鱼。

师：钓鱼。王强呢?

生 14：写的是少林寺弟子。

师：他写的是少林寺弟子，要打引号吧!

生 14：点头。

生 15：我写的是朗读给我带来的欢乐。

生 16：我写的是乐迷。

师：乐迷。大家知道她最喜欢歌唱。她说她对着无线电听歌可以半个小时听下去，跟着唱，跟着唱。学，而且学外国歌曲，听不懂就录下来一个一个字记。（另一学生又举手）姚蓉，你写的是什么?

生 17：我写的是球。

师：什么球?

生 17：乒乓球。

师：好，姚蓉。

生 18：我写的是学骑车子。

师：学骑车。你（另一学生）呢?我们这里最小的一个。（风趣）

生 19：我写的是踢足球。

师：踢足球。你呢？瞿兵。

生 20：赛象棋。

师：赛象棋。王伟呢？

生 21：我写的是一场特殊的足球赛。

师：特殊的足球赛。张欣呢？

生 22：我写的是四国大战。

师：四国大战。叶路绮呢？

生 23：我写的是一场棋战。

师：一场棋战。吴震宇呢？

生 24：我写了棋战。

师（小结）**：**棋战。稍微检阅一番，就可以窥见我们课余生活的欢乐，而尤其给我们带来欢乐的是球和棋，有十多个同学写四国大战、足球赛、乒乓球赛……正因为如此，我们这一节作文讲评课就先把个人课余生活的乐事放一放，着重评一评球赛和棋赛的内容。

很显然，要写球赛和棋赛，必须描绘场面，而这个场面又是以人物活动为中心的，对不对？要把我们的课余欢乐写出来，就必须把以人物活动为中心的场面写好，因此这节课就着重讲评场面描写。多数人都写球赛和棋赛，即使是写个人的课余乐趣，也会涉及一些活动场面的描写。很多同学写了课余活动欢乐的场面，可是要写得生动别致，引人入胜，就大有讲究、大有区别了。

刚才我说了，有的我读了以后可以捧腹不已，有的我读了以后好像还没有受到感染，有的取材是一样的，可是呐（促学生深思），下笔写出来就不一样。那么，怎么样才能把场面写得逼真生动而富有情趣呢？我们先来看一看魏群写的《四国大战》。讲义已经发给你们了（学生打开讲义），请一个同学读一读。读完以后评论：魏群这一篇《四国大战》，是不是写得生动逼真，引人入胜？好在哪里？你觉得有问题吗？若有问题，问题在什么地方？现在请我们班级音量最大的王伟同学读。王伟同学读时有两点要注意：第一，不要读破句；第二，如果你认为他能够把课余的欢乐写出来，那么请你力求读出这个气氛。

生 21： 读全文。（略）

师： 有没有读错的？

生 25： 他把文章里的平舌音大多数读成了翘舌音。

师： 请你举例。

生 25： “……的一次‘大战’”中的“次（cì）”读成“次（chì）”。

师：“cì”读成“chì”，正确的是“一次（cì）大战”，还有没有？举例说。

（学生稍停）

生 26： 他还把“叶路绮（qǐ）”的“绮”读成“yǐ”。

师：“叶路绮（qǐ）”还是“叶路绮（yǐ）”？

生（齐答）**：**“qǐ”。

师： 我们伙伴（指班上一学生）的名字不知如何读，似乎不应该啊！王伟读得有进步，声音响亮是他的长处，读破句是他的短处，今天破句比较少。有一个地方要注意：“我”再调兵救援，想使个“什么”——

生（集体）**：**“围魏救赵”。

师： 他读成“围（wéi）魏（wěi）救赵”，应该是“围（wéi）魏（wèi）救赵”。刚才读时，有的地方我们忍不住地笑了，现在请同学们具体评论这篇文章。陆荣珍——

生 27： 魏群写的《四国大战》这篇文章非常生动形象，把人物写活了。

师： 怎么样把人物写活了？

生 27： 比如说，第 4 段讲他得意扬扬的心情的时候，他从侧面描写了“问史进物理问题”这一细节。

师： 侧面描写，问了史进物理题目。

生 27： 他还运用了一些有趣的词，比如象声词“叭”“轰隆”……（学生笑）

师： 象声词“叭”“轰隆”。

生 27： 另外，“殉难”“健在”“出山”等增加了趣味性。

师：用了一些词，准确、生动，增加了趣味性。

生 27：而且，这篇文章情节有波澜。

师：怎样有波澜呢？

生 27：前面让人们看起来是要赢的，但是呢，几个回合后又失败了。这就是起伏，就能吸引读者。而且，他还注意心理描写，当时他得意扬扬，心里是怎样想的，战争失败的时候又是怎样想的。但是，我认为这篇文章里……

师：好，她摆了这篇文章不少优点，但是也觉得有问题，在什么地方？

生 27：文章的段落大意写得不好。

师：段落大意写得不好。对，写作提纲中的段落要点。

生 27：太简单了。前面还有一处，就是第 3 段讲到“我方素以稳重，打‘防守反击’著称”，而文章里没有突出这个特点。而且，在最后的描写中说“大家你争我吵”，究竟为什么而吵？看不出来。

师：为什么你争我吵，没说明原因。（学生继续举手发言）好，张欣。

生 22：文章开头开得很好，先用列举方法，把所喜欢的都列举出来。

师：所喜欢的是些什么？

生 22：所喜欢的三大爱好，后面是最喜欢的突出，居首位，因此，这样就——

师：话，一定要一句一句讲清楚。

生 22：突出最喜欢的，下面就是讲主要爱好。还有“我方素以稳重，打‘防守反击’著称，而对方则以骁（yáo）勇冲杀，屡出奇兵闻名”，这写了我方和对方势均力敌，后面将是一个激烈的场面，更增添了紧张气氛。

师：增添了紧张气氛，说话要完整，请坐。（在黑板一角板书“骁”）这个字怎么读？

生（集体）**：**“骁（xiāo）”。

师：正音。

生（集体）：“x－iāo →xiāo”。

师：第几声？

生（集体）：第一声。

师：骁勇冲杀，屡出奇兵。除了他们讲的以外，还有——

生 2：这篇文章里，有高人一着之处。

师：有高人一着之处，什么地方高人一着？

生 30：引用了一个典故，“围魏救赵”。这个故事说：赵都被魏国围住了，后来齐国就派大将去救，齐国攻打了魏国国都，迫使魏国放弃攻赵。文章里本来打仗的气氛就很紧张，用了这个典故……

师：（启发）本来打仗的气氛很紧张。

生 2：用在这里，不仅充满了乐趣，更加渲染了当时紧张的气氛。

师：渲染了当时紧张的气氛，你认为这里是高人一着的。好，洪鼎良。

生 8：这篇文章抓住了细节描写。如第 4 段写道“叶路绮频频点头，翘着嘴角，嘿，俨然一副‘大将风度’”。

师：这是细节描写，好像电影的什么一样？

生 8：特写镜头。

师：特写镜头一样，这里是写细节。“俨然”，我们在哪碰到过？

生（集体）：《向沙漠进军》。

师：第一课，《向沙漠进军》里学过。这个词用得很好，俨然大将风度……好，王强。

生 14：此文意义是积极的，最后说“胜败虽是兵家常事，但骄兵必败”，说明这篇文章并不是反映了一般的生活情趣，而且还寓含哲理……

师：大家听清楚了没有？请再说一遍。

生 14：“胜败虽是兵家常事……”

师：对！“胜败虽是兵家常事，但骄兵必败”。议论得好。请坐。还有什么意见？

生 28：在开头讲到“我方素以稳重，打‘防守反击’著称”，既然这样，为什么后面说因骄傲失败呢？可见，“我方”不稳重。（学

生哄笑）

师：（稍停）好，既然前面讲以稳重著称，为什么后面反击不稳重？这个问题放一放。还有别的意见吗？

生 29：魏群的这篇文章写得非常精彩，但还有美中不足之处。

师：什么地方不足呢？

生 29：文章开头描写了“我方”和“敌方”的特点，还应写出同学们围观的场景，把情绪渲染出来，更能增加紧张气氛。

师：不足的地方是未写围观者，写围观者，渲染了气氛，更能突出欢乐了。同意吗？（学生示意赞同）谢书颖。

生 30：文中第一回合与第二回合用了不同方法。

师：（重复）请你分析。

生 30：在第一回合，有一个小小波澜，先是叶路绮的“司令”“军长”和一个“师长”损失了。

师：注意呀，是小小波澜。

生 30：后面又讲形势急转直下，叶的炸弹炸掉了对方张欣的“司令”。第二回合写双方较量以后，“我”的“司令”被炸掉以后兵败如山倒的局面。

师：她说第一回合跟第二回合是有区别的，同学们注意了没有？第一回合有小小的波澜，先是写了叶路绮的“司令”“军长”“师长”怎么样了，都损失了。看来是非败不可，可是形势急转直下，因此这里有曲折、有波澜。而第二回合呢，是直接写兵败如山倒，是不是这样？（学生点头）评得很好。还有补充意见吗？有没有？（等待）没有，我提个问题。我在批改的时候，这个事情弄不明白，就是刚才有同学说这里写得很好，什么地方？（稍停）江穗说。

生 31：就是，得意扬扬地问裁判史进：“哎，0.76 米乘 9.8 牛顿每平方米是多少呀？”

师：对啊，在玩“四国大战”的时候，怎么问题目呢？“0.76 米乘 9.8 牛顿每平方米是多少”？刚才陆荣珍说这儿写得好，是不是？刘静说。

生 32：这个地方很突然。

师： 很突然。

生 32： 在前面没提到，没有写到手中物理书。

（师重复）

生 32： 前面没提到，这里好像感觉到……嗯……嗯……

师： 感觉到什么？前面并没有说手里有物理书，就感觉到——

生 32： 似乎……

师： 似乎感觉到什么——还是你开始讲的。

生 32： 很突然。

师： 很突然。请坐。有没有不理解的？

生 33： 我是讲，既然有裁判，那他怎么知道就剩“一光棍团长”了？应该是不知道的，我认为。（该生讲到另外议题）（学生讨论）

师： 即使有裁判，剩下什么棋子自己也应该知道。好，再回到细节上讨论。

生 34： 我认为：这个细节反映了同学的真实情感，因为叶路绮把对方“司令”炸掉了，魏群要把这喜悦心情压一压。

师： 好！压一压。心情喜悦，要压一压，这是什么意思？你能把意思说得更明白一些吗？

生 34： 压抑……

师： 不叫“压抑”，换一个词。

生 34： ……

师： 对方输了，输了一着，自己心里很高兴，用“压抑”不行。就是不表露出来，对不对呀？

生 34：（领悟）……掩饰。

师： 掩饰，用这个情节来掩饰，是这个意思吗？（生点头）她是这样来理解的。

生 35： 不是掩饰，因为他向裁判问的这个题目并不对，不能算是掩饰，而是他忘乎所以的时候，随口说了出来，这只能是……

师： 好。这是忘乎所以的时候随口说出来的。

生 36： 这是表现他高兴的心情。

师： 你怎么晓得他忘乎所以？

生 37：文中说“他得意扬扬地问裁判”。

师：（重复）对不对呀？（学生点头）忘乎所以，得意扬扬。

生 38：我认为这里不能与开头呼应，他下棋时怎么手里拿物理书。他既然是一个棋将，又是，也是，他手里，嗯……

师：你别着急，慢慢说，他既然是个棋将——

生 38：就应该对棋很着迷，一看到下棋，就会放下书来，情不自禁地去下，而他在下棋时拿着物理书，好像是漫不经心的。

师：你对他这个细节表示怀疑，对吗？有不同意见吗？王绮。

生 39：我认为这是许可的，这里得意扬扬的描写是真实的。史进在旁边做裁判，看到他们下赢了，话很多，就板着脸说“别啰唆”。这也写出了趣味。魏群向史进问了三次呢（生笑），为后面做了铺垫。

师：为后面的情节描写做了铺垫，采取比较法，请坐。好，陈秋子讲。

（学生争相发言）

生 40：如果魏群同学写作时在前面有所交代，那么这个细节是很传神的。

师：（大声重复）对不对？把那种得意扬扬、忘乎所以的欢乐都写出来了。根据评论，是不是可以得出这样的要点：这个细节好不好？（学生点头）它是好的，好在铺垫？我看，黎莉讲得正确。但是，美中确实还有不足，如果说前面略做铺垫的话，那么就不会是空穴来风，显得突然了。刘静，你说对不对？现在我们请魏群（小作者）自己讲一讲。你觉得这篇文章怎么样？

生 41（作者）**：**……

师：响一点，你觉得写得好不好，实事求是，好就好，不好就不好，不要难为情！

生 41：我觉得比较生动。

师：比较生动，好的。

生 41：有起伏。

师：（重复）讲响一点，后面听不见。

生 41：但是，有些地方交代不清楚。

师：（重复）你这些认识是怎么来的？是自己作文写完了就知道的，还是刚才听同学说的？

生 41：听来的。

师：刚才听同学们评的，好啊！

生 41：其次，文章表现手法单调。

师：什么地方单调？

生 41：只是写了赛棋双方的情景，没有写旁边的人。

师：（重复）你觉得这样单调。（学生举手）史进。

生 42（当时的裁判）**：**因为当时旁边没有人。

（学生哄堂大笑，情绪高涨）

师：（笑）因为旁边没有人吗？……那么，他当时是不是问你题目呀？

生 42：问了三次呢！

师：啊！问了三次，当时情景是怎样的？

生 42：他一面下棋一面做作业。

师：他一面下棋——一面还想着作业。魏群非常用功，是学习委员。因此，这个细节是生活的真实写照，是吧？裁判证明。（小结）综上所述，我们对魏群这一篇《四国大战》可以有一个基本的评估。生动逼真，引人入胜，做到了没有？做到了。从同学们刚才讲的这些内容看，要把课余集体生活的欢乐写出来，一定要描写好场面。我把你们讲的概括一下，看看是否妥当。下棋从开始到结束的整个过程是很长的，文章里讲是鏖战。这盘棋鏖战了多长时间呀？一小时。魏群的这篇文章是不是把所有的情节都写进去了？没有，即使是问了三次物理题目也只怎么样？写了一次。因此，从这里我们得到一个启发：一定要学会截取最精彩的横断面。（板书：1. 截取最精彩的横断面）下棋有个过程，我们不能从头写到底，因此在整个进程当中要截取下棋最精彩的横断面。魏群主要截取了棋战的几个回合啊？

生（集体）**：**两个回合。

师：两个回合。有些同学写棋战，从头写到底，这叫什么啊？

生（集体）：流水账。

师：因此，切不能记流水账。（接1后板书：2. 不记流水账）一记流水账，文章就不可能生动，因为你把精彩的和不精彩的都混在一起，所以精彩的就怎么样？被淹没了，失色了，失掉了光彩。因此，这一点是很重要的。刚才有同学说，是特写。第3段写了交战的双方，如果一开始就没头没脑地写叶路绮怎么样，张欣怎么样，张涛怎么样，行不行？不行。魏群的作文首先有一个什么呀？

生（议论）：面上的。

师：对，面上的，要有面上的勾勒。你们看，一开始就是“课余有三大爱好：下棋，看小说，踢足球”。从面上的叙述进入到“三个”当中，什么居首位？

生（齐答）：下棋。

师：突出了“下棋”这一点，然后再来一个面上的勾勒，“那天，与我、叶路绮对弈的是张涛、张欣”，我方怎样，对方怎样，然后再写“点”。我们可以从这里悟出一个道理，就是进行场面描写，必须有面的勾勒（接1下行板书：有面的勾勒），有点的什么？刚才洪鼎良讲的，应该是什么呀？点上要怎么样啊？

生（议论）：细……

师：细致的描绘（接“……勾勒”后板书：有点的细描），也就是说，要有“特写镜头”。刚才这个——同学说有的“特写镜头”写得好。你们看文章，“叶路绮频频点头，翘着嘴角，嘿，俨然一副大将风度”，对不对？这就是有点的细描。作为场面描写，必须是点面结合的。在我们的习作里，有的一下笔就是你怎样，他怎样，她怎样，我怎样，丢掉了什么？

生（集体）：面。

师：面，全局。但更多的是丢掉了什么？——细节，更多的是丢了点。有的同学从头叙述到底，缺乏生动逼真的描写，没有一个“特写镜头”，这样怎么能生动逼真呐？因此，不能够有面无点。（接“……细描”后板书：不能有面无点）谢书颖说两个回合的写法有区别，在写第一个回合的时候有波澜，她理解得很好。我说，这几个场面描写是以人物活动为中心的，而且不止一个人，有好多个人，要写好是不容易的。写一个人，我们好像还可以，同时写几个人就比较困难。我把谢书颖的评议再深入一步。你要写好场面，要写好几个人物，要写得不乱，层次是个问题。写的时候要层次一一显豁，多方着墨（板书：3. 层次显豁，多方着墨），不然的话，就杂乱了。我批改有篇作文时，同样是棋战，有的人先在下棋，后来这人没了，丢了。有的就是这样：先吃“军长”，吃“车、马、炮”，到底是哪个人，是张涛“走”的，还是叶路绮“走”的，弄不清楚。这说明没交代清楚。我们再来看一看魏群的文章。第一回合的层次很清楚，对方重点对叶路绮进行轮番攻击，这一句话是什么呀？

生（齐答）**：**总写。

师：对的，总写。接下来“‘叭’，张涛的司令与叶路绮的司令同归于尽”，清楚吧？这是第一个层次。第二，“又一会儿军长也都报销了”。“司令”跟人家同归于尽，接下来是“军长”报销了，马上就写“这时，张欣瞅准个机会，用司令一下吃掉了叶的师长”，层次清楚。先拼掉什么？

生（齐答）**：**“司令”。

师：司令——然后？

生（齐答）**：**“军长”。

师：“军长”——然后是“师长”。三个层次，双方清不清楚？（生点头同意）笔墨要分开写，四国大战呀，四方都要写清楚。我方跟对方是两个方面，每个方面各有几个人？

生（齐答）**：**两个人。

师：因此，写的时候既要有合笔，又要有分笔。有的时候要分，有的时候要合，文思不能乱，一乱，就是糨糊一盆，搞不清楚。他这里先总写，然后张涛是怎么吃掉叶路绮的“司令”和“军长”，然后对方的张欣，“二张”嘛，“张欣瞅准个机会，用司令一下吃掉了叶的师长”。分笔分得清楚，这是第一个大层次，接下来写“我们”了。我方不是先写叶路绮，先写谁呀？

生（齐答）**：**“我”。

师：写"我"，刚才有同学讲，写"我"的心理。"我"怎么样？傻眼了，心急火燎，向他瞪眼。"他"是谁呀？

生（齐答）：叶路绮。

师：清楚不清楚？因为前面交代得清楚，这里就可以用代词。"可别慌，形势急转直下"，怎样呢？分笔写张欣。叶路绮跟张欣对弈，叶路绮的"炸弹"把张欣的"司令"炸掉了。魏群没有这样写："把张欣的司令炸掉了"，而是怎么写？张欣的"司令"怎么样？

生（齐答）：殉难。

师：殉难！我们在课文中学过的，是吧？"殉"，是从"以身殉职"中学来的。这个层次也很清楚："哈，这下可妙啦，我的司令、军长、两个师长都还'健在'呢！"这句话起什么作用？

生（议论）：照应。

师：对！照应前面，尽管叶路绮的"司令""军长""师长"没了，可是我的呢？还"健在"。一个层次一个层次写得非常清楚，正因如此，还忙里偷闲，写叶路绮的神情。叶路绮（指叶），你当时是不是这样的？大将风度，是吧？（学生大笑，情趣盎然）

师：（笑）是这样，大将风度。你来我去，你推我挡，一个层次一个层次清清楚楚。一边写叶路绮，一边写"我"的心理活动，写别人是绘神态，写"我"呢，写心理，写"得意扬扬"，那么，怎样来表现自己的得意呢？于是，插入一个细节，一个问物理题的细节。写到这里，好像第一回合结束了，可是如前所讲，文章别开生面，波澜起伏，这里还有一个小的细节，大家注意到没有？史进怎么样？"史进板着脸对我道，别啰唆。我'哦'了一声，这才看看'二张'。"笔锋怎么样？又从我方转到对方。谢书颖评议说，有起伏，对不对呀？这里的分笔、合笔用得很好，先写对方，再写我方；写我方以后又写对方；写我方的时候，先写一人，再写一方；写对方的时候，也是先写一人，再写对方。因为是四国大战，除四个人外还有一个裁判也要点到，所以写时要层次显豁，多方着墨（一字一顿）。有的写四国大战，变成了两人对垒，把另两个人丢掉了，这只能叫"两国大战"。写这个以人物活动为中心的场面，笔锋要调好，调得开。什么时候分，什么时候合，要调度好，写的时候确实是要波澜起伏。刚才谢书颖说，第二回合没有波澜起伏。你们看，有没有？我看这里的心理描写有一点儿起伏。请同学们仔细看一看。“我”先是很得意，接下来呢？

生 43：前面写的是他沉浸在胜利之中，稀里糊涂地和张欣拼了一阵。后面呢，他一看自己刚才还占全部优势，现在却损兵折将，心里是懊恼万分……

师：有起伏了。先是得意忘形，沉浸在胜利的喜悦中，这个时候情绪达到了什么？高潮。现在又怎么样啦？

生 43：低。

师：“低”了，懊恼万分。前头是心急火燎，这个地方是怎么样？

生 44：心火直往上涨。

师：心火直往上涨。好，再看——

生 43：接下去，他自己从险境中摆脱出来，一看他……

师：又起伏了，自己从险境中摆脱出来了——

生 43：可是一看他自己的助手，却是大兵压境，只剩下“光棍团长”，心里又非常急，想使个“围魏救赵”之法。

师：这里是否又有起伏？自己摆脱出来，本来应很轻松了，可一看，糟糕，助手不行了，叶路绮正面临大兵压境了，好，再看——

生 43：于是，他就想用个“围魏救赵”之法，来帮助叶路绮。可是，他还没有走完这个“世界妙着”，叶路绮就“归天”了。

师：还没走完这个“世界妙着”，叶路绮就“归天”了。叶路绮，你生气吗？

生 23（笑答）**：**不生气。

师：不生气，是棋“归天”。因此，作文中写的心情活动，松松紧紧，紧紧——松松，波澜起伏。第二个回合的波澜起伏不在棋本身，而在什么？

生（齐）**：**心理描写。

师：两个回合的写法多不一样。开始黎莉讲，她认为这里用了一个“围魏救赵”的典故，是棋高一着，对吧？孙膑跟庞涓到底谁高明呢？孙膑用了围魏救赵之计，使赵国邯郸解了围，确实是棋高一着。作者用这个典故增添了战斗的紧张气氛。写场面应该层次显豁，多方——着墨，最忌什么？

生（齐）：杂乱。

师：不仅忌杂乱，而且忌笼统——忌笼统杂乱。一旦笼统杂乱，准写不好。文章起笔写“司令”“军长”，到最后决定全局胜负的竟然是什么？是张欣的——

生（齐）：“小毛排”。

师：“小毛排”！这是很有味道的，最后定局的是小毛排。这就增添了曲折，增添了趣味。刚才同学们讲这篇文章，里面词用得很好，如象声词“叭”，王伟谈得也很好。除此之外，有的词用得也很好，同学们刚才讲的什么呀——

师、生：“世界妙着”。

师：“短命鬼”“归天”……

生：“殉难”“健……”

师：“殉难”“健在”。因此，语言怎样？

生：风趣……

师：风趣活泼。语言要风趣活泼。（板书：4. 语言风趣活泼）如果语言呆呆板板，干瘪得很，那怎么行啊？那是不行的。（板书：不干瘪，不枯燥）所以，写此类基调欢乐的文章，语言一定要风趣活泼，色彩明朗。魏群写“这是一场别开生面，波澜起伏的激战”。这几个字落实了没有？

（生点头）

师：落实了。对方以骁勇冲杀、屡出奇兵闻名，这八个字落实了没有？

（生点头）

师：落实了。我方以打防守反击“称著”，“称著”跟“著称”是否都可用？

生（齐）：可以。

师：都可以，我们现在用得比较多的是“著称”，古书上有用“称著”的。请同学们思考：我方善于打防守反击，是不是写虚掉了？有同学提过这个问题，虚掉了没有？

生45：我认为没有虚掉。因为第一回合中写道：“这下可妙啦，我的司令、军长、两个师长都还健在……”

师：都还健在。对方轮番进攻，他们怎么样？

生50：防守。

师：刚才有同学说不稳重，后来虚掉了。魏群你讲讲看，是不稳重吗？

生41（作者）**：**……我方棋法是守的，不是进攻的……

师：他们的棋法是守的，不是进攻的，主要讲这么一个道理。你写的时候，自己意识到了吗？（生笑）既然是稳重的防守反击，怎么会输掉了呢？什么道理呀？瞿兵讲讲看——

生20：输在骄傲上，骄兵必败。

师：骄兵必败。打得还是稳重的，防守反击，但是骄兵必败。一骄必败，因此这样写并没有虚掉，我方的特点、对方的特点基本上都写出来了。上面我们说到的这些写作上的知识，实际上古人早就说过。比如说，截取最精彩的横断面。《黄生借书说》的作者是谁呀？

生（齐）**：**袁枚。

师：他就讲过：“着意原资妙选材。”（接“……流水账”后用红笔板书：着意原资妙选材）随园主人讲过，你要写好文章啊，一定要用心去选材。这个“资”，就是依靠，提供。你不很好地选材，不选这么两个回合，不选这些“妙着”的话，这场棋赛怎么会写生动呢？又比如，写场景必须有点细描。有些同学不注意这点。有位书法家也是画家，叫董其昌，听说过没有？

（生摇头）

师：他就曾经讲过，要识得真，勘得破。你对自己所描写的对象，要识得很真切，勘得破，要看得很透很透。你看不透的话，怎么写得出来呢？如果魏群（作者）当时不去注意，叶路绮这个神态写得出来吗？再说，层次显豁，多方着墨，也是写多个人物的很重要的方面。《红楼梦》的作者是谁呀?

生(齐):曹雪芹。

师:曹雪芹。他就在《红楼梦》里讲过:安插人物也要有疏密,有高低。(板书:安插人物也要有疏密,有高低)就好像画画一样,不得画得一般齐。想一想看,我们学过的周立波的哪篇文章把人物写得很有疏密?

生(齐):《分马》。

师:《分马》。老孙头被小儿马摔下来的时候,记不记得那个场面呀?

(生点头)

师:是怎么样的?说说看。

生46:老孙头拿起一根棍子要打小马,可棍子举起来后又放下了。

师:好,又放了下来,那是写细节。老孙头摔下来,马跑了,作者马上分笔写谁了?

生(齐):郭全海。

师:郭全海怎么样?

生47:郭全海马上去追老孙头的马。

师:还有?

生47:乡亲们围上来嘲笑老孙头。

师:老孙头怎么样啦?

生47:爬不起来。

师:爬不起来。因此,老孙头摔下来以后,分笔写郭全海,有郭全海的活动,又写乡亲们围上来嘲笑老孙头,再写老孙头怎么样。作者安排人物多方着墨,有疏有密。我们学了以后要消化才行。语言要风趣。这篇作文里有些词来自课内,也有相当多的词不来自课内,如……

生48:骁勇……

师:骁勇,屡出奇兵……

生48:围魏救赵……

师：多啦，你们看其他几篇也是这样，许多语言来自什么——

生（齐）：生活。

师：生活。我看不少是听广播听来的。棋赛，球赛，谁解说？

生（齐）：宋世雄。

师：对了，宋世雄的解说。因此，这里告诉我们，生活是最伟大的一部活词典（接“……不枯燥”后用红笔板书：生活是最伟大的一部活词典），要向生活学习语言，生活里有语言的丰富的宝藏，取之不尽，用之不竭。根据这几点，现在请简略地分析另外两篇。先分析倪军的《课余》。

生 49：倪军的文章，人物写得好……

师：有不够的吗？

生 50：写踢球就这样踢来踢去。

师：对！没有点，无层次，失之笼统。

生 51：有好几处不切实际，如在草地上踢球，养草期间不允许踢球。

师：对。

生 52：整篇文章没有语言美。

师：这一棍子打得太重了。

生 53：材料没有很好地为中心服务……

师：材料一定要为中心服务。大家的评议，基本符合事实。为什么要印任懿的文章呢？因为文中除了写对垒的双方，还写了观众的情况。今天的课余生活是欢乐的，但是还不够丰富，正如卢鸣同学在作文中说：“上中学后，课余生活单调、乏味。”为什么呢？课余生活不能只限于球与棋，限于观赏花草虫鱼，活动的内容还要拓展。我们面临“第三次浪潮”的即将到来，课余题材要进一步开拓。文体活动固然是课余生活的一个方面，但是面临科学技术迅猛发展的新挑战，在掀起第四次产业革命世界潮流的今天，我们的课余生活就不能仅止于此，一定要开拓新领域。张欣，你每周三下午课后去少年宫，为什么？

生 22：学电子计算机。

师：为什么不写呢？

生 22：才学习了几次。

师：××，你喜爱书法，这也是很有意义的。生活是写作的源泉，希望你们在课余进一步开拓，一年之后，再写一篇《课余》，汇报交流。（布置作业）根据讲评要点自评作文。

《聪明人和傻子和奴才》教学实录

师： 昨天我布置同学们预习一下鲁迅先生的散文诗《聪明人和傻子和奴才》。你们看了以后印象怎么样？懂不懂呀？

（学生议论纷纷，有的说不懂，有的说懂一点儿）

师： 哪些地方不懂，提得出来吗？试试看！

生 1： 在这篇文章里，聪明人总是不冷不热地插几句话，他算聪明还算傻？

生 2： 这个傻子干吗要去砸个洞？到底是帮助奴才，还是什么？

师： 这个问题提得好，还有吗？

生 3： 这篇文章的题目是《聪明人和傻子和奴才》。一般说来，聪明人和傻子之间要用顿号，这里为什么用"和"字连起来？还有第 4 段里称"头钱"从来没有分，"头钱"应怎样解释？

生 4： 这篇文章开头是奴才寻人诉苦，结尾又讲主人好，看上去前后好像有矛盾。

师： 这些问题都提得很好，还有没有？如果有，在学习过程中再提出来。

师： 这篇课文的体裁大家不太知道。它是散文诗，选自鲁迅的散文诗集《野草》。我们先看标题，刚才有个同学提出来用顿号的问题。一般说来，在三个词并列的时候，前后两个词之间应用什么来表示？

生（集体）： 用顿号。

师： 用顿号是从国外学来的。英文中经常这样用。我们往往用"和"来表示。聪明人、傻子、奴才是并列的，这里用了两个"和"

把三者连接起来。

师：这首散文诗究竟写的是什么呢？我先说这么一些话，你们看看怎么理解。我国的京戏很讲究脸谱，而脸谱中的颜色、线条同人物性格有很大关系。比如说，关公是红脸，这个红脸表示什么？

生（集体）**：**表示忠。

师：忠。表示赤胆忠心。包公呢？什么脸？

生（集体）**：**黑脸。

师：表示什么呀？表示铁面无私。我们小时候看戏，一看舞台上人物的脸谱，往往就猜得出这个人是好人还是坏人，是忠还是奸。如果是白脸的话，就能猜得出这个人奸刁或者阴险。由此可见，外形的描写是为什么服务的？

生（集体）**：**为人物性格服务的。

师：对！为人物思想性格服务的。我们学习《孔乙己》的时候，知道孔乙己第一次出场是怎么样一个形象？是站着喝酒而穿长衫的唯一的人。个子怎么样？

生（集体）**：**高大。

师：脸色？

生（集体）**：**青白。

师：胡子？

（生较多的回答“花白”，个别的回答“乱蓬蓬”）

师：对！“乱蓬蓬的花白的”。孔乙己一出现就给人一个印象，是一个穷困潦倒的下层知识分子的形象。我们再回想一下，他最后一次出场是怎样一个形象？长衫变成了什么？

生（集体）**：**破夹袄。

师：坐在什么地方呀？

生（集体）**：**坐在蒲包上。

师：对！坐在蒲包上，而且“用草绳在肩上挂住”，是怎么来的？

生（集体）**：**用手走来的。

师：这样一个集中的肖像描写，最后完成了一个下层知识分子受欺侮、受摧残的苦人儿的形象。由此可见，肖像描写是为人物形象的思想性格服务的，它在人物形象的塑造中起十分重要的作用。但是，艺术高手不用肖像描写，只用人物语言同样可以起到揭示人物思想性格的作用。在刻画人物时，不写他穿什么衣服，戴什么帽子，不写他人高人矮，人胖人瘦，只用对话就能够揭示人物的思想性格。鲁迅通过三场对话，写了三个有典型意义的人物。

师：我们现在来看看他写了哪三场对话？第一场，谁对谁？

生（集体）**：**奴才对聪明人。（边讲边板书：奴才，聪明人）

师：到哪段为止？

生（集体）**：**到第 8 段。

师：这是第一场，奴才对聪明人，到第 8 段，对不对？

生（集体）**：**对！

师：第二场，谁对谁？从第 9 段开始。

生（集体）**：**奴才对傻子。（边讲边板书：傻子）

师：到第几段？

（生有的说到第 25 段，有的说到第 21 段）

师：这里有分歧了。应该到这场对话结束。

生（集体）**：**到第 25 段。

师：那么，最后三段呢？写谁呀？聪明人对谁？

生（集体）**：**聪明人对奴才。（边讲边板书：聪明人，奴才）

师：这是第三场。

师：共写了三场对话。通过对话，我们来看一看他们心灵深处有些什么东西。现在先看第一场，请一个同学读一读，大家要很好地思考。××同学，你读第一场对话。大家认真看书，认真思考，把关键词语画出来。

生 5：（朗读第一场对话）“奴才总不过是寻人诉苦。……可见天理没有灭绝。”

师：读得还可以。但有几个字要注意：“煨银耳”的“煨”应读“wēi”。“头钱从来没分”的“分”应读“fèn”，是一份、两份的“份”。“头钱”，过去有抽头聚赌，就是在赌博的时候抽出一些钱来，叫“头钱”。比如，在这所房子里赌博，就抽出一些钱来给这所房子的主人，以及侍候这些赌客，供赌客差遣的人。“没有分”，就是没有份。还有“聪明人也惨然说”，他读成“惨然地说”，读书应该不——（生集体接老师的话）添字。

师：同学们看一看，奴才最根本的最大的本领是什么？

生（集体）**：**“诉苦”。

师：对！这个词要抓住，把它画出来。（板书：诉苦）他是从哪些方面来诉的呀？先讲什么？

生（集体）**：**吃的。

师：先讲食。吃的是什么东西——是“高粱皮”，“连猪狗都不要吃的”。又讲什么？

生（集体）**：**量——“只有一小碗”。

师：接着诉什么苦呀？

生（集体）**：**做工。

师：这里“做工”的句式很整齐，像诗一样，有七个字的、六个字的，都很整齐。我们来读一读。

生：（朗读）“清早担水晚烧饭，……有时还挨皮鞭……”

师：“做工”是从早到晚，从夜里到白天，每天手脚不停，都做不完，真可谓苦也。因此，这个奴才就要怎么样？

生（集体）**：**诉说。

师：诉说他吃的怎么苦，连猪狗都不如；做工又怎么苦，白天黑夜干也干不完。听的对象是谁呢？

生（集体）**：**聪明人。

师：聪明人是怎样一个态度呢？

（生有的说“惨然”，有的说“叹息”）

师：以表示什么？

生（集体）**：**同情。

师：“惨然”是什么样子。

生（集体）**：**悲惨的样子。

师：“然”是“……样子”，大家理解得对。这地方“惨”就是悲的意思。因为奴才诉苦的时候是怎样的情态？

生（集体）**：**悲哀。

师：眼泪怎么样？

生（集体）**：**“联成一线”。

师：说者“眼泪联成一线”，听者也就怎么样呀？

生（集体）**：**显得悲哀的样子。

师：显得悲哀的样子，引起同情，甚而至于“眼圈有些发红，似乎要下泪”。下泪了没有？

生（集体）**：**没有。

师：看起来同情。刚才有个同学讲聪明人是不冷不热的，这种讲法有道理吗？聪明人听奴才诉苦的时候说了几句话？

（生有的说两句，有的说三句）

师：第一句是什么？

生（集体）**：**“这实在令人同情。”

师：第二句？

生（集体）**：**“唉唉……”

师：第三句？

生（集体）**：**“我想，你总会好起来……”

师：这三句话中，其中有一句“唉唉……”。

（学生议论。有的说叹气，不算讲话；有的说悲哀得太激烈，虽没讲，但意思已经表达了）

师：算讲了没有？

生（集体）**：**讲了，是假惺惺的。

师：这些话，你们看有没有实质性的东西？

生（集体）**：**没有。

师：特别是有一句话值得我们深思，哪一句？

生（集体）**：**“我想，你总会好起来……”

师：“我想，你总会好起来……”这句话能起作用吗？能帮助奴才改变地位吗？

生（集体）**：**不能。空话。

师：对！空话。聪明人说了三句话，一声长叹，不冷不热，敷衍了事。（边讲边板书：敷衍了事）第三句话里包含的意思很重要。“我想，你总会好起来……”请大家思考：聪明人对奴才的同情是要奴才改变现状呢，还是要奴才安于现状？

生（集体）：安于现状。

师：聪明人对奴才的同情是真，还是假？我们暂时不作结论，先把它挂起来，学到最后，回过头来再看。因为三句话、一声长叹还不能够完全说明问题。可是奴才听了这些话以后，他是怎么想的？有一段话写他内心表白，把他的思想变化过程讲得很清楚。在第几段？

生（集体）：第 8 段。

师：首先，他怎么样？

生（集体）：“诉苦”。

师：把它画出来！他先找人诉苦，接着呢？

生（集体）：得到“同情和慰安”。

师：“慰安”是什么意思？

生（集体）：安慰的意思。

师：得到“同情和慰安”以后，第三步怎么样呢？

生（集体）：心情“舒坦”了。

师：对！“舒坦”了，开心了。这些话把奴才的思想变化过程写了出来。从“诉苦”到得到“同情和慰安”，然后就“舒坦”了。这是什么道理？为什么会有这种变化？

生 6：这是因为奴才毕竟是奴才。

师：说得好！这是因为他是奴才，他就不想反抗，不思反抗。哪一句话写他不思反抗呢？

生 7：“先生！我这样是敷衍不下去的。我总得另外想法子。可是什么法子呢？……”

师：你讲得很好。第 6 段，大家找到没有？他想不想反抗？不想。他的本领总不过是“寻人诉苦”。这是第一场对话。（边讲边板书：奴才诉苦，不思反抗）而聪明人敷衍了事，空话连篇。（板书：敷衍）

师：接着我们看第二场对话。第二场对话是怎样的呢？我们请××

同学读一读。因为人物思想性格不一样，所以朗读时最好有点区别。

生 8：（朗读第二场对话）“但是，不几日，……主人这样夸奖他。”

师：他读得很好，把叙述的语言和对话的语言都读得比较清楚。

师：现在我们来看看，奴才又施展他的什么本领啦？

生（集体）**：**诉苦。诉住方面的苦。

师：这次诉住方面的苦。他说：“我住的简直比猪窠还不如。”主人又不把他当作人，甚至于主人的叭儿狗还比他要好几万倍。我们看看傻子是如何对待的呢？

生（集体）**：**愤怒。

师：对！愤怒，感情很真实。义愤填膺。首先骂“混帐”！接着怎么样？如何真情相待？

生（集体）**：**傻子给奴才砸泥墙，打一个窗洞。

师：因此，傻子与聪明人有什么不同呀？

生（集体）**：**他不说空话，实干！

师：实干！大家理解得很好。（板书：实干）傻子不说空话，而是实干。他先去看，看了以后，就真的干起来，动手砸墙。奴才大惊，管他呢，仍然实干，砸墙。这时奴才怎么样？

生（集体）**：**慌了。

师：刚才不思反抗，而现在要反抗了，奴才表现怎么样？

生 9：害怕，“主人要骂的”。

师：害怕主人骂，说明什么？（全班专心思考）想得出来吗？

生 10：不敢反抗。

师：主人要骂，不敢反抗。不敢反抗还不能完全揭示奴才的内心世界。他不仅不敢反抗，而且抵制反抗。（学生接着说“反对反抗”）他怎样反对反抗呢？

（学生有的说“在地上打滚”，有的说“哭嚷”，有的说“耍无赖”）

师：奴才反对反抗，恶劣在什么地方呀？不仅说你不要砸墙，而且把帮他的人称作什么？

生（集体）：“强盗”。

师：明明是帮自己的人，却称呼他为“强盗”。他犯了什么罪？

生（集体）：诬陷罪。（气氛活跃，教室里有笑声）

师：哈哈，噢！诬陷罪。奴才采取了什么恶劣手段呀？

生（齐声）：倒打一耙。

师：（板书：倒打一耙）这个“耙”字能写吗？明明人家是帮他忙，可是他诬陷人家是“强盗”，叫人家快出来。他这么一喊，“一群奴才都出来了”。

生（集体）：首先出来的是奴才，主人“慢慢地最后出来”。

师：这两段把主人和奴才刻画得惟妙惟肖。奴才是打头阵的，对嘛！然后，主人出来。傻子是真心诚意地去帮助奴才，要他反抗，使他改变地位的。他确实有鲁迅先生所讲到的毁坏铁屋子的精神，要把旧的牢笼砸烂，开出一个洞。可是，他得到的下场是怎样的呢？

生（集体）：被赶走。

师：傻子被赶走以后，奴才是怎样对待主人的？

生（集体）：“恭敬而得胜”。

师：这时候，他居功自诩，自以为很有功劳，吹起来了。你们看看他是怎么吹的？

生（集体）：“我首先叫喊起来”。

师：有一个词用得很好？哪一个词？

生（集体）：“首先”。

师：“首先”用得很好。有人要毁屋子，“首先叫喊起来”，向主子请功。这写出了奴才的什么？

生（集体）：本性。

师：奴才讲话时候的神态又是如何呢？

生（集体）：“恭敬”。

师：因此，奴才在主子面前怎么样？想一个词概括一下，试试看。

生11：卑躬屈膝。

师：×××同学讲得很好，卑躬屈膝，把奴才在主子面前的奴性刻画得淋漓尽致。奴才在主人面前时，他的脊椎骨从来是弯的，不会是直的。他卑躬屈膝，俯首帖耳，完全是驯服了的工具。所以，我们说第二场对话既刻画了傻子的思想性格，又使奴才的性格得到了深化。

师：我们再看第三场对话。第三场是聪明人对奴才，对话非常简单。奴才这时候怎么样呀？他是不是像开始见到聪明人那时的心情呀？

生（集体）：不是。

师：那时是“诉苦”，而现在呢？

生（集体）：“大有希望”。

师：“大有希望”。刚才有同学的问题提得好，认为前后有矛盾。开始奴才觉得主人待他不好，“寻人诉苦”，而现在却觉得“大有希望”。什么地方能表示他“大有希望”？哪一个动词很起作用？

生（集体）：主人“夸奖他”。“夸奖”。

师：奴才最希望得到的就是主人夸奖。因为主人夸奖他，所以他觉得是很有希望的。为此，他就感谢聪明人，“你先前说我总会好起来，实在是有——”

师、生：“先见之明”。

师：那么，我们现在来推敲一下，奴才“诉苦”和奴才感到“大有希望”是否有矛盾？

生（集体）：不矛盾。

师：不矛盾的判断是对的。但它统一在什么地方呢？

生（集体）：奴才的本性。

师：讲得好。奴才的本性就是奴颜媚骨。所以，刚刚×××同学讲过一句话：“奴才毕竟是奴才。”这句话深刻揭示了奴才的本性。他“诉苦”是从奴才地位出发，不想改变地位，只得向人诉苦。这就是软骨头的表现。因此，文章第 1 段有一个精彩之笔，语言非常精辟，一语破的。奴才怎么样呀？

生（齐读）：“奴才总不过是寻人诉苦。只有这样，也只能这样。”

师：这句话切中要害，一语破的。（板书：一语破的）这句话很深刻，把它画出来，好好地体会体会。现在回过头来再看看，聪明人怎么样呢？

生（集体）：“可不是么！”

师：“可不是么！”这句话是什么意思呀？

生（集体）：仍然叫奴才当奴才。他是主人的走狗和帮凶。

师：对！主子要奴才永远当奴才。而聪明人前后讲的话，仍然要奴才安于当奴才。因此，他扮演的角色是主人的帮凶。由此可见，前头聪明人讲的话是真的还是假的？

生（集体）：假的。

师：这篇散文诗塑造了三个典型人物，笔墨非常节省，作者是通过人物对话来塑造的。为什么对话能揭示人物的心灵？用一句话来讲，我们通常说——

生（集体）：言为心声。

师：对！为什么能够用对话来揭示人的内心世界呢？能把灵魂深处的东西赤裸裸地暴露出来呢？一般说言为心声。当然，这个“言”不是一般的“的”“了”“吗”，而是要选取精辟的，最能反映这个人特有的性格的语言。这就靠作者对问题有深刻的认识和理解，对生活有非常深刻的感受，这样才能捕捉到个性化的语言，几笔就把人物性格揭示出来。这种写作方法不是鲁迅先生这篇散文诗才有的。早在我国古典小说里，就有“听其声，如见其人”的写法——听到那个人的声音，就好像看到那个人。《红楼梦》里的凤辣子王熙凤出来怎么样呀？

生（集体）：先听见她的笑声。

师：先听见她的笑声，然后她才出来。所以，人物的语言很重要。我们自己说话也要注意。听人家说话、看书都要学着捕捉有典型意义的个性化的语言。鲁迅先生塑造人物形象主要运用对话，但又不是简单的对话。你们看看，这里头有没有对比？比了没有？

生（集体）：有。比了。

师：比了。这里头有鲜明的对比，比出了傻子的“实干精神”，如毁坏铁屋子。除了在对话中运用鲜明的对比之外，作者还运用了叙述的语言。这些叙述的语言要言不烦，只轻轻几笔，但都敲在点子上，使人如见其态。

师：那么，鲁迅先生塑造这样三个人物的形象，寓意何在呢？刚才上课时有同学说最好把时代背景讲一讲，我们看不懂。好的，我们看这篇文章写在什么时候？

生（集体）**：**1925 年 12 月 26 日。

师：当时是五卅运动以后，全国革命形势蓬蓬勃勃发展，但北方仍然处在军阀黑暗的统治下面。鲁迅先生要寻求救国救民的真理，要毁坏旧社会，毁掉像铁屋子一样的旧社会，寻求反抗的道路。他在散文诗集《野草》的题辞里讲："我自爱我的野草，但我憎恶这以野草作装饰的地面。"这就说明作者憎恶产生野草这些散文诗的社会。因此，他在作品里表露了毁坏旧社会的思想倾向。当时在社会上有各种人物的嘴脸，你们看看这三种人当中，有哪些是要维护旧社会的？维护铁屋子的？

生（集体）**：**聪明人、奴才。

师：谁是要毁坏旧社会的？

生（集体）**：**傻子。

师：因此，鲁迅先生在这里褒贬很清楚，对聪明人、奴才是什么样的感情呢？

生（集体）**：**贬。

师：是贬，是憎恶，是蔑视。对实干的傻子呢？

生（集体）**：**褒。

师：是褒，是赞扬。是不是完全赞扬呢？

生（集体）**：**不是。

师：赞扬中还有批评。批评他什么？做了好事，到最后被人家赶走了。

生（集体）**：**方法。

师：讲得很好。傻子很莽撞，不讲究方法。人家一讲，他就血气方刚，义愤填膺，要动手去毁坏铁屋子，不注意方法。他真心诚意地去帮助别人，到最后反而被人家赶走。因此，这对我们提出一个问题：在毁坏铁屋子的过程中还要注意什么？

生（集体）：斗争策略。

师：对！这个教训是很深刻的。

师：这三种人在当时很有典型意义。作者没有讲张三、李四、王五，也没有讲胖的、瘦的、男的、女的，可是谁都可以用这面镜子照一照：在这个社会上，你是何等样人？时至今日，这个高度概括的典型有没有意义呀？

生（集体）：有。

师：现实生活中有没有所谓的聪明人？他不是“聪明”，不是我们平时讲的耳聪目明的人，是伪君子。现实生活中有没有像奴才一样的软骨头？[生（集体）：有。] 现在有一些人崇洋媚外。现实生活中也有傻子，但是既要赞扬他实干，又要批评他，要他注意方式。所以，我们说文艺的生命力是很旺盛的，它不受时间的限制。最后，请×××同学朗读一下，读对话部分。

（学生有感情地朗读，读出了三种人物的性格和语气。课堂气氛异常活跃）

师：读得还可以，但个别语句读错了，要注意。回去有两个作业：第一，把对话好好地读一读，不同人物的性格、语气是不同的。第二，写一段对话，要揭示人物内心世界，认真地捕捉生活当中的典型语言。

《晋祠》教学实录

第一课时

师：我们伟大祖国历史悠久，山川锦绣，名胜古迹星罗棋布，在世界上可以说是——

生（部分）**：**首屈一指。

师：首屈一指。（竖起拇指）现在请每位同学就你所知道的名胜古迹说一处，要求：一、说清楚；二、速度。我不一个一个叫名字了，请挨着次序讲下去。你先说。（示意第一排一位学生）

生1：青岛八大关。

生2：故宫。

生3：从化温泉。

生4：山西云冈石窟。

生5：西安的大雁塔。

生6：杭州的西湖。

生7：长城。

生8：甘肃的酒泉。

生9：善卷洞。

师：在什么地方？

生9：宜兴。

生10：福建厦门的鼓浪屿。

生11：南翔古猗园。

生12：北京的颐和园。

生13：普陀山的寺庙。

生14：西藏的布达拉宫。

师：好，讲得很响。

生 15：河北省的赵州桥。

师：河北省的赵州桥，我们在什么地方碰到过？

生（部分）**：**课文《中国石拱桥》。

师：对。

生 16：太湖。

生 17：西安的大雁塔。

师：重复了。

生 18：陕西的兵马俑。

生 19：安徽滁县的醉翁亭。

师：醉翁亭，我们这学期要学《醉翁亭记》。

生 20：承德的避暑山庄。

生 21：湖南省岳阳市的岳阳楼。

师：岳阳楼，我们这学期还要学《岳阳楼记》。

生 22：山水甲天下的桂林山水。

生 23：庐山的大天池。

生 24：洛阳的白马寺。

生 25：雁荡山。

师：在什么省？

生 25：浙江省。

生 26：广西容县古经略台真武阁。

生 27：河北省保定市的古莲花池。

生 28：广东肇庆星湖。

生 29：广西阳朔。

生 30：长白山天池。

生 31：济南的大明湖。

生 32：扬州的瘦西湖。

生 33：北京的天坛。

生 34：甘肃的敦煌。

生 35：上海名胜豫园。

生 36：西藏的拉萨哲蚌寺。

生 37：绍兴的东湖。

生 38：北京的卢沟晓月。

师：卢沟晓月，我们也在课文中碰到过。

生 39：西双版纳。

生 40：四川的乐山大佛。

生 41：宜兴的张公洞。

生 42：庐山的花径。

生 43：中岳嵩山。

师：中岳嵩山，你还能够说出其他的几个“岳”吗？

生 43：能。西岳华山、东岳泰山、北岳恒山、南岳衡山。

师：对不对？

生（部分）**：**对！

师：记得很熟，好。

生 44：浙江的瑶琳仙境。

师：刚才我们花了不到两分钟的时间，把自己熟悉的名胜古迹初步检阅了一下，已经巍巍乎壮哉！我们祖国无处没有名胜古迹，真是美不胜收。我们祖国究竟有多少名胜古迹呢？我给你们介绍一本书（出示书），大家看：《中国名胜词典》。这本书里介绍的都是我国名胜古迹。我们今天要学的《晋祠》，这里也有介绍。“晋祠”，你们学过地理，“晋”是指什么地方？

生（部分）**：**山西省。

师：因此，我们查这本词典的时候，在山西省部分可以查到。“晋祠”在这本词典的 127 页，山西省太原市下的第一个条目就是“晋祠”。我们听写一下。为了节约时间，把“晋祠”修建的时间以及后来重建的时间略去。现在请同学们把笔记本拿出来听写。

（听写）

晋祠在山西太原市西南 25 公里悬瓮山下（“悬瓮山”，请你们翻到教科书的 137 页，“悬”是“悬挂”的“悬”，“瓮”是“酒瓮”的“瓮”）晋水发源处。北宋天圣年间（重复一遍）（请翻到书的

140 页，“天圣”，“圣人”的“圣”），追封唐叔虞（“唐尧虞舜”的“唐”，追封唐叔虞——）（板书：唐叔虞）（“唐”是地名，“叔虞”是人名，追封唐叔虞）为汾东王（“汾水”的“汾”），并为其母邑姜（板书：邑姜）修建了规模宏大的圣母殿（重复一遍）（“圣人”的“圣”），殿内有四十三尊宋代彩塑（重复一遍）（“尊”在这里是量词，“尊敬”的“尊”），殿前鱼沼飞梁（请看 140 页最后一行，鱼沼飞梁）（重复一遍）为国内所仅见（重复一遍）（“仅”，“不仅而且”的“仅”）。殿两侧为难老（“难老泉”的“难老”）、善利（“善恶”的“善”，“利益”的“利”）二泉。晋水主要源头由此流出（重复一遍），常年不息。（哪个“常”？）

生（部分）：“长短”的“长”。

师：“长短”的“长”吗？

生（多数）：“常常”的“常”。

师：（对，“常常”的“常”，常年不息）水温 17℃（水温 17℃怎么写法？）（边做手势边讲），清澈见底（重复一遍）。祠内贞观宝翰亭中——（“贞观之治”的“贞观”，知道吗？）

生（集体）：知道。

师：（“宝翰亭”，“宝贝”的“宝”，“翰林”的“翰”。有些同学看着我，大概不会写这个字）（板书：翰）（注意，“人”下面没有一横）宝翰亭中有唐太宗撰写的御碑——（重复一遍）（“撰写”的“撰”，什么偏旁？）

生（集体）：“扌”旁。

师：撰写的御碑，哪个“御”？

生（部分）：“防御”的“御”。

师：“晋祠之铭并序”。（加引号。“陋室铭”的“铭”，知道吗？“晋祠之铭并序”）祠内还有著名的周柏、隋槐（“柏树”的“柏”，“槐树”的“槐”。周柏、隋槐），周柏位于圣母殿左侧（重复一遍），隋槐在关帝庙内。（重复一遍）（关帝庙是祭谁的？）

生：（议论）关公。

师：老枝纵横，至今生机勃勃、郁郁苍苍，与长流不息的难老泉——（这个“长”是哪个“长”?）

生：（议论）“长短”的“长”。

师：（对。与长流不息的难老泉）和精美的宋塑侍女像（重复一遍）被誉为——（哪个“誉”?）

生：（议论）“荣誉”的“誉”。

师：被誉为（被称誉为）“晋祠三绝”。

师：现在请同学们校对。我读一遍，不仅要校对字，而且要校对标点符号，看看怎样点才正确。（师朗读，生校对）都对了吗？一字不错的有没有？举手。（边数边扳手指）错一到四个的有多少？（稍停，学生陆续举手）看来是绝大部分。校对好了以后，请同学们做一件工作：这里一共听写了五句，请你们把每一句用阿拉伯数字标出来。（生标号）

师：标好以后请你们用很快的速度把课文浏览一遍，把条目里介绍的有关内容和文章上的有关段落对应起来。（手势：两掌相对合拢）比如说，第一句“晋祠在山西太原市西南25公里悬瓮山下晋水发源处”，这是“1”，请你看看，与文章的第几段对应？

生（集体）**：**第1段。

师：对，与第1段对应起来。在有关的语句旁边写个“1”。好，现在很快地把这五句对一对，看有没有对不起来的地方。看谁对得准，对得快，要有速度。（学生专心而迅速地标号，教师巡视）有的已经对出来了，我们稍微等一等，可能有的内容找不到，仔细找一找就能找到。

生45：“祠内贞观宝翰亭中有唐太宗撰写的御碑”找不到。

师：“祠内贞观宝翰亭中有唐太宗撰写的御碑《晋祠之铭并序》”，这一句对不着。（指问其他同学）你们呢？

生（部分）**：**没有。

师：也没有找到。哪个对出来了？请讲一讲。对得最快的是××。××，请你说说看。

生46：第一句话是对第1段。

师：第1段，这没有问题。

生 46：第二句话对第 7 段。

师：第二句话对第 7 段，对不对？

生（部分）**：**对。

师：对的。

生 46：第三句话对第 5 段。

师：对吗？

生（部分）**：**对。

师：好。

生 46：第四句话——

师：第四句话找不着，第五句话呢？

生 46：第五句话对第 4 段。

师：第 4 段对第五句话。第四句话呢？这“御碑”对不着，有没有找到的？

生 47：对第 11 段。

师：第 11 段。

生 47：第 11 段中“历代文人墨客都喜爱晋祠这个好地方，山径旁的石壁和殿廊的石碑上，留着不少名人的题咏”。

师：他考虑得对不对？“留着不少名人的题咏”是总的，而词典条目里只提出题咏中的一个，即“唐太宗撰写的御碑”。要对应就对这个地方。×××（指生 47）的理解是对的。××同学（指生 46）刚才说第五句话对第 4 段，你们认为怎样？有补充吗？

生 48：还应该对第 6、7、8 段。

师：第 6、7、8 段？

生 48：还有第 9 段。

师：第 9 段。请坐。我们把听写的最后一句话读一读，到底应对哪几段？前几句话是一句对一段，一目了然，而最后这句话涉及好几段的内容。我们一起把最后一句读一读，你们看应该从什么地方开始读啊？

生（部分）**：**祠内还有——

师：祠内还有，预备，读——

生（齐）**：** 祠内还有著名的周柏、隋槐，周柏位于圣母殿左侧，隋槐在关帝庙内，老枝纵横，至今生机勃勃、郁郁苍苍，与长流不息的难老泉和精美的宋塑侍女像被誉为——“晋祠三绝”。

师： 这里有哪几个说明对象？第一个是什么？

生 49： 主要说了“晋祠三绝”的三个方面内容。

师： 哪三个内容？

生 49： 一是周柏、唐槐。

师： 周柏、隋槐（校正），对第几段？

生 49： 第 4 段。还有宋塑侍女像。

师： 对哪一段？

生 49： 对第 7 段。其中还包括“晋祠三绝”，就是还包括鱼沼飞梁，对第 9 段，以及——（下面学生纷纷议论）

师： ××有不同意见，××表情上不同意了，看看包括不包括？请坐，××说。

生 50： 我认为在宋塑侍女像内并不包括鱼沼飞梁、盘龙殿柱，这里说的“三绝”只是对第 4 段、第 5 段和第 7 段。

师： 第 4、5、7 段，对不对？

生（部分）**：** 对。

师：（学生举手）×××说。

生 51： 还有，我觉得这句话还应该对——噢！我看错了。（学生哄堂大笑）

师： 看错了。××（指生 50）讲得对，第 4、5 段，是树。第二是讲什么？难老泉、水。第三是讲什么？圣母殿里面的宋塑侍女像。因此，“三绝”对第 4 段、第 5 段、第 7 段。刚才×××（指生 50）对得非常快，很好。把词典上介绍晋祠的语句和课文《晋祠》对照起来看，你们会发现哪些问题？这是一。二、两者有哪些不同之处？三、请你们判断一下是文章写得好呢，还是词典上说明得好。有的已经思考好了。

生 52： 词典上说晋祠在山西太原市西南 25 公里，书上说是“从山西省太原市西行四十里”，数据上有些不对。

师：数据上好像有些不大对？25 公里是多少里啊？

生：（集体）：50 里。

师：50 里，怎么一个 50 里，一个 40 里呢？还有什么问题？

生 53：词典里介绍的一段话中，“三绝”是指难老泉、宋塑侍女像、隋槐和周柏，而书上写的“三绝”是指圣母殿、木雕盘龙和鱼沼飞梁。两个“三绝”的内容不同。

师：“三绝”的内容不一样，这又是一个问题。

生 54：我认为××同学（指生 46）刚才说的问题遗漏了一点。在词典上的第二句中，××同学（指生 46）只对了第 7 段，我认为还可以对第 9 段，就是讲鱼沼飞梁。

师：对不对？

生（集体）**：**对的。

师：补充得很好。还发现了什么问题？

生 55：书上是唐槐，而词典上说的是隋槐。

师：到底哪一个对？是隋槐还是唐槐？

生 55：（继续提问）书上写 42 尊侍女像，而这里写 43 尊。

师：是 43 尊还是 42 尊？

生 56：书上写的是“唐槐”，这里写的是“隋槐”，隋唐相隔时间不长，隋朝的统治很短，所以这里用“隋槐”“唐槐”都可以。

师：可不可以？

（学生点头）

师：隋是什么时候建立的？

生（集体）**：**581 年。

师：公元。

生（集体）**：**公元 581 年。

师：灭亡呢？

生（集体）**：**618 年。

师：（笑）你们历史学得不错，因此我们讲“隋唐”“隋唐”，就好像秦——

生（集体）**：**秦汉。

师：对，秦汉。秦朝很短，因此常和汉连起来讲。相隔时间很短，因此问题不大。还有什么问题？

生 57：我回答××（指生 52）的问题，书上是从山西省太原市西行 40 里，而词典上是山西省太原市西南 25 公里，一个是“西南”，一个是“西行”，它们之间存在着方向的差别——

师：好，方向上有差别。

生 57：所以，距离也不相等。

师：距离也不相等，因此两个数据怎么样？

生 57：都可以。

师：都可以。

生 57：还有，关于“晋祠三绝”，书上与词典上的说法不一样，《中学语文课外阅读手册》上说——

师：《中学语文课外阅读手册》上怎么说？

生 57：“关于晋祠三绝的说法多种多样，正好证明了晋祠值得人们欣赏的杰作特别多。”

师：因此，说法可以不一样，对吗？

（生 57 点头）

师：同学们已经养成了习惯，在读某一篇课文时，总要到《中学语文课外阅读手册》中去找一找，看看有没有相应的文章读，这样对理解课文、扩大视野有好处。“三绝”可以有多种多样说法。

生 58：我认为对“三绝”作这样的解释不是最好。应该说，课文上是讲古建筑的“三绝”，在词典上是讲“晋祠三绝”，它们之间当然有区别。

师：对。读书要读仔细啊！

生 59：我来回答刚才×××同学（指生 55）提出的问题。他说，词典上说殿堂里面有宋代彩塑 43 尊，而书上说是 42 尊，好像有差错。其实，书上讲“宋代泥塑圣母像及四十二个侍女”，这样加起来也是 43 个。

师：42+1 是多少？

生（集体）：43。

师： 43。

生 59：（继续讲）所以，并没有出入。

师： 对，请坐。

生 60： 刚才我们听写下来的一段话中有这样一句话，“殿两侧为难老、善利二泉。晋水主要源头由此流出”，而课本第 139 页第 5 段中讲“这里的水，多、清、静、柔”，“这些水都来自‘难老泉’”，说法有出入。这些水到底是来自难老泉，还是来自难老、善利二泉呢？

师： 请坐。

生 61： 词典和课本上还有一个不同之处，就是在写“晋祠三绝”的时候，写作方法是不同的：课文上是先总述，然后再分述；词典上是先分述，然后再总述。

师： 你看出了不同之处。仔细阅读，不同之处还有很多。我们刚才发现了许多问题，有些问题解决了，比如 25 公里和 40 里是不是数据上有出入，刚才××（指生 57）解答了。一个是西南，一个是什么啊？

师、生： 西行。

师： 这没有矛盾。42、43，42+1——

生（多数）**：** 43。

师： 这也没有出入。至于“三绝”的讲法，词典上是“晋祠三绝”，书上呢？

生（部分）**：** 古建筑“三绝”。

师： 因此，它们也并不矛盾。××（指生 60）提出的问题是值得研究的，到底发源于难老泉、善利泉，还是只是难老泉呢？请阅读思考（出示《中国名胜词典》），这里是一段话，这儿是一篇文章（出示教科书），有哪些不同的地方？××想好了，其他同学呢？

生 62： 课文里是把描写与说明结合起来写的，而词典上只是简单的说明。

师： 只是简单的说明，你看到了这一点。

生 63： 课文中和词典里说的这两段话顺序不同。

师： 顺序不同，怎么不同？

生 63： 词典上，这段话先写圣母殿，然后再写难老、善利二泉，最后写周柏、隋槐；而书上先写周柏、唐槐，接下来写的是难老泉，最后写的是圣母殿。

师： 次序前后不同，请坐。还有吗？

生 64： 词典上着重描述的是“晋祠三绝”，而书上写的方面比较多，除了写“晋祠三绝”以外，还写了另外的许多。

师： 许多什么？

生 64： 许多美景和古迹。

师： 美景和古迹，讲得好。一个比较简单，一个比较丰富。

生 65： 我认为书上说的这些水都来自难（nàn）老泉。

师： 不是“nàn 老”。“难（nán），nán 老”，青春常在，难老，难于老啊。

生 65： 这些水都来自难老泉，都是晋祠里面的水，而词典上说难老和善利二泉，主要是晋——

师：（提醒）晋水发源处，对不对？读书要十分仔细。

生 66： 书上既写了晋祠优美的自然风景，又写了晋祠悠久的历史文物，而词典上只讲了晋祠悠久的历史。

生：（议论）一样的。

师： 噢，一样的。

生 67： 我认为词典上也写了优美风景。

师： 也写了优美风景？

生 67： 噢，（改口说）写了这个，就是——

师： 难老泉？

生 67： 不是。建筑。

师： 建筑？

生 67： 不是光写自然风景，在第三方面“殿内有四十三尊宋代彩塑”，这也不是写自然风景的。

师： 没有说清楚。

生 68： 刚才××讲词典上是先分后总，书本上是先总后分，我不同意这个意见。因为词典上一开头也是写："晋祠在山西太原市西南25公里悬瓮山下晋水发源处。"这里也是先总说，只是具体说明时次序和书本上不一样。

师： 在具体说明的时候不一样，请坐。刚才同学们看到的不同地方，综合起来可以从这几个方面来理解：词典上介绍的这段文字跟我们今天要学的这篇课文，就内容来讲，一个比较全，×××（指生64）不是刚才讲吗，介绍了风景和很多建筑；词典上呢，比较简洁。一个比较全面，一个重点介绍。就说明方法来讲，刚才有同学讲了，词典上主要是——

生（部分）**：** 说明。

师： 说明。文章呢？

生（齐）**：** 说明、描写。

师： 说明，还有描写，这是从表达方法来讲。文字上也不一样，这篇文章能给我们以美的享受。词典上那段话比较平实，我们学的这篇文章则比较优美、生动。待会儿，我们进一步阅读就能体会了。从说明顺序来讲，也不完全一样。词典上说明顺序是一件一件的，采取什么结构方式？

生（部分）**：** 横式结构。

师： 对！横式结构，是并列式的，而这篇课文刚才××（指生61）说，先是总的，然后是分的。因此，词典介绍晋祠跟我们今天要读的这篇课文，不管就内容，就表达方法，就说明顺序，还是就说明语言来讲，都有不同之处。大家看看，这段话写得好呢，还是这篇文章写得好？（学生议论纷纷）

生69： 就作为词典要给读者以说明以简练的概括来说。

师： 这句话你们听得懂吗？话没有说通啊，重来。

生69： 作为词典来说，那段文字是和它的作用相符合的；而作为文章选进我们的课本要我们阅读，这篇是很适合我们阅读的。

师： 大家笑了，可能因为他说得不清楚。××（指生69），你胆子大一点讲。

生69： 这篇文章把说明和描写结合在一起，在说明中插入描写，以描写来作更加具体的说明，这样就能够使说明更具有形象和生动。

师：更形象，这个“具有”就不要了，更形象、生动。

生69：词典上这段话，就其说明性来说，它是很好的，很概括。

师：这句话说清楚了，对吧？

生69：所以说，这两者都有可取之处。

师：两者都有可取之处，有没有好与不好的分别呢？××，你说说看。

生70：我觉得词典是向别人解释的，它应该简洁明白。

师：给人家翻检，应该简洁明白，只要介绍精要就行了。

生70：如果用过多的比喻，用各种各样修辞手法，则是不合适的。我们所学的《晋祠》这篇文章，说明十分具体，在写作方法上用了大量的形容与描述。作为文章来说，应该像《晋祠》这样写；而作为词典，应该像刚才听写的那段文字。我觉得两者都有可观之处。

师：可观之处？这个“观”是什么意思？

生（多数）**：**取。

师：可取之处。“可取”的口气太大了一点，应该说都有值得我们学习的地方。因此，从这里我们就可以懂得，不能简单地说这段话好不好，这篇文章好不好，要根据什么来判断？作者的——

生（多数）**：**写作意图。

师：对，作者的写作意图。词典是给人家翻检的，介绍的时候要做到要言不烦；文章要给人以美的享受，让我们有身临其境的感觉，所以除了说明之外，还要加以描写。这个问题，我们比较清楚了。说明文呢？说明文得在什么上面下功夫啊？

生（集体）**：**说明。

师：“明”，说得一定要“明”。要“明”，就得抓住说明对象的特征。这篇文章里有一句话就揭示了晋祠的特征，谁能把这句话准确地找出来？

生71：悠久的历史文物同优美的自然环境浑然融为一体。

生（部分）**：**风景。

生 71：噢，自然风景。这就是晋祠。

师：这就是著名的晋祠。

生 72：我想提一个问题。就是这句话和后面的“然而，最美的还是祖先留给我们的古代文化。这里保存着我国古建筑中的‘三绝’”。从这两句话中，可以看出作者着重在描写古建筑中的“三绝”。我的问题是，既然作者在开头就揭示我们悠久的历史文物是着重描述的，要是我写的话，就会先写建筑、文物，然后再写自然风景，这样不是就和第一句话“悠久的历史文物同优美的自然风景”相一致吗？作者这样写有什么好处？

师：×××同学坦率地讲了自己的意见，既然“悠久的历史文物同优美的自然风景浑然融为一体”是揭示晋祠的特征，要是我写的话，就先写历史文物，为什么作者先写优美的自然风景呢？大家动动脑筋。

生 73：我知道一点，我先说一说。

师：下节课再说。下课。

第二课时

师：上节课我们懂得了文章的第 1 段揭示了晋祠的特征，晋祠的特征在两个方面浑然融为一体，什么叫“浑然”？

生（部分）：完整的。

师：“然”是什么意思？

生（集体）：样子。

师：对，浑然融为一体，完整不可分割。（板书：浑然融为一体）浑然融为一体的是两个方面，第一个方面是优美的自然风景（板书：优美的自然风景），第二个方面是悠久的历史文物（板书：悠久的历史文物）。××同学（指生 72）的意思是，要是他来写的话，既然悠久的历史文物是重点，那么就应该先写悠久的历史文物，再写优美的自然风景。刚才××同学（指生 73）准备发表意见，现在请你发表。

生 1：我觉得我能回答这个问题。这篇文章主要突出的是悠久历史文物的美，可是它没有先写悠久历史文物的美，而是先写优美的自然环境，这样可使我们先领略晋祠的环境美。晋祠的美在山，在树，在水，有古老苍劲的树，有多、清、静、柔的水，还有巍巍的山。在这里，作者既有说明又有描述，使我们领略到晋祠的美。第140页第6段中写道："然而，最美的还是祖先留给我们的古代文化。这里保存着我国古建筑中的'三绝'。""最美"，把悠久的历史文物和优美的自然风景作了一个对比，自然环境美，但是悠久的历史文物更美。所以，先写自然环境的美，再写历史文物的美，能更加突出地表达作者所要表达的主题。

师：这个问题，××同学作了一些分析，但看来一下子答不清楚，先放一放好不好？这篇文章先用一句话来揭示说明对象的特征。先是总的说明，然后从两个方面来说（指板书"优美的自然风景，悠久的历史文物"）。刚才××（指生61）不是讲吗，这篇文章的结构是总分式。怎么分的？一个一个说明对象是怎样合起来的？我请一位同学上讲台来写，边看课文边写。比如说，优美的自然风景，是从哪几个方面说明的？它的特征如何？悠久的历史文物，作者介绍了哪些？它们的特征如何？一位同学上来写，其他同学写在笔记本上，然后我们再细读课文核对。××，请你上来写。

（生2板书）

山　巍巍的，长长的

树　古老苍劲

水　多、清、静、柔

三绝
- 圣母殿　巧夺天工、人物形态逼真
- 木雕盘龙　木质优良、工艺精巧
- 鱼沼飞梁　形制奇特

名人题咏　词工句丽、书法精湛

师：按课文的顺序写，字写端正，写好了跟黑板上对一对，看看黑板上写的是不是完全正确。

生3：他漏掉了两点。

师：漏掉了两点？我们看"优美的自然风景"。（手指板书"优美的自然风景”）

生3：“优美的自然风景”中的树，除了“古老苍劲”，还有“造型奇特”。

师：好，这个内容在第几段？

生（集体）：第4段。

师：除了古老苍劲之外，还有什么？

生（集体）：造型奇特。

师：（在板书“古老苍劲”后面，用红粉笔写“造型奇特”）请同学们想一想，××怎么会忽略这一点的呢？什么原因？

生4：因为“以造型奇特见长”在一段的当中。

师：对。晋祠的美在山，在水，在树。山的特征抓得对不对？巍巍的，长长的。树，细读一下，就知既以古老苍劲见长，又以造型奇特见长。这里表达的方式跟前面的写法不完全一样，所以粗看时容易漏掉。

生4：在名人题咏上面，应该还有小品。

师：什么小品？

生（部分）：园中小品。

师：好，还有园中小品，第几段？

生（集体）：第11段。

师：园中小品。（板书：用红粉笔写“园中小品”）还有吗？

生5：还有其他建筑。

师：在什么地方？

生5：第10段。“以圣母殿为主体的建筑群还包括献殿、牌坊、钟鼓楼、金人台、水镜台等……”

师：应该写在什么地方啊？（指“园中小品”处）对不对？

生（集体）：对。

师：因此，又要改了。（擦去“园中小品”）应该先是其他建筑（板书：其他建筑），再是园中小品（板书：园中小品）。阅读要仔细，不能遗漏。要把这个怎样？（指“名人题咏”处）全部挪到下面（板书：将“名人题咏，词工句丽、书法精湛”圈起来，用箭头标到

“园中小品”下方)。大家校对一下，再看一看，这里列出的说明对象是不是周全了？

生(集体)**:** 周全了。

师: 文章首先说明优美的自然环境。晋祠的美在山，在树，在水，这是——

生(集体)**:** 总说。

师: 晋祠的美在山、树、水，可以不可以？

生(部分)**:** 可以。

师: 为什么要写“在山，在树，在水”？

(学生议论纷纷，举手)

师: ×××。

生 6: 用排比的方法写，加强了语气。

师: 加强了语气，在山，在树，在水。

生 7: 这样写有气势，读起来朗朗上口。

师: 有气势，读起来上口。

生 8: 给作者的印象比较深。

生: (笑)怎么是作者？

师: 作者？

生(集体)**:** 读者。

师: 给读者的印象比较深。

生 9: 我还要补充一句，晋祠的美在山，在树，在水，有一定的顺序，是由高到低的。

师: 对不对？说明的顺序很清楚，由高到低。还有补充吗？山怎样？

生(集体)**:** 巍巍的。

师: 再看课文，把晋祠——

师、生: 拥在怀中。

师: 因此，它的顺序是什么？

生(集体)**:** 由外到内。

师: 在山，在树，在水，读起来有气势，而且上口，用排比的写法是好的。刚才几位同学讲得很好。这些是说明对象。这些说明对象的特征抓得对不对呢？说明文要“明”，就得把说明对象的特征抓准。

生10：我认为还有一点写得不对，圣母殿应该是气势雄伟，不应该是“巧夺天工、人物形态逼真”。这几点是写侍女像的特点，而不是写圣母殿的特点。

师：对不对？

（部分学生点点头）

师：对，巧夺天工并不是圣母殿的特点，对圣母殿的特点，文中是怎么说的？

生（集体）**：**气势雄伟。

师：气势雄伟。（板书：用红粉笔将“巧夺天工、人物形态逼真”划掉，写上“气势雄伟”）“人物形态逼真”是就宋代彩塑而言，××同学说得很好。别的地方还有没有问题？

生11：我认为在写“三绝”的时候，应该写出它的绝妙之处，圣母殿应该是“我国古建筑中现存最早的带围廊的宫殿”，木雕盘龙是“我国现存最早的盘龙殿柱”，鱼沼飞梁是“我国古建筑中罕见的”，应该写这三点。

师：应该写这三点。绝在何处？“三绝”？

生12：我认为“三绝”不应该像××（指生11）讲的即圣母殿是我国建筑中现存最早的，这里圣母殿应是稀有的。

（学生议论纷纷）

师：“最早”与“稀有”是两个概念。

生12：罕见，而不是“绝”，“绝”只能是后面一句“殿宽七间，深六间，极为宽敞，却无一根柱子”。

师：好，这是“绝”。关于悠久的历史文物，作者着力写了四个方面，一是“三绝”，二是其他建筑，就是以圣母殿为主体的建筑群，还有其他建筑。文中列举了很多，然后写园中小品，最后写名人题咏。这些被说明的对象各自具有什么特征呢？刚才××（指生10）讲得对不对？

生（部分）**：**对的。

师：木雕盘龙对不对？

生（部分）**：**对的。

师：也是对的。鱼沼飞梁呢？

生（集体）**：**对的。

师：这个"梁"是什么意思（指板书"梁"）？

生：（议论）桥梁。

师：对，"梁"就是桥梁，鱼沼上面架着飞梁。一般的桥是怎样的？从南到北，从东到西。鱼沼飞梁怎样呢？四面都通。这里都是抓住特征来写的。同学们刚才读课文，要点抓得很准确。现在请同学们再推敲一下这篇文章写法上的特点。一开始××同学（指第一课中的生 57）不是说了吗？他说这篇文章的写法和词典上的介绍不一样，它是说明结合——

师、生（集体）**：**描写。

师：这是说明的骨架。（指板书）先总后分。（指板书：浑然融为一体"总"，优美的自然风景和悠久的历史文物"分"）先总后分（指板书），一目了然，说得非常明白，非常清楚。说明时夹入描写，使我们有身临其境之感。在说明的骨架上面，作者进行了艺术的渲染。有些内容，我们一看就清楚了。比如写山，一看就清楚，它在春天怎样？

生（集体）**：**黄花满山。

师：秋天怎样？

生（集体）**：**草木萧疏。

师：用对偶句进行形象的对照。现在读一读第 4 段，作者是怎样对树进行艺术渲染的？

生 13：作者写树的时候，运用了大量的比喻。

师：哪些比喻？

生 13：在写水边殿外松柏的时候，写它们造型以奇特见长，"有的偃如老妪负水，有的挺如壮士托天"。

师：这是不是比喻？"偃"是什么意思？

生（部分）**：**躺卧。

师：躺卧。

生 13：还有写圣母殿前的左扭柏，把它比喻成像地下旋起了一股烟，又似天上垂下一根绳。

师：是不是进行艺术渲染？

生（集体）**：**是的。

师：好，请坐。因此，除了说明外，还进行描写。比喻是其中之一。有的偃如老妪负水，"负"是什么意思？

生（集体）**：**背。

师：有的如什么？

师、生：挺如壮士托天。（师：手向上示意）

师：我说写得最妙的是下面几句，我们一起读。请你们看看这里抓住了一个什么关键词来写。

生（齐）**：**圣母殿前的左扭柏，拔地而起，直冲云霄，它的树皮上的纹理一齐向左边拧去，一圈一圈，纹丝不乱，像地下旋起了一股烟，又似天上垂下了一根绳。

师：作者是抓住什么特征来写的？

生（集体）**：**扭。

师："扭"，而且是从不同角度。你们看作者是怎么写的？

生（议论）**：**从下到上，从上到下。

师：第一句是什么？四个字——

师、生：拔地而起。

师：拔地而起。（手从下而上示意）气势怎样？哪个动词用得好？

生（集体）**：**冲。

师：冲！直冲云霄。它的树皮上的纹理一齐向左边拧去，一圈一圈——

师、生（集体）**：**纹丝不乱。

师：像地下旋起了一股烟，又似天上垂下了一根绳。哪两个动词用得好？

生（集体）**：**旋、垂。

师：由地下到天上（手从下而上示意），又从天上写到地下（手从上而下示意），将天上与地下结合起来，从不同角度描写，因此能够使读者如见其态。（板书：比喻 多角度）不仅是说明，而且用比喻进行多角度描写，这样就寓艺术魅力于说明之中。清楚了没有？我们再来看写水，特征抓得对不对？（指板书）多、清、静、柔。请你们说说作者是怎样来写“多”的。

生14：“石间细流脉脉（mài mài），如线如缕；林中碧波闪闪，如锦如缎”，还有“桥下有河，亭中有井，路边有溪”。

师：除了这些，还有吗？

生15：还有“但见这里一泓深潭，那里一条小渠（xī）”。

师、生（集体）**：**“小渠（qú）”。（纠正字音）

师：对不对？（学生举手）还有补充，×××。

生16：还有就是：“这么多的水长流不息，日日夜夜发出叮叮咚咚的响声。”

师：这是从什么角度来写的呢？

师、生（集体）**：**听觉。

师：叮叮咚咚悦耳的响声。好，请坐。

生17：“石间细流脉脉”，应该读“细流脉脉（mò mò）”，不应该读“细流 mài mài”。

师：我们学生理卫生的时候，“脉”读“mài”。

生（部分）**：**静脉。

师：对，“静脉（mài）”。这里读“mò”。多音字。

生18：还有最后一句话：“当你沿着流水去观赏那亭台楼阁时，也许会这样问：这几百间建筑怕都是在水上漂着的吧！”

师：这句话也看出来了，好。

生18：这是通过人的幻觉来写水的“多”。

师：通过人的幻觉来写水的多。这晋祠几百间房子好像都是在水上漂着的，所以水怎样？

生（集体）**：**多。

师：几位同学讲得对。这里水很多：有的是深潭，有的是小渠，有的是河，有的是井，有的是溪。这是按什么来说明的？

生（部分）：视觉。

师：按类别，对吗？写“石间细流脉脉，如线如缕；林中碧波闪闪，如锦如缎”，连打几个比喻，说水的美姿。总之，从水的声音、美姿、类别来具体描写水的“多”。这个“多”字落实了没有？

师、生（集体）：落实了。

师：写“清”，写“静”，写法类似，就不一一说了。现在请你们思考并回答，“柔”是怎么写的？怎么一句话就把“柔”写出来了。

生 19：写“柔”在这里，第 139 页。

生：（议论）“柔”在这里？

师：你说。

生 19：第 139 页的倒数第一行，“织成一条条大飘带，穿亭绕——”

师：这字怎么读啊？

生（部分）：“榭（xiè）”。

师：穿亭绕榭。“榭”这个字怎么读？（正音：x－iè →xiè；板书：榭 xiè）

生（部分）：第三声。

师：第三声？“xiè”，第四声。（指板书：榭 xiè）

生 19：“穿亭绕榭，冉冉不绝”，从这里就可以看出水的柔。

师：对不对？

生（集体）：对。

师：讲对了。这里是运用什么手法来写的？

生（部分）：比喻。

师：写水像一条条大飘带，风一吹，飘带就会怎么样？

师（部分）：飘。

师：飘拂不停。写水的“柔”只用了一个比喻，因为用得非常精当，就把“柔”写出来了。穿亭绕榭，有几个动词？

生（集体）：两个。

师：两个动词，一个“穿”，一个——

师、生（集体）**：**“绕”。

师：冉冉不绝，讲什么东西“冉冉”？

生（部分）**：**飘带。

生（部分）**：**太阳。

师：（笑）太阳冉冉？水如飘带，冉冉不绝。清楚了没有？现在讨论“三绝”。刚才有同学讲“绝”应该是指最早。“绝”究竟是什么意思？我问的不是特征。“绝”就是绝无——

师、生（集体）**：**仅有。

师：对了，绝无仅有。哪些句子最能够准确地说明晋祠中有些历史文物是绝无仅有的？找到没有？

生 20：第 140 页第 7 段写道：“（圣母殿）是我国古建筑中现存最早的带围廊的宫殿。”这里面的“最早”，还有——

（下面学生议论纷纷）

师：请你说下去，如有不同意见，待会儿再讨论。

生 20：还有：“殿宽七间，深六间，极为宽敞，却无一根柱子。”

师：好，这是一“绝”。

生 20：“廊柱略向内倾，四角高挑，形成飞檐。”还有写宋代泥塑圣母像及 42 个侍女像，写这些塑像巧夺天工。还有——

师：第二个“绝”。

生 20：第二个“绝”就是“殿前柱上的木雕盘龙，这是我国现存最早的盘龙殿柱”。第三个“绝”就是鱼沼飞梁，这里写出了“桥边的栏杆和望柱形，望柱形（读破句）——”

师：形制奇特。

生 20：“形制奇特，人行桥上，可以随意左右。”

师：对他刚才讲的几点，有不同意见吗？

生 21：他说的第二个“绝”，我不同意。第二个“绝”，我认为应该是“距今虽近千年，鳞甲须髯，仍然像要飞动”。（髯 rǎn，读错了）应该是这个“绝”。

师：应该是这个“绝”。

生 22：××（指生 20）刚才说的，宋代泥塑圣母像及 42 个侍女，他认为巧夺天工是“绝”，我认为不是的。

师：为什么？

生 22：因为在许多——

师：（提示）名胜古迹中——

生 22：名胜古迹中都有这种形态。

师：都有这种形态？应该说都有这种特点。

生 23：还有一点，就是“（圣母殿）是我国古建筑中现存最早的带围廊的宫殿”，这一句也不是的，仅写出了它的历史悠久。

（教师示意学生讲）

生 24：我认为历史悠久也是“绝”的一个方面。

师：“绝”的一个方面。

生 25：××（指生 20）把圣母殿的“绝”讲得太多了。我觉得只要突出一点，就是“殿宽七间，深六间，极为宽敞，却无一根柱子”。只突出这一句就可以了。

师：只要突出这一句就可以了。那么，历史悠久，“最早”要不要？

（学生争论，有的讲要，有的讲不要）

师：××讲要的，“最早的，却无一根柱子”。第二个也一样，木雕盘龙是我国现存最早的盘龙殿柱，从历史的情况看，距今近千年，仍然是鳞甲须什么？刚才字音读错了（指生 21），“髯 rán”，读——

生（部分）**：**“髯（rán）”。

师：“髯（rán）”，第二声。须髯，周身风从云生。第三个找准了。介绍“三绝”，其他建筑物一笔带过。“三绝”写得很具体，在说明的同时，描写得很细致，进行了艺术渲染。我曾有机会去晋祠，亲眼观赏过，跟这篇文章里讲的一样，看了不得不令人叹服。如木雕盘龙虽然距今近千年，但是怎样啊？

师、生（集体）**：**鳞甲须髯，仍然像要飞动。

师：这是不是描写啊？

（学生点头）

师：仍然像要飞动，我们不得不惊叹祖先巧夺天工的技艺。鱼沼飞梁也介绍得很清楚，其他建筑一笔带过。请同学们看，第 11 段介绍得非常有趣的是什么？

生（集体）：园中小品。

师：园中小品写了两个，第一个是什么？

生（集体）：小和尚。

师：小和尚，我看这样好吗？请一位同学把作品中描述的样子做一做，好不好？就请你（指第一排调皮的学生）讲讲，作者是怎样描绘的？

（生 26 高兴地站起来，对着老师）

师：对着大家。我们看他描绘得怎么样。

（生 26 双手托着，肘关节在下方，而且与肋骨靠得很拢）

生：（哄笑）不完全对。

师：应该怎么样？我们一起读，让他纠正。

生（集体）：“山上一挂细泉垂下，就在下面立着一个汉白玉的石雕小和尚，光光的脑门，笑眯眯的眼神，双手齐肩，托着一个石碗接水。”

师：双手齐肩，对吗？手还要高一些（将生 26 的手向上抬一些），稍微开一点（将生 26 的肘关节部拉开一些）。很好。你们看，这里写得出神入化。水注在碗中，又溅到脚下的潭里，总不能盛满碗，什么道理啊？

（学生纷纷议论）

师：一挂细泉（手势），哪个词用得很好？

生（集体）：挂。

师：对，一挂细泉，向下面滴水，滴到小和尚托的碗里去。水溅到深潭，碗始终盛不满，什么道理？

生（部分）：物理性能，力学原理。

师：噢，物理的力学原理，今天就不讨论了，下节课再问你们，一定要解答得正确。这里写得十分有趣，描述得栩栩如生。（板书：形容、描述）下面还写了什么？

生（部分）**：**石雕大虎。

师：呀！我看这里又有矛盾了，“小品”怎么又是“石雕大虎”呢？谁能解答这个问题？既然是小品，怎么又是大老虎呢？

生 27：这个“大”是相对而言的。

师：相对而言的，对不对？

生（部分）**：**对的。

师：小和大怎样？

师、生（集体）**：**相对而言。

师：在这里是大的，可是在整个建筑群里面是——

师、生：小的。

师：跟整个圣母殿好比吗？

生（部分）**：**不好比。

师：不好比。这里描写得很有趣，增添了这篇文章的情趣。现在我们再回过头来解答课开始时××同学提的问题。为什么不先写悠久的历史文物（指板书），再写优美的自然风景呢？刚才××（指生 1）作了一些分析，没有完全说清楚。它们本来就是并列的，两者浑然融为一体，那么为什么要先写自然风景？

生 28：因为文章第 6 段写了“然而，最美的还是祖先留给我们的古代文化”，从这“最美”就可以看出，悠久的历史文物和优美的自然风景相比较，悠久的历史文物比优美的自然风景还美，先写优美的自然风景就更能衬托出悠久的历史文物美。

师：对不对？

生（集体）**：**对。

师：对，我们把前后内容联系起来看就清楚了，最美的还是祖先留给我们的古代文化，风景美，文物美。

（学生举手）

师：你还有意见吗？

生 29：我认为还有一点。因为作者是按照参观顺序写的，所以就先写自然风景，然后走到里面，看到悠久的历史文物。

师：同不同意？

生（部分）**：**同意。

师：这是记叙文？游记？

生（部分）**：**不同意。

师：噢，这是什么啊？

师、生：说明文。

师：说明文。两者都美，风景美，文物美，但是作者在这里更要突出什么啊？

生（集体）**：**文物美。

师：先写自然风景美比较容易，如果一开始就写“最美的”是什么，那么跟谁比啊？那就显得很突然了。风景美，文物美，确实使我们真切地感受到晋祠美不——

生（集体）**：**胜收。

师：有人说，“看景不如听景”，因为你看景是看自然的原形。同学们游览过一些地方，看的是自然的风景。而听景，就是听人家介绍，读人家描写的，这个时候你还可以享受到艺术加工的佳妙。我们现在读《晋祠》这篇文章，除了认识所介绍的优美的自然风景和悠久的历史文物这些对象之外，还可领略到作者进行的艺术加工、艺术渲染，领略到艺术美，这就美上加美了。所以，文章的最后一句话：“晋祠，真不愧为我国锦绣河山中一颗——”

生（集体）**：**璀璨的明珠。

师：什么叫“璀璨”？

生（部分）**：**形容——

师：形容什么？都是什么偏旁？

生（集体）**：**“王”字旁。

师：什么意思？（手势画“王”）查字典。

生 30：“璀璨”是形容玉石的光泽。

师：形容玉石的光泽。它在这里是什么意思？

生（部分）**：**形容晋祠的美。

师：（学生举手）×××，你说。

生 31：形容晋祠像明珠一样发出亮光。

师：像明珠一样发出亮光，闪闪发光，对。所以，最后一句话是由衷地赞叹。作者介绍了自然风景，晋祠的美，在山，在树，在水；介绍了悠久的历史文物，“三绝”，其他建筑、园中小品，以及名人题咏等，最后赞叹“晋祠，真不愧为我国锦绣河山中一颗璀璨的明珠”。开头我们说了，晋祠只是《中国名胜词典》中山西省太原市的一个条目，而这本词典有一千几百页，晋祠只是一个小小条目。由此可推知，我们祖国的名胜古迹星罗棋布，在世界上罕见，是首屈——（师、生集体）一指的。我们祖国历史悠久，中华民族数千年深厚的文化平铺在我们九百六十多万平方千米的土地上。你无论走到哪儿，都可以看到名胜，都可以看到古迹。刚才你们讲到的故宫、颐和园、秀美的西子湖等，讲到的遥远的西藏、新疆，无不有我们祖先的文化遗迹。这些历史文化哺育着世世代代的中华儿女，使我们从祖国深厚的文化中吸取了大量的精神养料。今天，我们同样要从中吸取精神养料，不能愧对我们的祖先。我们今天学《晋祠》，领略它的风景美、历史文物美，长大以后，不仅要读万卷书，还要力求——

生（集体）**：**行万里路。

师：对，行万里路，有机会到祖国各地考察，放眼观看我们的壮丽山川，从中吸取丰富的养料，滋养自己，成为精神丰富的人。今天这堂课就学到这里。下课。

《春》教学实录

时间：1979 年 4 月 2 日（星期一，上午第一、二节课）

执教：杨浦中学 于 漪

班级：初一（1）班

第一课时

师：今天我们学习朱自清的《春》。同学们把讲义拿出来。

我们一提到春啊，你们想一想看，会不会眼前就仿佛展现出阳光明媚，东风浩荡，绿满天下的美丽景色？一提到春，我们就会感到有无限的生机，有无穷的力量！所以，古往今来，很多诗人曾经用彩笔来描绘春天美丽的景色。我们曾经学过一些绝句，现在我问一问大家，杜甫的绝句当中是怎样描绘春天的？（稍停）有同学知道吗？——杜甫的绝句，大家想想看。

生 1：（背诵杜甫：《绝句四首》之三）“两个（gè 读成 guò）黄鹂鸣翠柳，一行白鹭上青天。窗含西岭千秋雪，门泊东吴万里船。”

师：对吧？［生（部分）：对的。］——对的？“两”——什么

作者多次执教《春》，第一次执教时，《春》还没有收入教材。她在《春》的第三次教后记中说：“整个教学构思又作了较大的更改。一是加强了单元教学，把《春》《海滨仲夏夜》《香山红叶》和《济南的冬天》结合起来考虑。……二是加强思维与语言训练。”从单篇教学到单元教学，从一般知识教学到思维训练，这是作者在反思中悟得的教学真谛。作者回忆自己早年的从教经历时指出，为了使自己的教学语言口语化又不失美感，她常常会在上课前将教学语言背下。在这堂课上，作者总是耐心地指出学生口语表达中的细小错误并加以指正。作者的教学语言处处渗透着情感，语言衔接与推进过程中又不失严密的逻辑。

“黄鹂鸣翠柳”？这里怎么读啊？

生1：两“gè”，不是两“guò”。

师：对啊！两个（gè）。他是从两个黄鹂在青绿色的柳条上鸣啭来描绘春天的美好啊！再想想看，王安石也有一首诗是描绘春天的，这首诗背得出来吧？谁来背背看。有一个名句，想想看。他是怎样描绘春天的？想起来没有？背背看。“京口瓜洲……”预备——起。

生（集体）：（齐背王安石《泊船瓜洲》）“京口瓜洲一水间，钟山只隔数重山。春风又绿江南岸，明月何时照我还？”

师：哪一个句子是写春的？

生（集体）：“春风又绿江南岸”。

师：哪一个字用得特别好？

生（集体）：“绿”。

师：“又绿江南岸”，这是从什么角度来写的啊？——从春风的角度。春风一吹，江南岸边就怎么样？

生（集体）：绿。

师：绿——绿满天下！上星期六，××写我们学校的树的时候，用了一个好的句子啊！——“绿满天下”！他就是从这儿学来的。很好。但是，绝句，它只有四句，往往只是从一个角度，或者是从两三个角度来写的，也就是选取了春天的一个或者两三个景来写春。今天我们学习朱自清的这篇散文，其中写春的内容可多啦！我们星期六发了讲义，请同学们看。这里头写了：草、花、风、雨、山、水、树、蜜蜂、蝴蝶等。我们读的时候要想一想，在这篇文章当中，朱自清是怎样写这些春天的景物的？他写春天的景物的——姿态啊，气息啊，声音啊……我们想到没有？看到没有？春天就在我们身边！我们现在正欢乐地生活在阳春三月里。你说对吧？这正好是阳春三月！对文章中的这些景物，你是怎么观察的？看一看，朱自清先生是怎么写的？现在，请同学们读一读，——读一读以后有什么问题，可以提出来。读了以后，请同学们考虑：这篇文章是怎么样写春的呢？首先，朱自清先生，他是以怎么样的心情去迎接春天的？（边讲边板书：迎春）接着呢？朱自清先生用他的彩笔给我们描绘了春天的美丽景色。（边讲边板书：绘春）最后，他又满怀喜悦，歌颂了春天。（边讲边板书：颂春）同学们读了以后，分分看，哪几段写迎春？哪几段写绘春？哪几段写颂春？（边讲边指板书“迎春”“绘春”“颂春”）我们请一个同学读一读，看看谁来读？

生 2：（朗读《春》全文）“《春》，朱自清。盼望着，盼望着，……鸟儿将——鸟儿将——”

师：“巢（cháo）”。

生 2：（继续朗读）“鸟儿将巢安在繁花绿叶当中，……披着——披着——”

师：“披着蓑（suō）”。

生 2：（继续朗读）“披着蓑戴着笠，……领着我们上前去。”

师：从读的情况来看，他是读过的。有什么地方读得不妥当吗？

生 3：第 5 段：“跟轻风流水应和（hè）着”，他读“跟轻风流水应和（hé）着”。

师：“应和（hè）着”。这个“和（hè）”不能读成（hé），应该读第几声啊？

生（集体）**：**第四声。

师：（板书：hè）还有吗？

生 4：第 3 段是“园（yuán）子里”，他读“院（yuàn）子里”。还有一个是“迷藏（cáng）”，他读“迷藏（zàng）”。还有一个是“酝酿（niàng）”，他读“酝酿（ràng）”。

师：好。那么，先把这个问题解决了：“嫩嫩的，绿绿的……”下面应该怎么读啊？

生（集体）**：**“园（yuán）子里”。［有的学生仍读“院（yuàn）子”］

师：（板书：园）这个字怎么读？

生（集体）**：**“园（yuán）”。

师：“园（yuán）”，“公园（yuán）”，“园（yuán）子里”。耳朵旁的那个呢？

生（集体）**：**“院（yuàn）”。

师：“院（yuàn）”。好，下面她读得对。“酝酿（niàng）”不是“酝酿（ràng）”。“酿”这个字的拼音怎么样？

生（集体）：“n－iàng→niàng”。

师：“niàng”。很好。××（指生2）自己马上注上拼音。不认识的，不清楚的，自己赶紧把注音记下来。“酝酿（niàng）”。接下去。（学生举手）×××。

生5：第4段：“桃树、杏树、梨树，你不让我，我不让你，都开满了花赶趟儿。”他读成了“都开满了花——赶趟儿”。

师：语气没有读出来，对。还有吗？抓紧时间，还有吧？

生6：第5段第三行：“鸟儿将巢安在繁花嫩叶当中”，他读成了“鸟儿将巢安在繁花绿叶当中”。

师：对，是“嫩叶”，不是“绿叶”。还有吗？

生7：第6段：“一点点黄晕（yùn）的光”。这个“黄晕（yùn）”，不读“黄晕（yūn）”。

师：这个字究竟怎么读？快点查字典，快点查。

生8：应该读“黄晕（yùn）”。

师：你查过字典了？（生8：查过了。）好。她很有把握，应该读“黄晕（yùn）”。为什么那么有把握呢？因为她查过字典了。（板书：yùn）yùn，第四声。读错了的，就应该把它打个“×”；掌握不准的，就应该注音。还有吧？

生9：“山朗润起来了”，读成“山润朗起来了”。

师：喔，对吧？后来呢，他自己怎么样——感觉读得不对了，自己改正了。应该是“山朗润起来了”。同学们听得很仔细，而××同学（指生2）读得很响亮。因为还没有学，所以读得还有些疙疙瘩瘩，有些字还读得不准。有一个字，同学们注意一下，就是刚刚给××（指生2）纠正的“和（hè）”——“和（hè）”前面的这个字怎么读呀？

生（集体）：“应和（yīng hè）”。（有的读“yìng hè”）

师：重读。

生（集体）：“应和（yìng hè）”。

师：“应（yìng）”，应该是第四声。但是，这个讲义上注的是第几声啊？

生（集体）**：**第一声。

生 10：错了。

师：错了。——你（指生 10）怎么知道错了？

生 10：我查过字典。

师：这个注音注错了，应该是第四声——“应（yìng）和”。预习的时候，你们需要认真，去查查看。现在，请同学们把讲义上错的改过来。好，我们刚才读了一遍。请同学们看，还有些什么问题？自己查字典的时候，没有能够解决的，有吧？——有没有？都懂吧？

生 11：什么叫“赶趟儿”？——是不是就是“赶集”？

师：什么叫“赶趟儿”？

生 12：“鸟儿将巢（cháo）安在繁花嫩叶当中”，他（指生 2）读成“鸟儿将 chǎo 安在繁花嫩叶当中”。

师：（板书：巢）这个字怎么读啊？

生（集体）**：**“ch－áo→cháo”。

师：“巢（cháo）”，第二声。刚刚那个字读错了，没有纠正过，现在纠正一下。还有吧？除此之外，还有吧？——没有了。好，现在，我们请同学们考虑一下。刚刚我们读了一下，请你们分一分看，一共是几段？请你们分一分看。

生（集体）**：**十段。

师：十段。那么，用了几段文字写了迎春？

生 13：写迎春用了一段。

师：好，怎么分？（个别学生举手。稍停）就××一个人知道吗？分分看，分错了也没有关系。怎么分？（学生举手）好，××，你讲一讲看。

生 14：用了一段文字写迎接春天。

师：你整个地讲一讲看。

生 14：用了一段文字写迎接春天。

师：喔，用了一段文字写迎接春天。

生 14：第 2—7 段是描绘春天的。

师：喔，第 2—7 段是描绘春天的。

生 14：写颂春是在第 8—10 段。

师：第 8—10 段是歌颂春天的。有不同的意见吗？有吧？——没有。都是一样的。好，我说，她这样看是看得准确的，是这样。现在请同学们在第 1 段、第 7 段后面画上符号。我们看起来，可眉目清楚。好，现在请同学们先把第 1 段——一起来读一读。第 1 段只有一句话。那么，我们看一看：作者用了怎样的心情迎接春天的来到？他在这里明确地告诉我们：春天还没有来到。这里有一个字，用得非常准确！

生（部分）**：**（轻声地）"近"。

师：好，我们现在一起读一读："盼望着，盼望着……"预备——起。

生（集体）**：**（朗读）"盼望着，盼望着，东风来了，春天的脚步近了。"

师：你们看，作者是以什么心情来迎接春天的？

生（集体）**：**"盼望着"。

师：大家都看得出来——"盼望着，盼望着"，大家睁大眼睛盼望。我说用一个"盼望着"，可以吧？"盼望着，东风来了……"可以吧？［生（集体）：可以。］那么，为什么这里要叠用呢？

生 15：用两个，可以加强语气，表达作者向往春天的急切心情。

师：嗯，这样叠用，就更能表达作者十分急切的心情，十分向往的心情。向往春天赶紧到来！——所以用"盼望着，盼望着"。那么，哪一个字告诉我们——很准确地告诉我们：春天还没有来到？

生（集体）**：**"近"。

师：对，是"春天的脚步近了"！你看这个"近"，用得多准确啊！这里一个句子，四个字——用了四个词尾，给我们一个非常柔和的感觉。哪四个词尾？

生（集体）**：**两个"着"。

师：两个"着"。还有？

生（集体）**：**两个“了”。

师：对，好。我们自己读一下，体会体会。（学生轻声朗读）你们听我读（表情朗读）：“盼望着，盼望着，东风来了，春天的脚步近了。”一开始就给我们非常亲切的、柔和的感觉。接下来，作者就用了比较多的笔墨来描绘春天美丽的景色。一开始，作者就写了非常形象的一笔，绘出春天总的景色——总写了一个“大地回春”，或者是“大地春回”，或者是“春回大地”的景色，这几个都可以。（在板书“绘春”之右，板书：总写大地回春）好，现在请同学们来考虑一下，用了哪一句啊？你们从哪儿知道这是总写的呢？（学生低声议论，举手）好，×××讲。

生 16：（朗读）“一切都像刚睡醒的样子”。

师：说完整了吗？

生 16：（朗读）“欣欣然张开了眼”。

师：好，你把它完整地读一读。

生 16：（朗读）“一切都像刚睡醒的样子，欣欣然张开了眼。”（读得不大流畅）

师：（微笑）重读——要读准了。

（生 16 重读）

师：那么，你从哪个词知道——这是一笔绘出来的？

生 16：“一切”。

师：“一切都像刚睡醒的样子，欣欣然张开了眼。”“一切”，说明了什么？——没有一个例外。这就把大自然的景物都囊括进来了。“一切都像刚睡醒的样子，欣欣然张开了眼。”——“欣欣然”，是什么意思？

生 17：高兴的样子。

师：哪个词表示样子？

生 17：“然”。

师：哪个是高兴？哪个是样子？

生 17：“欣欣”是高兴，“然”是样子。

师：好！我们要理解：“然”是词尾，是表示状态的。“欣欣然”，高兴的样子——张开了眼睛。这是总起来写。（指板书“总写”）接着就分写，分别描述了。（在板书“绘春”之右，“总写”之下，板书：分别描述）这节里头，分别描述了什么？

生 18：（朗读）“山朗润起来了，水涨起来了，太阳的脸红起来了。”

师：对。这个——我们是容易理解的。请同学们回答：在这一段里，分别写了什么？先写了什么？然后再写了什么？哪些词用得非常生动？

生 19：分别写了山、水、太阳。

师：分别写了山、水、太阳。对吧？［生（集体）：对。］写了太阳什么？

生（集体）**：**太阳的脸。

师：太阳的脸。那么，作者是怎么写它们的？用了哪些词？

生 20：山用“朗润起来了”，水用“涨（读成 zhàng）起来了”，太阳用“脸红起来了”。

师：好，请坐。他刚刚有个字念错了！——哪一个？ “水涨（zhàng）起来了？”

生（集体）**：**“涨（zhǎng）”。

师：对。刚刚音读错了。不是“肚子胀（zhàng）”的“胀（zhàng）”啊，是“涨（zhǎng）起来了”，第几声啊？

生（集体）**：**第三声。

师：把它纠正过来。——“水涨（zhǎng）起来了”。“山朗润起来了”。这个“朗润”，我们没有碰到过，什么含义？看一下注解：“朗润”。×××（指定学生），讲一下。

生 21：润泽。“朗润”，解释为明朗、润泽。

师：“朗润”解释为明朗、润泽。为什么？因为春天来了！这个“明朗”跟“润泽”，到底是怎样一幅图景呢？请同学们看这一张画：（展示月历片之山景彩色照片）“山朗润起来了”——“朗”，就是阳光照在上面，明亮起来。“润”，因为春风吹遍，我们刚刚不是背过“春风又绿江南岸”？春风一吹，山上怎么样啊？山清水秀，景色朗润。我们没有学过这个词。我们看一看（再展示月历片之山景彩色照片），它既有润泽的意思，还有阳光照在上面显得明亮的意思。噢，前天我们外语课发了一套 *Look and say*，这里头第 140 幅那个图画，课后看一看。它是要同学们认清“hill”这个字——山。那个山，就是润泽的样子。我们课后对照起来看，就知道了，第 140 幅。“水涨起来了”。冬天的水是怎样的呢？

生（部分）**：** 结冰。

师： 结冰。噢，想到结冰。冬天的水是什么样的啊？

生（部分）**：** 枯了。（教师板书：枯）

师： 春天，水就满了。你想想看。

生 22：（应声说）涨潮了。

师： 喔，对——对，涨潮了。我们不是读过：“满川风雨——”

生 23：（紧接着说）“看潮生”。

师： 啊！对了。有个同学已经想出来了：“满川风雨看潮生。”冬天的水是枯的，春天的“水涨起来了，太阳的脸红起来了”。这个“红”，用得非常好！为什么？我们可以从比较当中理解这个词。用得非常准确！冬天的太阳怎么样？（学生低声议论）想想看，为什么说这个“红”字用得很好呢？这个“红”——就绘出春天啊！冬天的太阳怎么样？想想看。

生（部分）**：** 白的。（有的）：黄的。（师、生笑）

师： 冬天的太阳是白的，所以春天的太阳是红的？这个“红”，是不是就是写颜色呀？

生 24： 冬天的太阳没有温暖。“红”不仅写太阳的颜色，也写太阳的温暖。

师： ×××（指生 24）讲冬天的太阳没有温暖——没有温暖？（师、生笑）就是热量怎么样？

生（集体）**：** 比较弱。

师： 那么，春天的太阳呢？我一开始不是讲了阳光——

生（集体）**：** 明媚。

师： 明媚，就红起来了，给人们非常温暖的感觉。所以，这“朗润”——“涨”——“红”起来了，非常确切地描绘了春天的山、水、太阳。我们读一遍，把它背出来。“一切都像刚睡醒的样子……”自己读，读了以后我们马上背。

（学生各自轻声朗读第2段）

好，我们一起背背看。预备——起。

（生齐背第2段）

师：好，这一段背是背出来了，但是有一个字总是读不准——哪一个字呀？“涨（zhǎng）”。

生（集体）：“涨（zhǎng）”。

师：“涨（zhǎng）”。好，跟我读一读，“涨（zhǎng）”。

生（集体）：“涨（zhǎng）”。

师：“水涨（zhǎng）起来了”。

生（集体）：“水涨（zhǎng）起来了”。

师：注意啊，别再读错了！重来一次，再背一遍。“一切……”预备——起。

（生再齐背第2段）

师：好，这一段总写了以后（指板书“总写”），立刻写山、水、太阳。然后呢，一步一步地写得很细，很细。我们看，接下来第3段是写小草。这节写得很细。你们要了解怎么细写。请一个同学把小草这一节读一读。谁来读？

生25：（朗读第3段）“小草偷偷地从土里钻出来，嫩嫩的，绿绿的。……风轻悄悄的，草软绵绵的。”

（有些学生对某些读音低声议论）

师：喔，她读的时候很注意，读的语气很柔和，就是一些字读不准。嗯，“草”不要翘舌。“小草偷偷地从土里钻（zuān）出来”，不是“钻（zuàn）”。“嫩嫩的”——“嫩（nèn）”。请同学们看，写小草是怎么写的？一开始啊，就写出它的旺盛的生命力！大家看，文章是用哪一个词表现的？

生（集体）：“钻”。

师：好，把它圈出来。一开始就写它的旺盛的生命力——钻出来！很强的生命力，从泥土里头钻出来。这个词用得非常好！春回大地啊，人盼望着春天，草呢？

生（集体）：也盼望着春天。

师：也盼望着春天。我说先是写生命力；接着呢，你们看，就写这个草是“嫩嫩的”。“嫩嫩的”——是写它的什么呢？

生（部分）：形象。

师：形象。对吗？“嫩嫩的”，写它的质地。“绿绿的”是写什么呢？

生（集体）：颜色。

师：颜色。刚刚是写生命力——它的旺盛的生命力；然后呢，再描绘它的质，再描绘它的色。（在板书“分别描述”之后，板书：生命力、质、色）接着看：（朗读）“园子里，田野里，瞧去，一大片一大片满是绿的。”喔，这个“满”字用得很好！满是绿的！这句写什么呢？

生（部分）：很多，很多。

师：呵，是写很多很多，就好像××作文里写的什么？

生（集体）：“绿满天下”。

师：这是它的“满”的范围，怎么样？（在板书“生命力、质、色”之后，板书：范围）

生（集体）：很广。

师：这个范围啊，你们看，具体是怎么写的？——怎么叫细呢？是从它的生命力，从它的质，从它的色，从它“满”的范围来写。还不够，人没有辜负春色，没有辜负小草长得这么好，所以怎么呢？你们看——我们一起读：“坐着，躺着，……捉几回迷藏。”预备——起。

师、生（集体）：（齐读）“坐着，躺着，……捉几回迷藏。”

师：草长得这么好，人怎么样？很欢乐。我们下星期要去春游，去体会体会：在这个柔软的草地上，打两个滚，踢几脚球啊，赛几趟跑啊，捉几回迷藏啊，味道是很美的。我们接着看，还具体描绘了什么？我们一起读，预备——起。

师、生（集体）：（齐读）“风轻悄悄的，草软绵绵的。”

师：又写草了，“软绵绵的”。——写它的什么？

生26：（接着说）姿态。

师：喔，写姿态。××（指生26）说得很好，是写它的姿态。（在板书“生命力、质、色、范围”之后，板书：态）它的姿态怎么样？——“软绵绵的”。平时，同学们写作文，有时候感到写不出来。这个草嘛，就是草了，哪有那么多东西好写？你们看作者写春天的小草，写得那么多，而且写得那么细！——写得很传神。你们有没有这种感觉，每天走进这个校园里，知不知道这杨柳是什么时候绿的？知道吧！[生（部分）：不知道。] 都好像没有感觉到，没有看到它怎么又绿了，又大起来了。因此，这儿用了一个什么词呢？

生（集体）：“偷偷地”。

师：“偷偷地”。这“偷偷地”，是不是“偷窃”的那个“偷”的意思？[生（集体）：不是。] 那么，是什么意思啊？

生（部分）：悄悄地。

师：悄悄地，不知不觉地。——在人们不知不觉当中，小草钻出来了。确实就是这么个样子！所以，这里写得非常细。——我说，描绘得很细。这是因为作者从各个角度，从多方面来描绘，写它钻出来的旺盛的生命力；写它嫩嫩的质；写它绿绿的色；写它在园子里，在田野里，瞧去，一大片一大片满是的。然后，再写人与草的关系。这样，小草长出来后，人们非常高兴。当然，孩子们更高兴，有趣的是“打两个滚，踢几脚球，赛几趟跑”，还做什么啦？

生（部分）：捉迷藏。

师：喔，对，“捉几回迷藏”。只有孩子会捉迷藏，大人不会捉迷藏，对吧？然后，还写：“风轻悄悄的，草软绵绵的。”所以，我说这里写得非常细！好，现在我们再请一个同学朗读一下。（指定学生）×××——她在朗读的时候，其他同学默读，把它背出来。

生27：（朗读）“小草偷偷地从土里钻出来，嫩嫩的，绿绿的，……风轻悄悄的，草软绵绵的。”

师：好。

生 28：应该是“打两个滚”，她说打几个滚。

师：还有吗？

生 29：“风轻悄悄的，草软绵绵的”，她读成“风悄悄的，草软绵绵的”。

师：喔，应该是“风轻悄悄的，草软绵绵的”。对，还有什么吗？（学生举手）还有什么读错的？

生 30：“嫩嫩的”，她说“嫩嫩地”。

师：好。

生 31：应该是“嫩嫩的（de）”，她读成“嫩嫩地（di）”；应该是“绿绿的（de）”，她读成“绿绿地（di）”。

师：那么，你把它们归纳一下，好不好？——它们是什么词？

生 31：结构助词。

师：结构助词。这里，她（指生 27）读错了，应该读什么？

生（集体）**：**“的（de）”。

师：我们现在再请一个同学来读读看。

生 32：（朗读）“小草偷偷地从土里钻出来，嫩嫩的，绿绿的，……风轻悄悄的，草软绵绵的。”

师：基本上读对了。现在我们自己读，读了以后背出来。（学生各自轻声朗读，教师巡视、指导）好，我们一起背背看——“小草……”，预备——起。

（生齐背第 3 段。教师依学生背诵的内容，分别指板书“生命力”“质”“色”“范围”“态”）。

师：（有的学生把“打两个滚”，背成“打几个滚”）为什么“打两个滚”容易错呢？因为后面都是“几”。你看看——仔细看看：“踢几脚球……”

生（部分）**：**（紧接着说）“赛几趟跑”。

师：“赛几趟跑”。

生（部分）**：**“捉几回迷藏”。

师：“捉儿回迷藏”。所以，有的同学就以为都是“儿”了！实际上——是“打两个滚”，这里是“两”。记好了！好，再背一遍。“小草……”预备——起。

（生再齐背第3段）

师：好。下面我们就学第4段。小草在春天是如此的美啊！那么下面呢，就是花呀，树呀……也写得很细。请你们自己分析分析，为什么说写得很细呢？先写什么？后写什么？再写什么？自己读，读了以后分析。（学生各自低声朗读第4段）好，刚刚××同学问了：“赶趟儿”是不是就是“赶集”？什么是“赶趟儿”？［学生低声议论。生（有的）：“赶趟儿”是争着凑热闹］噢，××（指生33），是你跟同学讲的？我还没有听到呐，你说说看。

生33：凑热闹。（学生笑声）

师：（笑）凑热闹——哦，凑热闹。“赶趟儿”究竟是什么意思？凑热闹。有道理，不是完全不搭界的。“赶趟儿”，这是北方话，我们南方没有这种话。“赶趟儿”——争先恐后地，赶上什么？赶上趟儿。“趟”，就是这一趟。××同学（指生11）问，是不是就是“赶集”的意思？如果是赶集，为什么不用“集”呀！（学生议论）是不是“赶集”呀？“集”是什么意思呀？

生（集体）**：**集市。

师：哦，集市。赶集——人赶集，去买东西或卖东西。这儿不是赶集。“赶趟儿”呢，就是我们刚刚讲的：争先恐后地，要赶上这一趟儿。这里就是赶上什么啊？

生（集体）**：**春天。

师：哦，对。大家理解得很好。赶春天，赶春光，因此就出现一个百花争春的景色。（板书：百花争春）百花争春，把这个“春”换一换，还可以用个百花——什么？

生（集体）**：**百花争妍。

师：讲得好，百花争妍。（板书：妍）这“赶趟儿”就是都要来凑热闹——百花争春，百花争妍。这下可以理解了吧？下课以后，休息一下。

第二课时

师： 现在我们分析第 4 段。×××同学，（指定学生）请你讲讲看，这一段先写什么？后写什么？再写什么？大家听仔细。

生 1： 这一段先描写树，后描写花，再描写蜜蜂、蝴蝶和野花。

师： 怎么具体描绘的呢？

生 1： 描写树："你不让我，我不让你"；描写花："红的像火，粉的像霞，白的像雪。花里带着甜味儿"；描写蜜蜂、蝴蝶："成千成百的蜜蜂嗡嗡地闹着，大小的蝴蝶飞来飞去"；描写野花："野花遍地是：杂样儿，有名字的，没名字的，散在草丛里像眼睛，像星星，还眨呀眨的"。［把"眨（zhǎ）"读成"zǎn"］

师： 还什么？"zǎn"呀"zǎn"的？（学生低声笑，教师微笑）"眨（zhǎ）"，"眨（zhǎ）呀眨（zhǎ）的"。注意！她刚刚说的，你们看：这个程序对吗？［生（部分）：对。］先写什么？后写什么？再写什么？很清楚。写树、写花，漏掉了一个——花以后是写什么呢？

生（部分）**：** 果。

师： 对了，写果。看到了没有呀？她把果漏掉了。对吧？"闭了眼，树上仿佛已经满是桃儿、杏儿、梨儿。"——这就是写果。然后呢，就是写花下的蜜蜂、蝴蝶，遍地的野花。她讲得好，就是漏了一个。另外，在具体描绘的时候，她把有关的语句读了。你们分析一下看，写树，满开着花，写了它的什么？——"你不让我，我不让你"，这是写了什么？

生（部分）**：** 争春。

师： 对了，争春的情况。（板书：争春）"你不让我，我不让你"，大家都要怎么样？"赶趟儿"，而且是开满了花。这就写出了热闹的情景——

生（部分）**：** 繁花似锦。

师： 好，很好。繁花似锦。（板书：繁花似锦，并展示繁花似锦的彩色图片）大家都挤着，都要开，都要开得满树——繁花似锦！开得——你看，满树都是桃花、梨花，繁花似锦！你数得清吧？多少朵花呀！先写它争春，接着就写它什么？

生（部分）**：**色。

师：色。怎么写的？

生（部分）**：**“红的像火，粉的像霞，白的像雪。”

师：是写颜色，大家都很清楚了，像火、像霞、像雪。接着，还写什么？我请一个同学讲得完整一点？是从哪些角度写的？别人补充，好吧？

生2：先写树，开满了花，接着写颜色——花的色、味，再写果。

师：先写花的色、味，再写果。（板书：色、味、果）

生2：接着写花下的蜜蜂、蝴蝶。

师：好，你说。

生3：遍地野花的姿态。

师：花下的蜜蜂、蝴蝶。（板书：花下……）然后，再写遍地野花的姿态。（板书：野花姿态）好，坐下。还有补充的吧？对不对？[生（集体）：对。] 好，基本上我们分析出来了。写树的争春。写开花嘛，繁花似锦嘛。写它的颜色，这个颜色——色彩怎么？

生4：鲜艳。

师：鲜艳。再换。

生5：艳丽。

师：艳丽。（板书：艳丽）再换。

生6：绚丽。

师：绚丽。（板书：绚丽）艳丽、绚丽，色彩呀非常鲜，非常美。然后呢，写这个花，还有什么？

生（集体）**：**味。

师：味。这个味道是什么呢？

生（集体）**：**甜味。

师：甜味——“甜味儿”。你看，笔笔扣住春天！这个时候，结果了没有？[生（集体）：没有。] 所以，用了个什么词语来表达呢？

生（集体）：“仿佛”。

师：“仿佛”——满树已经结了果。“仿佛”很重要，注意！如果说这时候已经结了果，那就不符合实际。所以，一定要用“仿佛”。接着就写“花下”。花下写蝴蝶、蜜蜂。我说这里，有个词用得非常好！一个词呀，就把热闹的情景写出来了！是什么呀？

生（集体）：“闹”。

师：“闹”！这个“闹”字呀，本来在我们诗词里头就有：“红杏枝头春意闹”！“闹”，写了个杏树呀，“红杏枝头——”。（板书：红杏枝头春意闹）好，把这个句子记下来。噢，这是写杏树，“枝头春意闹”。杏树它会有声音吗？没有的。这个“闹”字，就把春天的什么——“繁花似锦”的热闹气氛都刻画出来了！这里是写蜜蜂的“闹”。蜜蜂是怎么样呢，“嗡嗡地”——“嗡嗡地闹着”，就是写这个热闹的情景。蝴蝶怎么样呀？花下大大小小的蝴蝶在穿梭，“飞来飞去”。我们再看下面讲的野花。野花遍地都是，满野都是。对这个野花，作者是怎样写的？“杂样儿，有名字的，没有名字的”——叫不出名字来的。对吧？我们校园里头花虽不多，但有不少是叫不出名字来的“杂样儿”。这里头是怎么来写花的姿态的呢？请同学们注意：刚才有个字读错了，要纠正，不是“散（sàn）”，应该读什么？

生（集体）：“散（sǎn）”。

师：“散（sǎn）”，第三声。注意呀！给它注上音。“散在草丛里像眼睛，像星星，还眨呀眨呀的。”这个有意境吧？你们想一想看。［生（部分）：有。］为什么会眨眼睛，像星星？（学生举手）好，×××，你讲。

生 7：风吹了，野花就像摇头一样。

师：喔，他说，风吹了，野花就像摇头一样，因此就“眨呀眨的”。对不对呀？［生（集体）：对。］好，请坐。理解得对。所以，这里有一种写法，我们又可以学习。没有明写风，但是写风了没有呀？［生：（部分）没有。］——没有写？有风无风呀？［生（集体）：有。］有风了，风的描写就寓在其中了。——没有明显写风。但是，这个风的味道呀，已经寓在其中了。为什么呢？你们想想看，怎么会眨呀眨的？风吹过来吹过去。你们再想一想，这个时候，天上有什么？

生（部分）**：**太阳。

师：噢，有太阳。阳光照着的时候，这花怎么样？

生（集体）**：**很亮。

师：噢，很亮，“散在草丛里像眼睛，像星星”。风吹的时候呢，一会儿看见了，一会儿又看不见了，因此“眨呀眨的”。写风，寓在其中，没有明写，我们就知道了。没有明写阳光，但是阳光写了没有？也写了，也寓在其中了！所以，这个写法很高明，不仅“像星星”，而且这个比喻跟上头的什么是呼应的呀？你们看野花怎么样？

生（部分）**：**“遍地是”。

师：“遍地是”。天上的星星怎么呀？

生（部分）**：**数不清。

师：数不清，对吧？这野花遍地是。所以，这个比喻是很确切的。一个写其多，“像星星”，对吧？还有一个写其亮，“像眼睛”。我们基本上能够分析出来了。我说这样写还有一个特点，它的层次很清楚。你们看这景色呀，层次很清楚。××（指定学生），你看看是怎样的层次？

生8：先写高的地方，写树：桃树、杏树、梨树。再写中间的。

师：噢，再写中间的。中间的是什么呢？

生8：中间的花、果。

师：再写呢？

生8：花下的蜜蜂、蝴蝶。

师：花下的蜜蜂、蝴蝶。

生8：地上的野草。

师：地上的野草吗？

生8：野花。

师：地上的野花。你分析得很好。这里写的景很有层次。它先写整个树的情况，再写树上的花；然后写花下的蜜蜂、蝴蝶；最后写遍地的野草——不，讲错了，遍地的野花。所以，在我们面前描绘出一幅美丽的图景，有声有色！声音是什么？

生（部分）：“蜜蜂嗡嗡地闹着”。

师：“嗡嗡地闹着”。有声有色！我们理解了。写得多细，而且多有层次！就好像画画一样，前头画什么，后头画什么，高的画什么，低的画什么，当中又怎么画？都应该笔笔交代清楚。现在，自己读，读得能把它背出来。（学生各自轻声朗读，教师巡视、指导）我们试试看。“梨树、杏树……”预备——起。

生（集体）：“桃树、杏树、梨树……”

师：我讲错了。噢，重来。“桃树、杏树、梨树……”

（生齐背）

师：这里有一处，读的时候、背的时候注意：“花里带着甜味儿”。好，我们再来背一遍。

（生再齐背第4段）

师：好，接下去，我们看第5段。第5段是写什么的呢？

生（部分）：风。

师：写风。一开始呐，写风的时候就引用了——

生（部分）：宋朝志南和尚的诗句。

师：噢，志南和尚的《绝句》。我们背背看，预备——起。

生（集体）：“古木荫中系短篷，杖藜扶我过桥东。沾衣欲湿杏花雨，吹面不寒杨柳风。”

师：好，我们过去在早读课上读了他的《绝句》，其中有一名句：“吹面不寒杨柳风”。你看，今天碰到了！这里运用进去了！“吹面不寒杨柳风”，这里写风了。我们看，这里是怎样写风的呢？这里写风呀，是写风的姿态，（板书：态）然后，再写风里夹着很多味道。（板书：味）请同学看看，写风的姿态是怎么写的？请同学们找出写风的姿态的关键词。

生9：“抚摸”。

师：“抚摸”是什么意思？

生9：抚摸就是吹到脸上。

师：“抚摸”就是吹到脸上？他这样说是有道理的。但是，“抚摸”不能直接解释为吹到脸上吧？想想看，谁来帮助他一下？

生10：（腼腆地）轻轻地摸着。

师：没有什么难为情的，讲错了也没关系。你看，脸还红了。轻轻地摸着。风吹的时候，你用另外的词讲讲看。（学生轻声议论）

生10：“清风拂面”。

师：“清风拂面”，可以吧？可以的。“拂”，轻轻地擦过。好，写姿态是“抚摸”，是“清风拂面”。风里带着哪些味道？

生11：“风里带来些新翻的泥土的气息，混着青草味儿，还有各种花的香，都在微微湿润的空气里酝酿。”

师：你能不能讲一讲，这个风里有怎样的泥土的气息呢？

生（集体）**：**新翻的。

师：新翻的。混着青草味儿，还带着各种花的香味，你们能用一个词来说明风里是什么味道吗？这大概比较难了！想想看，各种花的味是很香的，青草味是很香的，新翻的泥土味也是很香的。

生（部分）**：**芬芳。

师：好，芬芳。这说明花的香味是很浓的。各种花的香，有人能想得出来吧？（学生低声议论）芬芳——有一个人讲出来了：“芬芳馥郁”。（板书：芬芳馥郁）很香，各种各样的香：那么多花的香，春天青草味儿的香，新翻的泥土的香。——芬芳馥郁！好像风也是香的，充满了芬芳。这个味儿，就是充满着芬芳馥郁的味，“它们都在微微湿润的空气里酝酿”。“酝酿”本来是用在什么地方的？

生（部分）**：**造酒。

师：嗯，造酒、酿酒的过程。这里是什么意思？（学生低声议论）就是各种香混合在一起，飘过来——随着风飘过来；飘过去——随着风飘过去，而空气又是润湿的，不像冬天那么干燥。作者抓住春风的特点来写。而且，写春风特点的时候，把别的景物都带进去了。花呀，草呀，泥土呀，都带进去了！这个写法很高明。接着，我们看写鸟，在我们眼前又是另外一幅图景。你们看看，“巢”是什么意思？

生（部分）**：**鸟窝。

师：鸟窝。鸟儿把窝“安在繁花嫩叶当中”。我们看，写鸟，着重写什么?

生(部分):嗓子。

师:对,写它们的嗓子。你看,前面是写颜色。刚刚上节课一开始,××背的“两个黄鹂鸣翠柳”,写黄鹂的什么?颜色。还写了什么?鸣叫——这里主要是写它们的什么?

生(部分):声音。

师:鸣是声音,是叫。写鸟呢?主要是写声音。请同学们看,作者是怎样细致生动地描绘鸟的声音的?

生 12:“呼朋引伴地卖弄清脆的喉咙,唱出宛转的曲子,跟轻风流水应和着。”[把“应和(hè)”读成“应 hé”]

师:“应和(hè)着”。一起读:“应和(hè)着”。

生(集体):“应和(hè)着”。

师:“卖弄清脆的喉咙,唱出宛转的曲子”——写清脆的喉咙、宛转的曲子。你们看,这里写一只鸟的声音,还是写好些只鸟的声音?[生(集体):好些只鸟的声音。]你怎么知道?

生(部分):“呼朋引伴”。

师:什么叫“呼朋引伴”?

生 13:叫朋友,引伙伴。

师:叫朋友,引伙伴。就是叫着,叫了很多鸟一道来,这个叫“呼朋引伴”。这里面写声音,就是写鸟鸣吗?写了多少种声音?

生 14:写了三种声音:鸟的歌声、轻风流水声和牛背上牧童的短笛声。

师:他说写了三种声音。有补充吗?

生 15:写了四种声音:鸟的歌声、风的声音、水的声音和牛背上牧童的短笛声。

师:噢,他把轻风、流水的声音分开来,好的。

师:你看牧童笛子的声音怎样呀?

生(集体):嘹亮。

师:鸟的歌声和轻风、流水的声音怎样呀?

生(集体):应和。

师：应和。“应和”是什么意思？

生 16：声音和声音相应。

师：声音和声音相应，就是此唱彼和。这里唱，那边和。

生 17：此起彼落。

师：此起彼落，是可以呀。但是，“应和”的意思呢——唱与和。××（指生 17）讲了，“此起彼落”。×××（指生 16）唱了，××（指生 17）和了，（学生笑声）此唱彼和，此起彼落。这里有鸟的声音，有轻风的声音，有流水的声音——叮叮咚咚，对吧？还有牧童的短笛所吹的声音——响亮的声音。我说这些声音应和着，就构成了一首非常动听的——

生（部分）：交响乐。

师：什么交响乐？

生（部分）：自然交响乐。

师：什么交响乐呢，自然交响乐？

生（部分）：春天的交响乐。

师：对，春天的交响乐，构成一首春天的交响乐！理解得很好。鸟呀，风呀，水呀，牧童的短笛呀，这些声音是非常和谐的，此起彼落的，此唱彼和的，就交织成一首非常动听的春天交响乐！这里写得很细致，很生动，很生动！（板书：生动）从风写到味，从味写到鸟，从鸟写到轻风、流水、短笛。现在请××把这段朗读一遍。

生 18：（朗读）“‘吹面不寒杨柳风’，……像母亲的手抚摸着你。”（把“抚摸着你”读成“抚摸着我”。学生笑声）

师：（微笑）重来，重来。“‘吹面不寒杨柳风’……”

生 18：“‘吹面不寒杨柳风’，……这时候也成天嘹亮地响着。”

师：好，请坐。有字读错了吧？

生 19：“呼朋引伴地卖弄清脆的喉咙”，她把“卖弄”读成“买弄”。

师：“卖弄”，不是“买弄”。“卖”“买”不分了。“卖弄”是什么意思？

生 20：显示自己。

师：显示自己。对了，××（指生 20）讲得很好。显示自己——“卖弄清脆的喉咙”。我们自己读两遍。（学生各自轻声朗读第 5 段，教师巡视、指导）好，我们再看下面第 6 段：“雨是最寻常的……”这儿是写雨了。写雨着重写形态。你们看看，这雨的形态是什么？能不能找一个词或两个词，把这雨的形态讲出来？看谁找得准！

生 21：“像细丝”。

师：“像细丝”。看，“像细丝”，这是写“细”。

生 22：“密密地斜织着”。

师：“密密地斜织着”是写“密”。你们看看，这是写雨的形态。把两个人（指生 21、生 22）讲的综合起来，×××，你讲。

生 23：细和密。

师：写它的细和它的密。对吧？密得像什么？

生（集体）：“像牛毛”。

师：细得像什么？

生（集体）：“像花针”。

师：“像细丝，密密地斜织着”，为什么“斜”？

生（部分）：有风。

师：“密密地斜织着”，这是写雨的形态。接着就写雨中的房屋，雨中的树，雨中的草，雨中的人，这些我们都容易理解。现在我们请一个同学把这一段朗读一下。你们看，雨中的屋子是怎么样的？雨中的人是怎么样的？雨中的树和草是怎么样的？好，谁来读？

生 24：（朗读）“雨是最寻常的，……可别恼”——［把“恼（nǎo）”读成“nào”］

师：“恼（nǎo）”。重来。

生 24：（重读）“雨是最寻常的，……在雨里静默着。”

师：好。刚刚讲雨的形态的特点，接下来写雨中的房屋。房屋，首先是屋顶上。刚刚有个同学提出一个问题：“全笼着一层薄烟”是什么意思？“一层薄烟”是什么意思？

生（部分）：像云雾一样。

师：为什么像云雾一样呢？

（学生低声议论）

师：对，雨下得紧，是写雨中屋顶的情况。细雨蒙蒙，所以屋顶上好像有一层薄烟。我们再看，雨中的树叶有什么特点？

生（集体）：“绿得发亮”。

师：对。写得好！“绿得发亮”！树在雨中洗了以后，叶上什么没有了？

生（集体）：灰尘。

师：对。我们再来看，雨中的草呢？

生（集体）：“青得逼你的眼”。

师：哪个词用得好？

生（集体）：“逼”。

师：对。这个“逼”字说明什么呢？

生（集体）：刺眼。

师：很刺眼，“逼你的眼”。大家理解得很好。你们想想看，王安石的《书湖阴先生壁》诗中有一句话，还记得吗？

生（部分）：“两山排闼送青来”。

师：已经想起来了，“两山排闼送青来”。这两座山好像把门逼着推开以后，把“青”送来了。接着我们看，写雨中情景还用什么来衬托呀？灯光，“黄晕的光”，给人以温暖的感觉，“烘托出一片安静而和平的夜”。雨中还有人。这些人是怎么样的？

生（部分）：“慢慢走着”。

师：慢慢走着。有的呢？

生（集体）：工作。

师：工作。那么，雨中他们的房屋怎么样？

生（集体）：“稀稀疏疏的”。

师：“稀稀疏疏的，在雨里静默着”。前面是写的“闹”，这里是写的——

生（部分）：静。

师：对吧，绘声绘色，还加上绘动绘静。（板书：声、色、动、静，并在前面板书：绘）我们刚刚讲了很多，是描绘的声音、描绘的颜色，写了动态；这里又写了静态，“安静而和平的夜”。但是，路上、桥边，还有慢慢走着的行人；地里，还有在劳动的农民。雨中的房屋呢，是“稀稀疏疏的，在雨里静默着”。有静有动，笔笔都是紧扣春天来写的。好，现在我们一齐来朗读一遍。

（生齐读第6段）

师：这第2—6段呢，都是着重写景，当然在写景里也写了人，对吧？可是，到了第7段，着重写什么？

生（部分）**：**人。

师：人。在春天是百花争春——百花争春，万象更新。（板书：万象更新）我们从第2—6段里看到的都是万象更新。这前面是写大地回春。回春以后是什么情景？不管是山呀，水呀，草呀，树呀，花呀……大自然的一切情景，都是万象更新——万象都披上了新装。作者在如此细致地描写景物以后，就着重用一段写人，写人在春天的情景。那么，我们看看，这里写了只几笔，天上、地上都写到了。好，请一个同学把这一段读一读。

生25：（朗读）“天上风筝渐渐多了，……有的是希望。”

师：好。你们看看，天上，放风筝了，是春天了；地上，人也都是争春的，也是“赶趟儿”的。从哪些角度来写人争春？

生（部分）**：**“一个个都出来了”。

师：一个接着一个出来了。

生（部分）**：**“城里乡下”。

师：对，“城里乡下”。

生（集体）**：**“家家户户，老老小小”。

师：（朗读）“城里乡下，家家户户，老老小小，也赶趟儿似的，一个个都出来了。舒活舒活筋骨，抖擞抖擞精神，各做各的一份儿事去。”在这里，就点出了一句话——

师、生：“一年之计在于春”！

师：什么叫作“一年之计在于春”？

生（部分）**：**一年中最好的是春天。

师：一年中最好的是春天。这个“计”怎么解释？

生（部分）**：**计划。

师：计划。一年中要做的事情，一年的计划，在春天怎么样？要好好地打算打算。这就告诉我们，干事情要抓紧什么呢？

生（部分）**：**时间。

师：抓紧时间，抓紧开始。"有的是工夫"，这"工夫"是什么意思？

生（部分）**：**时间。

师：时间。注意呀，它是没有一个"力"的，看到吧？这个"工夫"是时间。有的是时间，"有的是希望"。这儿只是寥寥几笔，就描绘出了人们在春天生机勃勃的情景。前面细致地写出了春光无限好，万象更新。这儿几笔呢？写出了人们在春天的神情，有景有人，勾出了一幅春光无限好的美景！这个部分：绘春（指板书"绘春"），是全文的重点。你们看，对吧？描绘春天是绘声绘色，绘动绘静，而且呢，细致描绘的时候，还绘了什么啦？

生（部分）**：**情态。

师：还绘神绘态。所以，这个描绘非常细致，而且语言非常生动。譬如说，写草的生命力，用什么？

生（部分）**：**"钻"。

师："钻"。写热闹的气氛，用——

生（部分）**：**"闹"。

师："闹"。写小草的青用什么？

生（部分）**：**"逼"。

师："逼"。这些都是用得非常好的，很准确。细致的描绘来源于什么？

生（部分）**：**观察。

师：对，细致的观察。如果我们视而不见，能写得这么细吗？［生（集体）：写不出。］还有一个原因，观察细致以后，还要怎么样？

生（部分）**：**表达出来。

师：还要表达。那么，就要积累什么呢？

生（部分）**：** 词语。

师： 积累词语。所以，平时要很仔细地读书，积累词语，描绘起来就容易生动了。写草的生命力，一个“钻”字就会蹦出来。对吧？在写静景的时候，写房屋，“在雨里静默着”就会出来。文章用词非常确切、生动，值得我们学习。在绘春之后，就颂春了。（指板书“颂春”）作者满怀喜悦的心情来颂春，但颂春的话只有三句。请一个同学读一读。

生 25：（朗读）“春天像刚落地的娃娃，……领着我们上前去。”

师： 请坐。作者是用什么手法来写的？

生（有的）**：** 比喻；（有的）：拟人。

师： 比喻还是拟人？

生（集体）**：** 拟人。

师： 请同学们考虑一下。这里的第一句：“春天像刚落地的娃娃，从头到脚都是新的，它生长着。”写出春天的什么？——春意盎然。（板书：春意盎然）[生（有的）：生意盎然。] 生意盎然，好的。（板书：生意盎然）二者都可以，春意盎然，生意盎然。我们同学的作文里就可以用嘛。好，还有几句话，我们把它看完。接着写它的花枝招展，写它的什么？

生 26： 写春天的美。

师： 是写它的美，千姿百态。我们同学的作文里，不是写“姿态万千”吗？就是这个词语，对吧？千姿百态。（板书：千姿百态）最后，写春天像青年一样。××（指定学生），健壮的青年是怎么样的？写春天的——

生 27： 青春活力。

师： 对，讲得很好！青春活力。（板书：青春活力）因此，我说，这三个比喻呀，各有自己的内容。但是，它们又是互相联系的。你们看看，它们既有区别又有联系。区别和联系在什么地方？一个写生意盎然，另一个写千姿百态，再一个写青春活力——有区别吧？[生（集体）：有区别。] 有区别。但是，它们又是有联系的。你们看看，先写春天像什么？

生（部分）**：**娃娃。

师：娃娃。然后呢？

生（集体）**：**小姑娘。

师：小姑娘。然后呢？

生（集体）**：**青年。

师：青年。这个联系是很清楚的。对吧？这是从不同的角度来写的。另外呢，文章对春天本身是怎么写的？

生（部分）**：**成长。

师：春天本身也在成长。因此，春天从“刚落地的娃娃”成长为“小姑娘”，再成长为——

师、生：“健壮的青年”。

师：这组比喻是非常确切的。这篇文章就是从带着十分向往的心情迎春，到最后以十分喜悦的心情——

师、生：（齐声）颂春。

师：在我们眼前展现的是春光无限好的景色！同学们回去背诵。开头背出来了，后面几段还没有背出来。要把全文背出来，仔细体会朱自清先生的文章遣词造句的妙处。他写的这篇文章很清新，就好像小河里的水流淌下来一样！这些词句都从他的笔端流淌出来，我们要好好地学习怎么样抓住景物的特点来写。他是笔笔扣住春天景物的特点来写的。我们以后，写文章要抓住景物的特点来描写。今天课后没有书面作业，全文要朗读背诵。

中学语文
备课手册

这是于漪老师为开拓教师备课思路，尤其为中小城市和农村教师提供一些实实在在的资料而编写的教学参考资料，由陕西人民教育出版社 1984 年至 1987 年陆续出版，初一年级至高三年级共 12 册。

第四单元教学设计

初中语文教材
第一册

本单元四篇课文是著名作家描绘秋、冬、春、夏四季景色的写景状物记叙文，其共同特征是依靠仔细的观察和精心的构思，抓住各自所写的景物的特征，并运用恰当的修辞手法表现景物的具体情状。

《香山红叶》取的是一个点——蕴蓄着最浓的秋色的红叶，描写采用的是记游顺序：在游览香山的过程中，层层铺展红叶与像红叶一般的人的形象。

《济南的冬天》从总体取材，描写采用的是排写顺序：选取几件最能反映济南冬天特征的景物一一描述。

《春》也是从总体取材，描写采用的是总分顺序：先总写春景的轮廓，然后分写春草、春花、春风、春雨等各种景物。

《海滨仲夏夜》取的是一个侧面——最能表现海滨夏日幽美夜晚的景物，描写采用的是变景顺序：从夕阳落山不久的霞光、夕阳西沉后夜色初起时的灯，一直写到幽美夜色里的海边漫步。

(一)
单元教学要求

1. 以范文所写的自然美景和艺术上的精巧构思、精美语言和真挚情致，激发学生热爱祖国美好河山的感情，培养他们积极有为、奋发向上的精神，提高他们的语言艺术素养和审美能力。

2. 借范文的实例启发、引导学生对自然景物进行细致的观察，并教给他们观察的方法，提高他们的观察能力。

3. 学习特征分明、顺序井然的景物描写方法。

4. 掌握绘景状物中的比喻、比拟等修辞手法。

（二）
单元教学方法建议

第一种方法，吟诵。

1. 体味。在正音释词以后，反复诵读、吟味，体会这四篇优美散文描绘的画意和渗透在字里行间的浓郁诗情。

2. 朗诵。培养几位学生在班级同学面前进行表情朗诵（有条件的可录制配乐朗诵）。

3. 背诵。在此基础上，进行背诵。有些可整篇背诵（如《春》《济南的冬天》），有些可挑一些精彩的段落背诵。

4. 在朗诵、背诵的基础上，拟出若干“议论题”，让学生从取景角度、描写顺序、语言特点等方面对范文进行议论。然后，就其中较有体会的一两点作书面准备，逐题进行全班议论。在学生口议的基础上，教师逐点小结，并进行单元总结。

第二种方法，仿写。

1. 背诵。与“吟诵法”3 同。

2. 仿写。背诵一篇后，拟题仿写。

3. 评析。根据作文中反映出来的问题，进行范文的阅读指导。

4. 总结。在逐篇完成了“背诵—仿写—评析”后，进行单元总结。

第三种方法，比较。

1. 精读。在四篇范文中选择一篇，如《春》，进行精读。在精读的指导中，注意适当扩大他们的知识面，为下面的教学创造条件。

2. 比较。将单元中的一篇，如《济南的冬天》，与精读的《春》进行对照，从取材、写法、语言等方面比较其异同。

3. 作文。比较范文后，学习范文的写法，写一篇绘景状物作文。

4. 总结。如此逐篇进行，在写作练习后进行本单元的读写总结。

三种方法不是割裂的，可以穿插进行，也可以以一种为主体，吸收其他方法的特点。

《香山红叶》

【课引子】

取红叶咏秋色，借红叶抒情怀，似乎没有什么新奇之处。唐代诗人杜牧有“停车坐爱枫林晚，霜叶红于二月花”的名句；同代诗人戴叔伦也以“萧萧枫树林”为衬托，写屈原如沅江水、湘江水流不尽的深怨；明人陈瓒在他的《香山寺》诗中，以“清音递槛来双涧，秋色迎檐郁万枫”的诗句，绘出香山秋意浓重，枫叶流丹的画面。为什么同是描写香山红叶的杨朔的散文，我们读了却感到新意扑鼻呢？主要是因为他绘香山红叶的意境是全新的。初见文题，总以为要着重描绘自然景色，对红叶大书特书了，哪知曲曲折折，在记游写景中竟伏着一条写人的线，全篇洋溢着炽热的革命感情，景物与人物都充满了生气，带着新时代的浓郁气息。

【教学目的】

1. 通过课文学习，使学生感受到祖国河山之美、人民心灵之美、社会主义新时代之美，在“越老越鲜红”的精神境界的熏陶下，培养学生蓬勃向上的生活朝气。

2. 学习散文托物言志、以景物托喻人物的写法。

3. 掌握以记游顺序组织人、景描写的结构方法。

一、教材研究

（一）背景简介

作者杨朔，我国当代著名作家，1913 年出生于山东蓬莱，原名杨毓瑨，字莹叔，1937 年后改用现名。1968 年 8 月，他惨遭林彪、“四人帮”的迫害，不幸逝世，年仅 55 岁。就在去世前的两个月，他还念念不忘写作，激动地说：“我多么渴望写作啊！我要歌颂祖国和人民，写更多的新东西……”这发自肺腑的心声，是他毕生的创作态度，也是贯串他小说、散文等作品的思想红线。《茶花赋》《雪浪花》《荔枝蜜》《樱花雨》《海市》《香山红叶》等都是脍炙人口的名篇。他的散文具有浓郁的时代色彩和强烈的战斗精神，文章诗意甚浓。用他自己的话来说：“动笔写时，我也不以为自己是写散文，就可以放肆笔墨，总要像诗那样，再三剪裁材料，安排布局，推敲字句，然后写成文章。”这样的构思特点，在本篇中也表现得很鲜明。

（二）疑难词句举要与辨析

凑（còu）巧——“凑”的偏旁是“冫”，不是“氵”。

明净高爽——色彩明朗、纯净，给人以高远、爽快的感觉。“净”的偏旁是“冫”，不是“氵”。

三伏天——夏季最热的时期。夏至后第三个庚日起，三十天内为伏天，前十天初伏，中十天为中伏，末十天为末伏，总名“三伏”。

重（chóng）九——阴历九月九日。中国的旧习，这一天亲人、友人们要一起登高望远。

“慨（kǎi）叹”的“慨”不要读成、写成“大概（gài）”的“概”。

“叶脉（mài）”的“脉”不要读成“脉脉（mò）含情”的“脉”。

“香山红叶是北京最浓最浓的秋色”——意思是，香山红叶凝集了北京最浓最浓的秋色。

“有山就有水，有水就有脉，有脉就有苗，难怪人家说下面埋着聚宝盆”——从全文看，“苗”可能是指植物的苗；如果学生理解为矿苗，也不予以否定。

（三）
重点难点讨论

1. 这篇文章是按什么顺序记叙的？

提示：按记游顺序记叙。第一部分，想看红叶，交代游山的目的、天气、人物。第二部分，寻找红叶，记游层次非常清晰：（1）上山前；（2）登山；（3）上半山亭；（4）游览其他风景后下山。第三部分，看红叶遐想，点明红叶托喻的含义。

2. 登山看红叶并没有什么复杂的情节和曲折的过程，文章却写得波澜起伏，饶有情趣。作者是用怎样的笔法造成这样的艺术效果的呢？

提示：用了步步设置悬念的笔法。下笔点题，道出要看红叶的心情，却宕开一笔，把老向导引到读者面前；与向导见面，却又宕开一笔，写乡村小饭馆的叙谈；谈到红叶的正题了，老向导却说“还不是正时候”，在曲折中形成悬念，使读者急于想知道山上红叶究竟红了没有。登山了，又宕开笔去写山路、古松古柏、双清泉水，只字不绘红叶；大家焦急之时，老人“一上半山亭，什么都看见了”的话又形成一个悬念；上了半山亭，大家陶醉在美景之中，竟然“都忘了看红叶”；忘了看，红叶却又呈现在大家眼前。

3. 见到红叶后，作者不写细看已红的叶，而写细闻未红的叶；老向导做向导四十年，对香山的一草一木都很熟悉，早先却偏偏没有闻见过叶香。游山观红叶的细节很多，作者为什么要在这里突出这两个细节？

提示：这一篇散文是人、景并写，尤以写人为主。写第一个细节，是为了用新的角度写红叶，显现未红的香山红叶蕴含的内在美；写第二个细节，是为了引出一段抒情色彩浓郁的议论，从而进一步刻画老向导的形象。两个细节衔接自然，正是体现了景物描写和人物描写融为一体。

4. 久经风霜的老向导是个十分动人的形象，写他主要是写了对话。请你具体说说：老向导的语言描写起了什么作用？

提示：一笔两用，既展现了人物内心世界，又层次井然地介绍了香山自然风光。如“香山这地方也没有别的好处，就是高”，既直截了当地点破香山的特点，又挑明劳动人民质朴的本色。“这真是座活山啊，有山就有水，有水就有脉……”的慨叹，既是历经沧桑喜做主人的感情表白，又为满山红叶的出现做了铺垫。

5. 作者曾一再说，他写散文，总是努力要写出“更多的新东西”。请你具体说说，本篇在哪些方面表现了新鲜的笔意？

提示：(1) 从内容看，这样题目的散文，从来都是记游写景的；本篇却将景物与人物合写，而以写人为主体，在自然景物的描绘后托物喻人，在导游过程的记述中层层展现人物的思想风貌。(2) 从感情看，一反前人写秋的格调，通篇无些微肃杀冷峭之色，所用的均是明朗、清丽的笔调，流露的是勃勃的生机。(3) 从结构看，文章所写的内容如风中杨花，忽而乡村饭馆，忽而山路攀缘，忽而离奇的传说，忽而现实的描绘，信笔所至，“飞”得很散。但所有这种种都顺着记游的顺序递现，借着红叶的悬念铺展，依着以物喻人、托物言志的思路组织起来，最后归拢到了表现时代气息、讴歌新时代主人的主题上，就像风中的杨花最后都飞落到春的大地上来了。

二、训练内容

（一）“思考和练习”的参考答案

1. 共同之处参见“启迪思维，深究问题”。这种以景喻人的表现方法使这个朴素的人物形象充满了诗意，引读者联想，令读者回味，深深印入人们的心灵深处。

2. 老人慢言慢语的第一句话直截了当地拎出香山的特点，而后这位白胡子老人絮絮叨叨谈的是关于香山的传说，不仅富有形象，使香山蒙上神话的色彩，而且增添新意，发人深思。在点出香山山山水水来历的同时，展示风景区不同时代的变化，为下文的对比、议论埋下了伏笔。“这真是座活山啊。有山就有水，有水就有脉，有脉就有苗，难怪人家说下面埋着聚宝盆。”老人的慨叹是历经沧桑喜做主人复杂感情的表白，山—水—脉—苗，又为满山红叶的出现做了细致的铺垫。至于“真是香呢。我怎么做了四十年向导，早先就没闻见过?”的话语更是饱含了生活的酸甜苦辣。这些话，一笔两用，既展现了人物内心世界，使我们感受到老人心脉的跳动，又层次井然地介绍了香山的自然风光，使香山的景物历历在目。

3. 眺望　目睹　瞄准　俯瞰　瞻望　观赏

4. 据说，两千多年前，古希腊的叙拉城遭到罗马人的侵袭。罗马人驾着帆船从海上前来进攻，可是城里只剩下老人、妇女和孩子。

满头白发的阿基米德急中生智，号召妇女们起来保卫自己的国家，叫她们拿出自己的镜子一同来到岸边。这时候，强烈的阳光照耀着大地，阿基米德叫大家用镜子把太阳光先反射到敌船上，集中在一面帆的中央。千百面镜子把阳光反射到一点上，奇迹出现了：上过油的帆着火了，帆船烧起来了，敌人惊慌失措，纷纷落水。

这个故事给了我们一个启发，太阳光是可以反射的。把大面积的太阳光反射到一点上，温度可以达到很高。根据这个原理，人们设计了许多“太阳灶”，它们有一个共同的名称，叫“聚光灶”。

(二)
综合能力训练

1. 下面两段学生习作片段，都是写的北京的红叶。请仔细比较一下，两段描写有什么不同？从观察事物的角度看，我们从中可以得到什么启发？

> (1) 轻柔的春风拭不去我长途行走的劳累。然而，当我一跨进西山公园时，一株耀眼的红树便映入眼帘，它使疲劳的我顿觉精神振奋，燃起我心里的希望。它使我不忍离去，站在树前出神地看了起来。它有梅树的奇崛，松树的刚劲。它的叶子是那么红，在绿树和蓝天的衬托下，看上去像一把正在燃烧的火炬，在阳光的照射下，似乎使近旁的一切都涂上了红光。我站在它身边，好像还感到一阵温暖呢！
>
> (2) 虽然已是深秋季节，可我刚爬了三分之一的山路，已是满头大汗，……登上了山顶，还没来得及喘气，在我的眼前忽然呈现出一片火红的景象。我忽然问：“这就是红叶吗？”“对！”姐姐回答。只见在昏暗的天空中，在茫茫的山坡上，那一片片、一丛丛、一簇簇的红叶像一堆大火在熊熊燃烧。它仿佛照亮了我前进的道路，我顿时

> 觉得眼前无限光明。

提示：季节不同，天气不同，地点不同，描写对象不同，因而所用的比喻和感受也不同。

观察事物时一定要细致，即使是类似的景物，也要努力把握它们各自的特点。这样，写的时候才能写出真色、真态和真情来。

2. 写景不会是纯客观的冷漠的描写，其中必定寄托着作者的某种感情或某种思想。请你说一说，下面各段景物描写中，作者都寄托了什么？

> (1) 我站在扶栏旁，舒目四望：迎面是摩天高峰直刺云端，峰上古寺掩映，碧翠斑斓；脚下万丈深谷不见其底，谷中神妙幽美、流泉淙淙；白云缭绕在山腰间，轻柔的薄雾飞来荡去，松涛低吟着雄浑和谐的音乐……
>
> (2) 漫游山中，你会随处发现，这里草木的根全是扎在石缝间的，山间地势平缓地带生长着的高大乔木，根部土层不过三五寸厚。那些从峭壁上生出的松树，底下根本看不到一点泥，简直就是从石罅里钻出来的。有些松树近根部挤出岩缝时，只有碗口粗，径上反有盆口粗，再向上长就枝繁叶茂、苍劲挺拔了。这是很不平凡的生命现象，它使人骤然觉察到生命力的坚韧和顽强。
>
> (3) 马路边上长着一棵榆树，在榆树旁边有一棵紫藤，紫藤绕在榆树上生长着。
>
> 一天，台风到了，榆树倒了。于是，那棵紫藤也跟着倒下。

提示：(1) 寓情——对祖国河山的赞美；(2) 寓意——在艰苦的

环境中，山松表现了坚韧、顽强的生命力；（3）寓意——靠别人，自己不独立是危险的。

3. 教师朗读课文的最后一段，要学生静听、默记，说出这一段共有几句话，每一句说的是什么意思。（1）别人的感觉；（2）我的感受；（3）赞美红叶；（4）点明红叶所指。在此基础上背出这一段。

三、教学建议

（一）预习指导

1.《香山红叶》这个题目的含义是什么？

2. 这一篇散文是记游的、写物的还是写人的？

3. 这篇文章是按什么顺序记叙的？

4. 为什么要写老向导所说的那些话？这些话在文章中起了什么作用？

（二）教材取舍

在本单元的四篇课文中，其余三篇都寓情于景，以景物描写为主，这一篇却是托物言志，既写景物又写人物，而以人物描写为主。因此，本篇难度最大，教学时应从初一学生的基础出发，以散文托物言志的方法以及记叙顺序结构的基本特点等为教学的重点，尽量讲得实一点，而不必过多过深地去讲散文的意境、风格等初一学生难于理解的内容。有些描写，如红叶不红等，作者是有他的艺术表现意图的。对初一学生则可以避而不说，不必过细。

（三）
启迪思维，深究问题

1. 托物寄寓的艺术手法贵在贴切深刻，以本文的“红叶—老向导”为例说说这个道理。

提示：“红”，对于霜降以后的枫树、红树，从来都是美的标志。“霜叶红于二月花”，越是红透，越是动人。这是从色泽角度理解。从精神境界角度看，“红”在今日生活中又往往是崇高思想品质的概括。作者从红叶的“红”，发掘到老向导的“红”；又从老向导的“红”，发掘到给老向导以“红”的“红”的社会，从而托物言志，赞美红叶，赞美老向导这样时代的主人，赞美缔造幸福生活的伟大的社会主义祖国。

2. 如前所述，本文在取材、抒情和组织材料上都具有自己的特色，为什么杨朔能创造出这样新鲜的笔意？

提示：这和他构思的特点是分不开的。他在《〈东风第一枝〉小跋》中说：“你在斗争中，劳动中，生活中，时常会有些东西触动你的心，使你激昂，使你欢乐，使你忧愁，使你深思，这不是诗又是什么？凡是遇到这样动情的事，我就要反复思索，到后来往往形成我文章里的思想意境。”从“动情的事”中觅诗意，是杨朔散文构思的特点。杨朔游过了香山，感到香山游览中有一些东西触动了他的心，通过思索，终于发现了其中包含的诗意——香山红叶美，如香山红叶的人更美，香山的老向导是一片蕴蓄着最浓最浓秋色的越老越鲜红的香山红叶。这个诗意的主题使作者的思路豁然敞亮，给文章带来了新意。

（四）
课外阅读和观察

1. 阅读《杨朔散文集》中的《秋风萧瑟》《雪浪花》等散文，

比较它们与《香山红叶》在主题思想、表现手法等方面的异同。

2. 选择当地凝集了最浓最浓秋色的一景物仔细观察，把握它的特色，写一则“观察记录”。

四、附录

（一）关于红叶

我国三北地区（华、东、西）在金色的秋天观赏红叶最佳，它是力量、欢乐、胜利、喜悦的象征。10 月中旬至 11 月上旬，有些树木的叶子由绿变红，也有变成黄绿色、品红色、黄红色的，多数变为红色，红又有深浅之分。寿命不长，约二十天至一个月。它们都是在霜降以后，风力、气候、光线等施加影响的结果。变成红叶的树木约有十种。枫树有两三种，如元宝枫、五角枫、鸡爪枫等。灌木更多，如黄栌、乌臼、柿树等。北京香山红叶多是黄栌，约占 80%，枫树很少。除香山外，北京西山八达岭、十三陵也有红叶，但不如香山集中，也不如香山规模大。南京栖霞山、西北等地一些山也有变色的叶子——红叶。

（二）关于香山

香山，在北京海淀区，东南距市中心二十余公里，为北京西郊西山山岭之一。此地重峦叠嶂，清泉潺潺，花木满山，景色清幽，故金、元、明、清历代帝王都在此营建离宫别院，为各朝皇家游幸驻跸之所。清乾隆十年（1745 年）在此大兴土木，兴建亭台楼阁，共成 28 景，如勤政殿、翠微亭、栖云楼、香山寺、森玉笏等，并加筑围墙，名“静宜园”。“西山晴雪”为燕京八景之一。园中名胜遍布，风光旖旎，秋末黄栌换装，漫山遍野，如火如荼，为中外旅游者所向往。

昭庙全称宗镜大昭之庙，在香山公园见心斋以南，清乾隆四十五年（1780 年）为接待西藏班禅来北京“祝厘”而建。庙宇仿照西藏建筑风格，华丽壮观。

“一座挺幽雅的院子”指双清别墅，在香山公园内香山寺下。这里的两眼清泉，相传金章宗时称“梦感泉”（与老向导所说稍不同）。清乾隆在泉旁石崖上题刻“双清”二字，后人在此修建别墅，因以为名。别墅淡雅幽静，山水树石顺其自然。在此春日赏花，酷夏避暑，秋观红叶，寒冬踏雪，四季景色绮丽，它被称为香山“园中园”。

《济南的冬天》

【课引子】

我们的祖国，河山壮丽多姿，春夏秋冬，有看不完的胜景；早晴晚雨，有描不尽的图画。我们祖国的疆域无比辽阔，同一个季节，景色迥然各异，请看这几句诗：

北国风光，千里冰封，万里雪飘。望长城内外，惟余莽莽；大河上下，顿失滔滔。山舞银蛇，原驰蜡象，欲与天公试比高。须晴日，看红装素裹，分外妖娆。

这是毛主席著名的《沁园春 · 雪》中描写陕北高原雪景的名句，雪中长城，雪里黄河，雪下的高山、大原，一派雄浑壮阔的气势，更有那雪后初晴，万里江山红装素裹，构成了一幅壮丽的北国雪景图。

同一个季节，在南国，却是鲜花灼灼，艳丽如春。当北方的人们在欣赏大雪的时候，广州的人们却正穿行在花的海洋里。每当阴历年底，广州便要举行几天年宵花市。从清晨到深夜，整个城市淹没在一片花的海洋中。下面是秦牧的《南国花市》中的一段：

在花市里，“幽香淡淡影疏疏”的梅花、“卧丛无力含醉妆”的牡丹、“丰肌弱骨要人医”的芍药、“毫端蕴秀临霜写”的菊花、有“凌波仙子”美号的水仙、“淡染胭脂”的桃花、古雅一如宋画的茶花、摇着许多小钟的吊钟花、香得离奇的“含笑”、从下端开花开到顶端的剑兰彩雀、端庄的玉簪、妖冶的玫瑰……花样儿真是多极了。南国花市的另一个特色是有许多结实累累的果树同时陈列着。这就是金橘、橙子、朱砂桔、人参果之类。种得好的金橘，有一株结果在百枚以上的。

冰天雪地、红装素裹的北国的冬天是壮美的，鲜花似海、流香四溢的南国的冬天是秀美的。而就在辽阔的北国，各处还有各处富有特色的冬天。例如济南也处于北国，它的冬天却另有一番秀美的景象，我们今天就来读一读老舍先生的《济南的冬天》。

【教学目的】

1. 培养学生热爱祖国河山、积极向上的思想感情。

2. 学习本文从不同角度取材、安排顺序、组织材料的结构方法。

3. 学习散文景物描写中的比喻、拟人等修辞方法。

一、教材研究

（一）背景简介

老舍，现代著名作家，杰出的语言大师，人民艺术家。原名舒庆春，字舍予，北京人，满族。1899 年生于北京一个城市贫民家庭。在五四新文学运动中开始用白话创作。1924 年赴英国，任伦敦大学亚非学院中文讲师，并进行文学创作。在英国六年间，先后在国内发表了三部长篇小说。1930 年回国，先后任齐鲁大学、青岛大学教授。在济南、青岛生活期间，创作了三个短篇集、三部长篇小说和其他作品。1936 年，他的代表作长篇小说《骆驼祥子》问世。这部小说在现代文学史上影响很大，被译为十几种外国文字，产生了较大的国际影响。中华人民共和国成立后，他写了《龙须沟》《茶馆》等 23 个剧本，获得了“人民艺术家”的光荣称号。1966 年因受迫害而自杀。1978 年 6 月 3 日，在北京八宝山革命烈士公墓，国家为老舍举行了隆重的骨灰安放仪式。

本篇是作者从英国回国后至济南任教不久写的，六年身处异国，更增添了他对祖国河山的眷恋和对春天即将降临祖国大地的喜悦心情。

（二）疑难词句举要与辨析

1.“对于一个在北平住惯的人，像我，冬天要是不刮风，便觉得是奇迹……”——这是一个主语省略句，意思是：对于像我这样一个在北平住惯了的人来说，冬天要是……作者为了突出“我”字，表明后面所述的是“我”的鲜明感受，所以将“像我”这一修饰成分移后独立成句。下一句相似。

2. “自然，在热带的地方，日光是永远那么毒，响亮的天气，反有点叫人害怕。可是，在北中国的冬天，而能有温晴的天气，济南真得算个宝地。”——在“可是”前省略了以下的意思——在中国的北方，冬天理应是日光惨淡，朔气呼啸，冷得叫人害怕的。

3. “树尖上顶着一髻儿白花，好像日本看护妇。”——日本的护士头上戴一顶别致的白色工作帽。

4. “山尖全白了，给蓝天镶上一道银边。”——山尖白了，为什么会像给蓝天镶上一道银边？这应与前文“小山整把济南围了个圈儿”的描写联系起来理解。紧紧连接的、绵亘的山脉积了雪，远远看去自然就成了镶在蓝天上的一道银边。

5. “就是下小雪吧，济南是受不住大雪的，那些小山太秀气！”——既是与老天商量的语气，怕秀气的小山被大雪压垮了，又是一种赞许的口吻，流露了作者对济南河山的爱怜之情。

（三）
重点难点讨论

1. 本文采用的是怎样的描写顺序？

提示：采用的是景物的排写顺序。第 1 段，写天，描写温暖的日光和没有风声，以表现济南冬天的暖意；第 2 段，写地，描写冬天阳光照耀下，安适的古城和围着古城的小山，以表现济南冬天的舒适；第 3、4 段，写山色，描写雪景（先分写，后总写）的绚丽、秀美，以表现济南冬天所包含的特殊的秀气；第 5 段，写水光，描写水流的潦清而充满活力，以表现济南冬天里蕴含着的春色，并顺势以一句勾勒济南冬天的总体形象，自然而紧凑地结尾。

2. 冬天的济南有许多景物可写，作者为什么着重选了阳光、小山、雪、水这几样景物来写？

提示：绘景散文选材要考虑以下几点——（1）绘景是为了“抒情”或“寄意”；只有最能真切烘托、抒发自己的情，最能表达、体现自己心意的那些具体景物，才是写作时所需要的。（2）绘景要绘出个性；只有那些最有个性光彩、最能体现那个地方独特风致的景物，才是创作时所需要的。（3）绘景要注意艺术的整体感；即使描写最有特色的景物，也应该放在整体的背景中去刻画、去烘托。

选择这几种景物来描绘，既充分抒写了济南冬天里所孕育着的那种春意，又表现了济南冬天景色特有的美。同时，从阳光照耀下的济南天地，写到雪艳水绿的济南山川，出色地描绘了一幅大自然的完整图画。

3. 本文第1段写济南的天、天空的暖日，为什么作者要提到北京、伦敦的冬天和热带地区的太阳？这是一种什么手法？这样写有什么作用？

提示：济南冬天的阳光是温煦可爱的，为了让读者感受到它的内在美，作者用烘托方法，以北平的冬天、伦敦的冬天从一个侧面衬托济南冬天的响晴，又以热带日光的“叫人害怕”从另一个侧面衬托济南冬天的温晴。事物总是在对照中显现其个性的，经这么一对照，读者也仿佛和作者一起经受了刺骨的朔风和令人窒息的冷雾的侵袭，一起到热带的天穹下尝到了烈日的灼烤的滋味，从而从内心深处涌起与作者同样的感受：“济南真得算个宝地。”

4. 把济南的山比喻为“一个小摇篮”，一下子就把自然景物写活了，这个比喻贴切在哪里？

提示：作者抓住了“形似”与“神似”两个特点。周围的小山团团圈住济南城，形状像个摇篮；小山挡住了寒风，使济南城整天晒着阳光，其作用更像个摇篮；在晴暖的阳光下，周围的小山给人以温暖、舒适，而济南城就像婴儿“暖和安适地睡着”，使人心理上更感到像摇篮。

5. 景物本身是没有生命、没有感情的。可是写它时，作者往往把它当人来写。请你说说，第3段写雪是如何用这种拟人的手法的？作者为什么要这样写？别的段落里有哪些地方用了拟人法？

提示：先把矮松树树尖上顶着的一髻儿白雪花比拟成日本护士头戴的白帽，又把山坡上色彩斑驳的雪比拟成带水纹的花衣，再把夕阳斜照下粉色的薄雪比拟为害羞的少女。这样写，达到了“以形透情”

的艺术效果。作者笔下的雪，不再是冰冷的了，而是充满温暖；不再是无生命力的了，而是柔和而美丽，饱含着感情。写山雪充满了生命力和感情，正是为了表达自己对山河的热爱和眷恋。

6. 最后一段是写水，却先写绿萍、水藻、柳影，写这些与写水有什么关系？后又写空中、天上的清亮的天光和蔚蓝的天色，这与写水又有什么关系？

提示：绿萍、水藻、垂柳，都是潦清的水所滋养出来的绿的生命，写它们，正是为了用这些形象来衬托水的绿的精神，表现出来自大地深处的济南冬水的无穷生机，它所蕴蓄着的那股蓬蓬勃勃的生命力。同样，天光和天色所映照出的，正是大地上畅流的水波的光和色，整个大地都像潦清的河水那样晶莹透亮。作者用这种巧妙的烘托方法，将济南冬天流水所特有的精神活灵活现地描画出来。

二、训练内容

（一）“思考和练习”的参考答案

1. 参见“重点难点讨论”2。

2. 第一句是写济南的雪。作者想象：不但温晴的阳光给大地带来暖意，而且连小雪也给小山带来温暖，“给山们穿上一件带水纹的花衣”，不但写出了“形”——山坡薄雪的视觉形象，写出了“感”——山坡薄雪的感觉形象，而且写出了“情”，“叫你希望看见一点更美的山的肌肤”。肌肤也是拟人化的手法，这里指的是春天来临时满山的绿草鲜花，表现了作者对春天的憧憬。

第二句是写济南的水的。这里水藻像人，也有了精神，“绿的精神”是指顽强的生命的精神。正是这种精神感动了水，使水也不忍心冻上，而是要用自己的身体助长这种精神，帮它焕发。水也具有人的感情。“况且那些长枝的垂柳还要在水里照个影儿呢!”垂柳像人一样具有爱美的愿望，生长它的水当然也和人一样具有钟爱它的感情了。

3. 可要求学生在理解供选择的词语意义的基础上，比较各组的词义和用法的区别，再完成作业。

第一组，主要是侧重点不同。

稠密——多而密。疏落——稀而少。(指分布)

凌乱——杂乱而无次序。(指静态)

飘落——随风而动，轻轻落下。(指动状)

第二组，主要是侧重点不同。

终身——侧重指时间，常用来形容工作、事业。

崇高——侧重指性质，常用来修饰目的、理想。

蓬勃——侧重指气势，常用来形容精神状态。

第三组，主要是词义的轻重程度不同。

涟漪——水面被风吹起的波纹。

水波——波，水纹。

波浪——浪，大波，跳动的波。

波涛——涛，大浪，汹涌的浪。

第四组，主要是用法不同。

娇艳——形容姿色柔美艳丽。

吐艳——显露出艳丽的色彩。

吐芳——散发出芬芳的气息。

弥漫——气体遍布空间。

作了这样的比较后，学生便能很容易地分别选出：① 疏落；② 崇高；③ 涟漪；④ 吐艳。

(二)
综合能力训练

1. 说一说，下面三段景物描写在描绘手法上各有什么特点?

（1）来了，来了，春天驾着呼啸的快马——春风来了。

杨柳树慢慢地睁开了眼睛，舒活舒活筋骨，抖擞抖擞精神，开始吐出嫩叶。长啊长啊，树叶子长得密密的，像一串鞭炮，一串串、一串串倒挂在树上。

起风了，倒挂在树上的“鞭炮”，在微风中摇着，摇着，响着，响着，仿佛在向你招手，向你歌唱，哗啦哗啦……

（2）一个冬天的早晨，我像往常一样给水仙换水，又习惯地数了数几朵含苞欲放的花蕾，惊喜地发现，其中几朵开放了。我连忙大声叫道：“你们快来看，水仙开花啦！”爸爸从金鱼缸边直起身，两手还是湿淋淋的，就走过来看花；妈妈也来了，手里正在编织的毛线也没来得及放下；连忙着准备考大学、早晚都捧着书的姐姐也放下书本，走了过来，凑近水仙花轻轻地吸着气，仿佛要把那醉人的芳香全吸进去似的。我们围着这盆含芳吐艳的花，说着、笑着，笑声充满了小小的房间。

（3）萍，浮在碧绿的水面上，从池塘这边漂到池塘的那边，没有见它结果……

莲，同样的阳光，同样的池塘，因为它的根深深地扎在泥土中，所以开出美丽的花，结出饱满的果。

亲爱的朋友，你愿意学萍还是学莲？

2. 请你用《水仙》的写法改写《杨柳》，用《杨柳》的写法改写《水仙》或《莲》，各写一个景物的描绘片段。

三、教学建议

（一）预习指导

1. 这篇散文是按什么顺序写景的？

2. 济南冬天景物的总的特点是什么？作者为什么选了阳光、小山、雪和水这几样景物来写？

3. 描写中用了哪几种修辞手法？这些手法在表现景色特点上有什么作用？

（二）教材取舍

注意教学的节奏，五个段落不要平均使用力量，应把重点放在第3、5段上，让学生在课堂上扎实地做一点练习。

（三）新旧知识联系

可在与《香山红叶》的比较中掌握本文的结构特点和抒情手法的特色。《香山红叶》是按记游顺序，本篇是按排列顺序；《香山红叶》是托物言志，本篇是绘景抒情。

（四）启迪思维，深究问题

1. 描写景物，由于观察景物的立足点不同，因而采取不同的描写角度，常见的有下列几种：

（1）作者处在观察对象的下面，从下面仰看上面。

（2）作者处在观察对象的上面，从上面俯看下面。

（3）作者深入描写的对象中，一部分、一部分详细观察，然后层层铺写，或突出某一部分加以描写。

（4）随作者立足点的变化，描写所见的景象。

本文用了哪些描写角度？试举例说明。你还能不能从别篇中举些例子说明。

提示：本篇第1段，取第一种角度；本篇第2段，取第二种角度；第3、5段，取第三种角度。《香山红叶》取的是第四种角度。

2. 描写景物，有时可着眼于景物的总体形象，有时可着眼于景物的细部形象，试从本文中举例说明。这两种描写方法在表现景色特点上各有什么长处？

提示：本文描写山是勾勒轮廓，描写水是突出特色，都是用着眼于总体形象的方法。第3段写雪，用的是分层描绘的方法。

第一种描写法长于传神，突出事物形象的主要特点；第二种描写法长于赋形，将景色描绘得细腻、真切。

（五）
另一种教法的推荐

有一种比较的教法，可供大家参考。

课前，印发夏丏尊先生写的《白马湖之冬》（见附录），要求学生将两篇描写冬天的散文对照着读，读后思考一下两篇文章的同异点，然后在课堂上进行讨论，教师引导归纳。例如：

相似点：（1）文体相似，都是绘景抒情的散文。（2）题材相似，都写冬天。（3）“我”的来历相似，都是从“彼地”来到“此地”。（4）描写的具体景物相似，都写环绕的山，都有水，都有暖阳，都有雪。

不同点：（1）气候不同，一暖一冷。（2）景物的特点不同，风的声，山的态，水的色，人的情，都不一样。（3）“我”的感受不同，一个久住严寒的北平，又刚从阴冷的伦敦回来，无风、温晴的济南“真得算个宝地”；一个从热闹的杭州移居到荒凉的湖边山野，“宛如投身于极带中”。（4）选择的景物不同，一则选阳光、小山、雪、水，一则以凛冽的寒风贯通全篇。（5）抒发的感情不同，一个抒发的是归国游子对祖国美好山水的赞美，表达的是一种对春天即将来临的喜悦、兴奋的心情；一个则表现出身处严寒他乡、离群索居的知识分子孤独、寂寞的心境。

因知识和思维能力所限，初一学生还不善于从写作艺术上对两篇文章进行全面的比较，可以以问题讨论的方法引导他们将艺术表达方法作比较。

1. 从描写内容看，两篇散文都写了“我”——作者自己，鉴别一下它们在具体写法上有什么不同。

《济南的冬天》中写到“我”，主要写“我”的感受，全篇以绘景为主，景色描绘的每一笔都渗入“我”的感情；《白马湖之冬》写“我”，除“我”的感受、“我”的心情外，还写“我”在白马湖冬天的生活，将冬天景色的描绘与冬日生活的叙述糅合在一起，绘景与叙事并重。

散文的内容具有极大的生动性和多样性，怎样取材，怎样结构、铺排，应该根据客观事物的特点，根据自己独特的生活感受，根据主观表达的需要，进行择取和裁剪，绝不能死板划一。

2. 试比较两篇散文的表现方法。

《济南的冬天》写太阳用对比烘托，写山用比喻，写雪用拟人法，写水用映衬烘托。作者用这些手法达到“以形写神”的目的。

《白马湖之冬》除比喻词以外，通篇所用的是一种质朴、平直的直接描述语言。

两相比较，前一篇调动了各种修辞手段，在平凡的景色中创造出精美的艺术意境；后一篇则用一种质朴的白描手法，使人有身临其境的感觉。

最后一个教学环节是观察与写观察笔记。例如：

一个班到公园看菊花展览，观察主题是“几种珍贵的菊花”，要求学生将整株花“拆开来看”，从花色、花形、花叶、花态等方面对几种菊花珍品进行比较性观察，在细致的观察中注意“锱铢之别，淄渑之辨”，鉴别这些花各自特有的美姿、美质。

另一个班到当地一处名胜，要求学生在观察中把握这些景物的总体特点，并选择特定的角度努力探寻它们内在的美。

观察回来，要求每个学生写一篇观察笔记，可以写所观察的各种景象，也可集中写给自己留下印象最鲜明的一种。写时，鼓励学生既练习《白马湖之冬》的白描手法，也学习《济南的冬天》中进行散文形象描绘的各种艺术手法。

四、附录

（一）关于济南的水

1. 七十二泉

分布于山东济南的旧城区。济南地下多岩溶溶洞，洞内储水丰富，因地势由南向北流动，遇火成岩而洄流，沿地下裂隙出露成泉。城区内外，清泉涌流，水质洁净甘冽，恒温在18℃上下。有关济南泉水的记载，最早见于《春秋》。郦道元《水经注》也有生动的描述。金代有人立“名泉碑”，列举泉名七十有二，济南七十二泉便流传于世。泉水众多，不可胜数。历代诸家所记七十二泉不尽相同，大致为趵突泉、黑虎泉、珍珠泉、五龙潭四大泉群。济南泉水，千姿百态，或白浪翻腾，如银花玉蕊；或晶莹温润，如明珠璎珞；或如洪涛倾注，虎啸狮吼；或如细雨潇潇，冰弦低语。趵突泉，名列“七十二泉”之首，泉自地下裂缝中涌出，三窟并发，浪花四溅，势如鼎沸。郦道元《水经注》有云：“泉源上奋，水涌若轮。”池内清泉三股昼夜喷涌，状如白雪三堆。珍珠泉，泉水从地下上涌，状如珠串。

清王昶《游珍珠泉记》云："泉从沙际出，忽聚忽散，忽断忽续，忽缓忽急。日映之，大者为珠，小者为玑，皆自底以达于面。"

黑虎泉源出悬崖下洞穴中，泉水经三石虎头喷出，波澜汹涌，水声喧腾。明代晏璧《济南七十二泉》诗："石蟠水府色苍苍，深处浑如黑虎藏。半夜朔风吹石裂，一声清啸月无光。"

历代诗人对济南的泉水是赞赏备至的。元代于钦《汇波楼记略》云："济南山水甲齐鲁，泉甲天下。"《老残游记》作者刘鹗谓济南"家家泉水，户户垂杨"。故济南有"泉城"之名。

2. 大明湖

在济南市旧城北部，由珍珠泉、芙蓉泉、王府池等多处泉水汇成，湖面约占全城的三分之一。一湖烟水，绿树蔽空，碧波间菡萏映日，景色秀丽。清人刘凤诰咏湖有"四面荷花三面柳，一城山色半城湖"之名句。

（二）
关于济南的山

千佛山，古名历山，传说帝舜耕稼于此，又名舜耕山。在济南市南郊。隋开皇间，因岩石镌佛，遍布山崖，遂称千佛山。山层峦叠嶂，苍秀涵幽。登山有东西两路，盘路各三百级左右，蹊径曲折，松柏夹道，自半山北望，可见济南北部卧牛山、华不注山、鹊山、凤凰山、标山、药山、北马鞍山、粟山、匡山，九峰峭拔，云烟缭绕。因李贺"遥望齐州九点烟"诗句，有"齐烟九点"坊建于盘路中。

（三）
夏丏尊《白马湖之冬》

在我过去四十余年的生涯中，冬的情味尝得最深刻的，要算十年前初移居白马湖的时候了。十年以来，白马湖已成了一个小村落，当我移居的时候，还是一片荒野。春晖中学的新建筑巍然矗立于湖的那一面，湖的这一面的山脚下是小小的几间新平屋，住着我和刘君心如两家，此外两三里内没有人烟。一家人于阴历十一月下旬从热闹的杭州移居这荒凉的山野，宛如投身于极带中。

那里的风，差不多日日有的，呼呼作响，好像虎吼，屋宇虽系新建，构造却极粗率，风从门窗隙缝中来，分外尖削，把门缝窗隙厚厚地用纸糊了，椽缝中却仍有透入。风刮得厉害的时候，天未夜就把大门关上，全家吃毕夜饭即睡入被窝里，静听寒风的怒号，湖水的澎湃。靠山的小后轩，算是我的书斋，在全屋子中风最小的一间，我常把头上的罗宋帽拉得低低地，在洋灯下工作至夜深。松涛如吼，霜月当窗，饥鼠吱吱在承尘上奔窜。我于这种时候深感到萧瑟的诗趣，常独自拨划着炉灰，不肯就睡，把自己拟诸山水画中的人物，作种种幽妙的遐想。

现在白马湖到处都是树木了，当时尚一株树木都未种。月亮与太阳都是整个儿的，从上山起直要照到下山为止。太阳好的时候，只要不刮风，那真和暖得不像冬天。一家人都坐在庭间曝日，甚至于吃午饭也在屋外，像夏天的晚饭一样。日光晒到哪里，就把椅凳移到哪里，忽然寒风来了，只好逃难似的各自带了椅凳逃入室中，急急把门关上。在平常的日子，风来大概在下午快要傍晚的时候，半夜即息。至于大风雪，那是整日夜狂吼，要二三日才止的。最严寒的几天，泥地看去惨白如水门汀，山色冻得发紫而暗，湖波泛深蓝色。

下雪原是我所不憎厌的，下雪的日子，室内

分外明亮，晚上差不多不用燃灯。远山积雪足供半个月的观看，举头即可从窗中望见。可是究竟是南方，每冬下雪不过一二次，我在那里所日常领略的冬的情味，几乎都从风来。白马湖的所以多风，可以说有着地理上的原因。那里环湖都是山，而北首却有一个半里阔的空隙，好似故意张了袋口欢迎风来的样子，白马湖的山水和普通的风景地相差不远，唯有风却与别的地方不同。风的多和大，凡是到那里的人都知道的。风在冬季的感觉中，自古占着重要的因素，而白马湖的风尤其特别。

现在，一家就居上海多日了，偶然于夜深人静时听到风声的时候，大家就要提起白马湖来说，"白马湖不知今夜又刮得怎样厉害哩！"

(四)
《〈济南的冬天〉的绘画美》

生动的语言可以唤起读者的联想和想象，使读者的头脑中产生具有光、色、态的具体形象，这就是语言的启示性。《济南的冬天》的作者，正是最大限度地发挥了这种语言的启示性，在读者头脑中唤起对光、色、态的丰富联想和想象，形成了一幅幅生动的图画。

老舍先生是如何调动读者的联想和想象，使《济南的冬天》具有绘画艺术特色的呢?

第一，运用色调的对比烘托形象。老舍先生以“对于一个在北平住惯的人，像我，冬天要是不刮风，便觉得是奇迹”引发读者的想象，让读者脑海中泛现出一幅朔风怒号、天寒地冻的萧条画面，用这幅画面中的“寒”色衬托济南冬天的“暖”色；又以“对于一个刚由伦敦回来的人，像我，冬天要能看得见日光，便觉得是怪事”

调动读者的想象，使读者仿佛看到了一幅伦敦灰雾惨淡的阴郁图画，用这幅画面中的“暗”色衬托济南冬天的“明”色。这还不够，作者还让我们看了一幅热带地区毒辣辣的烈日高照的可怕画面，再用这幅画面中的“热”色衬托济南冬天的“温”色。正是用了色调和对照，用了绘画艺术“以形赋形”的烘托方法，作者将济南冬天阳光温煦、天朗地秀的总体画面勾勒了出来。

第二，从纷繁景物中，略去次要的部分，抓住主要物景的主要特征加以突出表现。这是山水画法。老舍先生描绘济南的大地，所用的正是“以大观小”的中国山水画的构图取景方法。他展开想象的翅膀，飞上济南的云天俯瞰大地，然后对济南大地作了简笔的写意描绘。画城，不画它的东西南北。“一个老城，有山有水，全在山底下晒着阳光，暖和安适地睡着，只等春风把它们唤醒。”（注：此句中的“山”是济南城中的山）一些琐碎的细部被略去了，画的只是冬天济南城秀美的睡态，留下充分的余地让读者去联想、想象，进行艺术的再创造。画山，不画它的上下左右。“小山整把济南围了个圈儿，只有北边缺着点口儿。”一起笔就抓住了物景的主要特征画，紧接着就引导读者展开艺术的联想和想象：“这一圈小山在冬天特别可爱，好像是把济南放在一个小摇篮里，它们安静不动地低声地说：‘你们放心吧，这儿准保暖和。’”借这种联想、想象，画面灵活飞动起来。画人，不画人的男女老少，不但如国画一样略去耳鼻眉目，连形体也完全略去，而只画了济南冬天人物情态最主要的特征：“济南的人们在冬天是面上含笑的。”人和城与山，浑然构成一幅完美的图画。

第三，精心设计景物和构图，层层展现景物形象。绘画是“空间艺术”，须将空间并列的景物按照美的原则加以巧妙布置。这种绘画的技巧，老舍也用到他的散文中去了。如果说第 2 段画的浑然一体的济南大地是一幅写意画，那么第 3 段画的美态纷呈的济南雪景则更接近于工笔画。

作者依山写景，通过对小山各个细部的雪光、雪色、雪态进行描绘，画出了小山的秀美。在艺术结构上，作者取了两层布置。先进行工笔的分笔描绘，从山上、山尖、山坡一直到山腰，一步步地细看，一笔笔地轻描：它是白的，“树尖上顶着一髻儿白花”，松的翠与雪的白相映生色；它是银的，“给蓝天镶上一道银边”，如洗的蓝天与似银的雪相映生辉；它是彩色的，“给山们穿上一件带水纹的花衣”是它的色，“这件花衣好像被风吹动，叫你希望看见一点更美的山的肌肤”是它的态，在色和态的描绘里写出了静中的动；它更有世上最动人的容色，在艳艳夕阳的斜照下，像少女一样“忽然害了羞，微微露出点粉色”。在傍晚雪光的渲染中，作者画出了形中的情。真是一笔一景，一景一态。这一段分笔描绘，从方法看是用细腻的工笔，从意境看依然着力于写意。中国绘画讲究“气韵生动”，分笔描画的雪景不是呆板的，而是生动的。一连串的动词将读者带入联想、想象的意境，读者所感受到的不仅是雪的光、色、态，是雪的外在美，而且是雪的情韵，是雪的内在美。作者所创造的正是“气韵生动”这一绘画艺术的最高境界。

正是为了让这种画境更完美，第 4 段作了雪景的第二层描绘。作者在分笔勾写后总绘雪景，将古老的城，城内，城外，山坡，村庄，整个大地放入雪景之中。结句直接点明：“这是张小水墨画，也许是唐代的名手画的吧。”

第四，突出自己最鲜明的印象和感受，以唤起读者类似的体验，产生身临其境之感。济南称泉城，水是有名的。济南的水来自大地的深处，浩浩荡荡，一年四季奔涌不息，这样美的形象如何画出？作者舍弃了济南冬水的种种表象，借自己的印象和感受去概括水的鲜明形象，在其中融入自己独特的感受。作者先是着力渲染了济南冬水的“绿”，一连串五个“绿”字，描的是绿萍的绿、水藻的绿、水面柳影的绿，托出的却是水的绿。读着这些绿萍、绿藻、绿柳，我们会自然联想到滋养它们的水，感受到蕴蓄在济南冬水里的绿的精神、绿的生命。作者接着着力渲染了济南冬水的“活”。水流的一切细节乃至具体形态都淡化了、消失了，留在笔端的，只有水的那股蓬勃的生机：“空中，半空中，天上，自上而下全是那么清亮，那么蓝汪汪的。”自然中的水是不可能流到天上去的，这已是感情化的水、艺术化的水，是老舍先生以画家的眼睛观察景物所得到的独特印象。在平面的绘画艺术中，为了表现出水特有的态、特有的势，流水就完全可以流向空中，流到天上去，这不是出色的绘画艺术又是什么？结尾处，作者又在水色、水光、水影之中，用了全篇最鲜亮明丽的色彩，给泉城留下了一个美丽的倩影："这块水晶里，包着红屋顶，黄草山，像地毯上的小团花的小灰色树影；这就是冬天的济南。"

最后要说的是，无论从立意还是从构图、笔势看，本篇都是一幅完整的图画。阳光、山川、人物、白雪、绿水，各物各景所表现的都是"暖"这一个字。绘天绘地，绘出了这幅山水图的大布局；写雪写水，写的是这幅图的特定细部，而且由天上的暖阳画到暖阳照耀下的暖城暖山，就山而描出山上的雪，由雪而引出雪中的水，笔势顺畅，一气呵成，老舍真是一位丹青妙手。

《春》

【课引子】

一提到春，我们眼前就仿佛展现出一幅阳光明媚，东风浩荡，绿满天下，花开遍地的美景；一提到春，我们就会感到有无限的生机，有无穷的力量，心中洋溢着无比的喜悦。古往今来，多少诗人曾用彩笔来描绘春天美丽的景色。杜甫的绝句是大家所熟悉的——

两个黄鹂鸣翠柳，一行白鹭上青天。
窗含西岭千秋雪，门泊东吴万里船。

王安石描春的《泊船瓜洲》也是名篇——

京口瓜洲一水间，钟山只隔数重山。
春风又绿江南岸，明月何时照我还？

春最为人所喜爱，但从写作角度说，春却是最难写的。

第一，难在春最为人所熟悉。绘春不但无法以题材取胜，而且几乎人人都是评论绘春文章的行家里手。熟悉的事物，一般的特点已为人们所掌握，要写出人所欲言而未言的太不容易；熟悉的事物，写得稍有偏差，人们一眼便看出了。

第二，难在春最为人所常写。数千年来，绘春的各种角度、各种手法、各种词语，大家差不多都用过了。要创造出新意，较之别的题材更难。

第三，难在春的景物最丰富。万物生长，千姿百态，写少了，显不出春的气氛；写多了，又容易杂乱。取材、结构也是难题。

朱自清先生选了这个不大容易写的题目，写出了一篇艺术容量很大的绘景散文：《春》。

【教学目的】

1. 学习本文先总写景物轮廓，后按一定顺序分写各种景物的总分顺序。

2. 学习本文运用准确生动的语言描写自然景色，表现季节特征的方法。

一、教材研究

(一) 背景简介

作者朱自清，字佩弦，原名自华，号秋实。原籍浙江绍兴，1898

年生于江苏东海。现代进步作家。1920 年从北京大学哲学系毕业后，在江苏、浙江等地中学任教。1920 年参加文学研究会。1925 年暑假后任清华大学国文教授。1931 年前往伦敦学习语言学和英国文学。次年回国，任清华大学教授兼中文系主任。全面抗战爆发后，随校南迁，任西南联大中文系主任。抗战胜利后，随校返回北京，继续在清华大学任教，1948 年病逝。

朱自清是个正直、爱国的知识分子，晚年更成了著名的民主战士。临终前还谆谆嘱告家人不要买“美援”面粉，表现了高尚的民族气节和不妥协的反帝精神。

朱自清最早是作为诗人出现于文坛的。他在大学学习和中学任教期间一直从事新诗创作，影响最大的是长诗《毁灭》。1925 年到清华大学任教后，创作转向散文，并研究古典文学。他一生著述甚多，有诗文集《踪迹》，诗集《雪朝》，散文集《背影》《欧游杂记》《你我》《伦敦杂记》，文艺论著《诗言志辨》《论雅俗共赏》《标准与尺度》等。他在文坛上向以散文著称。散文的内容大多是讲述自己的经历，描绘祖国美丽的湖光山色，抒发个人的情思；也有一些作品暴露了旧社会反动统治的黑暗与残暴。写景抒情，委婉细致，篇章结构严谨缜密，语言优美清新，艺术成就很高。

（二）
疑难词句举要与辨析

朗读是本篇的重点训练项目，朗读中注意下列字词的正音——

“涨（zhǎng）”不要误读成“胀（zhàng）”。

“捉迷藏”的“藏（cáng）”不要误读成“藏（zàng）”。

“散（sǎn）”不要误读成“散（sàn）”。

“酝酿（niàng）”不要误读成“酝酿（ràng）”。

“巢（cháo）”不要误读成“巢（chǎo）”。

“应和”的“和（hè）”不要误读成“你和我”的“和（hé）”。

“黄晕”的“晕（yùn）”不要误读成（yūn），也不要误读成“昏（hūn）”。

“蓑（suō）”不要误读成“蓑（shuāi）”。

（三）
重点难点讨论

1. 文章围绕一个“春”字写，分几个部分？

提示：三个部分。第1段：盼春（迎接春天）；第2—7段：绘春（描绘春天）；第8—10段：颂春（歌颂春天）。

2. 第二部分绘春，采取的是什么记叙顺序？

提示：采取的是总分顺序。先用一段文字概括地总写春来景变，勾画出春的轮廓，再用五段文字细致地分写五幅春景图。

3. 总画春的轮廓，作者写的景物都是站在什么观察点上看到的？分别捕捉了这些景物哪一方面的特点？

提示：是站在远处的观察点上看到的，因而观察点不变，随着视线的转移写出了各种春色。写山，抓住了光泽；写水，抓住了状态；写太阳，抓住了颜色。即从大的轮廓上写春山、春水、春晖。

4. 第一幅“春草图”，四句各写了什么？

提示：第一句，草的特征——“钻”，写活力；“嫩嫩的”，写性状；“绿绿的”，写颜色。第二句，草生长的处所——无处不是，真是充满了生命力。第三句，草的可爱——以人在春草上的欢乐来衬托。第四句，草的舒适——以轻悄悄的风来衬托草的软和，给人以舒适的感觉，又和首句“嫩嫩的”相照应。

5.“春花图”的五句描写各用了什么手法？这些描写手法产生了怎样的艺术效果？

提示：因为桃花、杏花、梨花是代表着春天的花朵，所以前四句集中写这三种花。第一句写花态的茂，不用静态的描写，而用“你不让我，我不让你”的拟人手法，将花态写动、写活。

第二句写花色的美。不直接说出红的桃花、粉的杏花、白的梨花，而用“火”“霞”“雪”来比喻，充分调动读者的想象力。

第三句写花味的甜。不停留在眼前的花儿的馨郁，而运用联想，由闻到甜味联想将来的甜果累累，用虚写开拓了更美的意境。

第四句写花的可爱。不正面写似锦繁花的静的画面，而写蜂飞蝶舞的动的画面，用花下成千成百蜜蜂的嗡唱和大大小小蝴蝶的飞舞来衬托春花的万紫千红、香郁四流。这句是对前三句的总结。

第五句写花类的广。用“野花遍地”一句宕开，总写其他各色花，又用新颖奇特的比喻，“像眼睛，像星星”，不但逼真地写出铺满原野的野花之多，而且活灵活现地描出在阳光、朝霞、柔风中闪闪发光、轻轻摆动的野花的明艳色彩，绘出了一幅五彩缤纷的春花图。

6. 风无形无色，写风须借助其他的事物，《春》的作者在描绘“春风图”时，是借助哪些事物把春风的特点具体而形象地表现出来的？

提示：第一句，借助感觉写春风的温暖；第二句，借助嗅觉写春风的芳香；第三句，借助听觉写春风的和悦。

7. 在“春雨图”中，哪几句正面写风的形态？写出了怎样的特征？哪几句通过雨中的景侧面写雨？是怎样几幅图景？

提示：雨的形态——细而密（像牛毛）
细而闪烁（像花针）
细而连绵（像细丝）

雨中景色——近景（树叶绿得发亮，小草青得逼眼）
远景（黄晕的光，烘托出安静、和平的夜）
动景（小路上、石桥边、地里的人）
静景（房屋）

8. 写春天的人，抓住了哪几个特点？

提示：写了范围，从地域（城里乡下），到门户（家家户户），到个人（老老小小）；写了情态（赶趟儿，舒活筋骨，抖擞精神）；写了思想，着重在于点出“一年之计在于春”，老老小小都充满希望，抖擞精神，努力去工作。春天在人们身上注满了活力。

9. 第三部分颂春，作者用排比的句式一连设了三个比喻。从这三个比喻看，作者歌颂了春天的哪三个特点？三个比喻为什么按这样的顺序排列？

提示：说春天像刚落地的娃娃，突出强调一个“新”字；说春天像小姑娘，突出强调一个“美”字；说春天像健壮的青年，突出强调一个“力”字。

歌颂春天给人以无限希望，歌颂春天的无比美好，歌颂春天蕴蓄着无穷的生命力和创造力。

这样的排列顺序又写出了春天正在大地上茁壮成长，发挥它越来越大的威力，领着我们向果实累累的丰收季节走去。

二、训练内容

（一）“思考和练习”的参考答案

1. 前后的感情是一致的、呼应的，充分显现出作者对春天由衷的赞美和热切的期望。在春草图、春花图、春雨图中，正是“从头到脚都是新”“长着的”春天。你看，小草从土里钻出来，嫩绿软绵；繁花赶着趟儿开放，带着香甜；轻风带来新翻泥土的气息，生命在湿润的空气中酝酿。通过这一幅幅图景，作者意在告诉人们，春天代表着生命的复苏，代表着旺盛的活力，同时也代表着无穷的希望：当你“闭了眼，树上仿佛已经满是桃儿、杏儿、梨儿”，丰收的景象多么诱人。然而这一切，只有抓住大好春光，辛勤劳作的人才能享受。作者描写了傍晚春雨中，还在地里工作的农民，又写了他们在雨里静默着的房子，以静衬动，进一步说明农民抓紧春光，努力耕作；描写了城乡的老老少少，都抖擞精神，各做各的一份儿事去，意在突出“一年之计在于春”的思想。春天是美好的，要抓紧这大好的春光，尽力劳作，向着丰收的季节迈去，春华秋实，春天“领着我们上前去”。

2. 参见“重点难点讨论”5 和 7。

（二）
综合能力训练

1. 给带点的字注音：

（1）山间，鸟鸣和（hé）轻风流水相应和（hè），和（hé）谐而美妙。我当场写了一首题为《山音》的诗给爸爸看，爸爸看过后和（hé）蔼地对我说：“我和（hè）你一首。不过，以后你还是多写新诗。”

（2）黄昏（hūn）过后，天黑了下来，我站在路灯下看书，黄晕（yùn）的光使我感到有点头晕（yūn）。我身子摇了一摇，弟弟叫道：“哥哥要昏（hūn）过去了！”我说：“不要大惊小怪，我不过有点头晕（yūn）。”

（3）我们在山下公园（yuán）里做找矿藏（cáng）的游戏。后来走进山上寺庙的院（yuàn）子里，看见一个穿着藏（Zàng）族服装的小姑娘躲藏（cáng）在一只大香炉后面，一不小心脚碰在香炉脚上。她先是脚涨（zhàng）得通红，后来“哇”的一声张（zhāng）开嘴哭了。我们围上去一看，她的脚背已经微微地肿胀（zhàng）起来了。

2. “春草嫩绿夏草青，秋草枯黄冬草尽”，请你为这四季的草各找一个比喻。

3. “春雨绵绵夏雨急，秋雨凉爽冬夹雪”，请用拟人的手法为这四种雨各写几句话。

4. “赤日炎炎似火烧，野田禾苗半枯焦”，请你写一段话，用侧面描写的方法，写出这种夏天的烈日。

三、教学建议

（一）预习指导

1. 本篇分几个部分？能不能围绕一个“春”字，用最简括的语言概括出每个部分的中心？

2. 重点在哪一部分？这部分可分几个层次？

3. 描绘中有哪些词用得特别好？有哪些艺术手法用得特别好？

（二）教材取舍

本篇的讲析或讨论不要平均使用力量，可根据教学目的，从第二部分选定两个重点段进行较细致的讲析；其他段落则让学生讨论，有些段落只需用“点睛”式的点析，让学生掌握要点即可。

如：取春花图、春风图为重点段，结合“思考和练习”第二题让学生议论春草图、春雨图，春天人的活动图则由教师用两三句话点明。

“思考和练习”第三题可作为第二部分的小结。

（三）新旧知识联系

在讲析与讨论中充分调动学生的积极性，要他们在与《济南的冬天》的描写方法的对照中，掌握本篇所用的修辞手法和正面、侧面描写的表现手法。同时，让学生掌握绘景的两种手法：一种是一景一物，另一种是以一物引出多物。

（四）
启迪思维，深究问题

1. 诗歌和散文十分讲究词语的锤炼，一首诗、一篇散文往往有几个特别凝练、特别形象的“字”，请你找一找，《春》中有几个“字”炼得特别好？好在哪里？

提示：水涨起来了（不用“高”或“满”）。小草从土里钻出来。（不用“长”）桃树、杏树、梨树，都开满了花，赶趟儿似的。（不用“争着开放”）蜜蜂嗡嗡地闹着。（不用“叫”）野花散在草丛里。（不用“开”）小青儿青得逼你的眼。（不用“使你睁不开眼”）

在换词的比较中，紧紧结合课文描写的内容，让学生品味炼字的真切、描写的形象和新奇。

2. 为了更好地表情达意，散文中常常用一些叠字，找一找，本文中有哪些叠字？叠词在结构上有什么特点？在表达上有什么作用？

提示：欣欣、徐徐、嫩嫩、绿绿、轻悄悄、软绵绵、家家户户、老老小小、稀稀疏疏、干干净净、舒舒服服、抖擞抖擞、舒活舒活、打扫打扫。

名词、形容词重叠一般用 AABB 式，动词重叠一般用 ABAB 式。

形容词的重叠表示程度的加深，“干干净净”是“很干净”的意思。动词的重叠，有的表示时间的短暂（本篇无例），有的表示动作的反复（本篇三例均是），有的带有尝试的意味（本篇无例）。在诗歌和散文中，叠词更有它的艺术功能，能形成顿挫的节奏，加强画面的形象和造成或欢乐、或悲伤、或浓烈、或清淡的情调和气氛，使景物描绘更生动，思想感情的反映更真切。

四、
附录

（一）“吹面不寒杨柳风”引自南宋志南和尚《绝句》：“古木阴

中系短篷，杖藜扶我过桥东。沾衣欲湿杏花雨，吹面不寒杨柳风。”大意是：在古树的树荫中系住小船，我拄着拐杖过桥东去。细微的春雨沾在衣服上仿佛有点湿润，轻柔的春风吹在脸上没有丝毫的寒意。

（二）可参考《略谈朱自清散文的意境美》，现将有关的部分摘录于下：

> 朱自清的散文，有缜密精巧的构思，玲珑剔透的结构，质朴凝练的语言，绵密真挚的情致。这些，无疑是构成他“文章之美”的因素。但是，主要因素诚如郁达夫所说，是“贮满”着的“诗意”。
>
> 诗意，用杨朔的话来说，就是使人“动情”的事。作家怎样把自己感到“动情”的事传递给人们，使之受到感染产生共鸣？要求和方法是多方面的，创造诗意的艺术也是极为丰富的，其中之一就要看作家驾驭艺术的技巧如何。比喻，看来是一种修辞手法，其实也是一种艺术表现技巧。它对作品“诗意”的创造是不无作用的。大凡有艺术才能的作家、艺术家都是深谙比喻技巧的。难状之声，难描之形，难绘之景，难传之情，一旦到了他们作品里，就声如耳闻，形如目睹，景如亲临，情同身受，出现一个幽深迷人的意境。究其底，多是比喻技艺使之如此。
>
> 朱自清运用比喻艺术创造出的散文诗意，给人的美感是多方面的。
>
> 1. 形象美。文学艺术作品必须有具体可感的生动形象。唯其如此，才能获得持久的艺术生命。作为散文，特别是描写风物、寄托情怀的抒情散文，既要有情，又要有形，这就尤见作家的艺术功力。朱自清的抒情散文，不仅潜隐着一种缠绵、

委婉、深沉的感情，同时，他凭借精妙的比喻艺术也可为我们勾描出一群栩栩如生的美的形象。

以质实之物比质实之物，给人一种形象美，这在朱自清的散文中，俯拾皆是。然而，他用质实之物比“空灵”之物，从而托出“空灵”之物的形象，却更是出神入化。在《春》的结尾，作家这样写道：“春天像刚落地的娃娃，……领着我们上前去。”

春天，她无形、无声，是“空灵”之物，一般人要描写出春天的形象，是多么困难，而朱自清写出来了，写得如此美。他独具慧眼，敏锐捕捉主体和喻体的“质”的相似点，把春天的美附丽于“刚落地的娃娃”的勃勃生气美，“小姑娘”的艳丽容颜美，“青年”的健壮身姿美，使抽象的“春天”有形、有色、有声、有神、有情，喷射出诗意的光辉。作家写物附意，扬言切事，也淋漓尽致地抒发了对春天无比热爱和热情赞美的深沉感情。

2. 绘画美。古人有“诗中有画，画中有诗”的美谈。能绘出影像的是画，透出神韵的是诗。好的画和好的诗总是相辅相成，浑然一体，朱自清写的虽是散文，却与诗画有异曲同工之妙。他的散文，有绘画的色彩美，也有诗的韵味美。不过，后者是融于前者，而自然流出来的。在《春》中有这段描写：“桃树、杏树、梨树，你不让我，我不让你，……还眨呀眨的。”

春天的景象被朱自清描写得多么精彩呀！读了这段文字，你仿佛置身于万物复苏，争奇斗艳的春天之中，又仿佛在品赏一幅清丽明朗的水彩画。这幅画，远处可见五彩缤纷的花色，近处可听蜜蜂的低吟，上有蝴蝶的翻飞，下有野花活泼俏皮的眨眼。远、近、上、下，浓、淡、燥、湿，虽是信笔点染，无事雕琢，却成为高妙的艺术珍品。为增强画面的色彩美，再三设譬花色；为使画面呈现生气，以眼睛眨与野花的神态构成一比。由于作家描绘画面，把美的情致注了进去，因此，几多诗意，几许春色，便从一幅动的、立体的画图中溢了出来。

3. 音乐美。音乐是以其特有节奏旋律来打动人心，感染人们，从而获得艺术魅力的。好的音乐，总给人以余韵袅袅、绕梁三日的美感。古今好的诗文莫不如此。

……

4. 含蓄美。汪洋奔放、直抒胸臆的诗是美的。余味曲色，含蓄蕴藉的诗更不失为美。诗为什么要含蓄？这是由生活决定的。生活本身就存在着含与露、隐与现、曲与直的现象。同时，进行艺术欣赏的人们，是主观能动的。不希望作家、艺术家把话说尽，一览无余，而是要他们创造出“含而不露”的妙境，以便为人们提供想象和再创造的天地，含蓄非诗独有，散文亦然。朱自清的抒情散文，有余味，有余情，具有咀而“味之不尽”的含蓄美。这种含蓄美，同样也是用比喻艺术来加以实现的。

《海滨仲夏夜》

【课引子】

“一片自然风景是一个心灵的境界。”（瑞士思想家阿米尔语）每篇散文都是作者在特定环境中感情的结晶，他写的是景色的美，画的是自然的态，但所要表现的却是汹涌于自己心胸的强烈的感情。《海滨仲夏夜》写于1962年秋冬之际。1962年的中国，还处于三年困难时期，情况是严重的，某些人产生了悲观失望的情绪，个别人甚至对社会主义制度产生了怀疑。到底应该采取什么样的态度来对待困难？大约在春三月的时候，作者峻青回到家乡——山东胶东半岛上的一个偏僻的山村。这里是一个老革命根据地，春天青黄不接，人民勒紧了裤腰带，饿着肚子进行春耕。他们不满当时一些极“左”的做法，却毫无怨言地劳动，咬着牙要在河山之上点缀更浓的春色。家乡可爱的山水、可爱的人掀起了作者感情的波浪，他迫不及待地要以这些美丽的河山为背景，用这些动人的景色作衬托，勾画出家乡英勇的人民形象。于是，他就在那个小山村自己的家里，在小小的煤油灯下陆陆续续写了一组作品，本篇就是这组作品中的一篇，选入教材时有所改动。

【教学目的】

1. 体会文中热爱祖国河山的美好感情，品味抒情散文借景抒情、融情入景的艺术特点。

2. 学习本篇抓住景色特点，层层展现美景美色的变景描写手法，提高学生的观察力和艺术想象力。

一、
教材研究

（一）
背景简介

峻青，当代著名作家。原名孙峻卿。1922 年 3 月生。山东省海阳市西楼子村人。幼家贫，只读了几年小学，13 岁便去工厂当童工。后来积极参加革命工作。家乡胶东半岛老革命根据地的许多可歌可泣的故事，激起他创作的热情。1941 年写出了第一篇作品《风雪之夜》。后担任报纸的记者和编辑，1949 年后担任文艺界的领导工作。1954 年后写了一系列优秀短篇小说，如《黎明的河边》《党员登记表》等，表现了抗日战争和解放战争时期胶东人民英勇艰苦的斗争和英勇不屈的精神，塑造了许多动人的英雄形象，在读者中产生了很大影响。本篇收在 1963 年出版的散文集《秋色赋》中。他的作品大都具有坚实的生活基础、强烈的斗争气息和革命浪漫主义精神，善于把环境描写、故事情节发展与人物内心活动有机结合起来，在思想性和艺术性上都有较大的成就。

（二）
重点难点讨论

1. 本文写景采用的是什么顺序？作者用了哪些句子或词组点明了顺序线索？

提示：根据海滨夜景的变景特点，采取了变景的描写顺序，随时间的推移展现了海滨夜色的层层变幻，从而描绘出一幅精彩的画面；以“夕阳落山不久—夕阳逐渐西沉—夜色加浓”次第点明记叙的顺序。

2. 第 1 段主要是写晚霞、海浪，还是写活动着的霞光？所写的景物有哪些特点？

提示：写夕阳下山后海面的霞光。文章看起来写了天空、大海和波浪，其实都是围绕着霞光来写的，抓住霞光不停地在变动这个特点来写，在动中写出霞光的色、态和势。不仅“闪烁”“消失”“又闪烁”“滚动”等词语直接告诉我们霞光在活动，而且“霍霍”燃烧的声音和“燃烧”这个词本身，也形象地刻画出浪峰涌起映照着的霞光的动态。

3. 在写启明星之前，课文先写了什么？为什么要写这些？写启明星又抓住了什么特点？

提示：一开始，层次分明地写了天空的变化，细腻而逼真。先是霞光逐渐变淡，由深红而绯红，而浅红，最后完全消失了。天空由于光线一下变得清亮深蓝，而突然显得高远，给人一种肃穆的感觉。这样高远辽阔的天空，不是高楼林立的城市的夜空，也不是云层低垂的冬季的夜空，而恰恰是空旷地带的夏夜所特有的。所有这些描绘，都是为启明星的出现做铺垫的。有这样的铺垫，才能用最凝练的笔墨直接写星，而且写得鲜明真切。

写启明星，紧扣住“大”和“亮”的特点写它的光辉，特别是把它放在广漠深蓝的天幕的背景上，更凸显出它那令人注目的“光辉”。作者又通过联想，把它比喻成一盏“明灯”。

4. 课文从哪个角度写海港周围山坡上的灯光？这个段落所写的内容切合《海滨仲夏夜》的题意吗？为什么？

提示：由天空的“明灯”写到城市各处灯。在各处灯中，又用“尤其”一词着重写了周围山坡上的灯光。作者并不直接写那些灯光的灿烂，而是写它们在海面上的倒影，而海又是在晃动着的，因而这静止的灯光倒映在海面上，也晃动、闪烁起来，“像一串流动着的珍珠”。静态的灯火写活了，写美了，写得有生气。把这些倒影和“苍穹里的星斗”比衬，也是抓住了海滨既有辽阔的海面又有空旷的天空这样的特点。由“灯火”点明夜色，由“灯光”的倒影形象表现了“海滨”的特色，这段内容十分切合题意。

5. 文章的最后几段正面写到仲夏夜海滨的人们，作者为什么突出地写了人们的各种声音，而没有写一个个人的形和貌？

提示：（1）从写作的真实性看。人们的种种情景，作者是在幽静的夜色中一路散步看到的，在浓重的夜色中，在随意的一瞥中，无法仔细观察到人们细致的音容笑貌，而给他留下突出印象的，是人们欢乐的声音，是这种笑语声所透露出的发自内心的愉快欢乐的情绪。（2）从全文的结构看。本文是一篇写景的记叙文，仲夏海滨的人们是作为滨海夜景整体的一部分来写的，人在景中，人使景动了、活了，人和景融合成了一体。如果突出写一个个人的形貌，就会显得繁杂，破坏这篇写景记叙文的严谨的结构。

6. 篇末是怎样写海滨的月色的？这篇写景记叙文为什么要在月光的描写中结束？

提示：用了正面描写和侧面描写相结合的方法。例如第 9 段，先正面写月的本身，“是一轮灿烂的满月”，再打比方，放在大海的背景下写：“它像一面光辉四射的银盘似的，从那平静的大海里涌了出来。”接着扩大到四周，写大海里和沙滩上的月光，最后写月下的人群。

本文要描写的是祖国河山一角的美，海上月色是最美的景色；要抒发的是对祖国河山的赞美，要表达的是一种乐观、开朗的情绪，在对皎洁、明亮的月光的描写中结尾，更能表达这种感情。

二、训练内容

（一）“思考和练习”的参考答案

1. 参见“重点难点讨论”的有关提示。

2. 春天来了，大地从冬眠中苏醒过来。微微的春雨，滋润了（干枯）的泥土。（枯萎）的小草，被（和煦）的春风一吹，很快地恢复了它的生命。那些（五彩缤纷）的野花，矗立在草丛中，就像碧天里的星星。

鸟儿在树上跳着、舞着，那（清脆）的鸣叫声，好像在歌唱春天的降临。

（二）综合能力训练

1. 课文用____比喻霞光，用____比喻启明星，用____比喻灯火，这些比喻有什么作用？结合课文具体分析。

请你给下面的事物各找一个比喻句（不要重复课文上的语言）：

（1）天空的晚霞像______________________________

（2）大海的波浪像______________________________

（3）满天的星斗是______________________________

（4）清新的空气犹如____________________________

（5）轻柔的风吹在身上仿佛______________________

2. 下面句子中加点的词，换成括号中的词语好不好？为什么？

（1）西方的天空，还燃烧（映）着一片橘红色的晚霞。

（2）大海，也被这霞光染（照）成了红色。

（3）整个广漠的天空中只有它在那里放射着（发射着）令人注目（灿烂）的光辉。

（4）巷中的“明灯”越来越多了。而城市各处的真的灯光也次第（先后）亮了起来。

（5）海水，轻轻地抚摸（拍击）着细软的沙滩，发出温柔（轻轻）的刷刷声。

（6）瞧，它的空气是多么清新，简直像用什么过滤过似的，一星（一点）灰尘都没有。

三、教学建议

（一）预习指导

1. 开头一句话在全文中起了什么作用？
2. 本篇共画了几幅画？画与画之间是怎样联系起来的？
3. 这些画面各有什么特点？

（二）教材取舍

应将景色层层变化的描写作为本篇教学重点。作者写得细腻、真切，却又不琐碎、沉闷，这一点要让学生仔细品味。修辞手法、正面侧面描写等只需调动学生的知识储备，无须多讲。

（三）新旧知识联系

本篇教学的末尾，可安排一定的时间让学生从内容、结构、表现方法、修辞手法、语言风格等方面比较本单元的四篇课文。在此基础上，作单元总结（总结内容参见本单元的教学建议）。

（四）启迪思维，深究问题

1. 本篇所写的景色变化过程并不很长，却能写得如此细腻、真切，作者靠的是什么？

提示：对周围生活漠不关心的人，是不会认真去观察生活的。只有热爱生活的人，才会细致地、充满情趣地观察生活。没有认真的观察，也就不可能运用妥帖精当的语言来表达。作者靠的是饱满的热情和细致的观察。

2. 各个画面，除了时间推移的线索贯串其间外，还有一条感情暗线，使各个景色片断融合成一个整体，你能具体地分析一下吗？

提示：任何优秀散文，作者的感情总不是冷漠的，总是将自己的感情倾注在描摹的每一笔中。那霞光里燃烧着的，不就是作者对祖国江山的一片深情吗？那闪着亮星的天空，不就是作者一净如洗的襟怀吗？那海里晃动着的，不就是作者在美的享受中所获得的难以名状的愉快吗？令我们心醉、令我们神往的，不就是蕴藏于海滨夜色这“一片自然风景”里的“一个心灵的境界”吗？

（五）
课堂训练方法建议

作者在描写中，脑海里是产生了一些联想的，尽管在文章中没有直接点出。讲析后可引导学生想象，对“浪上霞光”“天穹星斗”“夏夜星海”展开类比联想，联想到类似的场面和事物。

（六）
课外活动建议

学习抓住特点多方面描写景物的方法，进行变景的定点观察，或对一种植物不同生长时间的变化开展观察。观察的时间、场合或物景可由学生自己选定，然后拟出详细的提纲，进行一次口头作文。

四、附录

（一）可参考《峻青同志谈〈秋色赋〉等的写作》，部分内容摘录于下：

> 关于课文节选的问题，大概节选的同志对写景的部分比较欣赏。我觉得教学上有需要，教学生如何写景，如何造句，从写作技巧方面教育学生，从这个角度来讲也是必要的。文章比较长，全部选在课本中也许有困难。但是，如果是看文章的主题思想，那从节选的部分是看不出的。我想，是不是可以两方面都能够兼顾，因为一篇文章的景物描写和内容是分不开的。不是单纯为写景而写景的，节选往往有这样的局限性，单是照顾了文字技巧，而忽视了文章的内容，这也达不到教育学生的目的。
>
> 我的作品很注意景色描写。无论《秋色赋》《海滨仲夏夜》，还是《瑞雪图》，都有大段的景色描写。我喜欢情景交融，但绝不为写景而写景，总是希望把景色描写与文章内容有机地结合起来。
>
> 例如，《傲霜篇》中的菊花，那大段的描写，目的是为了从各个侧面表现英雄人物的性格。《秋色赋》也是这样，写秋天的景色，正是为了写出这些景色怎么可爱，怎么来的，因为三年困难时期，有些人意志消沉，看起来很凄凉，而我并不这样看。《海滨仲夏夜》开头写了威海的景色，写了威海这样一个安静的小城市，主要还是为了写人民的爱国主义思想。

> 我希望学生在学习这几篇课文时，能注意这样几点：要学习老革命根据地的人民是如何对待困难的，学习他们革命的崇高理想和情操。在任何情况下，在任何困难环境中，都要对革命充满必胜的信心。……当然，我还希望学生从课文中学到些遣词造句等写作方面的技巧。

（二）《海滨仲夏夜》未选的段落简介

第 6 段：写在海滨城市的夜色中散步。

第 7 段：写大海变幻的色彩的美。

第 8 段：写山的雄伟、山坡的果树和威海市十里翡翠的葡萄长廊。

第 9 段：写当这儿还是一个荒陌的小渔村时，就燃烧起抗倭斗争的烽火；威海是一座具有反帝爱国传统的英雄城市。

第 10 段：写威海人民是英雄的人民。

第 12—33 段：写来海滩休整的人们谈话，详记一位白发苍苍的老人与一帮孩子的对话。老人的叙述，控诉了帝国主义分子的残暴，描述了老百姓的反帝暴动，斥责了清政府的卖国行径，揭露了国民党反动派在海边残害爱国人民的罪行。对话中也表现了红领巾们爱憎分明的感情。

单元检测

一、听写词语（按记录速度报词语）。

明净　凑巧　幽雅　絮絮叨叨　点缀　黄晕　稀稀疏疏

抖擞　安适　狭窄　宽敞　绯红　广漠　肃穆　舒畅　喧嚣

弥漫

二、给下面的字分别注上音（其中单个的字要注上两个不同的音），并分别组成词或词组。

{慨 {躺 {绵 {梢 {恼 {眨 {散 {躁
{概 {趟 {棉 {稍 {脑 {贬 {撒 {燥　藏　长　和　脉

三、解释下列画线的词在这段话中的意思。

鸟儿将巢安在繁花嫩叶当中，高兴起来了，呼朋引伴地卖弄清脆的喉咙，唱出宛转的曲子，跟轻风流水应和着。

四、填空。

1.《香山红叶》的作者是____，描写采用的是____顺序，以____托喻____。

2.《济南的冬天》的作者是____，描写采用的是____顺序，取了____、____、____、____等景物，表现出济南的冬天________。

3.《春》的作者是____，描写采用的是____顺序，略写了____、____、____，详写了____、____、____、____等景物，表现出春天的________。

4.《海滨仲夏夜》的作者是____，描写采用的是____顺序，次第写了____、____、____和______；主要用了______的修辞手法。

五、说说下列句子中加点的动词用得好在哪里。

1. 小草偷偷地从土里钻出来……

2. 小草儿也青得逼你的眼。

3. 水藻真绿，把终年贮蓄的绿色全拿出来了。

4. 海水，轻轻地抚摸着细软的沙滩……

5. 烟树深处，正藏着北京城。

六、下面一段话中运用了哪些修辞手法？一一具体说出来。

> 千万条银丝，荡漾在半空中，黑油油的田野，披上了迷迷漫漫的轻纱。
>
> 雨落在水库里，像滴进晶莹的玉盘，溅起了粒粒珍珠；雨落在树梢上，像给枝条梳动着柔软的长发；雨落在大地上，卷起了一阵轻烟，土地绽出了一个个笑的酒窝……
>
> 小路，下着雨；山岗，下着雨；稻田，下着雨；四面八方都是雨，发出醉人的清香的雨。

第三单元教学设计

初中语文教材
第四册

这一单元只有一课——“诗三首”。郭小川的《青纱帐——甘蔗林》用实中蕴虚的象征方法写出了革命战争岁月和革命建设年代之间的内在联系，激励读者要保持过去革命斗争的那么一股干劲，为保卫和建设社会主义的新生活自强不息，一往无前。艾青的《黎明的通知》写于民主革命时期，用拟人的方法，激情满怀地“通知”人们：黑暗即将过去，光明马上到来，为了迎接胜利，大家应行动起来。何其芳的《我为少男少女们歌唱》也写于民主革命时期，用直抒胸臆的方法，表达了对新的世界、新的生活的由衷赞美。

这一单元放在散文单元之后，可与散文相比较，领会诗歌的特点；同时，通过联系散文的特点，启发学生懂得从诗歌中学习构思和锤炼语言的方法，同样是写散文（包括记述文）所必需的。

单元的教学要求和教学安排建议，与课文的教学目的和教学设计相同，详见后文。

诗三首

【课引子】

读了一些好的散文之后，人们常说：诗一般的语言，诗一般的构思！可见，散文与诗有着某些相通之处。事实也的确如此。散文家往往都会写诗，许多诗人写出的散文不乏脍炙人口的佳作。我们在比较集中地读了几篇散文之后再来读一读诗歌，大家一定会进一步体会到散文的语言和构思的特点，也可以进一步从诗歌中汲取营养，提高自己的阅读能力和写作能力。

【教学目的】

1. 领会课文运用象征、拟人等多种方法表现巨大的革命热情，对光明和未来的无比向往，以及勇往直前的英雄气概。

2. 理解课文抓住某些具体的形象，展开联想和想象，表现作者思想感情的方法。

3. 学习课文用准确、鲜明、生动的词语和排比、对偶等句式表情达意。

一、教材研究

《青纱帐——甘蔗林》

（一）背景简介

作者郭小川（1919—1976），我国当代著名诗人。出生于河北省丰宁县的一个知识分子家庭，曾在北京读书。1937 年七七事变后参加革命，在王震领导的三五九旅工作，参军后不到两个月就加入中国共产党。当过所在旅的政治部宣传科干事，兼任过教导营的政治教员，后来又担任了司令部的机要秘书。1941 年到延安，后在延安马列学院、中央研究院（文艺研究室）和中央党校学习，度过了难忘的四个半年头。1945 年 10 月到 1948 年 5 月，任故乡丰宁县县长和热西专署民政科长。1948 年夏，调到党的宣传部门工作，担任过中共热辽分局机关报《群众日报》副总编辑，兼任《大众日报》负责人。天津解放时，任《天津日报》第一任编委兼编辑部主任。1949 年 5 月随军南下，曾任中共中南局宣传科副科长，宣传处处长。1953 年 3 月，调到中共中央宣传部任理论宣传处副处长。1954 年夏，调任中共中央宣传部文艺处副处长。第二年，又调任中国作家协会秘书长、党组成员，以后又担任党组副书记。“文化大革命”中受到林彪、四人帮残酷迫害。1976 年 10 月 18 日不幸逝世。

郭小川写了许多歌颂党、歌颂革命的优秀诗歌，如《向困难进军》《将军三部曲》《秋歌》等。《青纱帐——甘蔗林》写于 1962 年，当时我国已经克服了三年严重的经济困难。这一年，作者从南到北访问了许多地方，从群众的斗争、生活和语言中吸取了更加丰富的营养，为自己的创作注入强劲的战斗活力和浓烈的生活气息，写出了《厦门风姿》《乡村大道》《刻在北大荒的土地上》《祝酒歌》等名篇。

（二）疑难词句举要与辨析

1. 青纱帐：“帐”，亦作“障”。夏秋之际，北方高粱、玉米等农作物长成之后，一望无际，好像青纱制成的帷帐。

2. 衷肠：内心的情意。

3. 凛冽：读 lǐn liè，刺骨的寒冷。“冽”与“洌”比较，后者是指水清，如“清洌”。

4. 炽烈：炽热而猛烈。炽，读 chì，不读 zhì。

5. 秸秆：读 jiē gǎn，庄稼的茎。“秆”与“杆”不要混淆。

（三）重点难点讨论

1. 题目：《青纱帐——甘蔗林》中的“——”是什么符号？有什么作用？

提示：用这样的题目，简明而发人深思：“青纱帐”与“甘蔗林”到底有什么联系呢？——这正是诗人要告诉读者的内容。

2. 作者究竟为什么要将二者用连接号连在一起呢？

提示：(1) 二者在外形上有相似之处。(2) 更为重要的是，二者有着内在联系：① 北方的青纱帐，作者用来象征过去革命战争年代；南方的甘蔗林，作者用来象征今天的革命建设岁月。②“青纱帐”培育了无数革命者，迎来了革命斗争的胜利；“甘蔗林”也同样培育着一代新人茁壮成长。③ 没有昔日的“青纱帐”，就没有今天的“甘蔗林”；今天的“甘蔗林”，又是新时代的“青纱帐”。

3. 诗歌第 1 段中写道，“北方的青纱帐啊，你至今还这样令人神往”。诗歌是怎样具体写出这种“神往”的？

提示：第 2、3 两段，是具体回答。“染上战斗的火光”，说的是在青纱帐里经受了战争的锻炼和考验；“浴过壮丽的朝阳”，说的是在青纱帐里得到了党和马列主义、毛泽东思想的哺育、培养；“生出翅膀”，说的是在青纱帐里获得了生命的活力和无穷的力量；“炼成纯钢”，说的是在青纱帐里受到锻炼，变得无比的坚强。“我的……”“我的……”，一连串偏正词组反复铺陈，加上省略号的运用，说明了“我”以及与“我”有关的一切无不从青纱帐里汲取营养。“青纱帐”，指的不只是北方具体的庄稼林，它是党领导下的北方革命根据地和革命战争岁月的象征。一提起它，我们就会想起过去革命战争时期那难忘的峥嵘岁月。作者就是用了上面所说的那些形象的语言，具体地写出了“神往”的原因。

4. 诗歌第 1 段又说，“南方的甘蔗林哪，你竟如此翻动战士的衷肠”。课文哪几段讲了这个内容，怎样讲的？

提示：第 4—6 段，写甘蔗林，具体回答上述问题。在第 2、3 两段，作者直抒胸臆，感情比较外露。在这几段，作者的语言比较含蓄，感情更为深沉。作者在这里将北方的青纱帐与南方的甘蔗林作了生动的比较，在比较中突出了甘蔗林的甜、香、美、亮，突出了甘蔗林有着“大气的芬芳”“朝雾的苍茫”“欢欣的吟唱”“节日的盛装”，多么美好，多么恬静，多么欢乐，多么繁荣！相比之下，北方的青纱帐又是多么严峻（满怀凛冽的白霜），多么动乱（充溢炮火的寒光），多么紧张（只听见心跳的声响），多么艰苦（只看到破烂的衣裳）！读着这样的诗句，你想到的难道只是具体的“甘蔗林”？你难道不觉得这是作者在为我们社会主义新中国的幸福美好而放声歌唱？“甘蔗林”，这不正是今天社会主义祖国的缩影或象征？

但是，必须看到，没有昔日的斗争，哪来今天的胜利？没有昔日的艰苦，哪来今天的欢乐？这正是作者“衷肠”翻动的主要原因！在这里，有声有色，动静结合，南方北方，过去现在，两种生活，两个时代，对比何等鲜明，情景多么不同，可又融合、统一得何等协调！这样的诗句，不仅形象生动，而且富有哲理，发人深思。

5. 既然青纱帐与甘蔗林是两个时代的象征，诗人在第7段又为什么要将二者糅合起来呢？

提示：第7—9段，是作者进一步点明二者的内在联系，表达了作者不忘昔日，继续革命的决心和抱负。风暴、雷声……这些形象，一语双关，具体说明了无论北方还是南方，无论过去还是现在，对一个革命者来说，到处都可以经受锻炼，获得教育，吸取营养，得到成长。这些诗句启迪着读者：今天，我们虽然已经取得了伟大的胜利，但是不能忘记，前进的路上还有着“风暴”和“雷声”，祖国辽阔的天地正等待着我们去建设、打扮、装点。我们只有像过去的革命者一样，才能继续受到“光华”的照耀和“琼浆”的滋养。

6. 第10段，作者为什么离开了青纱帐和甘蔗林去写人？这是不是离题？

提示：不能说是离题。作者是写生活在“甘蔗林”中的新老战士昂扬的斗争精神。这样的战士，正是“青纱帐”哺育的结果，也是“甘蔗林”滋养的结晶。在这里，作者由物及人，将人和物结合在一起写，更增添了诗歌的现实性和战斗性。有了这样的战士，一旦敌人挑衅，今天的“甘蔗林”就又会变成昨天的“青纱帐”，变成杀敌的“锐利的刀枪”，织成置敌于死地的“强大的罗网”！有了这样的战士，什么困难不能克服，什么敌人不能战胜呢？真正的革命者，既然热爱过去的战斗生活，也就一定热爱今天的战斗生活，因为过去与现在之间有一条革命的道路贯通着，紧紧相连。我们的革命者将一代一代沿着这条路大步前进。

（四）启迪思维，深究问题

《青纱帐——甘蔗林》的写作意图是什么？这样的意图在表现时有何特点？这样的表现方法好在哪里？

提示：（1）课文由甘蔗林引出青纱帐，又由青纱帐回到甘蔗林，然后将二者结合在一起进行描画，从而形象地抒发了这样的思想感情：过去的革命斗争是为了今天的幸福生活，今天生活在幸福之中的革命者不忘过去的革命斗争。经过斗争考验的新老革命战士沿着党所指引的方向，敢于斗争，敢于胜利，永远革命，永远前进。这既是作者的决心和感受，也是作者对人们的激励和教育。这就是作者的写作意图。（2）作为文学作品，诗要以形象感人。作者在这首诗中写了两个地方，两种时代，两代革命者。作者撷取“青纱帐”和“甘蔗林”这两个富有特色的具体事物来写，容易引起读者联想。将二者结合起来，人们读后就会觉得诗歌处处在写“物”，又处处不限于“物”。这样，景中有情，物中有意，寓情于景，寓意于物，把丰富的思想感情蕴含在生动的形象之中，诗歌要说明的道理就不致空泛。

《黎明的通知》

（一）背景简介

作者艾青，原名蒋正涵，号海澄，浙江金华人，1910 年生。少年时代受五四文学革命的影响，初中毕业后考入杭州国立西湖艺术院。1929 年赴法国学习绘画，后因爱好法国著名诗人波德莱尔和兰波的诗作，放弃美术，开始写诗。1932 年回国，在上海参加中国左翼美术家联盟。7 月，因思想激进被法国巡警逮捕入狱，狱中以艾青为笔名创作了长诗《大堰河——我的保姆》（1933 年），轰动了当时的诗坛。抗日战争期间，写了《复活的土地》。抗战全面爆发后，加入中华全国文艺界抗敌协会。长诗《向太阳》《火把》是这一时期的代表作。1941 年皖南事变后到达延安。1945 年加入中国共产党。这一时期的代表作有《愿春天早点来》（1944 年）、《献给乡村的诗》（1945 年）、《反法西斯》（1946 年）、《黎明的通知》（1948 年）、《舵手颂》（1948 年）等。1949 年后，曾任《人民文学》副主编，并当选为第一届全国政协候补委员、中国文联委员、中国作协理事、中国美协理事。由于被错划为右派分子，艾青沉默了二十多年。1978 年，发表了《红旗》，继而又创作了《在浪尖上》《光明的赞歌》等。曾任《诗刊》编委、中国文联委员、中国作家协会副主席等职。

（二）疑难词句举要与辨析

1. 垃圾：圾，读“jī”，不要读成“xī”。

2. 畜棚：畜，作动词读“xù”，如“畜养”；作名词读“chù”，如“畜生”“牲畜”。课文中与“鸡埘”相应，应读为“chù”。

3. 污秽：秽，读“huì”，不要读成“suì”。

4. 殷勤：这儿是热情而周到的意思。

5. 鼾：读“hān”。

6. “因正义而战争”：在这里，“因”有“为”的意思，不是表原因，而是表目的。

7. 渗合：这里有渗透、混合的意思。渗，读“shèn”，与“掺（chān）”不同。

8. 虔诚：虔，读“qián”，恭敬而有诚意。

（三）重点难点讨论

1. 根据内容和结构，题目《黎明的通知》可以有几种理解？课文是哪一种？

提示：可以有两种理解。（1）黎明发出的通知，即由“黎明”通知大家；（2）通知的内容是“黎明”，即关于黎明的“通知”。前者如《我的回忆》，后者如《母亲的回忆》（朱德）。课文应按第一种理解，作者将“黎明”当作人来写，用的是拟人手法。

2. 黎明发出的通知包括哪些内容？

提示：（1）告诉大家“我”从哪里来；（2）告诉大家“我”将

带来些什么；（3）告诉大家应该怎样欢迎“我”。

3. 诗歌写“黎明”通知了哪些人？为什么要这样写？

提示：诗歌从不同的角度，写“黎明”通知了城市里的人，又通知了村庄里的人；通知了女人，又通知了男人；通知了年轻的男女，又通知了母子；通知了病者、产妇，又通知了老人、负伤者、难民；通知了一切不幸者，又通知了一切爱生活的人。这样，从不同的地域，不同的身份、年龄、性别、性格等许多方面，把应该通知到的都写了进去，其目的就在于唤起所有的人，希望大家行动起来，满怀信心，迎接光明。

4. 在这首诗里，“黎明”比喻什么？作者写这首诗的用意何在？

提示：“黎明”是用来比作解放、自由、胜利、幸福的。作者运用这一鲜明的通俗的形象，告诉人民翻身得解放的日子即将来到。这是作者坚信革命必胜的科学预言，也是广大人民对胜利到来的强烈渴望。

《我为少男少女们歌唱》

（一）背景简介

作者何其芳（1912—1977），四川万县（今重庆市万州区）人。1935 年毕业于北京大学哲学系。1938 年夏到延安，在鲁迅艺术学院任教，不久加入中国共产党。后任鲁艺文学系主任。1944 年至 1947 年，两次被派到重庆工作，曾任中共四川省委委员、宣传部副部长、新华日报社副社长等职。中华人民共和国成立后，任第一、二、三届全国政协委员，当选第三届全国人大代表。历任全国文联委员、中国作协理事和书记处书记、中国社会科学院文学研究所所长等职。著有诗集《预言》《夜歌和白天的歌》等，散文集《画梦录》等，文艺论文集《关于现实主义》《论〈红楼梦〉》《关于写诗和读诗》《文学艺术的春天》等。《我为少男少女们歌唱》写于 1941 年。

（二）重点难点讨论

1. “少男少女”，用现在的话，应当怎样说？作者为什么要为他们歌唱？

提示：“少男少女”，就是现在所说的男女青年。这是从文言文沿袭而来的用法。在文言文中，“少年”，指的就是现在所说的青年。诗歌第1段，从“早晨”“希望”等不同侧面，表达了对新生活、新世界的赞美与向往；而青年正是祖国的未来，他们正创建着“那些属于未来的事物”，体现了“正在生长的力量”。因此，作者要为少男少女们歌唱。

2. 对于少男少女，诗人抱着怎样的希望？

提示：在第2、3两段，诗人用“飞”“找”等形象化的词语，希望少男少女都与诗人一起，去赞美并迎接新的生活、新的世界。

3. 怎样理解诗歌的最后一段？

提示：这一段写出了为少男少女们歌唱的感受。由于诗人对未来满怀信心，因此“变得年轻”，血“流得很快”。在这里，诗人既表达了自己对美好未来的信念，又进一步用未来激发读者特别是青年人，以引起强烈的共鸣。

（三）启迪思维，深究问题

1. 将“诗三首”与散文单元的几篇课文比较，看一看二者的异同。

提示：（1）相同处，都注意精巧的构思，语言讲究锤炼，感情较强烈；（2）不同之处，诗歌的跳跃性大，语言的音乐性强（如押韵、对偶、排比、反复、铺陈），一般分行，散文则不必。

2. 将这三首诗比较一下，说一说它们的不同特点。

提示：《青纱帐——甘蔗林》主要用象征手法，在将青纱帐与甘蔗林作对照的时候，采用对偶、排比等整齐的句式，揭示了事物的内在美；句式匀称，韵脚响亮，一韵到底。《黎明的通知》用的是拟人手法，诗人在通知各种人迎接黎明时，描绘了一幅幅有声有色的图画，形象地勾勒了各种人迎接黎明的神态、动作和心情；节奏自由，有清淡而深沉的散文美。《我为少男少女们歌唱》是直抒胸臆，语言隽永、深刻而又形象，像一首优美的乐曲，音量虽不宏大，感情却很沉郁，能印入读者的心田，唤起心灵的共鸣。

二、训练内容

（一）“思考和练习”的参考答案

参阅“重点难点讨论”。

（二）综合能力训练题

1. 填空

风暴是________，雷声也________，

无论哪里的____，都一样能________；

太阳是________，月亮也________，

无论哪里的____，都一样能________；

____是一样地明澈呀，雨水也______，

无论哪里的____，都一样是________；

____是一样地高远呀，大地也______，

无论哪里的____，都一样是________。

（填好之后，找出几组对称的词、词组和句子，并说一说运用了哪几种修辞方法。）

2. 说一说下面一首诗的含义。

树

艾　青

一棵树，一棵树
彼此孤立地兀立着
风与空气

告诉着它们的距离

但是在泥土的覆盖下
它们的根伸长着
在看不见的深处
它们把根须纠缠在一起

1940 年春

3. 从以下的题目中选择一个，或自拟题目，写小作文一篇，注意学习《青纱帐——甘蔗林》的构思方法。

《车轮滚滚》（由今天的汽车、火车，想到过去的独轮车、大板车等，写出前后事物的内在联系，注意要有思想上的深度）

《路》（眼前的路，过去的“路”，将二者联系在一起，不也是很有可写的内容吗？）

《在高楼上》（高楼引起的遐想，遐想的内容要与房屋有关）

（三）课外活动建议

要求学生从《郭小川诗选》《艾青诗选》或别的诗选（如上海教育出版社出版的《青春诗选》）中选择自己最喜欢的诗，在适当的集体场合（如班会、班级活动）朗诵。

三、教学建议

（一）预习指导

重点预习第一首，要求学生理解题目中连接号表达的意思，说一说将二者连接起来有什么作用。

预习时，要求学生反复朗读，至少三遍。

其余两首作为阅读课文，不必预习。

（二）教材取舍

第一首，要着重理解诗的构思和排比、对偶的句式；第二、三两首，不必过细分析，只要在朗读中了解它们所表达的思想感情即可。

（三）教学设计

用诗歌的“形象”与“形象”表达的抽象思想作比较，是教学的基本方法之一。因此，要引导学生挖掘诗句所体现的思想，然后再回过来看一看诗歌如果就是讲几句抽象的话好不好，是什么道理，以此加深学生对诗歌特点的理解。

在教学时，可先提一些启发性的问题（参见前文），让学生带着问题朗读，然后一起讨论、研究、归纳，再用朗读巩固。最后，用小作文巩固所学知识，使读写结合，将知识转化为能力。

四、附录

参考书目：

1.《中国新诗选》（臧克家编选，中国青年出版社 1956 年版）

2.《青春诗选》（上海教育出版社“中学生文库”1982 年版）

第三单元检测题

阅读下面一首臧克家写的短诗，然后运用所学知识回答问题。

老马

总得叫大车装个够，
它横竖不说一句话，
背上的压力往肉里扣，
它把头沉重地垂下！

这刻不知道下刻的命，
它有泪只往心里咽，
眼里飘来一道鞭影，
它抬起头来望望前面。

1932 年 4 月

问题：

1. 写出这首诗的韵脚（把押韵的字找出来，并注上拼音）。

2. 说说诗中加点的字用得好在哪里。

3. 说说作者对老马怀着怎样的感情（要以诗歌的语句为例），作者写老马的意图是什么；对于老马的这种遭遇，你读了以后有什么感想。

第五单元教学设计

初中语文教材
第六册

本单元包括《地质之光》《二六七号牢房》两篇课文。这两篇课文都是报告文学。报告文学是一种常用的新闻文体，它具有一定的新闻性，要求内容真实，反映及时，富于时效性；又具有文学性，讲究一定的情节安排、性格刻画、环境描写以及必要的细节描写。两篇课文都注意选择几个典型的具体材料来表现人物的精神品质，采用夹叙夹议的方法，语言生动，富有感情色彩。

《地质之光》按人物活动的时间顺序写，并以谈话、演说（人物语言）构成作品的主要内容。

《二六七号牢房》以第一人称写法，把作者在特定环境——二六七号牢房中的所见所闻所感直接向读者描述，亲切、真实，富有说明力和感染力。

（一）
单元教学要求

1. 以范文所写人物的精神品质，激发学生热爱祖国，献身“四化”的思想感情。

2. 学习在记叙中恰当地插入描写、议论、抒情等表达思想感情的写法。

3. 了解报告文学的一般特点。

（二）
单元教学安排建议

第一种，讲读。

在默读、朗读的基础上，围绕教学重点，拟出若干讨论题，在学生口议的基础上，教师逐点归纳小结并作单元总结。

第二种，比较。

从选材、写法、语言等方面比较这两篇文章的异同，教师在学生议论的基础上进行单元总结。

《地质之光》

【课引子】

之一：（由简介李四光生平导入）李四光是我国著名的地质学家。青年时，公费留学日本学造船，后又留学英国学地质，想以自己学得的本领帮助祖国富强起来。但国民党反动派政府对李四光的科研工作不但不予支持，反而设置种种障碍。他坚持真理，勇攀科学高峰，经过相当艰苦的历程，创立了一门新的科学——地质力学。1948 年，他应邀去伦敦参加第 18 届国际地质会议。同年，沈阳解放，当时还在伦敦的李四光兴奋异常，在朋友的帮助下，他摆脱了国民党反动派的阻挠，离开英国，经法国到瑞士。1950 年 5 月，他终于克服重重困难，回到北京。李四光回到祖国后，在党的关怀、教育和支持下，为祖国社会主义建设做出了巨大的贡献。

之二：（由了解报告文学的一般特点导入）今天我们学习一篇报告文学作品，题目叫《地质之光》。以前，我们学过报告文学作品没有？（学生回答：学过《谁是最可爱的人》）请同学们考虑一下，报告文学有哪些特点？（学生回答后，教师归纳）报告文学是一种常用的新闻文体。它把现实生活中具有典型意义的真人真事，作适当的艺术加工，及时地报道出来。报告文学具有一定的新闻性，要求内容真实，反映及时，富有战斗性；又具有文学性，讲究一定的情节安排、性格刻画、环境描写以及必要的细节描写。

【教学目的】

1. 了解毛主席、周总理对李四光的亲切关怀以及李四光为发展我国地质事业所作出的杰出贡献。

2. 使学生领会并学习课文引用人物语言表现人物音容笑貌（气魄、风度）的写法。

3. 学习课文在大段的演讲、谈话的间隙插入作者精练的抒情、议论、描述的写法。

一、教材研究

（一）背景简介

作者徐迟，是诗人，又是报告文学作家，中国作家协会理事。原名徐商寿，1914 年生于浙江吴兴（今湖州）。双亲都是教师，本人也曾在家乡当过五年的小学和中学教师。1933 年开始在上海的《现代》

杂志上发表作品。早期的作品主要是诗歌和散文。1936 年出版第一部诗集《二十岁人》。后又出版诗集《最强音》和散文《美文集》、特写集《狂欢之夜》，并翻译了雪莱的诗选《明天》、莫德的《托尔斯泰传》、爱伦堡的《巴黎的陷落》等。中华人民共和国成立后，曾作为《人民中国》和《人民日报》的特约记者两次到朝鲜战场，四次到鞍钢，六次到长江大桥工地，在全国各地旅行，跑了大半个中国，出版诗集《战争，和平，进步》、《美丽，神奇，丰富》和《共和国之歌》，论文集《诗与生活》，特写集《我们这时代的人》和《庆功宴》。1957 年至 1960 年，任《诗刊》副主编。1962 年发表一系列水利建设的特写。粉碎“四人帮”后，在一个时期内致力于报告文学的创作，发表了《哥德巴赫猜想》《生命之树常绿》《在湍流的涡旋中》《地质之光》等，又结集为《哥德巴赫猜想》出版。

（二）
疑难词句举要与辨析

1. 绵延：延续不断。“延”不可误写成“廷”，偏旁是“廴”，不是“辶”。

2. 屏障：像屏风那样遮挡着的东西。

3. 英姿勃勃：英俊威武，精神旺盛的样子。

4. 谈笑风生：有说有笑，谈话谈得高兴和谐。“生”不能误写成“声”。

5. 倾心：本文中意为拿出真诚的心。

6. 索性：干脆。

7. 悉心：尽心。

8. 扉（fēi）页：书刊封面之内印着书名、著者等项内容的一页。

9. 毫厘不爽：形容一点不差。毫、厘，都是很小的计量单位；爽，差失、不合。“毫”不能误写成“豪”。

10. 动容：脸上出现受感动的表情。

11. 低首心折：形容心悦诚服。折，折服。“折（zhé）”不能误读成“shé”，不能误写成“拆（chāi）”或“析（xī）”。

12. 神采奕（yì）奕：形容精神饱满，容光焕发。奕奕，精神焕发的样子。“奕”不可误写成“弈”。

（三）
重点难点讨论

1. 课文记叙了李四光多少年间的活动情况？主要选取了哪几件事加以具体细致的叙写？

提示：课文中记叙了李四光回国后近二十年间的活动情况。从1950年5月6日写到1969年，从李四光六十岁写到八十岁，这是他一生中最重要的一段经历，他的生活、思想、科研发生了深刻的变化，进入一个新的生活阶段。在这近二十年中，作者选取两次谈话和两次会议以及李四光主持工作的地质部取得的巨大成绩作为叙写的重点，写李四光在两次会议上的讲话，集中讲述了他在地质科研的理论和实践方面的新发展，为祖国社会主义建设做出的巨大贡献；写两次谈话，具体形象地写出了李四光取得这些新发展与巨大贡献的力量源泉——党的关怀、教育与支持。

2. 课文第2段集中写了李四光从北京饭店四楼看到的西窗外和南窗外的景色，作者为什么要写这些景色？是怎样描写这些景色的？

提示：作者写李四光所看到的这些景色，是为了反映李四光从国外回到祖国首都北京开始新生活后激动、兴奋、喜悦的心情。由此可见，通过人物眼中所见的景色反映人物的内心活动，是写景的作用之一。作者先写看到的西窗外景色：近处的“金光灿灿的天安门城楼”和远处的“绵延的燕山褶皱带”；再写看到的南窗外景色：近处的“正阳门、崇文门的城楼”和远处的“天坛圆顶”，由近及远，写得层次分明，井然有序。

3. 本文写的是真人真事。作者写人，除了写人的动作、神态外，主要是记叙人的谈话，恰如其分地表现谈话者的气魄和风度，使读者如闻其声，如见其人。课文怎样写周总理的动作、神态？周总理与李四光的谈话说明了什么？表现了周总理怎样的气魄与风度？

提示：“总理满面笑容，英姿勃勃，目光炯炯地大踏步走进房间来，紧紧地握住了他的手。”“总理又环顾室内，和许多在座的老同志点头招呼，谈笑风生。”“他们谈话中不时爆发出大声的笑……”对总理的这些动作、神态的描写表现了总理矫健英武的身姿以及他对同志亲切和蔼、热情爽朗的性格。周总理与李四光的谈话，说明了他对李四光政治上的高度信任，对李四光的身体健康无微不至的关怀，对李四光的成就和学识的高度评价；对李四光“婉转地评论”和“具体地建议”更表现了总理对一位杰出的科学家的殷切期望和对祖国科学事业的高度责任感。总理的这一番谈话表现了他伟大的无产阶级政治家的气魄和风度。

（四）
启迪思维，深究问题

本文内容几乎全由谈话和演说构成，作者只是在转述这些谈话和演说。这样的题材，作者是怎样把它写得生动活泼、引人入胜而无枯燥乏味之感的？

提示：（1）作者转述这些谈话和演说的前头、中间、末尾，插入自己精练的叙述、描写、议论和抒情；（2）写出每次谈话的不同气氛；（3）写出每次谈话中人物的音容笑貌、风度仪态、思想感情。

二、
训练内容

（一）
“思考和练习”的参考答案

1.、2. 参见“教材研究”。

3. 提示：“李四光这一生中还从来没有过一次这样舒畅和快乐的

谈话。”——这一句点明情况的话是在周总理和李四光的谈话中间出现的，写出了周总理的关怀在李四光心头引起的反应，强调了党对科学事业的关怀。

“这一席话，说得听者动容，低首心折。”——这一句点明情况的话出现在周总理和李四光的谈话结束后，表现了总理谈话的巨大力量和李四光心悦诚服的兴奋心情。

“那是怎样的一个回答！多好的一个回答啊！”——这一论断性的议论出现在李四光回答毛主席的垂询前面，赞美了李四光卓越的识见。

“这时，中南海上，轻尘不飞，勤政殿前，纤萝不动。”——这一句点明情况的话出现在毛主席接见李四光的谈话中间，渲染了接见的庄严气氛，表现了党对科学事业的巨大关怀。

“李四光用他的学识，他的智慧，为我国描绘了多么美丽的石油、煤炭、金属、非金属、稀有元素、分散元素等矿产资源的远景啊！”——这一带有抒情成分的论断性议论出现在毛主席接见李四光的谈话末尾，强调了李四光的远见卓识对我国社会主义建设事业的重大意义。

（二）
综合能力训练题

1. 讲述所知道的关于李四光的小故事。

（讲前教师可引导学生阅读介绍李四光的有关文章，观看影片《李四光》，要求学生讲述时声音响亮，口齿清楚，有一定的表情。讲述后，可组织学生根据上述要求进行评论。）

2. 把下列词语连成一段文字，简要评述周总理的光辉形象和崇高品质。注意：要有评有述。可先总述后总评，也可以边述边评。词语的次序可以灵活安排。

满面笑容　英姿勃勃　目光炯炯　谈笑风生　问寒问暖　悉心关怀　婉转　建议　环顾　亲切

3. 课文在转述李四光的讲话中谈道："宋朝的大科学家沈括在《梦溪笔谈》中写着，中国的石油将'大兴于世界'。虽然他说的其实只是要肤施油墨来代替黄山松墨而已，但他说了这个很好的预言。"阅读下面这篇文章，然后说出其大意。

石油

鄜延境内有石油，旧说高奴县出脂水即此也。生于水际沙石，与泉水相杂，惘惘而出。土人以雉尾裛之，乃采入缶中，颇似淳漆。燃之如麻，但烟甚浓，所沾幄幕皆黑。

予疑其烟可用，试扫其煤以为墨，黑光如漆，松墨不及也，遂大为之。其识文为"延川石液"者是也。

此物后必大行于世，自予始为之。盖石油至多，生于地中无穷，不若松木有时而竭。今齐、鲁间松林尽矣，渐至太行、京西、江南松山太半皆童矣。造煤人盖未知石烟之利也。石炭烟亦大，墨人衣。予戏为延川诗云："二郎山下雪纷纷，旋卓穹庐学塞人。化尽素衣冬未老，石油多似洛阳尘。"

(三)
课外活动建议

1. 阅读报告文学集《哥德巴赫猜想》中的《哥德巴赫猜想》《生命之树常绿》等报告文学作品，比较它们与《地质之光》在选材、写法等方面的异同。

2. 组织学生观看影片《李四光》。

3. 收集材料并加以整理，写一篇报道一位先进人物的文章。

三、教学建议

（一）预习指导

1.《地质之光》这个题目的含义是什么？

2. 阅读《地质之光》全文，了解这篇文章前四个部分的内容。

3. 这篇文章是按什么顺序写的？作者选取了哪些具有典型意义的事实？

4. 文章是怎样通过记叙人物的谈话来表现谈话者的气魄与风度的？

（二）教材取舍

本文在记述李四光回国后近二十年的经历中，选取了毛泽东同志、周恩来同志与他的两次谈话以及他的两次学术报告为重点。在重点记叙中，本文又着重通过人物的语言表达人物的思想感情，而且在叙写人物谈话时，又辅以描写、议论、抒情，加以渲染，使人物形象栩栩如生。教学时，应根据学生实际，把上述内容作为教学重点；而对于课文中所涉及的科学术语以及周总理和李四光关于地质力学方面的谈话，因是深奥的理论，学生难以理解，故在教学中简略带过即可。

（三）教学设计

课前简要介绍李四光的动人事迹。

采取围绕教学重点，教师提出思考题，学生自学、思考、议论，最后由教师加以归纳、点拨的方法。

安排三课时。

四、附录

1. 关于李四光

李四光（1889—1971），湖北黄冈人，我国著名地质学家。青年时，公费留学日本学造船，后又留学英国学地质，想用自己的本领帮助祖国富强起来。回国以后，应蔡元培先生之请，任教北京大学地质系。教书严肃认真，对学生要求也很严格，但不讲究衣着，有时裤子破了也不在乎，有的学生开玩笑地叫他“破裤子先生”。1927 年，由于在地质研究上的初步成就，获英国伯明翰大学授予的科学博士学位。在科研中，他坚持真理，不畏强暴，坚持与敌视中国的帝国主义国家地质“权威”以及中国买办式的“学者”做斗争，富于民族气节。同时，他又十分注意学习、吸取外国先进科研成果以为我所用。但国民党反动政府对李四光的科研工作不但不给予支持，反而经常设置种种障碍。李四光曾愤然说：“中国这样大，却无我容身之地！”1934 年，趁中英交换教授作学术报告的机会，他去英国讲学，深得英国地质学界的重视。他把讲稿整理成书，名为《中国地质学》，在伦敦出版。1936 年，取道美国回国。全面抗战时期，鉴于他在学术界和教育界的声望，蒋介石在庐山、重庆多次想以教育部长之类高位来拉拢和收买他，他都托故拒绝了。在重庆期间，他两次见到周恩来同志，这使他进一步了解到中国的光明前途，并更加向往延安。1948 年，受邀去伦敦参加第 18 届国际地质会议。11 月初，沈阳解放，他兴奋异常，立即开始做回国的准备工作。正在这当口，蒋介石密令国民党驻英使馆，要李四光发表声明，拒绝共产党政府给予的全国政协委员的职务；如果李四光不肯发表声明，就扣留他。李四光在朋友的帮助下，得知这个消息后，当机立断，连夜离英，经法国到瑞士。临走前，他给国民党驻英大使留下一封信，大意是："我决不发表你们要我发表的声明。我要立即返回祖国去。"他还劝告那个大使认清大势，不要再为蒋介石效劳了。1950 年 5 月，李四光克服了种种艰难险阻，回到北京。

2. 关于《地质之光》

《地质之光》全文共分六部分：第一部分写李四光在 20 世纪初到 1947 年的遭遇与在地质方面的优异成就，创建了地质力学这门新的科学；他对国内政治形势的基本态度（反对国民党的黑暗统治，向往光明的前景）；他准备参加 1948 年于英国伦敦举行的国际地质会议。第二部分写李四光以革命热情，进一步充实和丰富地质力学的理论，以强烈的感情宣告了新华夏构造体系的诞生。第三部分写李四光在友人的帮助下，摆脱国民党反动派的阻挠，从伦敦到瑞士准备回国的经过。第四部分写李四光在归国途中的经历以及他在归途中研究地质构造、撰写科学论文的生动事迹。课文节选的第五、六两部分集中描述了李四光回到祖国后，在毛主席和周总理的关怀、教育和支持下，为祖国社会主义建设做出的巨大贡献。

文章以"地质之光"为标题，象征着李四光一生热爱祖国，热爱共产党，热爱科学，坚持真理，追求光明，刻苦钻研，勤奋工作，为祖国社会主义建设，对世界地质科学发展做出的杰出贡献。他的一生是闪闪发光的一生。

《二六七号牢房》

【课引子】

之一：上学期，我们学过《坚强的战士》这篇课文。请同学们回忆一下，林红在狱中教林道静、俞淑秀唱的那首囚歌的内容是什么？（学生回答后，教师引导）在黑暗如漆、腥秽如血的年代里，多少革命者被敌人逮捕入狱，但任凭敌人怎样虐待，他们的“热血依旧在沸腾”；敌人的残酷折磨、严刑拷打丝毫也不能动摇他们的斗志，“牺牲的虽然牺牲了，活着的依然在战斗”；他们坚信：“总有一天，红旗将随着太阳红遍全球！”中国的革命者是这样，外国的革命者也是这样。

之二：（学生读课文注释①后，教师补充）伏契克工人家庭出身，18 岁就加入共产党。1928 年，受党指派，担任捷共中央机关报《红色权利报》的编辑。《绞刑架下的报告》是伏契克被囚禁在庞克拉茨监狱时，在身受酷刑，又被严密监视的艰难情况下秘密写成的。当时的一个爱国看守冒着生命危险向伏契克提供纸和铅笔，然后又把写满字迹的纸张秘密带出狱外，分藏各处。捷克斯洛伐克解放后，伏契克的妻子古丝达·伏契克娃将文字汇集整理出版。《绞刑架下的报告》不是普通的报告文学作品，而是一部壮丽的英雄史诗。它深受捷克斯洛伐克人民甚至全世界人民的热爱，1950 年荣获国际和平奖的“特别荣誉奖”，现已被世界各国译成各种文字，出了一百六十多种版本，在全世界产生了巨大的影响。

【教学目的】

1. 学习反法西斯战士团结战斗、坚贞不屈的高贵品质与对共产主义事业充满信心的革命情操和乐观主义精神，认识德国法西斯凶残、怯懦的本质。

2. 领会本文采用第一人称和叙事、抒情相结合的写作特点。

一、教材研究

（一）背景简介

本文节选自《绞刑架下的报告》。作者伏契克是捷克斯洛伐克作家，著名的反法西斯战士。1903 年，他工人家庭出身，一生爱好音乐、戏剧和文学。18 岁时加入共产党，并担任大学生共产主义组织的领导工作。1928 年，捷克斯洛伐克反动当局疯狂镇压工人运动，向共产党发动全面进攻。在这期间，伏契克受党委托，担任捷共中央机关政治和文化周刊《创造》的总编辑与捷共中央机关报《红色权利报》的编辑和记者。这以后，他为了斗争的需要，一直过着半公开半地下的生活。1938 年 9 月，捷克斯洛伐克卖国政府接受了《慕尼黑协定》。1939 年 3 月 15 日，德国法西斯完全占领捷克斯洛伐克，伏契克（当时已是党中央委员）被迫转入地下，继续留在布拉格领导对敌斗争。1941 年春，党的第一个中央委员会被破坏。在艰难的情况下，他和另外两名中央委员一起建立了第二个中央委员会，并负责政策指导和新闻宣传，继续领导捷克斯洛伐克人民与法西斯匪徒进行斗争。1942 年 4 月 24 日，由于叛徒出卖，他不幸被捕，被关押在布拉格东郊庞克拉茨监狱的二六七号牢房里。在狱中，法西斯匪徒以极残忍的手段折磨他，企图使他屈服。他面对法西斯的酷刑和屠刀，视死如归，表现了共产党人宁死不屈的革命气节和百折不挠的斗争精神。特别是在如此艰难的条件下，他竟以惊人的毅力和勇气，写下了不朽名著《绞刑架下的报告》。作品手稿在爱国看守克灵斯基帮助下一页页被带出监狱，存放各处。1945 年捷克斯洛伐克解放后，才由伏契克的妻子古丝达·伏契克娃整理出版。1943 年 6 月 9 日，《绞刑架下的报告》刚刚写完最后几行，伏契克便被接走了，后又辗转被押往柏林。1943 年 9 月 8 日，柏林法西斯法庭判处伏契克死刑。他高唱《国际歌》英勇就义。

（二）
疑难词句举要与辨析

1. 褐（hè）色：黄黑色。“褐”的偏旁是“衤”，不是“礻”。

2. 枢（shū）纽：事物的关键。“枢”不能误读为“qū”。

3. 肘（zhǒu）：上臂和前臂相接处向外面突起的部分。“肘”不能误读为“cùn”。

4. 炖（dùn）：加水烧开后用文火久煮使烂熟（多用于肉类）。

5. 草拟（nǐ）：起草，初步设计。“拟”不可误读成“sì”或“shì”。

6. 栅（zhà）栏：用铁条或木条做成的类似篱笆而较坚固的东西。“栅”不能误读为“shān”。

（三）
重点难点讨论

1. 布拉格庞克拉茨监狱二六七号牢房是法西斯囚禁革命者的地方，课文从哪些方面揭露了法西斯摧残革命者的残暴罪行？

提示：牢房内的生活环境恶劣（牢房狭小，陈设简陋），囚犯们精神上受摧残（“连人都机械化了，像是些自动机器”；“弹簧似地跳起来，直挺挺地站着”），肉体上受折磨（除遭严刑拷打外，还要受饥挨饿：“我们的肚子饿得叽里咕噜地叫”；“洗澡时都露出皮包骨头的瘦样子”；“那掺着稀番茄汁的令人作呕的干菜粥也成了我们渴望的美味”）。

2. 作者反复交代：“从门到窗子是七步，从窗子到门是七步。”“走过去是七步，走过来是七步。”作者对“这个”沉闷、狭窄、单调、阴暗的牢房的“一切”两次强调“我很熟悉”，含义是什么？

提示：这个牢房过去是捷克斯洛伐克反动政府囚禁革命者的地

方，伏契克“也许就是在这一间牢房”被监禁过。现在，它又成了德国法西斯迫害革命者的地方。这就有力地揭示了内外反动派是一丘之貉的本性；同时，也反映了伏契克为了人民的美好未来，与国内外敌人一直进行着坚决的斗争。

3. 卡瑞尔·马里茨是一个工人革命者，作者没有用过多的笔墨来描写他，但这一人物却深深铭刻在读者心中。作者是怎样描写卡瑞尔的？

提示：先概括介绍卡瑞尔的光荣历史。他是个机车司机，运出过地下革命工作所需要的爆炸物。他对妻子和孩子“爱得要命”，但为了祖国的解放事业，毅然告别妻子和孩子，献身革命。他说，“这是我的义务”，“我只能这样做”。他酷爱自由胜过亲人，把献身革命事业当作自己的崇高义务。作者把卡瑞尔对妻儿的挚爱和对祖国的热爱相对照，充分表现了一个共产党人忠于革命，视革命利益高于一切的伟大胸怀和崇高品格。然后写卡瑞尔对伏契克的尽心爱护。他设法并以“强制手段”使“我”吃东西。他为“我”能吃下一碗稀粥而感到很高兴，又为“我”不能吃下去肉菜汤而“叹息”“悲哀”。临别时，他跪在“我”床边，双手捧着“我”的头，吻“我”。这一切表现了他对垂危的伏契克的深情关怀。所以，伏契克尽管处于半昏迷状态，但却不能忘怀“他那善良的心”。

4. 课文在深情记叙“老爸爸”约瑟夫·贝舍克无微不至地关怀和照料“我”的事迹中，为什么要写他趁着早晨半小时的放风时间，冒着生命危险采摘“一小朵雏菊和一根青草”带给“我”？

提示：这是一个以小见大、意味蕴藉的细节。它不但向人们敞开了“老爸爸”那诚挚、纯洁、渴望光明和自由的心扉，而且表达了“老爸爸”和“我”之间团结战斗、永不凋败的友谊。虽经霜打雪压、风凌雨欺，但仍然欣然怒放的雏菊和萌芽吐绿的青草，正是坚忍顽强、不屈不挠的化身，它们将给被法西斯打得皮开肉绽、人事不知的伏契克以思想上、精神上的支持和鼓舞。

5. 伏契克把监狱变为对敌斗争的战场，以实际行动影响、团结、鼓舞难友和同志们，与法西斯侵略者进行不懈的斗争。课文从哪些方面表现了伏契克坚强的党性和反抗法西斯的革命精神？

提示：课文运用侧面描写手法，从以下四方面表现。（1）难友对伏契克的关怀与鼓励。在秘密警察头子“不管死活”传审“不能移动”的伏契克时，抬担架的难友嘱咐他“手里要拿稳，心里也要拿稳”，鼓励他要为真理和正义坚持斗争到底，决不动摇妥协。（2）伏契克鼓励难友家属。伏契克面对囚犯家属的哀怜目光，表示“不喜欢这样子”，他“把手举到头上，握紧拳头”，“向他们致意”，激励同志们紧密团结，坚决斗争，同时也表现了自己决心与敌人斗争到底的坚强不屈的意志和大无畏的革命精神。（3）揭露法西斯匪徒的凶残与虚弱本质。对法西斯匪徒把垂危的伏契克抬去审问的滑稽场面，以及“审问没有多久，秘密警察弗立德里赫很不小心地‘碰’了我一下”的描述，有力地揭露了法西斯匪徒的惨无人道与色厉内荏的本质。作者以幽默的语言对敌人进行辛辣的讽刺与无情的嘲笑，同时也表现了自己坚贞不屈的崇高品质与乐观主义精神。（4）对太阳与歌唱的赞美。歌唱是革命者战斗的武器，“没有歌唱就没有生命，就像没有太阳就没有生命一样”。在作者笔下，太阳就是光明，就是胜利，就是未来。他坚信，光明和胜利一定会到来，祖国一定要胜利，人民一定得解放！热爱歌唱，热爱太阳，集中表现了伏契克的革命乐观主义精神。

（四）
启迪思维，深究问题

《二六七号牢房》不仅具有深邃的思想内容，也具有强烈的艺术感染力。除了用第一人称以及叙事、抒情、议论相结合的写法外，本文在语言的运用上有些什么特色？

提示：（1）以朴素的语言表达深厚的感情。文中很少有缠绵委婉的抒情之言、慷慨激昂的发意之词，也难得有夸张形容的惊人之笔、比拟描绘的动人之墨，作者把火一样的热烈感情和海一般深沉的意念寄寓在平常的写景、写人、写事之中，真是笔轻意重，墨淡情浓。

（2）以幽默的语言对法西斯匪徒进行辛辣的嘲讽。如伏契克被打得不省人事，四个党卫队员还要握着枪，用凶暴的眼光监视着他，怕他“逃走”。一个“怕”字生动地揭示了敌人貌似强大，实为怯懦的本质。“秘密警察弗立德里赫很不小心地‘碰’了我一下”，“不小心”实际是存心，“碰”实际是拷打。这些幽默的语言无情地揭露了法西斯匪徒的残暴，表现了伏契克对敌人的极端蔑视。（3）运用比喻、排比、反复、象征等修辞手法，增强了语言的表现力。如对“挂在门口的号牌上的名字”变换形式反复描写：“三个，两个，三个，两个”，含蓄而深刻地表现了革命者英勇顽强、前仆后继的斗争精神以及法西斯匪徒残杀革命者的累累罪行。又如，作者用阳光来象征光明，象征胜利，象征革命理想的实现，更是意味深长，寓意深刻。

二、训练内容

（一）“思考和练习”的参考答案

参见“重点难点讨论”。

（二）综合能力训练题

1. 教师朗读第二部分最后一段，要求学生静听、默记，然后说出这一段共有几个句子，从哪几方面表现“老爸爸”贝舍克对身负重伤、濒临死亡的伏契克的关怀、爱护。

提示：这一段共八个句子，几乎每个句子都记述了一件事。从以下三个方面表现贝舍克对伏契克的关怀与爱护：

（1）减轻伏契克的伤痛；（2）生活上给以无微不至的照顾；（3）精神上给以安慰和鼓励。

2. 朗读《绞刑架下的报告》片段，并概括所读片段的中心，要求读得声音响亮、口齿清楚、富有感情。读后，教师组织学生进行评论。

3. 讲述国内外革命者在监狱中与敌人英勇斗争、宁死不屈的英雄事迹，要求在讲述中穿插适当的议论和抒情。

(三) 课外活动建议

1. 阅读《绞刑架下的报告》，了解伏契克等革命者坚持斗争、英勇不屈的革命精神以及法西斯匪徒惨无人道地迫害革命者的滔天罪行。

2. 选择一个场面，仔细观察，然后抓住环境特征、人物活动，写一篇文章。

三、教学建议

(一) 预习指导

1. 认真阅读课文，并概括每段大意。

2. 给加点的字注音，并注出它的另一种读音：

(1) 汤匙（　　）（　　） (2) 重演（　　）（　　）

(3) 恶劣（　　）（　　） (4) 脏衣服（　　）（　　）

(5) 转瞬（　　）（　　） (6) 传票（　　）（　　）

3. 课文中哪些地方表现了伏契克坚贞不屈、英勇无畏的崇高品质？哪些地方揭露了德国法西斯的凶狠残暴和色厉内荏的虚弱本质？

4. 找出课文中表现作者热爱歌唱、热爱阳光的句子，并体会它们的深刻含义。

（二）教材取舍

本文选取狱中斗争生活的几个片段，用第一人称写法，在叙事中穿插抒情，歌颂了反法西斯战士的优秀品质，揭露了敌人残酷迫害革命者的滔天罪行。教学时，宜将重点放在第 1、3 两段，对卡瑞尔、贝舍克与作者的战斗友谊则不必多加讲析。

（三）教学设计

以学生自学为主，教师提问启发并归纳小结。

安排三课时。

四、附录

关于《绞刑架下的报告》

《绞刑架下的报告》是伏契克被囚禁在庞克拉茨监狱时，在身受酷刑又被严密监视的艰难境况下，在从“死神那里窃取的时间里”秘密写成的，是一首用鲜血和生命写成的反法西斯的英雄战歌。作者如实地描写了他从被捕第一天起，法西斯匪徒对他施行骇人听闻的拷打和迫害的滔天罪行；描写了他组织和领导“狱中集体”与法西斯匪徒做斗争的事实，揭露了敌人内部矛盾重重和他们的色厉内荏、士气低落，表现了“狱中集体”的坚如磐石、刚毅乐观、宁死不屈。特别是对法西斯匪徒的兽性和对叛徒懦夫的卑污灵魂的揭露深刻有力。从这份报告当中，我们也看到了为人类的解放事业斗争到生命最后一息的共产主义战士的光辉形象。

《绞刑架下的报告》共分八章。开头三章——《二十四小时》

《死时的痛苦》《二六七号牢房》，记叙伏契克的被捕、法西斯匪徒对伏契克的严刑拷打和伏契克宁死不屈的革命精神。第四章《“四〇〇号”》，记叙伏契克被捕的真实原因及末瑞克的叛变，写捷克斯洛伐克共产党员把秘密警察的拷问室变成了英勇的阵地。第五章《人像和木偶（一）》，描绘了在狱中坚决斗争的共产党员的英雄形象，揭露了法西斯秘密警察的残暴、愚蠢和虚弱。第六章《一九四二年的戒严》，记叙德国法西斯为巩固其摇摇欲坠的统治而对捷克斯洛伐克共产党员和人民群众所进行的血腥镇压。第七章《人像和木偶（二）》，描绘在纳粹监牢中其他的同志和木偶的群像。第八章《历史的一页》，追叙了党中央委员会被破坏、重建、再度被破坏的经过，以及另两位中央委员被捕后的情形。全书充分表现了英雄的捷克斯洛伐克共产党员和劳动人民忠于祖国、忠于革命、坚贞不屈的崇高品质，深刻揭露了德国法西斯惨绝人寰的罪行。它充满了对共产主义事业的坚定信念。正因如此，它不是普通的报告文学作品，而是一部壮丽的英雄史诗。它深受捷克斯洛伐克人民甚至全世界人民的热爱。1945 年在捷克斯洛伐克出版后，已被译成多种语言，1950 年荣获国际和平奖的“特别荣誉奖”。

《二六七号牢房》选自《绞刑架下的报告》中的第三章。

知识短文教学设计

初中语文教材 第六册

《句与句之间》

【教学目的】

1. 教学本文，使学生认识到写文章必须思路清楚，有条有理，不仅要注意段与段之间的联系，还必须注意每段话里句与句之间的联系。

2. 教学本文，使学生懂得不同文体句子与句子之间的联系有各自不同的特点，但不论什么文体，每一段话都要说明一个意思，所有的句子都要围绕这个意思来发挥，从而使学生在写作中能做到有条有理，句句相连，环环相扣，首尾一致，把意思表达出来。

一、教材研究

1. 我们写文章时，不仅要注意文章里段与段之间的联系，还要注意每段话里句与句之间的联系，做到前后一贯，首尾一致。如何理解“前后一贯”“首尾一致”？下面这段文字的意思是否连贯？

(1) 小王是个朴实可爱的青年。(2) 干起活来总是把浑身的劲儿都使上。(3) 衣服整洁、朴素。(4) 微黑的圆脸，粗壮的身体，浑身充满青春的活力。

提示：前后一贯，是指前一句和后一句之间在意思上的连贯，或者前几句和后几句之间在意思上的连贯；首尾一致，是指全段各句之间在意思上的关系，所有的句子都要围绕这一段的中心意思。前后不连贯，就是前言不搭后语；首尾不一致，就是东拉西扯，一段文章没有中心。

这段文字的中心是说小王“朴实可爱”。“朴实”可从人物外表上看出；“可爱”则既包括外表，又包括精神品质。第（1）句提出这段文字的中心，第（2）（4）句的一部分说的是人物的精神品质，第（3）（4）句的一部分说的是人物的外表，所以句与句之间意思不连贯。可先说人物衣着，然后说人物外貌，再由“身体”说到“活力”，由“活力”说到干活的“劲儿”。顺序调整为（1）（3）（4）(2)，意思就连贯了。

2. 各种文体都要注意每段话里句与句之间前后连贯，首尾一致。课文中为什么说“特别是议论文，……更要注意句与句之间的联系合乎逻辑”？

指示：议论文要摆事实，讲道理，做到以理服人，主要运用概念、判断和推理，所以更要注意句与句之间的联系合乎逻辑。

3. 推理是由一个或几个已知判断推出一个新判断的思维形式。它首先要求已知判断（即推理的根据）必须是正确的，其次还要求已知的判断和推出的新判断之间具有严密的逻辑联系。违背这些要求，就会产生逻辑错误。下面这一推理是否合乎逻辑？

劳动人民是历史的创造者，我的父亲是劳动人民，他就是历史的创造者。

提示：表面上看，两个前提中的“劳动人民”这个词是相同的，但实际上二者表达的概念并不相同。大前提中的“劳动人民”，是指千千万万劳动者所构成的“整体”；小前提中的“劳动人民”，仅是千千万万劳动者中的“一分子”。它们没有相同的概念起桥梁作用，就不可能必然地推出结论。

4. 怎样才能做到每段文章句与句之间的意思前后一贯，首尾一致？

提示：(1) 要确定每一段文章的中心意思，一段中的所有句子都要围绕着这个意思来发挥。(2) 下笔之前先要仔细地想一想，尽量想清楚一段之内先说什么，后说什么。写完之后，还要一句句地推敲，如有不连贯的地方，就加以改正。

二、训练内容

1. 下面一组句子，应该怎样重新安排，才能做到句与句之间前后连贯，首尾一致？

(1) 我们写东西，时常有不会写的字。(2) 此外还会有其他一些有关语文方面的疑难问题。(3) 或者对自己所要写的某个字的字形说不准确。(4) 我们读书看报，时常碰到不认识的字，不懂得的词语(包括成语、俗语、各学科的名词术语等)。(5) 在这种情况下，最好的办法是查字典。(6) 因此，我们应该有一些关于字典和词典的知识。

提示：合理顺序是 (1) (3) (4) (2) (5) (6)。

2. 分析下面一段文章中句与句之间的关系：

(1) 历史上的战争分为两类，一类是正义的，一类是非正义的。(2) 一切进步的战争都是正义的，一切阻碍进步的战争都是非正义的。(3) 我们共产党人反对一切阻碍进步的非正义的战争，但是不反对进步的正义的战争。

提示：第 (1) 句概括指出战争可分为“正义的”和“非正义的”两类。那么，什么样的战争是“正义的”或“非正义的”呢？第 (2) 句就这个问题作说明，指出“进步的战争”是“正义的”，“阻碍进步的战争”是“非正义的”。我们对这两类战争应采取什么态度呢？第（3）句紧接着就回答了问题，我们反对“非正义的”战争，不反对“正义的”战争。句与句之间，围绕一个中心，环环相扣，紧密相连。

3. 分析下列三段论错在哪里？

（1）他看了很多古典文学作品，所以思想不健康。

提示：省略的大前提错误。

（2）学生是不抽烟的，他不抽烟，所以他是学生。

提示：两个前提都是否定的。

三、教学建议

1. 本文内容较抽象，学生学习有一定的困难，应适当联系学生写作中前言不搭后语、东拉西扯的毛病，通过集体改正活动，加深对课文的理解。

2. 采取边讲边练的形式进行教学，使学生能较透彻地消化课文内容，并能初步把知识化为能力。

3. 以议论文的句与句之间的联系为教学重点。

4. 安排一课时。

第五单元检测题

一、给下列字注音，然后分别组词。

绵 棉	皱 雏	纤 歼	署 暑
枢 讴	掺 渗	稚 雅	慨 概

二、根据拼音完成下列各词。

1. zhě____皱　　2. píng____障　　3. fēi____页

4. 垂 xīn____　　5. yùn____藏　　6. chóu____备

7. 颠 bǒ____　　8. 滑 jī____　　9. zhà____栏

10. 忧 yù____　　11. níng____视　　12. 哀 lián____

三、填空。

1. 开国之初，生机蓬____。虽然百废____，但已经是万紫____的局面。各种景象，新鲜而又庄严，使他目不__给，驰__夺__。许多老友闻讯赶来，叙__话__。

2.《绞刑架下的报告》这部著作描述了____________________________________，表现了____________________________________，揭露了____________________________________。

四、说说下列句子各运用了什么修辞方法。

1. 中南海上，轻尘不飞，勤政殿前，纤萝不动。

2. 连人都机械化了，像是些自动机器。

3. 挂在门口的号牌上的名字，从两个换成三个，又从三个换成两个，然后又是三个，两个，三个，两个，新的囚犯来了又去了。

4. 在这一年里，"老爸爸"这几个字上面的引号已经不存在了；在这一年里，两个年龄不同的囚犯已经变成真正的父子了；在这一年里，我们彼此的习惯，说话爱用的字眼，甚至说话的腔调，都掺和起来了。

五、把下列句子组成一段有条理的话。

（1）几幢正在兴建中的楼房吸引着南来北往的过客。（2）在北京展览路附近。（3）而只要绑扎好钢筋，支立好钢模，灌注混凝土，经12至48小时后脱模，便成为一间完整的房子了。（4）到11月初，他们采用这项新工艺，已完成一幢五层二千五百多平方米的住宅楼立体结构工程。（5）它既不要砖砌内墙，也不要预制构件拼装。（6）这就是基建工程兵驻京某部试验的隧道模建筑新体系。

六、从下列词语中选八个写一段约200字的短文。

英姿勃勃　目光炯炯　谈笑风生　意味深长　低首心折　神采奕奕　心潮澎湃　倾心长谈　雪融冰消　诚心诚意　昏迷不醒　普照大地

第一单元教学设计

高中语文教材
第三册

《风景谈》

【教学目的】

1. 理解把延安军民火热的战斗生活寓于风景描写之中的创作意图，接受艰苦奋斗、奋发向上的伟大民族精神的熏陶感染。

2. 学习课文在描写中插入议论，深化主题的表现手法。

3. 加强朗读和想象力的训练，发挥文章巨大的感染力。

【教学过程】

一、再现形象，引入课文

说也奇怪，文艺作品就是有难以磨灭的魅力。一旦某个动人的形象进入脑海，往往会常忆常新，经久不忘。不信，请同学们试试看。

初中时候，我们学过一篇《白杨礼赞》，请同学们用文中语句或自己的语言描述一下白杨树的形象。（请三五学生描述）

大家说得很好。白杨树是力争上游的树，笔直的干，笔直的枝，枝枝叶叶团结向上。白杨树伟岸、正直、朴质、严肃，也不缺乏温和，挺拔而坚强不屈，是树中的伟丈夫。作者塑造这样的形象，寓意何在？我一“点”，你们准知道。（学生回答）作者以白杨树象征敌后根据地共产党领导下的抗日军民，讴歌他们倔强挺立，不屈不挠的精神。

今天，我们学习茅盾同志的另一篇著名散文——《风景谈》。这篇文章写于1940年12月，在《白杨礼赞》之前。文中主要描写了延安新气扑面的风光，勾画了好些启人深思的形象。让我们细读深思，作者在文中描绘了哪些“风景”？表达了怎样的写作意图？

二、初读课文，理清画面，掌握概貌

1. 以“预习提示”为指引，认真阅读课文，思考并回答下列问题：

（1）什么叫“风景”？文中描绘的风景与一般理解的风景有何不同之处？

（2）文中描绘了几幅风景？试给每幅风景加两个字或四个字的小标题。

2. 检查阅读情况，讨论上述两个问题。

（1）读下列词语，并解释词义。

颀（qí）长：（身材）修长。

黑魆魆（xū xū）：形容黑暗。

干坼（chè）：干裂。

河水汤汤（shāng shāng）：河水又大又急。

浅濑（lài）：浅的急流。

（2）讨论几幅画面。

“风景”指风光景色，一般理解为自然景观，是由山水、花草树木、建筑物等形成的可供人观赏的景象。课文中的“风景”，不仅包括自然景观，还包括人的活动，人是风景的构成者和主宰。

文章先后描绘了六幅“风景画”。如果用两个字为各幅画拟小标题，就很难概括得准确。比如第二幅画，以“晚归”为标题，就表达不出人活动的自然背景。因此，在给画面拟小标题时，须注意两个方面的内容，一是人的活动，二是人活动的自然背景。

请以此为依据，衡量“思考和练习”一中的词语，哪些概括得很准确？有无可商榷的？显然，“沙漠驼铃”“高原晚归”“月夜归耕”“桃林小憩”“北国晨号”等自然背景与人的活动兼备，特点鲜明。而“沙漠风光”“石洞雨景”“桃园即景”“延河夕照”只有自然景色，“促膝读书”“生产归来”又只有人的活动，不无遗憾。如果第四幅画以“石洞趣读”概括，是否确切些？第三幅画以“河畔声喧”概括可不可以呢？

即使人与景兼备，也有个准不准确的问题。如“黎明剪影”，乍看很好，但你仔细阅读，就会发现这仅仅诉之于视觉，而破晓的喇叭声更能醒人耳目，因而“北国晨号”更为铿锵。

用词语概括或列小标题，其目的不在于确定选用哪几个词，而在于对有关内容有切实的理解，真正把握住要点。

三、再读课文，剖析画面，理解内涵

1. 抓住六个画面再次阅读，要求：

（1）弄清楚写景如何和写人的活动结合。

（2）说明在写景中如何插入议论，议论又起怎样的作用。

（3）对自己最感兴趣、感受最深的画面进行剖析，从画面的构成、感情的抒发、议论的精辟到语言的运用。

（4）朗读描写一两个画面的文字，体会遣词造句的准确、严密。

（5）六幅画面之间是怎样联系、怎样衔接的？如果去掉第一幅，行不行？原因何在？

2. 交流学习体会，开展讨论。

（1）尽管六幅画面都既写景又写人，但结合的方法是妙笔生花，不同凡响。第一幅先极写沙漠的纯然一色，茫茫无际。就在给人四顾有苍茫之感的时候，用移动的黑点、叮当的驼铃引入撑着猩红大旗领驼队行进于沙漠之中的人。作者没有花许多笔墨写具体的人，一杆猩红大旗已生气毕现。色彩的强烈反差，画外音的巧妙配置，使人与景融为一体；塞外风光表现得淋漓尽致，“人类比自然伟大”的判断发出诱人的呼唤。

黄土高原晚归图一来着力写山的情态，二来着力绘水的欢乐。蓝天、明月、黑魆魆的山、丛密挺立的谷子构成静谧的背景，以“长出两支牛角”引出三两个掮犁晚归的种地人，用歌声伴他们没入山坳。这里用的是人从景中过的手法。河边声喧又是一番景色。作者将雄壮的歌声、爽朗的笑声和河水的喧哗结合起来写，静穆的自然托出众多弥漫着生命力的人，美妙绝伦。

“石洞趣读”采用了对比的手法，把两种背景和两种人交织起来写，突出雨天荒山石洞内二人促膝而读的“奇迹”。

“桃林小憩”的画面上活动着一群群生气勃勃的人。先用相当笔墨描绘简陋的绿荫，然后用“应当从另一方面去看”极其自然地转到对人的活动的叙述，而景也就由于人的活动很出名了。这一幅风景画面用的是欲扬先抑的写法。

“北国晨号”由破空的喇叭声带出贴照簿上号兵的画面，塑造了霞光下荷枪战士和小号兵的英姿。以景烘托人，虚实结合起来写，使屹立在山峰之上的两名战士的形象如在眼前。

每幅画面都有景有人，但有的是先景后人，有的是人与景交织写，有的是以静的景托人的动，有的是以静托静、雕塑形象，有的是人的单体显意义，有的是人的群体显特色。然而，不管怎样巧妙地运笔，都突出了人是风景的构成者和主宰。

（2）文章的这一主旨是通过简短的议论表现的。它的特点如下：

第一，结合风景描写，抒发感情，发表议论。如彩笔绘沙漠驼铃景后，用“多么庄严，多么妩媚”赞叹人的活动使自然为之改观，然后紧接着发表观赏此景的深刻感受，从理性的高度揭示人和自然的关系，起升华意境、画龙点睛的作用。

第二，议论逐层深化，启人深思，感人肺腑。第一幅画面揭示人和自然的关系，赞颂人类的伟大。第二、三幅画面后生发议论，运用概念限制的方法，由一般到具体，歌颂“充满了崇高精神的人类”，使开掘深了一层。“石洞趣读”“桃林小憩”画面值得“称道”和“留恋”，在于“内生活极其充满的人”作为主宰，在于“人类的高贵精神的辐射，填补了自然界的贫乏”，在于“人创造了第二自然”。这就从唯物辩证的高度阐述了人类精神活动的能动作用，颂赞精神生活极其丰富的革命青年。北国的黎明风景中，作者把他们当作民族精神的化身来塑造，所以在篇末激情洋溢地议论：“如果你也当它是‘风景’，那便是真的风景，是伟大中之最伟大者。”一个“真”字，一个“最”字，感情浓烈，笔力千钧，由衷地歌颂坚持抗战的战士。

一幅幅画面刻画的是生活片段，生产、学习、休息、战斗，从不同角度表现充满朝气的新生活。从形式上看，作者信笔写来，时间、地域、人员幅度大，而一段段议论层层开拓，步步深入，犹如一根红线把一个个风景的横断面连缀成一个有机整体，神韵盎然，有力地表达了歌颂延安军民的主题。

（3）最为感人的莫过于最后一幅，言简意深，形象凛然。画面的构成别开生面，先用嘹亮的喇叭声打破寂静，吸引读者；然后宕开笔墨，勾勒贴照簿上小号兵吹号的形象；再描写眼前实景。眼前实景描写既有与贴照簿上重合之处，又增添新的内容——荷枪战士的刚毅形象，而这一形象的出现是用“使我惊叹叫出声来”引入的，既自然贴切，又可激起读者共鸣。最后，把两个刚毅的形象胶合在一个画面上，以动衬静，以柔衬刚，凝重，威严。作者不是客观描写，而是全身心投入，“我”想，“我”回味，“我”听，“我”看见，“我”惊叹……因而“民族的精神化身而为他们两个”的感受是深刻的、真切的、撼人心魄的。感情的抒发渗透在字里行间，诗情画意，使人浮想联翩。

“生产归来”的群体画面也很感人。作者没有用在涂抹好的自然背景上勾画出人的活动的写法，而是用叙述的方法介绍奔赴延安的有志青年，“七八种不同的方音”用“同一的音调”唱歌，拿调色板的手、拉提琴的手、不离木刻刀的手、下笔如有神的手、调朱弄粉的手，为了一个目标聚到一起来了，都被锄锹的木柄磨起了老茧。这种超常的凝聚力，这种追求真理、献身革命的崇高精神，怎不催人奋进，令人神往呢？自然美和人文美织成了美妙的风景，而充满崇高精神的人的活动确实是“伟大中之尤其伟大者”。

（4）朗读第三或第六幅风景画面的文字，口头剖析语言特色。

比如“吐”，准确生动。干坼的黄土把吸收的热“吐”出来，赋予黄土以生命，比“散”形象，更富表现力。

又如“清冽”，把北国清晨空气的纯净、寒冷表达得十分准确。

文中语言洗练，清新，有色彩。山脊上“长”出两支牛角；太阳的余晖“幻”成了满天的彩霞；河水“跌”在石上，便“喷”出了雪白的泡沫；等等。这些动词运用得出神入化。作者遣词造句功力极深，仔细咀嚼，意味无穷。

（5）六幅画面除内在联系外，注意文字上的衔接。在描写每一个画面之前，先使用提示句，如“于是我又回忆起另一个画面”“另一个时间”“另一个场面”等等，把读者引入画境。画面结束时，又以议论归结，对画意进行理性上的阐述，结构清晰。

第一幅风景画面是塞外风光，与后面五幅描绘的不是一个地点。这幅风景画面的佳妙且不去说，目的在于从远处落笔，娓娓谈来，貌似谈与现实无关的沙漠景象，实际上由远及近，由浅入深，由一般到具体，从赞美人类改造自然的活动开始，引出对延安军民生活与斗争的怀念。颂扬沙漠风光为全文定下“自然是伟大的，然而人类更伟大”的基调，这个基调是全文的引子，为后面的画面做铺垫。有了这个基调，后面几幅画面的寓意可层层深入，步步提高。

四、综合思考，研讨主旨

1. 本文用回忆录的形式来谈风景，而所谈的又不是单纯的风景，更主要的是赞美人，赞美有特定含义的人。根据阅读体会作者述说的是怎样的人。作者述说的是“内生活极其充满的”，有“崇高精神”，主宰自然风景的延安农民、战士和知识分子。既然是这样的主旨，可不可以用个更为恰当的标题？请思考并回答。

2. 用《延安礼赞》《延安人赞》似乎更为确切，那为什么不用，而用《风景谈》呢？采用《风景谈》为题，是一种战斗的艺术。正如作者在《回忆录》中所说，“我写了延安的‘风景’，而把政治寓于风景之中”。作者生活在只准“多谈风月”，不准议论国事的国民党反动统治的白色恐怖年代里，要纵情歌唱另一个天地里人民的生活、战斗、思想情操，不得不运用含蓄、曲折的表现手法，以此对付国民党的书报检查官，使文章免遭“斧削”之灾。

3. 既然是隐晦曲折，会不会影响主旨的表达呢？

细心的读者对文章的真实用意是一看就明，一想就清楚的。这是因为用色彩、声响、形态（通过语言来表现）构成的风景十分逼真，使读者有身临其境之感，而每幅风景画面又都是新生活的气息扑面。《塞上风云》以一句话暗示了写的是抗战时期，而一系列的议论又起着画龙点睛的作用。

文章之所以能如此跌宕多姿，挥洒自如，是由于作者有生活在延安的经历，深受延安儿女崇高精神的感染，“情动于中而言溢于外”；还由于作者的笔力深厚，驾驭文字的功力极强。与《白杨礼赞》一样，《风景谈》成为思想深邃、艺术感染力很强的名篇。

【训练设计】

1. 阅读采用总—分—总的步骤，由粗知概貌到局部、细部深入剖析，再到对反映生活本质的写作主旨的理解，逐层深入。

2. 思维和语言的训练贯串于每幅画面的剖析之中。重点不在于流水式地逐一剖析每幅画面，而在于剖析画中景、画中人和画中景与人的结合，情与意的生发，训练思路的清晰和思维的条理化。

3. 进行朗读训练。

齐读文中五段议论性文字，读出判断、反问、赞叹的语气，领悟文章的精神实质。

每个学生小声朗读，理解“风景”的诗情画意，领悟语言的精练、严密、生动。

请两三位学生重点朗读几段，检查理解的程度和朗读的技巧。

4. 抓住一两个画面，要求学生进行眼看、口述、手写、心想的综合训练，使文中塑造的形象镌刻在学生心中。

例如，在阅读分析的基础上，要求学生口述“北国晨号”的风景。要求：开展想象，描述民族精神化身的感人形象，对画面的构成与意义进行评论。对霞光、喇叭、刺刀的寒光、凛然在山峰肃立的战士，要主次分明，烘托得当，既要诉之于听者的听觉，又要能让听者脑中出现栩栩如生的图景，更要以形象中寓含的民族精神给人以感染。

学生口述后开展评论，深化感受，让学生懂得勤劳勇敢、酷爱自由、反抗侵略、反抗压迫、敢于战斗、勇于牺牲正是伟大的民族精神，担负着挽救中华民族危亡重任的抗日战士当然是这种精神的化身，而一幅幅风景画面中艰苦奋斗、热情乐观、勤奋学习、精神充实的延安英雄儿女都是这种精神的体现者。如果说前几幅风景画面是撒开来写的话，这最后一幅是浓缩，高度浓缩，用民族精神浇铸成战士的雕像，那么庄重，那么沉稳，那么壮美，将全文的画意推到一个新的高度。作者不仅用词句，更用生命在赞美，在歌唱，正如毛主席所说：“惟独共产主义的思想体系和社会制度，正以排山倒海之势，雷霆万钧之力，磅礴于全世界，而葆其美妙之青春。”作者对党所领导的生机蓬勃的革命事业的热情歌颂，对勇敢担负抗日救亡重任的延安军民的热情歌颂，对伟大的民族精神的热情歌颂，给人以深刻的启示和强烈的感染。

【教学说明】

1. 课的起始用《白杨礼赞》引入，一是以旧导新，二是加强对形象所寓意义的理解，把作者同一时期相同主题的两篇名作联系起来思考。

2. 检查阅读情况，目的在于培养学生良好的阅读习惯。要求学生“三看一查一提问”。不能只看课文，还要读注释，读文前的“预习提示”和文后的“思考和练习”，遇到不认识的字和不理解的词须查词典，有疑难问题应提问。

3. 自始至终以问题引路，促使学生读而思，从语言文字和思想内容辩证统一的高度把握文章的精神实质。

4. 重点剖析一两幅画面，其他粗线条地拉过，突出重点，兼及一般。

5. 反馈时（口述“北国晨号”）掀起高潮，熔知识理解、能力培养、智力发展和思想情感的熏陶于一炉，使学生获得多方面培养。

6. 语言方面可学的很多，只能略举一二，主要通过默读咀嚼和朗读品味让学生感受。

7. 放手让学生读、想、说、评，教师只点拨引导。“思考和练习”全在学习过程中探讨解决，课后不留书面作业。

8. 摘引卞之琳《断章》中的诗句，供学生加深对“风景”的理解。诗句是：“你站在桥上看风景，看风景的人在楼上看你。”

图书在版编目（CIP）数据

于漪全集. 5, 课堂教学 / 于漪著. —修订版. —
上海：上海教育出版社，2023.8
ISBN 978-7-5720-2207-4

Ⅰ. ①于… Ⅱ. ①于… Ⅲ. ①课堂教学－教学研究
－文集 Ⅳ. ①G4-53

中国国家版本馆CIP数据核字(2023)第149188号

上海教育出版社
官方微信平台

官方网站：
www.seph.com.cn

总 策 划　缪宏才
执行策划　何　勇
统　　筹　易英华
责任编辑　李家人　何　勇
书籍设计　张国樑　董　伟

YUYI QUANJI
于漪全集　5　课堂教学（修订版）
于　漪　著

出版发行　上海教育出版社有限公司
官　　网　www.seph.com.cn
地　　址　上海市闵行区号景路159弄C座
邮　　编　201101
印　　刷　上海雅昌艺术印刷有限公司
开　　本　640 × 965　1/16　印张 32.5　插页 4
字　　数　468 千字
版　　次　2023年8月第1版
印　　次　2023年8月第1次印刷
书　　号　ISBN 978-7-5720-2207-4/G·1966
定　　价　150.00 元

如发现质量问题，读者可向本社调换　电话：021-64373213